বন্দীদের স্বাধীনতা

প্রশিক্ষণের নির্দেশিকা

সমস্ত প্রশংসা মাবুদের!
শত্রুদের দাঁত দিয়ে তিনি আমাদের ছিঁড়ে ফেলতে দেন নি।

শিকারীর ফাঁদ থেকে পাখী যেমন করে রক্ষা পায়
তেমনি করে আমরা রক্ষা পেয়েছি; ফাঁদ ছিঁড়ে গেছে আর আমরা রক্ষা পেয়েছি।

মাবুদ, যিনি আসমান ও জমীন সৃষ্টি করেছেন,
তাঁর কাছ থেকেই আমাদের সাহায্য আসে।

জবুর শরীফ ১২৪

মার্ক দুরি এবং বেঞ্জামিন হেগেম্যান

db

ডেরর বুক্‌স

বন্দীদের স্বাধীনতা পুস্তকটির চতুর্থ সংস্করণ অন্তর্ভূক্ত করা হল।

শিরোনামঃ *বন্দীদের স্বাধীনতাঃ প্রশিক্ষণের নির্দেশিকা*
ব্যাখ্যাঃ মেলবোর্নঃ ডেরর বুক্‌স, ২০২২
আই এস বি এনঃ 978-1-923067-13-4

দলগত আলোচনার আইকনটি Freepik এর দ্বারা www.flaticon.com থেকে বানানো হয়েছে।

মার্ক দুরির আরো লেখা এবং পুস্তকের বিষয়ে তথ্য পেতে, markdurie.com এ যান।

অন্যান্য ভাষায় *বন্দীদের স্বাধীনতা* পুস্তকটি পেতে,
luke4-18.com এ যান।

ডেরর বুক্‌স, মেলবোর্ন, অস্ট্রেলিয়া
www.derorbooks.com

সূচীপত্র

মুখবন্ধ

আজ, অভূতপূর্ব ভাবে অনেক সংখ্যায় প্রাক্তন মুসলিমরা খ্রীষ্টকে অনুসরণ করার জন্য বেছে নিচ্ছে। দুঃখজনকভাবে, এর মধ্যে অনেকেই অতিরিক্ত মাত্রায় এই জগতের প্রত্যাখ্যান এবং উদ্বেগের মুখোমুখি হচ্ছে। এমনকি কিছু জাতীয় খ্রীষ্টান নেতারা রিপোর্ট করেছেন যে এই ধরনের ৮০% মানুষ ঈসাকে জানার প্রথম দুই বছরের মধ্যেই আবার হারিয়ে যায়। আল্লাহ্ এই বিষয়ে আমাদের কি করতে বলছেন?

২০০২ সালে ডঃ মার্ক দুরি ধিমিত্ব এবং কীভাবে খ্রীষ্টবিশ্বাসীরা ইসলাম ও মুসলমানদের ভয় থেকে মুক্ত হতে পারে সে সম্পর্কে শিক্ষা দিতে শুরু করেন। শিক্ষাটি সাধারণত একটা পরিচর্যার সময় দ্বারা শুরু হত, যে পরিচর্যার পরে লোকেরা দুয়া করার জন্য এগিয়ে আসত। যারা এই অধিবেশনগুলিতে অংশ নিয়ে থাকেন, তাদের মধ্যে অনেকে পরে আল্লাহ্র একটা শক্তিশালী কাজের বিষয়ে সাক্ষ্য দেন, যে এই অধিবেশন তাদের পরিচর্যা কাজে স্বাধীনতা এবং শক্তি এনে দেয়।

পরবর্তী সময়ে দুরি ইসলামের আধ্যাত্মিক দাসত্ব থেকে মানুষকে মুক্ত করার জন্য এই শিক্ষাকে আরো উন্নত করতে থাকেন। *বন্দীদের স্বাধীনতা* বইটিতে এই দুটি শিক্ষাকে একত্রিত করা হয়েছিল।

যেহেতু সারা বিশ্বের খুশির খবর প্রচারকেরা *বন্দীদের স্বাধীনতা* পুস্তকটির বিষয়ে জানতে এবং ব্যবহার করতে শুরু করে, সেহেতু এই পুস্তকটিকে অনেক ভাষায় অনুবাদ করা হয়েছে।

২০১০ সালে *বন্দীদের স্বাধীনতা* পুস্তকটি প্রথম প্রকাশিত হওয়ার পর থেকে এটা স্পষ্ট হয়ে যায় যে এই পুস্তকের ব্যবহারকারীদের চাহিদা, বিশেষ করে মুসলিম পটভূমি থেকে আগত বিশ্বাসীদের সহভাগিতাগুলোকে আরও ভালভাবে পরিচালনা করার জন্য এটাকে সংশোধন এবং প্রয়োজন অনুযায়ী পরিবর্তন করা দরকার।

এক্ষেত্রে প্রশিক্ষণ কর্মসূচিরও প্রয়োজন দেখা দিয়েছে। প্রথম দিকে এই বইটির শিক্ষাগুলোকে সালাম মিনিস্ট্রিজ দ্বারা উৎপাদিত পাওয়ারপয়েন্ট স্লাইড এবং ভিডিও ব্যবহার করে শিক্ষা দেওয়া হত। সেই সময়ে এই ভিডিওগুলিকে অন্যান্য ভাষায় অনুবাদ করে বা সাবটাইটেল ব্যবহার করে কাজে লাগানো হত।

এই শিক্ষার পদ্ধতিকে বেশ কয়েকটি দেশে ব্যবহার করা হয়েছে এবং এটাকে ব্যবহার করার জন্য স্থানীয় অংশীদারদের প্রশিক্ষণ দেওয়া হয়েছে। যাইহোক, যখন ডঃ বেঞ্জামিন হেগেম্যানের সাথে সালামের পরিচালক, নেলসন উলফ, বেনিনের বুশ পালকদের প্রশিক্ষণের জন্য এই পদ্ধতিটি ব্যবহার করার সম্ভাবনা সম্পর্কে যোগাযোগ করেছিলেন, তখন তিনি বলেছিলেন, "এটা অসম্ভব!" এবং বেনিনে তার কয়েক দশকের শিক্ষাদানের অভিজ্ঞতার উপরে ভিত্তি করে, তিনি একটা সম্পূর্ণ ভিন্ন পদ্ধতির প্রস্তাব দিয়েছিলেন, ডঃ হেগেম্যান *বন্দীদের স্বাধীনতা* পুস্তকটির জন্য একটা প্রশিক্ষণের ধরন তৈরি করেছিলেন যেটা হল একটা প্রশিক্ষণের নির্দেশিকা। এই বিশেষ ধরনটি, যা আমরা এখানে অনুসরণ করতে চলেছি, সেগুলো ছোট আলোচনা দল এবং নাটক ব্যবহার করে তৈরি করা হয়েছে, এবং বাতনু, ফরাসি এবং হাউসার অঞ্চলের বক্তারা এই পদ্ধতিকে পরীক্ষা করেছেন এবং উৎসাহের সাথে এগুলোকে গ্রহণ করেছেন।

এই প্রশিক্ষণ পদ্ধতিটি কোন নির্দিষ্ট শিক্ষাগত যোগ্যতা অনুমান না করেই বিভিন্ন প্রেক্ষাপটে ব্যবহার করার জন্য তৈরি করা হয়েছে। এছাড়াও, একজন নেতা যিনি প্রশিক্ষণটি সম্পূর্ণ করবেন তিনি তার নিজস্ব প্রেক্ষাপটে এটাকে ফিরিয়ে নিয়ে যাতে পারেন এবং একই পদ্ধতি ব্যবহার করে অন্যদেরকেও প্রশিক্ষণ দিতে সক্ষম হবেন।

খ্রীষ্টের বাণী আমাদের কানে ধ্বনিত হচ্ছেঃ "পিতা যেমন আমাকে পাঠিয়েছেন, তেমনি আমিও তোমাদের পাঠাই" এবং "যাও, প্রত্যেক জাতিকে সাহাবী কর!" ঈসা মসীহ মানে কি? মৃত্যুর আগের

রাতে তিনি ব্যাখ্যা করেছিলেন যে সাহাবীরা আল্লাহ্‌কে জানে এবং তাঁর সাথে একত্রিত হয়েছে; তারা তাঁর নামে, তাঁর সত্য এবং তাঁর প্রেমে আল্লাহ্‌র সাথে এক (ইউহোন্না ১৭)। শস্যক্ষেত্রের মালিকের কাছে আমাদের দুয়া হল *বন্দীদের স্বাধীনতা* পুস্তকটি ইসলাম থেকে আসা ধর্মান্তরিতদেরকে ঈসা মসীহের মাধ্যমে আল্লাহ্‌র সাথে ঐক্যবদ্ধ থাকতে সাহায্য করবে এবং এটা সেই সমস্ত লোকদের সাহায্য করবে যারা মুসলমানদের মধ্যে মুরিদ তৈরির কাজ করছে।

আমরা আশা করি যে এই বইটিতে — যেখানে মার্ক দুরির সংশোধিত *বন্দীদের স্বাধীনতা*-র শিক্ষা এবং বেঞ্জামিন হেগেম্যানের পরিবর্তনযোগ্য অধ্যয়নের নির্দেশিকাকে একত্রিত করা হয়েছে — যা এই চাহিদাগুলি পূরণ করতে সাহায্য করবে এবং সমস্ত পৃথিবীর জামাতগুলোর জন্য নেয়ামত নিয়ে আসবে।

আমরা সেই সমস্ত বহুমূল্য ভাই ও বোনদেরকে আমাদের আন্তরিক ধন্যবাদ জানাতে চাই যারা আমাদের এই পুস্তক সম্পর্কে তাদের মতামত জানিয়েছেন, এই পুস্তককে উন্নত করার জন্য সহায়ক পরামর্শ দিয়েছেন। এই প্রকল্পের জন্য আপনাদের উৎসাহকে আমরা গভীরভাবে প্রশংসা করি। আমরা আর্থিক সহায়তাকারী এবং যারা আমাদের জন্য দুয়া করেছেন তাদের কাছেও কৃতজ্ঞতা স্বীকার করি, যাদের ছাড়া এই কাজটি কখনই সম্পূর্ণ হত না।

মার্ক দুরি, বেঞ্জামিন হেগেম্যান, এবং নেলসন্ উলফ্
জুন ২০২২

এই বইটি কিভাবে ব্যবহার করবেন

ছয়টি মূল পাঠ এবং দুটি অতিরিক্ত পাঠ সহ মার্ক দুরির লিখিত বন্দীদের স্বাধীনতা পুস্তকের একটা নতুন সংস্করণ *বন্দীদের স্বাধীনতার প্রশিক্ষণ নির্দেশিকায়* আপনাকে স্বাগতম।

এই প্রশিক্ষণ নির্দেশিকাটি খ্রীষ্টবিশ্বাসী পাঠকদের জন্য লেখা হয়েছে। এটা খ্রীষ্টবিশ্বাসীদেরকে *বন্দীদের স্বাধীনতা* পুস্তকের শিক্ষাগুলোকে বাস্তবে প্রয়োগ করতে সাহায্য করার জন্য তৈরি করা হয়েছে। আমাদের দুয়া হল এটা আপনাকে এবং অন্যদেরকে খ্রীষ্টের মধ্যে স্বাধীনতা খুঁজে পেতে এবং মুক্ত থাকতে সাহায্য করবে।

আপনি যদি এই প্রশিক্ষণ নির্দেশিকাটি ব্যবহার করে একটা প্রশিক্ষণ কোর্স পরিচালনা করার পরিকল্পনা করছেন, অনুগ্রহ করে প্রথমে নেতাদের জন্য নির্দেশিকাটি যত্ন সহকারে পড়ুন, যা আপনি প্রথম পাঠের আগে খুঁজে পাবেন।

আমরা পরামর্শ দিচ্ছি যে আপনি এই প্রশিক্ষণটি অন্যান্য মুমিনদের একটা দলের সাথে একসাথে অধ্যয়ন করুন। এটা ৩-৫ দিনের মধ্যে একটা কনফারেন্স ফর্ম্যাটে শিক্ষা দেবার জন্য তৈরি করা হয়েছে, তবে এটা সাপ্তাহিক ভাবে একটা ছোট দলগত অধ্যয়নের মধ্যে একটা সিরিজ হিসাবেও ব্যবহার করা যেতে পারে।

কোরানের উদ্ধৃতিগুলোকে সংক্ষেপে Q হিসাবে ব্যবহার করা হবে: উদাহরণস্বরূপ, Q৯:২৯ বলতে সূরা ৯:২৯ বোঝায়। এই প্রশিক্ষণে, আপনি বিশুদ্ধ সূত্রের ভিত্তিতে ইসলামের শিক্ষা সম্পর্কে জানতে পারবেন। তথ্যসূত্রগুলি বিশ্বাসযোগ্য প্রাথমিক ইসলামিক উৎসগুলিতে রয়েছে তা নিশ্চিত করার জন্য সর্বাত্মক প্রচেষ্টা করা হয়েছে। এই উৎসগুলির বিশদ সূত্রের বিষয়ে জানার জন্য দয়া করে মার্ক দুরির *দ্যা থার্ড চয়েস* দেখুন।

সমস্ত পৃথিবীতে সমস্ত জামাতের কাছে এই পুস্তকটি উপলব্ধ করার জন্য আমরা যে বিষয়ে জোর দিয়েছি সেটা হল, আমরা বিশ্বাস করি, সমস্ত ধরণের ঘৃণা এবং কুসংস্কারের বিরোধিতা করার সময়, সমস্ত ধর্ম এবং বিশ্ব দৃষ্টিভঙ্গিতে সমালোচনামূলক চিন্তাভাবনার প্রয়োগ করা উচিত। মুসলিম এবং অমুসলিম উভয়েরই ইসলাম সম্পর্কে তাদের নিজস্ব মতামত প্রকাশ করার, এর শিক্ষার সাথে একমত বা দ্বিমত পোষণ করার অধিকার রয়েছে যেভাবে তাদের বিবেক এবং জ্ঞান তাদেরকে পরিচালনা প্রদান করে।

আপনি luke4-18.com ওয়েবসাইটে এই প্রশিক্ষণ নির্দেশিকা এবং *বন্দীদের স্বাধীনতা* পুস্তকের অন্যান্য বিষয়গুলো ডাউনলোডযোগ্য পিডিএফ হিসাবে খুঁজে পেতে পারেন। খ্রীষ্টিয় পরিচর্যাগুলোকে তাদের চাহিদা মেটানোর জন্য luke4-18.com থেকে যেকোনও শিক্ষামূলক উৎস ডাউনলোড, প্রিন্ট এবং শেয়ার করার অনুমতি দেওয়া হয়েছে।

এই প্রশিক্ষণ কিভাবে মানুষকে সাহায্য করেছে তা জানানোর জন্য, এবং কিভাবে এই প্রশিক্ষণ নির্দেশিকাকে আরো উন্নত করা যায় তার পরামর্শ দেওয়ার জন্য আমরা সবসময় আপনাদের প্রতি কৃতজ্ঞ থাকব।

নেতাদের জন্য নির্দেশিকা

সাধারণ নির্দেশিকা

এই প্রশিক্ষণ মানুষকে ইসলাম থেকে আধ্যাত্মিক নাজাত পেতে সাহায্য করার জন্য প্রদান করা হয়েছে।

আপনি যদি *বন্দীদের স্বাধীনতা* কোর্সটি পরিচালনা করার পরিকল্পনা করছেন, অনুগ্রহ করে এই নির্দেশিকাগুলি যত্ন সহকারে অধ্যয়ন করুন।

এই প্রশিক্ষণ নির্দেশিকাটি তিনটি ভিন্ন ধরণের খ্রীষ্টানদের সাহায্য করার জন্য লেখা হয়েছে:

১) ইসলাম থেকে ধর্মান্তরিত খ্রীষ্টবিশ্বাসীরা যারা খ্রীষ্টেতে তাদের স্বাধীনতাকে দাবি করাকে বেছে নিয়েছে

২) খ্রীষ্টবিশ্বাসীরা বা যাদের পূর্বপুরুষরা যারা মুসলমানদের পাশাপাশি বাস করেছে, মুসলিম আধিপত্যের অধীনে বসবাস করেছে

৩) এমন যেকোন ব্যক্তি যে মুসলমানদের সাথে খ্রীষ্টের বার্তাকে শেয়ার করতে চায়।

এই তিনটি দলের নিজস্ব স্বতন্ত্র চাহিদা রয়েছে; যাইহোক, আমরা পরামর্শ দিয়ে থাকি যেন প্রত্যেকেই (সকল প্রকারের খ্রীষ্টবিশ্বাসীরা) ১-৬ পর্যন্ত সমস্ত পাঠ সম্পূর্ণ করে, যেগুলো এই প্রশিক্ষণের মূল পাঠ।

দুটি অতিরিক্ত পাঠ রয়েছে, পাঠ ৭ এবং ৮, যা বিশেষভাবে এমন খ্রীষ্টান ধর্মান্তরিতদের জন্য তৈরি করা হয়েছে যারা পূর্বে মুসলমান ছিলেন। ছয়টি মূল পাঠ শেষ করার পরই এই পাঠগুলোকে সম্পূর্ণ করতে হবে।

- পাঠ ৭ ইসলাম থেকে স্বাধীনতা লাভের অতিরিক্ত মূল দিকগুলি নিয়ে আলোচনা করেঃ মিথ্যা, ভ্রান্ত শ্রেষ্ঠত্ব এবং অভিশাপ সম্পর্কে আলোচনা করে।
- পাঠ ৮ শিক্ষা দেয় কিভাবে একটা মুসলিম পটভূমি থেকে আগত লোকেদের নিয়ে একটা সুস্থ জামাত গড়ে তুলতে হয়। প্রাক্তন মুসলমানদের মধ্যে যারা কাজ করে তাদের সবাইকে সাহায্য করার জন্য এই পাঠটি তৈরি করা হয়েছে।

এই প্রশিক্ষণটি একটা বিশেষ উপায়ে সম্পন্ন করার জন্য তৈরি করা হয়েছে। এটা পরামর্শ দেওয়া হয় যে আপনি এই পুস্তকে বর্ণিত পদ্ধতিটি অনুসরণ করুন, কারণ এই পদ্ধতি পরীক্ষা করে দেখা হয়েছে এবং এই পদ্ধতি বিভিন্ন ধরণের শিক্ষার্থীদের জন্য যথেষ্ট ভাল ফল দিয়েছে।

এই প্রশিক্ষণটি ৩ থেকে ৫ দিনের মধ্যে সম্পন্ন করার জন্য তৈরি করা হয়েছে। এটা সাপ্তাহিক ছোট দলের অধ্যয়নের ক্ষেত্রেও একটা সিরিজ হিসাবে ব্যবহার করা যেতে পারে।

আপনি যদি এই প্রশিক্ষণের নেতৃত্ব দেন, যারা অংশগ্রহণ করেন তাদের অন্যদের সাথে এই প্রশিক্ষণটি ভাগ করে নিতে উৎসাহিত করুন। আমরা আশা করি যে কোন ব্যক্তি একজন অংশগ্রহণকারী হিসাবে এই প্রশিক্ষণটি অনুসরণ করে তারা এটাকে তাদের নিজস্ব প্রেক্ষাপটে এই প্রশিক্ষণকে ফিরিয়ে নিয়ে যেতে সক্ষম হবেন এবং অন্যদের প্রশিক্ষণটি গ্রহণ করতে নেতৃত্ব দেবেন।

প্রশিক্ষণ পদ্ধতি

এই প্রশিক্ষণটি যেকোন সংখ্যার লোকেরা গ্রহণ করতে পারে, একটা ছোট গৃহ জামাতের দল থেকে শুরু করে শত শত লোকের একটা বড় দলও ব্যবহার করতে পারে৷ যদি পাঁচ বা ছয়জনের বেশি লোক প্রশিক্ষণে থাকে, তাহলে অংশগ্রহণকারীদের প্রায় চার বা পাঁচজনের দলে বিভক্ত করতে হবে৷ এই দলগুলি একই থাকে এবং পুরো প্রশিক্ষণের সময় জুড়ে একসাথে বসে প্রশিক্ষণ গ্রহণ করে৷

নিশ্চিত করুন যে যারা প্রশিক্ষণে অংশ নেয় তাদের প্রত্যেকের কাছে যেন এই প্রশিক্ষণ নির্দেশিকার একটা নিজস্ব কপি থাকে৷ প্রশিক্ষণের শুরুতে সমস্ত অংশগ্রহণকারীদের তাদের নির্দেশিকার সামনে তাদের নাম লিখতে আমন্ত্রণ জানান, এবং তাদের জানান যে তাদের নির্দেশিকাগুলো তাদের কাছেই রাখার জন্য, এবং তাদেরকে সেই নির্দেশিকা পুস্তকের মধ্যে শিক্ষার বিষয়গুলো লিখে রাখতে বা নোট করে রাখতে স্বাগত জানান এবং উৎসাহিত করুন৷ তারপর প্রত্যেকের কাছে প্রশিক্ষণ নির্দেশিকাটি ব্যাখ্যা করুন, ছয়টি মূল পাঠের প্রতি তাদের দৃষ্টি আকর্ষণ করুন, প্রতিটি পাঠের শিরোনাম, প্রতিটি পাঠের শুরুতে তালিকাভুক্ত উদ্দেশ্যগুলি, প্রতিটি পাঠের শেষে পাঠ্য বিষয়ের উৎসগুলো (শব্দভান্ডার, নাম, কোরান এবং বাইবেলের আয়াত), প্রতিটি পাঠের শেষে প্রশ্ন, এবং উত্তরগুলো ব্যাখ্যা করুন, যা প্রশিক্ষণ নির্দেশিকার শেষের দিকে পাওয়া যাবে৷

প্রতিদিন প্রশিক্ষণের শুরুতে, প্রতিটি ছোট দল একজন সভাপতি এবং একজন সচিব নিয়োগ করে৷ দলের সদস্যদের পালা করে এই ভূমিকা পালন করতে উৎসাহিত করুন৷

- সভাপতি ছোট দলের আলোচনার সভাপতিত্ব করেন এবং দলের প্রত্যেককে আলোচনায় অবদান রাখতে উৎসাহিত করেন৷ শুধুমাত্র সভাপতি প্রশিক্ষণ নির্দেশিকার শেষের উত্তরগুলি থেকে পরামর্শ নিতে পারেন৷
- কিভাবে দলের সকলে কেস স্টাডির উত্তর দিচ্ছে সেগুলোকে, পাঠের শেষে কোন বিষয়গুলো প্রশ্নোত্তর অধিবেশনে নিয়ে আলোচনা করতে হবে, এবং যখন কোনো প্রশ্নের উত্তর দেওয়ার জন্য দলের নেতা দলের পক্ষ থেকে কাউকে আমন্ত্রণ জানান তখন সেই উত্তরগুলোকেও একজন সচিব নোট করে রাখবে৷

একটা প্রশিক্ষণ কোর্সের শুরুতে, নেতা অংশগ্রহণকারীদের চার বা পাঁচ জনের দলে বিভক্ত হওয়ার নির্দেশ দেবেন, ছোট দলগুলি কীভাবে কাজ করবে তা ব্যাখ্যা করা হবে এবং দলগুলিকে প্রতিদিন একজন নতুন সভাপতি এবং সচিব নিয়োগ করতে হবে৷ নেতা আরও ব্যাখ্যা করবেন যে ছোট দলগুলিকে অবশ্যই সহমত হতে হবে যে *শুধুমাত্র সভাপতিকেই* প্রশ্নের উত্তর দেখার অনুমতি দেওয়া হয়েছে৷

প্রত্যেকটি দিনের প্রশিক্ষণের শুরুতে, নেতা ঘোষণা করেন, "সমস্ত সভাপতি এবং সচিব অবসরপ্রাপ্ত" এবং ছোট দলগুলি সেই নির্দিষ্ট দিনের জন্য নতুন সভাপতি এবং সচিব নিয়োগ করবে (নীচে দেখুন)।

প্রতিটি পাঠের জন্য প্রশিক্ষণের ক্রম:

- পাঠের শুরুতে নেতা সমস্ত অংশগ্রহণকারীদের সামনে ঘোষণা করেন, তাদের প্রশিক্ষণ নির্দেশিকার পৃষ্ঠাটি খুলে রাখার জন্য যেখান থেকে পাঠের শুরু হবে৷ এই পৃষ্ঠায় একটা বিষয়ভিত্তিক চিত্র দেওয়া আছে৷
- পাঠ এবং পাঠের মূল লক্ষ্য কিছু অভিনেতাদের দ্বারা সমস্ত অংশগ্রহণকারীদের কাছে উপস্থাপন করা হয়৷
- নেতা পাঠের মূল লক্ষ্যের উপর সংক্ষিপ্তভাবে মন্তব্য করেন (মাত্র এক বা দুই মিনিটের জন্য) এবং পাঠের শুরুতে প্রশিক্ষণ নির্দেশিকার বিষয়ভিত্তিক চিত্রের প্রতি তাদের মনোযোগ আকর্ষণ করেন, এবং সেই বিষয়ে সংক্ষেপে ব্যাখ্যা দেন৷

- নেতা পাঠের শুরুতে সমস্ত অংশগ্রহণকারীদের কাছে নির্দিষ্ট পাঠের শিক্ষার উদ্দেশ্যগুলি পড়ে শোনান। উদাহরণস্বরূপ, "এই পাঠের উদ্দেশ্যগুলি পৃষ্ঠা [ক] এ পাওয়া যায়। এই উদ্দেশ্যগুলি হল ··· [সেগুলি জোরে জোরে পাঠ করবে]।

- এর পরে, প্রতিটি পাঠের কেস স্টাডি একটা নাটক হিসাবে উপস্থাপন করা যেতে পারে, বা এটা সবার কাছে পড়াও যেতে পারে। আপনি যদি এটাকে একটা নাটক হিসাবে উপস্থাপন করতে চান, তাহলে কেস স্টাডির দৃশ্যগুলোকে আগে থেকেই রিহার্সাল করা যেতে পারে: অংশগ্রহণকারীদের এই দৃশ্যগুলি অভিনয় করতে উৎসাহিত করুন। এই নাটকের (বা পাঠ করার) পরে ছোট দলগুলি কেস স্টাডি নিয়ে আলোচনা করার জন্য মিলিত হয় এবং এর শেষে প্রশ্নের উত্তর দেয়: "আপনি কীভাবে উত্তর দেবেন?" এর পরে, প্রতিটি গ্রুপের সচিব বৃহত্তর দলের কাছে রিপোর্ট করে যে কীভাবে তাদের গ্রুপ প্রশ্নের উত্তর দিয়েছে।

- প্রতিটি পাঠকে অধিবেশনের এক একটা সিরিজে বিভক্ত করা দরকার, এক্ষেত্রে প্রথম পাঠটি ব্যতিক্রম, কারণ এই পাঠটি সংক্ষিপ্ত এবং এই পাঠটিকে একটা অধিবেশনে সম্পূর্ণ করা যেতে পারে।

- একটা পাঠের মধ্যে প্রতিটি অধিবেশনের জন্য, অংশগ্রহণকারীরা নীচের ১ থেকে ৫ পর্যন্ত ধাপ অনুসরণ করবে:

  ১) নেতা ঘোষণা করেন যে এই অধিবেশনে কোন বিষয়ে আলোচনা করা হবে, এবং তিনি প্রশিক্ষণ নির্দেশিকার পৃষ্ঠা নম্বরও উল্লেখ করেন। (পুস্তকে বিভিন্ন বিভাগের যে চিহ্ন দেওয়া হয়েছে নেতা ইচ্ছা করলে সেগুলো অনুসরণ করতে পারেন যা প্রতিটি ছোট দলের অধিবেশনে একবারে কতটুকু শিক্ষা দিতে হবে তা নির্দেশ করে।)

  ২) ভালো ভাবে পাঠ করতে পারেন এমন কেউ উচ্চস্বরে অধ্যায়টা পাঠ করতে শুরু করবে যাতে বিভাগগুলি নিয়ে আলোচনা করা যায়। (যদি প্রশিক্ষণের সময় বিভাগ চিহ্নিতকারী চিহ্নগুলো অনুসরণ করা হয়, তাহলে সেই পাঠক একটা চিহ্ন পর্যন্তই পাঠ করবে, যার জন্য প্রায় ১০-১৫ মিনিট সময় লাগবে।)

  ৩) অংশগ্রহণকারীরা ছোট ছোট দলে বিভক্ত হয় এবং বর্তমান অধিবেশনের প্রশ্নগুলির আলোচনার জন্য তাদের নির্দেশ দেওয়া হয়। প্রশ্নগুলো প্রতিটি পাঠের শেষে পাওয়া যাবে।

  ৪) দলগুলি বর্তমান অধিবেশনের বিষয় নিয়ে আলোচনা করে এবং প্রশ্নের উত্তর দেয়। প্রশ্নের সংখ্যার উপর নির্ভর করে এটা প্রায় ১০-২০ মিনিট সময় নিতে পারে। এই সময়ে নেতা বিভিন্ন দলগুলোতে ঘুরে ঘুরে পর্যবেক্ষন করবেন যে তারা কিভাবে আলোচনা করছে।

  ৫) যখন নেতা লক্ষ্য করেন যে একটা দল সেই অধিবেশনের আলোচনা শেষ করেছে, তখন অন্য সমস্ত দলকেও শেষ করতে বলা হয়। এর পরে ক্রমাগত অধ্যয়ন করা চালিয়ে যান; যারা পিছিয়ে পড়বে তাদের জন্য অপেক্ষা করতে হবে না।

  পুরো পাঠ শেষ না হওয়া পর্যন্ত বাকি অধিবেশনগুলোতেও ধাপ ১ থেকে ধাপ ৫ পর্যন্ত পুনরাবৃত্তি করুন।

- প্রতিটি পাঠের শেষে, সমস্ত দল সেই পাঠের প্রশ্নোত্তর অধিবেশনের জন্য একত্রিত হবে।

পাঠ ৫, ৬ এবং ৭ প্রার্থনার দ্বারা শেষ হবে। প্রার্থনা পরিচালনার জন্য নিচে দেওয়া পরামর্শগুলিকে অনুসরণ করুন।

এইটা হল আলোচনার চিহ্ন, যেখানে দেখানো হয়েছে তিনজন মানুষ কথা বলছেঃ

এই চিহ্নটি দলগত অধিবেশনের জন্য একটা প্রস্তাবিত বিরতি চিহ্নকে নির্দেশ করে। এটা কেবলমাত্র একটা পরামর্শ: প্রতিটি নেতাকে তাদের অংশগ্রহণকারীদের চাহিদার উপর নির্ভর করে তাদের প্রশিক্ষণের জন্য পাঠগুলি কীভাবে ভাগ করতে হবে তার পরিকল্পনা করতে হবে। অংশগ্রহণকারীরা একবারে যে পরিমাণ তথ্য গ্রহণ করতে পারে তা দলের উপর নির্ভর করে পরিবর্তন করা যেতে পারে, তাই প্রশিক্ষণের নেতাকে সিদ্ধান্ত নিতে হবে যে প্রতিটি ছোট দলের অধিবেশনে কতটা উপাদান কভার করলে উপযুক্ত হবে।

উদ্দেশ্য পাঠ

এটা পরামর্শ দেওয়া হয় যে আপনি প্রতিটি পাঠকে একটা উদ্দেশ্য পাঠের সাথে সূচনা করুন, যা একটা নাটকের মাধ্যমে উপস্থাপন করা যেতে পারে। আপনি যদি এটা ব্যবহার করতে চান তাহলে সম্পূর্ণ প্রশিক্ষণ সূচনা করার জন্যেও একটা উদ্দেশ্যর পাঠ রয়েছে। আপনাকে এই উদ্দেশ্যর পাঠের জন্য আগে থেকেই প্রস্তুতি নিতে হবে। অনেক ক্ষেত্রে এটা যথেষ্ট হবে যদি অভিনেতারা অধিবেশনের আধা ঘন্টা আগে উদ্দেশ্য পাঠের রিহার্সাল করার জন্য মিলিত হয়।

সম্পূর্ণ প্রশিক্ষণের সূচনা করার উদ্দেশ্য পাঠ

একজন ব্যক্তির চেয়ারের উপড়ে উঠে দাঁড়ালে তার ওজন ধরে রাখার জন্য যথেষ্ট শক্তিশালী ছয় থেকে আটটি চেয়ার খুঁজুন। চেয়ারগুলিকে একটা লাইনে রাখুন, প্রতিটি চেয়ারের সামনের অংশটি পরবর্তী চেয়ারের পিছনের দিকে। এরপর একজন তরুণ অংশগ্রহণকারীকে তার মোবাইল ফোনে কথা বলার ভান করার সময় চেয়ারের উপরে হাঁটতে বলুন। তারপরে এই বিষয়টাকে আরো কঠিন করে দিন, চেয়ারগুলি আরও বেশি করে একটা অন্যটার থেকে আলাদা করুন যতক্ষণ না সেই অংশগ্রহণকারীর চেয়ারের উপর দিয়ে হাঁটা যথেষ্ট কঠিন না হয়ে যায়। তারপর অবশেষে কাউকে একটা কাগজ ধরিয়ে দিন যেখানে লেখা থাকে "পরিচালক"। এই ব্যক্তি এরপরে এগিয়ে যাবে এবং অংশগ্রহণকারীর হাত ধরে রাখবে যখন সে একটা চেয়ার থেকে অন্য চেয়ারে পা রাখে, এটা ব্যাখ্যা করবে যে কিভাবে একজন পরিচালকের হাত কোন কাজ করাকে সহজ করে দিতে পারে যা কোন একজন ব্যক্তি নিজে করতে গেলে কঠিন হতে পারে।

পাঠ ১ এর জন্য উদ্দেশ্য পাঠ

একজন লোক চিৎকার করতে করতে হাঁটছে, "আমি স্বাধীন! আমি স্বাধীন!" এবং তিনি একজন খ্রীষ্টান হিসাবে কতটা স্বাধীন তা নিয়ে জোরে জোরে কথা বলছেন। কিন্তু সব সময় তিনি তার পায়ে বাঁধা দুটি ছাগলকে উপেক্ষা করছেন, একটা ছাগল এক পায়ে এবং অন্য পায়ে অন্য আরেকটি ছাগল বাধা। (এখানে অন্য প্রাণীও ব্যবহার করা যেতে পারে, যেমন দুটি ভেড়া, দুটি মোরগ বা দুটি বিড়াল।) এইমত অবস্থায় তার পক্ষে সোজাভাবে হাঁটা কঠিন। তাকে একটা পশু একদিকে টানছে, তারপর অন্যটি অন্য দিকে টেনে নিয়ে যাচ্ছে। সে তার গন্তব্যে পৌঁছানোর জন্য সংগ্রাম করছে কিন্তু সে শুধুমাত্র ছাগলগুলো দেখতে পাচ্ছে না। সে মনে করছে সে স্বাধীন, কিন্তু সে আসলে স্বাধীন নয়। একদমই নয়!

যদি কোন পশু পাওয়া না যায়, তাহলে কাগজের একটা বড় পোস্টার নিন এবং কাউকে একটা ব্যক্তির পায়ে বাঁধা দুটি ছাগল আঁকতে বলুন। কেউ উপরে এসে সেই আঁকাটিকে নির্দেশ করবেন এবং বলবেন, "আমি একজন মুসলিম পটভূমি থেকে বিশ্বাসী! আমি স্বাধীন, আমি স্বাধীন।" সে এক মিনিটের জন্য তার স্বাধীনতার কথা বললেও ছাগলের ছবিগুলোকে পুরোপুরি উপেক্ষা করবে এবং তাদের বিষয়ে কোনকিছুই বলবে না। এই ব্যক্তিটি বেরিয়ে যায়, তারপর অন্য একজন আসে, এবং

সেই সেই ছবির ছাগলের দিকে নির্দেশ করে, এবং তারপর সে একটা প্রশ্ন করার ভান করে তার হাত বাড়ায়।

পাঠ ২ এর জন্য উদ্দেশ্য পাঠ

একটা চওড়া মাস্কিং টেপের মোটা-টিপযুক্ত মার্কার দিয়ে মোটা অক্ষরে **"ধিম্মি"** শব্দটি লিখুন। টেপের উপরে লেখা শব্দটি শ্রোতাদের দেখান, এবং তারপরে গিয়ে এমন একজন ব্যক্তির মুখের উপর টেপটা লাগিয়ে দিন যিনি ইতিমধ্যেই একটা চেয়ারে বাঁধা। তারপর, ২০ সেকেন্ড পরে, ব্যক্তিটিকে উপরে তাকাতে বলুন এবং দাঁড়ানোর চেষ্টা করতে বলুন। তিনি তা করতে পারবেন না। অন্য একজন প্রাপ্তবয়স্ককে একটা কাগজ ধরতে বলুন যার উপর মোটা অক্ষরে লেখা আছে **"নাজাতদাতা"**। নাজাতদাতাকে *ধিম্মির* বন্ধন খুলতে বলুন এবং তারপরে নাজাতপ্রাপ্ত ধিম্মিকে একটা উজ্জ্বল আলোর দিকে এগিয়ে যেতে দিন (এটা একটা বাতি হতে পারে, এমনকি একটা স্মার্টফোনের টর্চও হতে পারে), জবুর শরীফ ২৩ মুখস্থ করে উচ্চস্বরে পাঠ করুন।

পাঠ ৩ এর জন্য উদ্দেশ্য পাঠ

কোনো প্রাণী ফাঁদের টোপটা নিতে চায়, সে ফাঁদে ধরা পড়ে। সেই প্রাণী টোপ ছেড়ে না দেওয়া পর্যন্ত মুক্ত হতে পারে না। এমন একটা জার খুঁজে বের করুন যাতে কেউ সহজেই নিজের হাত প্রবেশ করাতে পারে, কিন্তু জারটা এতটা ছোট হবে যে তারা মুষ্টি করলে হাত বের করতে পারবে না। জারটাকে তুলে ধরুন এবং একটা কাগজে লিখে রাখুন **"শাহাদা"**, সেই কাজগটিকেও তুলে ধরুন। জারের ভিতরে কিছু বাদাম রাখুন। ব্যক্তিটি বাদাম নেবার জন্য জারে হাত প্রবেশ করায়, কিন্তু নিজের হাত বের করতে পারে না। সে এদিক ওদিক ঘুরে বেড়ায় এবং সবাইকে তাদের সমস্যা দেখায়। তার হাত মুক্ত করার একমাত্র উপায় হল বাদামগুলোকে ছেড়ে দেওয়া।

পাঠ ৪ এর জন্য উদ্দেশ্য পাঠ

একজন বিক্ষুব্ধ বুরখা পরিধানকারী মহিলা এবং দুয়া করার টুপি পরা একজন মুসলিম পুরুষ দুটি চেয়ারে চোখ বেঁধে বসে আছেন। দুটি কাগজে বড় বড় অক্ষরে লেখা **"ঈমানদার মুসলিম"** শব্দগুলি লিখুন এবং তারপরে প্রতিটি ব্যক্তির বুকে সেটা টেপ দিয়ে আটকে দিন বা তাদের গলায় ঝুলিয়ে দিন। এরপরে বেশ কিছু লোক এসে তাদের চারপাশে বেশ কয়েকবার হেঁটে বেড়ায় এবং একে অপরের প্রতি আনন্দের সঙ্গে ফিসফিস করে কথা বলে, এবং তারা একসাথে একটা প্রশংসা গান গাইতে পারে, কিন্তু সেই মুসলমানদের তারা সরাসরি কিছুই বলে না। মুসলিম ব্যক্তির চেয়ারের নীচে একটা তলোয়ার থাকে (বা অন্য কোনও অস্ত্র যেমন একটা ছুরি), প্রতিবার যখন কেউ তার কাছে আসে সে তলোয়ারটিকে বাতাসে দোলাতে থাকে, তাদেরকে শান্ত থাকতে বলে এবং বলে তারা যেন তাকে হিংসাত্বক হয়ে যেতে প্ররোচনা না করে। বাকিরা সেখান থেকে চুপচাপ বেরিয়ে যায়। তখন কেউ একজন এসে চুপচাপ তাদের চোখের বন্ধন সরিয়ে দিয়ে দম্পতিকে দেখায় যে সেখানে কেউ নেই। তারপর সবাই খুব অবাক হয়ে সেখান থেকে বেরিয়ে যায়।

পাঠ ৫ এর জন্য উদ্দেশ্য পাঠ

একজন পুরুষ বা মহিলা মাটিতে শুয়ে আছেন, তাদের ক্লান্ত এবং পরাজিত মনে হচ্ছে, একটা প্রতিরক্ষামূলক ভঙ্গিতে তারা নিজেদের শরীরকে কুঁচকে শুয়ে আছে। "প্রত্যাখ্যাত" শব্দটি কাগজের টুকরোতে মোটা করে লিখতে হবে বা মুদ্রণ করতে হবে এবং সেই ব্যক্তির গায়ে আটকে দিতে হবে। তার একটা গোড়ালিতে বাঁধা একটা লম্বা দড়ি সেই স্থান থেকে দূর পর্যন্ত চলে গেছে। এটা কীসের সাথে বাঁধা তা আপনি দেখতে পারবেন না: এটা একটা গাছ বা অন্য কিছুর সাথে বাঁধা হতে পারে। একজন নাজাতদাতা ব্যক্তি এসে দড়িটিকে খুলে দেয়, আলতো করে লোকটিকে একটা চেয়ারে তুলে নেয় বা ওঠার জন্য তাকে সাহায্য করে, তাদের এক গ্লাস জল দেয়, তারা পান করা শেষ না হওয়া পর্যন্ত ধৈর্য ধরে দেখে, তারপর গ্লাসটি নিয়ে যায়, একপাশে রাখে এবং "প্রত্যাখ্যাত" লেখাটি খুলে

ফেলে। তারপরে সেই উদ্ধারকারী উদ্ধারপ্রাপ্ত ব্যক্তির সামনে হাঁটু গেড়ে বসে এবং তাদের পা ধুয়ে দেয় ও মুছিয়ে দেয়।

পাঠ ৬ এর জন্য উদ্দেশ্য পাঠ

একজন লোককে একটা ডেস্কের পিছনে হাতে বাইবেল নিয়ে একটা চেয়ারে বসতে বলুন এবং তার স্ত্রী তার কাঁধে হাত রেখে তার পিছনে দাঁড়িয়ে থাকবেন। তারা নীরবে খোলা বাইবেলের দিকে তাকায়। মাস্কিং টেপের প্রশস্ত অংশে মোটা-টিপযুক্ত মার্কার দিয়ে মোটা অক্ষরে **"ধিম্মি"** শব্দটি মুদ্রিত করুন বা লিখুন। টেপটি শ্রোতাদের দেখান, এবং তারপরে গিয়ে চেয়ারে থাকা লোকটির মুখের উপর টেপটা লাগিয়ে দিন। তারপর একজন, মুসলিম ব্যক্তির মত হাঁটার ভান করে সেখানে আসবে ও তাদের অভিবাদন করতে শুরু করবে এবং তারপর সেখানে উপস্থিত নীরব, খ্রীষ্টবিশ্বাসীকে উপহাস করবে। সেখানে উপস্থিত সেই স্ত্রী প্রশ্নের উত্তর দেওয়ার চেষ্টা করবে। কিন্তু মুসলিম ব্যক্তি তার উত্তর উপেক্ষা করবে। খ্রীষ্টবিশ্বাসী এই সময়ে দুহাত দিয়ে বাইবেল ধরে রাখবেন কিন্তু কেবল তার মাথা নাড়িয়ে কথা বলার চেষ্টা করবেন। অবশেষে, সেই মুসলিম হাসে এবং সেখান থেকে চলে যায়। স্ত্রীকে স্বামীর মুখের টেপটি সরিয়ে দিতে বলুন এবং তাকে আনন্দের সাথে বলতে দিন, "সেই মুসলিমকে ফিরে আসতে বল"! সেই স্ত্রীলোক দ্রুত মুসলিমকে ডাকতে চলে যায়। তারপর লোকটিও তাকে অনুসরণ করার সিদ্ধান্ত নেয় এবং বলে, "আমি আসছি, আমি আসছি!" এই সময়েও তিনি তার বাইবেল ধরে রাখেন।

পাঠ ৭ এর জন্য উদ্দেশ্য পাঠ

শান্তভাবে শ্রোতাদের সামনে তিনটি চেয়ার রাখুন, একপাশে একটা চেয়ার এবং অন্য পাশে এই একটা চেয়ারের মুখোমুখি করে এক জোড়া চেয়ার রাখুন। একজোড়া চেয়ারগুলির প্রতিটিতে একটা কাগজে "স্বাধীনতা" শব্দটি লিখে আটকে দিন। অন্য চেয়ারটিতে "ইসলাম" শব্দটি লিখে আটকে দিন। একক চেয়ারটি ঘরের এমন কোন আসবাবের সঙ্গে বাঁধা থাকবে যে চেয়ারটিকে সেখান থেকে সরানো যাবে না। একজন ব্যক্তি "ইসলাম" চেয়ারে বসে আছেন, এবং তার পা সেই চেয়ারের সাথে আরেকটি খাটো দড়ি দিয়ে বাঁধা। দড়িটি "স্বাধীনতা" লেখা চেয়ারগুলিতে পৌঁছানোর জন্য যথেষ্ট দীর্ঘ নয়, এবং "ইসলাম" চেয়ারটি সরানো যাবে না কারণ এটা কোন একটা ভারী আসবাবপত্রের সঙ্গে বাঁধা। একটা কাগজে মোটা-টিপযুক্ত মার্কার সহ মোটা অক্ষরে "বন্দীত্ব" শব্দটি মুদ্রিত করুন বা লিখুন। কেউ একজন শ্রোতাদের এই কাগজটি দেখাবে এবং তারপরে গিয়ে সেই দড়িতে কাগজটি আটকে দেবে যে দড়িটা ঐ ব্যক্তিকে "ইসলাম" চেয়ারের সাথে বেঁধে রেখেছে। এখন অন্য কেউ প্রবেশ করবে এবং একটা "স্বাধীনতা" চেয়ারে বসবে, একটা বাইবেল পড়বে। এই ব্যক্তি আবদ্ধ ব্যক্তিকে ইশারা করে, তাদের খালি "স্বাধীনতা" চেয়ারে আসতে আমন্ত্রণ জানায়। আবদ্ধ ব্যক্তি "স্বাধীনতা" চেয়ারে পৌঁছানোর চেষ্টা করে, কিন্তু দড়ির কারণে সেখানে পৌঁছাতে পারে না। "স্বাধীনতা" চেয়ারে বসে থাকা ব্যক্তিটি "ত্যাগ" লেখা একটা কাগজ তুলে নেয় এবং এটা দর্শকদের দেখায়। সেই ব্যক্তি তারপরে যায় এবং "ইসলাম" চিহ্নের উপরে "ত্যাগ" লেখা কাগজটি আটকে দেয় যাতে উভয় কাগজই দেখতে পাওয়া যায় এবং সেই দড়িটি খুলে দেয় যা ব্যক্তিটিকে "ইসলাম" লেখা চেয়ারে আবদ্ধ করে রেখেছিল। দুজনেই এখন ওপারে গিয়ে দুটি "স্বাধীনতা" চেয়ারে বসে আছে। তারা একসাথে 'মহান প্রভু যে' (বা খ্রিস্টের স্বাধীনতার বিষয়ে অন্য কোন সুপরিচিত গান) গানটা গাইতে শুরু করে।

পাঠ ৮ এর জন্য উদ্দেশ্য পাঠ

একজন ধর্মপ্রাণ মুসলমানের মতো পোশাক পরা একজন মহিলাকে চোখ বেঁধে আসতে বলুন, একজন মুসলিমের মতো দেখতে পুরুষের হাত ধরে সে একটা চেয়ারের দিকে যায়। "লজ্জা" শব্দটি কাগজে লিখে বা মুদ্রণ করে তার বুকে আটকে দিন। মুসলিম লোকটি তাকে বলে, "তোমার পা ও হাত নোংরা!" এবং তারপর সে দূরে চলে যায়। সেই স্ত্রীলোক চেয়ারে বসে আছেন, এবং দর্শকরা দেখতে পাচ্ছেন যে তার হাত ও পায়ে অনেক নোংরা আছে। সে মৃদুস্বরে কাঁদতে শুরু করে। এরপরে

একজন খ্রীষ্টিয় স্ত্রীলোক আসেন। তিনি পানি সহ একটা পাত্র এবং একটা তোয়ালে নিয়ে আসেন। তিনি প্রথমে মৃদুভাবে এবং নিঃশব্দে মুসলিম স্ত্রীলোকের চোখের জল মুছে দেন এবং মহিলার গাল মুছে দেন। তারপর সে মহিলার হাত ধুয়ে দেয়, এবং তারপর তার পা ধোবার জন্য হাঁটু গেড়ে বসে। পা পরিষ্কার করার পরে, খ্রীষ্টিয় মহিলাটি আলতো করে বুরখার পর্দা সরিয়ে অন্য মহিলাকে উঠতে সাহায্য করেন। তারা হাত ধরে চলে যায়, খ্রীষ্টিয় স্ত্রীলোক পানির পাত্র বহন করে এবং মুসলিম স্ত্রীলোক গামছাটা বহন করে।

ছোট দলের সভাপতিদের ভূমিকা

একটা ছোট দলের সভাপতির ভূমিকা তাদের দলের আলোচনাকে উৎসাহিত করা।

যখন প্রতিটি পাঠের প্রশ্নে কোন শব্দ মোট অক্ষরে লেখা আছে, তখন এর মানে হল যে এটা সেই নির্দিষ্ট পাঠের জন্য নতুন নাম বা নতুন শব্দভাণ্ডারে রয়েছে। যখন একটা দলের এই শব্দগুলির মধ্যে যেকোন একটার সঙ্গে পরিচয় হয়, তখন সভাপতি সেই ব্যক্তিটি কে ছিলেন বা শব্দটির অর্থ কী তা নিয়ে দলের দৃষ্টি আকর্ষণ করবেন এবং কিছুক্ষণ সময় অতিবাহিত করতে পারেন।

সভাপতি তাদের দলের সবাইকে আলোচনায় অবদান রাখতে উৎসাহিত করেন।

প্রদত্ত প্রশ্নগুলি দেওয়া হয়েছে যেন নিশ্চিত করা যায় যে প্রত্যেকেই শিক্ষাটি বুঝতে পেরেছে। দলের সদস্যরা যদি বিভাগের বিষয়গুলি নিয়ে আরও আলোচনা করতে চান তাহলে আরো ভাল।

যদি কোনো দল মূল বিষয়ের বাইরে চলে যায়, তখন সভাপতি তাদের অধ্যয়নের মূল প্রশ্নগুলিতে ফিরিয়ে আনতে পারবেন।

সভাপতি এটাও নিশ্চিত করবেন যে আলোচনা যেন ক্রমাগত চলতে থাকে।

ছোট দলের সভাপতি হল ছোট দলেরর একমাত্র ব্যক্তি যিনি প্রশিক্ষণ নির্দেশিকার শেষে দেওয়া উত্তরগুলো থেকে পরামর্শ নিতে পারেন।

পাঠ ৫-৭ এ দুয়া পরিচালনা করা

এখানে ৫-৭ পাঠে *শাহাদা, ধিম্মা,* এবং মিথ্যা, ভ্রান্ত শ্রেষ্ঠত্ব এবং অভিশাপ ত্যাগ করার দুয়া পরিচালনার জন্য নির্দেশিকা দেওয়া হয়েছে।

- সকলে মিলে একটা বৃহৎ দল হিসেবে (আলাদাভাবে নয়, ছোট দলে) দুয়াগুলো উচ্চারণ করুন। যদিও, অংশগ্রহণকারীদের তাদের দল থেকে বেরিয়ে আসার দরকার নেই যদি না সেখানে সবাইকে একত্রিত করার প্রয়োজন হচ্ছে।
- দুয়া করার সময় সবাইকে দাঁড়ানোর জন্য আমন্ত্রণ জানানো হলে সবচেয়ে ভালো হয়: এই ধরনের ঘোষণা দেওয়ার সময় আমাদের সতর্ক, জাগ্রত এবং দাঁড়িয়ে থাকা উচিত।
- প্রতিটি দুয়া করার অধিবেশনের আগে, বাইবেলের আয়াতগুলি প্রশ্ন-উত্তরের আকারে দেওয়া হয়েছে। নেতা প্রথমে প্রশ্নগুলি পড়েন, তারপর বাইবেলের আয়াতগুলি পড়েন, তারপর উত্তরগুলি পড়েন (ইটালিক মুদ্রণ করা হয়েছে)। এরপরে সবাই একত্রে দাঁড়িয়ে এই দুয়া করে। যখন পাঠ ৫-এর (*শাহাদা* থেকে স্বাধীনতা) পরে পাঠ ৬ (*ধিম্মা* থেকে স্বাধীনতা) সম্পন্ন করা হয়-এটা স্বাভাবিক নিয়ম-তখন 'সত্যের মুখোমুখি' হওয়ার মত আয়াতগুলো যেগুলো ইতিমধ্যে পাঠ ৫ এর জন্য পড়া হয়েছে তাই সেগুলো পাঠ ৬ এর জন্য আর পুনরাবৃত্তি করার প্রয়োজন নেই।
- ৫ম পাঠে, *শাহাদা* পরিত্যাগকারী দুয়াটি 'ঈসা মশীহকে অনুসরণ করার অঙ্গীকারের ঘোষণা ও দুয়া'র ঠিক পরে বলা উচিত, এটা পাঠ ৫-এও পাওয়া যায়। প্রথমে 'ঈসা

মশীহকে অনুসরণ করার অঙ্গীকারের ঘোষণা এবং দুয়া' পাঠ করুন এবং তারপর স্বাধীনতার সাক্ষ্যগুলি পড়ুন৷ এর পরে নেতা 'সত্যের মুখোমুখি' হওয়ার আয়াতগুলো পাঠ করেন৷ তারপর সবাই '*শাহাদা* ত্যাগ করার ঘোষণা এবং দুয়া এবং এর শক্তি ভাঙার' দুয়া একসাথে উচ্চারণ করে।

- এই দুয়াগুলি কয়েকটি ভিন্ন উপায়ে একসাথে বলা যেতে পারে:
  - এই প্রশিক্ষণ নির্দেশিকা থেকে লোকেরা সরাসরি এই দুয়াগুলো একসাথে পড়তে পারে৷
  - প্রজেকশন ব্যবহার করা হলে, তারা একটা স্ক্রিন থেকে সেগুলি পড়তে পারে৷
  - প্রায়শই এই দুয়াগুলিকে 'আমার-পরে পরে-বল' উপায়ে পড়াটা সবচেয়ে ভাল হবে, যেখানে নেতা একটা বাক্যাংশ বলবে এবং অন্যরা বাক্যাংশটির পুনরাবৃত্তি করে৷ যখন অংশগ্রহণকারীরা একসাথে উচ্চস্বরে পাঠ পড়তে অভ্যস্ত হয় না তখন 'আমার-পরে পরে-বল' উপায়টি ব্যবহার করা ভাল৷ এই পদ্ধতিটি লোকেদের নিজেদের জন্য দুয়া করার শব্দগুলি তৈরি করতে এবং নিজে দুয়া করার জন্য আরও সময় দেয়; এই উপায় একটা দলের জন্য ঐক্যের অনুভূতি তৈরি করতে পারে৷
- প্রতিবার যখন এই দুয়াগুলি পাঠ করা হয়, লোকেরা দুয়া করার সাথে সাথেই, নেতার সেই সকল লোকেদের জন্য দুয়া করা খুবই গুরুত্বপূর্ণ, যেন তাদের অভিশাপ ভেঙ্গে যায় এবং অভিশাপ নেয়ামতের মাধ্যমে প্রতিস্থাপিত হয়৷ নেতার এই ফলো-আপ দুয়ায় নিম্নলিখিত উপাদানগুলি অন্তর্ভুক্ত করা উচিত:
  - নেতাকে আত্মবিশ্বাসের সাথে ঘোষণা করা উচিত যে যা পরিত্যাগ করা হয়েছে তার সাথে যুক্ত সমস্ত অভিশাপ ভেঙে দেওয়া হয়েছে৷ এই বিষয়টা নেতা সকলের জন্য করতে পারে, বা নেতা সকলকে নেতৃত্ব দিতে পারেন যেন তারা নিজেদের জন্য এই ঘোষণা করতে পারে৷ উদাহরণস্বরূপ, *শাহাদা* ত্যাগ করার দুয়া করার পরে, নেতা বলতে পারেন, "আমি আপনার জীবন থেকে ইসলাম ধর্ম থেকে আগত সমস্ত অভিশাপকে ভেঙে দিয়েছি৷ আমি আপনার জীবন থেকে ইসলামের সমস্ত আধ্যাত্মিক শক্তি ছিন্ন করে দিয়েছি"। অথবা যদি জনগণকে এই ঘোষনা করতে পরিচালিত করা হয়, তারা এই বাক্যগুলো ব্যবহার করতে পারে, 'আমার-পরে পরে-বল' উপায়ে "আমি আমার জীবন থেকে ইসলামের আনা সমস্ত অভিশাপ ভেঙে দিচ্ছি৷ আমি আমার জীবন থেকে ইসলামের সমস্ত আধ্যাত্মিক শক্তি ছিন্ন করে দিচ্ছি৷"
  - একইভাবে, নেতা মন্দশক্তিকে চলে যাওয়ার হুকুম দেন—তাদের বিতাড়িত করেন—অথবা এই বাক্যগুলি ব্যবহার করে লোকেদের নিজের জন্য এটা করতে নেতৃত্ব দেন: "আমাদের প্রভু ঈসা মশীহের নামে আমি সমস্ত মন্দশক্তিকে ঈসার কাছে বশ্যতা স্বীকার করতে এবং এখনই তোমাদের ছেড়ে যাওয়ার নির্দেশ দিচ্ছি" (বা "আমাকে এখন ছেড়ে দিন" যদি 'আমার-পরে পরে-বল' উপায়টি ব্যবহার করা হয়)।
  - তারপর নেতা সেই লোকেদেরকে নেয়ামত করেন যারা এই দুয়া করেছেন, সে সেই নেয়ামত আহ্বান করে যা ইসলাম পরিত্যাগ করার বিপরীত, যেমনটি পাঠ ২-এ ব্যাখ্যা করা হয়েছে৷ উদাহরণস্বরূপ, *যিম্মা* ত্যাগ করার দুয়া করার পরে, নেতা মানুষের ওষ্ঠকে জীবন বাণী দিয়ে নেয়ামত করতে পারেন যেন মানুষ সাহসের

সাথে সত্য কথা বলতে পারে; এবং *শাহাদা* ত্যাগ করার দুয়া করার পরে, নেতা সকলকে জীবন, আশা, সাহস এবং আল্লাহ্‌র ভালবাসা দিয়ে নেয়ামত করতে পারে।

- এর সঙ্গে, একটা দুয়া করার দল প্রস্তুত রাখা ভাল যারা একসাথে একটা দুয়া পড়ার পরে লোকেদের জন্য দুয়া চালিয়ে যেতে পারে। একটা উপায় হল একটা অভিষেক পরিচর্যা লাইন থাকা: দুয়া পাঠ করার পরে, লোকেদের তেল দিয়ে অভিষিক্ত হওয়ার জন্য এগিয়ে আসার জন্য আমন্ত্রণ জানানো যেতে পারে এবং দুয়া দলের সদস্যদের দ্বারা পৃথকভাবে দুয়া করা যেতে পারে। আপনার দুয়া দলকে আগে থেকেই প্রশিক্ষণ দেওয়া ভাল, যেন তারা জানে যে তাদেরকে কি করতে হবে।

বাপ্তিষ্ম

এটা দৃঢ়ভাবে পরামর্শ দেওয়া হয় যে বাপ্তিস্মের নেবার আগে প্রত্যেক ব্যক্তি যারা খ্রীষ্টকে অনুসরণ করার জন্য ইসলাম ত্যাগ করেছে তাদের আনুষ্ঠানিকভাবে পাঠ ৫-এর উভয় দুয়াই পাঠ করা উচিত: 'ঈসা মশীহকে অনুসরণ করার অঙ্গীকারের ঘোষণা এবং দুয়া' এবং '*শাহাদা* ত্যাগ করার এবং এর শক্তি ভাঙ্গার' ঘোষণা এবং দুয়া' । তারা এই দুয়াগুলি পাঠ করার আগে তাদের কাছে দুয়া করার অর্থ স্পষ্টভাবে ব্যাখ্যা করতে হবে, যাতে তারা সেই শব্দগুলো বুঝতে পারে এবং তারা যা দুয়া করছে তার প্রতি সম্পূর্ণরূপে প্রতিশ্রুতিবদ্ধ হতে পারে। এটা বাপ্তিষ্মের প্রস্তুতির অংশ হিসাবে করা বাঞ্ছনীয়।

প্রকাশ

কখনও কখনও এমন হয় যখন লোকেরা এই দুয়াগুলি বলে তখন মন্দশক্তিগুলো প্রকাশ পাবে। কেউ চিৎকার করতে শুরু করতে পারে, তারা পড়ে যেতে পারে, অথবা তারা কাঁপতে শুরু করতে পারে। এই কারণে, এবং বিশেষ করে যখন লোকেরা দলবদ্ধভাবে দুয়া করে, তখন প্রস্তুত হওয়া ভাল। এমন একটা দল বা কয়েকটি দলকে সঙ্গে রাখুন যারা সাবধানে একজন ব্যক্তিকে অন্যপাশে নিয়ে যেতে পারে, তাদের উত্সাহিত করতে পারে এবং মৃদুভাবে কিন্তু আত্মবিশ্বাসের সাথে দিয়াবলকে চলে যাওয়ার নির্দেশ দিতে পারে। দুয়া করার সময় এক বা একাধিক নেতা তাদের চোখ খোলা রেখে চারপাশে তাকাতে পারেন যাতে সবাই কেমন প্রতিক্রিয়া করছে সেদিকে নজর রাখা যায়।

১

ইসলাম ত্যাগ করার প্রয়োজনীয়তা

“স্বাধীনতার উদ্দেশ্যেই মশীহ আমাদের স্বাধীন করেছেন।”
গালাতীয় ৫:১

পাঠের উদ্দেশ্যসমূহ

ক) ইসলাম ধর্মের অন্তর্গত চুক্তির শক্তি ত্যাগ করার গুরুত্বপূর্ণ প্রয়োজনীয়তাকে উপলব্ধি করুন।

খ) মুসলিম এবং অমুসলিমদের উপরে ইসলাম ধর্মের আত্মিক সার্বভৌমত্বের আগ্রাসী মনোভাবকে বুঝুন।

গ) শয়তানের ক্ষমতা থেকে ঈসা মশীহের রাজ্যে স্থানান্তরিত হওয়ার ধারণার সাথে পরিচিত হোন।

ঘ) ইসলামী *জিহাদিদের* চূড়ান্ত জবাব হিসাবে বলপ্রয়োগকে প্রত্যাখ্যান করুন।

ঙ) দানিয়েলের একটা দর্শনে দেখা "ক্রুদ্ধ রাজার" সঙ্গে মহম্মদের সাদৃশ্য বিবেচনা করুন এবং উপলব্ধি করুন যে এই রাজা পরাজিত হয়েছিল, কিন্তু "মানুষের শক্তিতে নয়"।

কেস স্টাডিঃ আপনি হলে কি করতেন?

আপনি যখন মার্ক দুরির এই বইটি পড়ছেন, তখন আপনি একটা ফোন কল পেলেন যাতে আপনাকে জানানো হয় যে আপনার চাচা একটা ছোট গাড়ি দুর্ঘটনার মধ্যে পড়েছেন এবং তিনি আপনার খুব কাছের একটা হাসপাতালে আছেন। আপনি যখন তার সাথে দেখা করতে যান, আপনি জানতে পারেন যে তিনি খুব ধর্মপ্রাণ শিয়া মুসলিম আলীর সাথে একটা রুম শেয়ার করছেন। আপনি আপনার চাচার জন্য দুয়া করার পরে, আলী আপনার সাথে কথা বলতে আগ্রহী হয়, এবং বলে, "আপনি খুব ভাল মুসলিম হয়ে উঠবেন এবং আপনি সেটার খুব কাছাকাছি পৌঁছে গেছেন। একবার আপনি হজরত মুহাম্মাদ-এর বিস্ময়কর উদাহরণ সম্পর্কে জানবেন, আপনি দেখতে পাবেন যে হজরত ঈসা হজরত মুহাম্মাদের আসার প্রতিশ্রুতি ও ভবিষ্যদ্বাণী করেছিলেন। আমাদের মহান নবী সাল্লাল্লাহু আলাইহি ওয়া সাল্লাম পৃথিবীতে বসবাসকারী সবচেয়ে দয়ালু, সবচেয়ে মহব্বতময়, সবচেয়ে শান্তিপ্রিয় ব্যক্তি ছিলেন। আমি আপনাকে আল্লাহর সঠিক পথে প্রবেশের আমন্ত্রণ জানাচ্ছি।"

আপনি কিভাবে উত্তর দেবেন? আপনি এই পরিস্থিতিতে কি করবেন?

একটা জরুরী প্রয়োজন

এটা একজন প্রাক্তন মুসলমানের সাক্ষ্য যিনি খ্রীষ্টবিশ্বাসকে গ্রহণ করেছিলেন এবং পরবর্তীকালে ইসলাম ত্যাগ করার সময় মহান স্বাধীনতার অনুভব প্রকাশ করেছিলেন:

> আমি পশ্চিমের দেশের একটা মুসলিম পরিবারে বড় হয়েছি। আমরা মসজিদে গিয়ে আরবীতে নামাজ পড়তে শিখেছি। এর বাইরে, আমি বড় হয়ে ওঠার সময়ে খুব বেশি ঈমানদার ছিলাম না। আমি যখন বিশ্ববিদ্যালয়ে গিয়েছিলাম তখন এই বিষয়ে অনুসন্ধান করতে থাকি এবং তখন আমার জীবনের পরিস্থিতি বদলে যায়। এই সময়ের শেষে, আমি আবিষ্কার করেছিলাম যে ঈসা মশীহ আসলে কে ছিলেন এবং তিনি কিভাবে আমার রূহকে রক্ষা করেছিলেন।
>
> আমি বিশ্ববিদ্যালয়ের ক্যাম্পাসে একটা খ্রীষ্টীয় ছাত্রদলের সাথে যুক্ত হয়ে পড়ি। প্রতি সপ্তাহে, এক একজন ভিন্ন ছাত্র পালাক্রমে বাইবেল থেকে কিছু অংশ নিয়ে প্রচার করত। খ্রীষ্টীয়ান হিসাবে তখন আমার এক বছরও পুরো হয়নি, কিন্তু তারা আমাকে জিজ্ঞাসা করেছিল যে আমি বাইবেল থেকে কিছু শেয়ার করতে চাই কিনা। যে সন্ধ্যায় আমার শেয়ার করার কথা ছিল, আমি দুয়া করার জন্য ক্যাম্পাসের একটা পাঠাগারে পা রাখলাম। আমি যে যে বিষয়ে বলতে চেয়েছিলাম তা হল "ঈসা আমার জন্য মারা গেছেন, আমি কি ঈসার জন্য মরতে রাজি?"
>
> আমি যখন দুয়া করতে শুরু করলাম, তখন খুব অদ্ভুত কিছু ঘটল। আমি আমার গলায় শক্ত কিছু অনুভব করলাম যেন আমাকে শ্বাসরোধ করা হচ্ছে বা দম বন্ধ করে দেওয়া হচ্ছে। এই অনুভূতি অব্যাহত এবং তীব্র হওয়ার সাথে সাথে আমি ভয় পেয়ে যাই। তখন আমি অনুভব করলাম একটা আওয়াজ আমাকে বলছে, "ইসলাম ত্যাগ কর! ইসলাম ত্যাগ কর!" আমি বিশ্বাস করি এটা ছিলেন ঈসা মশীহ। একই সময়ে, আমার মন চিন্তা করে বলে উঠলঃ "প্রভু, আমি ইদানীং সত্যিই 'ইসলাম ধর্মে' ছিলাম না বা ইসলামের কোন ধর্মীয় রীতি পালন করিনি"।
>
> যাইহোক, শ্বাসরোধের সেই অনুভূতি অব্যাহত ছিল, তাই আমি বললাম, "ঈসার নামে, আমি ইসলাম ধর্ম ত্যাগ করছি"। এই সব কিছু নিঃশব্দে ঘটছিল কারণ এটা একটা লাইব্রেরি ছিল। আমার ইসলাম ত্যাগের ঘোষণার সঙ্গে সঙ্গে আমার গলার চারপাশে চাপের অনুভূতি বন্ধ হয়ে গেল। আমার ওপর একটা বড় স্বস্তির অনুভূতি এসে গেল! আমি দুয়া এবং সভার জন্য আবার প্রস্তুতি শুরু করলাম। সেই দিনের সভাতে প্রভু সত্যিই নিজের শক্তি দেখিয়েছিলেন এবং আমার মনে আছে সেখানে উপস্থিত ছাত্ররা তাদের হাঁটুতে এসে চিৎকার করে নিজেদেরকে আল্লাহ্‌র কাছে উৎসর্গ করেছিল।

বর্তমান বিশ্বের বহু মানুষের জীবনে একটা জরুরী প্রয়োজন হল ইসলাম ধর্ম পরিত্যাগ করা। এই বইটি ব্যাখ্যা করে কেন এটা প্রয়োজন এবং কীভাবে এটা করা যায়। এটা খ্রীষ্টবিশ্বাসীদের ইসলামের নিয়ন্ত্রণকারী আত্মিক প্রভাব থেকে মুক্ত হতে সাহায্য করার জন্য তথ্য এবং দুয়া প্রদান করে।

এই বইটির মূল ধারণা হল ইসলামের আত্মিক শক্তি দুটি চুক্তির (বা সন্ধি) মাধ্যমে ব্যবহার করা হয়, যেগুলো *শাহাদা* এবং *ধিম্মা* নামে পরিচিত। *শাহাদা* মুসলমানদের আবদ্ধ করে রাখে এবং ধিম্মা অমুসলিমদেরকে ইসলামী ব্যবস্থা দ্বারা নির্ধারিত শর্তে আবদ্ধ করে।

এটা জানা খুব গুরুত্বপূর্ণঃ

- কিভাবে একজন ব্যক্তি যিনি অতীতে একজন মুসলিম ছিলেন কিন্তু খ্রীষ্টকে অনুসরণ করবেন বলে বেছে নিয়েছেন তিনি কীভাবে *শাহাদা* এবং এর অন্তর্ভুক্ত সমস্ত কিছুর প্রতি চুক্তিবদ্ধ আনুগত্য ত্যাগ করতে পারেন এবং সম্পূর্ণ স্বাধীন হতে পারেন।
- কীভাবে একজন খ্রীষ্টবিশ্বাসী তাদের স্বাধীনতা দাবি করতে পারে এবং *ধিম্মার* মাধ্যমে ইসলামী *শরিয়া* আইন দ্বারা অমুসলিমদের উপর বাধ্যতামূলক হীনমন্যতা থেকে স্বাধীনতা লাভ করতে পারে।

খ্রীষ্টবিশ্বাসীরা তাদের জীবন থেকে এই উভয় চুক্তি ত্যাগ করে তাদের ন্যায্য স্বাধীনতা দাবি করতে পারে। (এই উদ্দেশ্যে, ইসলাম পরিত্যাগের দুয়া এই বইটিতে পরবর্তী অংশে দেওয়া হয়েছে।)

দুই চুক্তি

আরবি *ইসলাম* শব্দের অর্থ 'আত্মসমর্পণ' বা 'সমর্পণ'। মুহাম্মদের বিশ্বাস এই পৃথিবীর সামনে দুই ধরনের সমর্পণের বিষয় উপস্থাপন করে। একটা হল ইসলাম ধর্ম গ্রহণকারী ধর্মান্তরিত ব্যক্তির আত্মসমর্পণ। অন্যটি হল অমুসলিমদের আত্মসমর্পণ যারা ধর্মান্তর ছাড়াই ইসলামী আধিপত্যের কাছে আত্মসমর্পণ করে।

ধর্মান্তরিতদের চুক্তি হল *শাহাদা,* মুসলিম বিশ্বাসসূত্র। এটা আল্লাহ এবং মুহাম্মদের নবীত্বের একত্বের প্রতি তাদের সঙ্গে যুক্ত সমস্ত কিছুর প্রতি বিশ্বাসের একটা স্বীকারোক্তি।

ইসলামী রাজনৈতিক আধিপত্যের কাছে আত্মসমর্পণকারী অমুসলিমদের চুক্তি হল *ধিম্মা।* এটা ইসলামী আইনের একটা ধারা যা খ্রীষ্টান এবং অন্যদের অবস্থা নির্ধারণ করে যারা ইসলাম ধর্মকে গ্রহণ না করার সিদ্ধান্ত নেয় কিন্তু এই ধর্মের শাসনের অধীনে থাকতে বাধ্য হয়।

ইসলামের দাবি যে মানবজাতিকে আত্মসমর্পণ করতে হবে, হয় *শাহাদা* স্বীকার করে বা *ধিম্মা* গ্রহণ করে, কিন্তু আমাদের এই দাবিকে প্রতিহত করতে হবে।

অনেক খ্রীষ্টবিশ্বাসী বুঝতে পারবে যে কেউ খ্রীষ্টকে অনুসরণ করার জন্য মুসলিম ধর্ম ত্যাগ করেছে তাকে ইসলামকেও পরিত্যাগ করতে হতে পারে। যদিও, অনেক খ্রীষ্টবিশ্বাসী এটা জেনে আশ্চর্য হতে পারেন যে খ্রীষ্টানরা যারা কখনোই মুসলমান হননি তারা তবুও ইসলামী আধিপত্যের আধ্যাত্মিক প্রভাবের অধীনে আসতে পারে। এটাকে প্রতিহত করার জন্য, তাদের *ধিম্মা* চুক্তির দাবির বিরুদ্ধে ব্যক্তিগত অবস্থান নিতে হবে সেই সমস্ত ভয় ও হীনমন্যতা প্রত্যাখ্যান করে যা ইসলাম তাদের উপর অমুসলিম হিসাবে চাপিয়ে দিতে চায়।

আমরা আধিপত্যের এই দুটো চুক্তির পিছনে নীতিগুলোকে বিশ্লেষণ করব - *শাহাদা* এবং *ধিম্মা* নিয়ে আলোচনা করব- এবং আপনাকে খ্রীষ্ট, তাঁর জীবনের শক্তি এবং স্বাধীনতার জন্য আধ্যাত্মিক সম্পদকে বিবেচনা করার জন্য আমন্ত্রণ জানাব, যা তিনি ক্রুশের মাধ্যমে সুরক্ষিত করেছেন। বাইবেলের নীতিগুলি এবং দুয়াগুলো প্রদান করা হয়েছে যা আপনাকে নিজের জন্য সেই স্বাধীনতা দাবি করতে সক্ষম করে যা খ্রীষ্ট ইতিমধ্যে আপনার পক্ষে সুরক্ষিত করে রেখেছেন।

সার্বভৌমত্ব হস্তান্তর

অনেক ইসলামী শিক্ষক জোর দেন যে "শুধুমাত্র আল্লাহরই" সার্বভৌমত্ব আছে। যখন তারা এই কথা বলে তখন তারা বোঝায় যে *শারিয়া* আইন যেন অবশ্যই সমস্ত ন্যায়বিচার বা ক্ষমতার অন্যান্য নীতির উপর শাসন করে।

এই বইটির একটা মূল ধারণা হল যে খ্রীষ্টের অনুসরণকারীদের একটা অধিকার আছে এবং বাস্তবে এটা তাদের কর্তব্য যেন তারা অন্যান্য সমস্ত আত্মিক সার্বভৌমত্বকে পরিত্যাগ করার অধিকার করে।

খ্রীষ্টিয় চিন্তাধারা অনুযায়ী, খ্রীষ্টের দিকে ফেরার অর্থ হল খ্রীষ্ট ব্যতীত নিজের রূহের উপর সমস্ত আত্মিক দাবি প্রত্যাখ্যান করা এবং ত্যাগ করা। পৌল, কলসীয়দের প্রতি তার চিঠিতে, খ্রীষ্টের প্রতি বিশ্বাসে আসাকে এক রাজ্য থেকে অন্য রাজ্যে স্থানান্তরিত হওয়া হিসাবে বর্ণনা দিয়েছেনঃ

> কারণ তিনি আমাদেরকে অন্ধকারের কর্তৃত্ব থেকে উদ্ধার করে আপন প্রিয় পুত্রের রাজ্যে আনয়ন করেছেন, এই পুত্রেই আমরা নাজাত, গুনহার ক্ষমা লাভ করেছি। (কলসীয় ১:১৩-১৪)

এই বইতে প্রস্তাবিত আত্মিক কৌশলটি হল এক রাজ্য থেকে অন্য রাজ্যে স্থানান্তরিত হওয়ার এই নীতির ব্যবহারিক বা বাস্তবিক প্রয়োগ। খ্রীষ্টের মুমিনরা, তাদের পরিত্রাণের মাধ্যমে, খ্রীষ্টের শাসনের অধীনে এসেছে। এইভাবে তারা আর "অন্ধকারের আধিপত্যের" নীতির অধীনে বাস করে না।

ইসলামের দাবির বিপরীতে মুমিনরা নিজেদের জন্য এই স্বাধীনতা দাবি করতে এবং গ্রহণ করতে পারে - যা তাদের জন্মগত অধিকার - তাদের বুঝতে হবে যে তারা *কোথা থেকে* স্থানান্তরিত হয়েছে এবং কোথায় স্থানান্তরিত হয়েছে৷ এই বইটি সেই জ্ঞানই প্রদান করে এবং সেই জ্ঞানকে বাস্তবে প্রয়োগ করার জন্য উপায় প্রদান করে৷

তরবারি কোন উত্তর নয়

ইসলামের এই পৃথিবীর উপরে আধিপত্যের ইচ্ছাকে প্রতিহত করার অনেক উপায় রয়েছে৷ এর মধ্যে বিভিন্ন ধরণের বিষয় জড়িয়ে আছে, যেমন রাজনৈতিক ও সাম্প্রদায়িক কর্মকাণ্ড, মানবাধিকারের প্রতিরক্ষা, শিক্ষাগত তদন্ত, এবং সত্যের সাথে যোগাযোগের জন্য সামাজিক মাধ্যমের ব্যবহার৷ কিছু সম্প্রদায় এবং জাতির ক্ষেত্রে এমন সময় উপস্থিত হয় যখন তাদের জন্য সামরিক জবাব দেবার প্রয়োজন হতে পারে, কিন্তু তরবারি ইসলামী *জিহাদের* চূড়ান্ত উত্তর হতে পারে না৷

যখন মুহাম্মদ তার অনুসারীদেরকে তার বিশ্বাসকে এই পৃথিবীতে নিয়ে যাওয়ার নির্দেশ দিয়েছিলেন, তখন তিনি অমুসলিমদের কাছে তিনটি বিকল্প সিদ্ধান্ত নেওয়ার নির্দেশ দিয়েছিলেন৷ একটা ছিল ধর্মান্তর *(শাহাদা)*, আরেকটি ছিল রাজনৈতিক আত্মসমর্পণ *(ধিম্মা)*, এবং আরেকটি বিকল্প ছিল তরবারি: তাদের জীবনের জন্য লড়াই করা, হত্যা করা এবং হত্যা হওয়া, এগুলো কোরানই শিক্ষা দেয় (Q৯:১১১; আরও দেখুন Q২:১৯০-১৯৩, ২১৬-২১৭; Q৯:৫, ২৯)।

পরাজিত হওয়ার সম্ভাবনা ছাড়াও, *জিহাদের* বিরুদ্ধে সামরিক প্রতিরোধের পথ আত্মিক বিপদ ডেকে আনে৷ ইউরোপের খ্রীষ্টবিশ্বাসীরা যখন ইসলামিক জিহাদি শক্তির বিরুদ্ধে প্রতিরক্ষামূলক প্রতিরোধে যাত্রা শুরু করে তখন তাদের হাজার বছরেরও বেশি সময় ধরে তরবারি ব্যবহার করতে হয়েছিল৷ *রিকনকুইস্তা* অর্থাৎ আইবেরিয়ান উপদ্বীপকে মুক্ত করতে প্রায় ৮০০ বছর সময় লেগেছিল৷ ৮৪৬ খ্রীষ্টাব্দে আরব রোমকে বরখাস্ত করার মাত্র সাত বছর পরে এবং আন্দালুসিয়া (আইবেরিয়ান উপদ্বীপ) মুসলিম আক্রমণ ও দখলের এক শতাব্দীরও বেশি সময় পরে, ৯৫৩ খ্রীষ্টাব্দে চতুর্থ পোপ লিও সেই সমস্ত লোকেদের জান্নাতের প্রতিশ্রুতি দিয়েছিলেন যারা *জিহাদের* আক্রমণের হাত থেকে খ্রীষ্টান জামাত এবং শহরগুলিকে রক্ষা করার জন্য তাদের জীবন কোরবান করেছিল৷ যদিও, এটা ছিল ইসলামের কৌশল ব্যবহার করে তাদের বিরুদ্ধে যুদ্ধ করার একটা প্রয়াসঃ সর্বোপরি, ঈসা নয়, কিন্তু এটা ছিল মুহাম্মদ, যে যুদ্ধে মারা যাওয়া লোকেদের জান্নাতের প্রতিশ্রুতি দিয়েছিল৷

তবুও ইসলামের শক্তির মূল সামরিক বা রাজনৈতিক নয়, কিন্তু আধ্যাত্মিক৷ তাদের অধীনস্থ স্থানগুলোতে, ইসলাম মূলত *আধ্যাত্মিক* দাবিগুলি তৈরি করেছিল, যা *শাহাদা* এবং *ধিম্মার* ধারণার মাধ্যমে শারিয়া আইনে প্রকাশ করা হয়েছিল এবং এই বিষয়গুলোকে গ্রহণ করতে মানুষকে সামরিক শক্তি দ্বারা বাধ্য করা হয়েছিল৷ এই কারণে ইসলাম থেকে মানুষকে প্রতিরোধ ও স্বাধীন করার জন্য এখানে যে উপায়গুলো দেওয়া হয়েছে সেগুলোও আধ্যাত্মিক৷ এগুলি তৈরি করা হয়েছে যেন খ্রীষ্টবিশ্বাসীরা এগুলো বুঝতে পারে, কারণ তারা ক্রুশ সম্পর্কে বাইবেল-ভিত্তিক ধারণাকে প্রয়োগ করবে যাতে লোকেদের জন্য স্বাধীনতায় আসার পথ প্রদান করা যেতে পারে৷

“মানুষের শক্তি দ্বারা নয়”

দানিয়ালের বইতে একটা আকর্ষণীয় ভবিষ্যদ্বাণীমূলক দৃষ্টিভঙ্গি রয়েছে, যা খ্রীষ্টের ছয় শতাব্দী আগে দেওয়া হয়েছিল, যা ছিল একজন শাসকের বিষয়ে, যার রাজত্ব মহান আলেকজান্ডারের সাম্রাজ্যের পরে আসা রাজ্যগুলি থেকে উদ্ভূত হবে:

> তাদের রাজ্য পরবর্তীকালে গুনাহের মাত্রা পূর্ণ হলে দেখতে ভীষণ চেহারার ও গূঢ়বাক্য বলা এক জন বাদশাহ্‌র সৃষ্টি হবে৷ সে শক্তিতে পরাক্রান্ত হবে, কিন্তু শক্তিতে বলে নয় এবং সে আশ্চর্যভাবে বিনাশ করবে; আর কৃতকার্য হবে, কাজ সফল করবে এবং শক্তিমান ও পাক লোকদেরকে বিনাশ করবে৷ তার চালাকির জন্য সে তার হাতে চাতুরী সফল করবে; সে মনে

> মনে আত্মগরিমা করবে ও নিশ্চিন্ত অবস্থাপন্ন অনেককে বিনষ্ট করবে এবং অধিপতিদের অধিপতির বিরুদ্ধে দাঁড়াবে। শেষে সে ধ্বংস হবে, কিন্তু মানুষের শক্তিতে নয় (দানিয়াল ৮:২৩-২৫)।

এই শাসকের বৈশিষ্ট্য এবং প্রভাব মুহাম্মদ এবং তার উত্তরাধিকারের সাথে একটা অসাধারণ সাদৃশ্য বহন করে এবং এর মধ্যে অন্তর্ভূক্ত আছে ইসলামের শ্রেষ্ঠত্বের অনুভূতি; সাফল্যের জন্য তার ক্ষুধা; প্রতারণার ব্যবহার; অন্যদের শক্তি এবং সম্পদ দখল এবং ক্ষমতা অর্জনের জন্য তাদের ব্যবহার; বারবার পরাজিত হওয়া দেশগুলো যাদের নিজেদের নিরাপত্তার বিষয়ে ভ্রান্ত ধারণা ছিল; ঈসা, আল্লাহ্‌র পুত্র এবং ক্রুশবিদ্ধ প্রভুর বিরোধিতা; এবং খ্রীষ্টান এবং ইহুদি সম্প্রদায়কে ধ্বংস করার লক্ষণীয় প্রমাণ।

এই ভবিষ্যদ্বাণীটি কি মুহাম্মদ এবং ইসলাম ধর্মকে নির্দেশ করছে, যা মুহাম্মদের জীবন এবং উত্তরাধিকারের নৈতিক ও আধ্যাত্মিক ধ্বংস থেকে উদ্ভূত হয়েছিল, যেমন মুসলিম উত্স দ্বারা রিপোর্ট করা হয়েছে? এই উত্তরাধিকার স্পষ্ট। যদি এটা মুহাম্মদকেই নির্দেশ করে, তবে দানিয়ালের ভবিষ্যদ্বাণীর এই "রাজা"-র শক্তি চূড়ান্ত বিজয়ের আশা দেয় কিন্তু এতে একটা সতর্কতাও রয়েছে যে বিজয় "মানুষের শক্তি" দ্বারা হবে না। এই "ভীষণ চেহারার রাজা"কে পরাস্ত করার জন্য, স্বাধীনতা নিছক রাজনৈতিক, সামরিক বা অর্থনৈতিক উপায়ে জয় করা যাবে না।

এই সতর্কবাণী অবশ্যই ইসলামের দাবিকৃত অন্যদের উপর কর্তৃত্ব করার অধিকারের জন্য সত্য। এই দাবির পিছনে যে শক্তি আছে তা আধ্যাত্মিক, এবং দীর্ঘস্থায়ী স্বাধীনতার দিকে পরিচালিত এবং কার্যকরী প্রতিরোধ শুধুমাত্র আধ্যাত্মিক উপায়েই অর্জন করা যেতে পারে। আধিপত্য বিস্তারের জন্য ইসলামের ইচ্ছার লক্ষণগুলি পরিচালনা করার জন্য সামরিক শক্তি সহ অন্যান্য ধরনের প্রতিরোধের প্রয়োজন হতে পারে, কিন্তু তারা সমস্যার মূলকে সমাধান করতে পারে না।

শুধুমাত্র ঈসা মশীহের শক্তি এবং তার ক্রুশই ইসলামের অবমাননাকর দাবী থেকে স্থায়ী ও শেষ নাজাতের চাবিকাঠি প্রদান করে। সেই প্রত্যয় থেকেই এই বইটি লেখা হয়েছে। এর উদ্দেশ্য হল মানব রূহের উপর কর্তৃত্ব করার জন্য ইসলামের কৌশলের দুটি দিক থেকে নাজাত পেতে মুমিনদের প্রস্তুত করা।

অধ্যয়নের নির্দেশিকা

পাঠ ১

শব্দভাণ্ডার

চুক্তি
শাহাদা
ধিম্মা
শারিয়া
জিহাদ
রিকনকুইস্তা
আইবেরিয়ান পেনিনসুলা
আন্দালুসিয়া

নতুন নাম

- রোমান চতুর্থ পোপ লিও (৮৪৭ – ৮৫৫ খ্রীষ্টাব্দ পর্যন্ত কার্যভার সামলেছেন)
- মহান সম্রাট আলেকজান্ডার (৩৫৬ – ৩২৩ খ্রীষ্টপূর্বাব্দ)

এই পাঠে বাইবেলের ব্যবহার

কলসীয় ১:১৩-১৪
দানিয়াল ৮:২৩-২৫

এই পাঠে কোরানের ব্যবহার

Q২:১৯০, ১৯৩, ২১৭
Q৯:২৯, ১১১

পাঠের প্রশ্নাবলী ১

- ছোট দলের সদস্যরা নিজেদের পরিচয় দেয় এবং দলের জন্য একজন সভাপতি ও সচিবকে নিয়োগ করে।
- কেস স্টাডি নিয়ে আলোচনা করুন।

একটা জরুরী প্রয়োজন

১) পাক রূহ খ্রীষ্টবিশ্বাসীদের কাছে তাঁর বার্তা উপস্থাপন করার আগে একজন প্রাক্তন মুসলমানকে কি করতে বলেছিলেন?

২) দুরি অনেক লোকের জীবনে সবচেয়ে জরুরী প্রয়োজন হিসাবে কি দেখেছেন?

৩) ইসলামের দুটি আত্মিক **চুক্তির** আরবী ভাষায় কি নাম দেওয়া আছে?

৪) কি ধরনের মানুষের স্বাধীন হবার প্রয়োজন আছে এবং ***শাহাদাকে*** পরিত্যাগ করার প্রয়োজন আছে?

৫) ইসলামী ***শারিয়া*** আইন দ্বারা আরোপিত অবমাননাকর হীনমন্যতা থেকে কোন ধরনের ব্যক্তিদের স্বাধীনতা দিতে হবে?

দুই চুক্তি

৬) মুহাম্মাদের বিশ্বাস অনুযায়ী কোন দুই ধরনের সমর্পণের প্রয়োজন আছে?

৭) ***শাহাদা*** পাঠ করার অর্থ কি?

৮) *যিম্মা* চুক্তি কি?

৯) ইসলামি আধিপত্যের আত্মিক প্রভাব সম্পর্কে অনেক খ্রীষ্টানকে কোন বিষয়টা অবাক করে দিতে পারে?

সার্বভৌমত্বের হস্তান্তর

১০) ইসালামি শিক্ষকরা যখন বলে যে "সার্বভৌমত্ব শুধুমাত্র আল্লাহ্‌র" – তখন তারা এর মাধ্যমে কি বোঝাতে চায়?

১১) যখন একজন খ্রীষ্টান খ্রীষ্টের দিকে ফেরে তখন তাদের কোন বিষয়টা অবশ্যই প্রত্যাখ্যান এবং পরিত্যাগ করতে হবে?

১২) খ্রীষ্টবিশ্বাসীরা কি থেকে স্থানান্তরিত হয়েছে? তারা কোথায় স্থানান্তরিত হয়েছে?

তরবারি কোন উত্তর নয়

১৩) ইসলামকে প্রতিরোধ করার জন্য, দুরির পরামর্শ অনুযায়ী খ্রীষ্টানরা কি কি পদক্ষেপ নিতে পারে?

১৪) অধীনস্থ অমুসলিমদের সামনে রাখার জন্য মুহাম্মাদ কোন তিনটি বিকল্প তার অনুসরণকারীদের দিয়েছিল?

১৫) খ্রীষ্টান দেশ ও অঞ্চল আক্রমণ করার পর খ্রীষ্টানরা কত সময় ধরে ইসলামিক বাহিনীর সাথে লড়াই করেছিল এবং কতসময় তারা মুসলিমদের প্রতিরোধ করতে পেরেছিল - যাকে

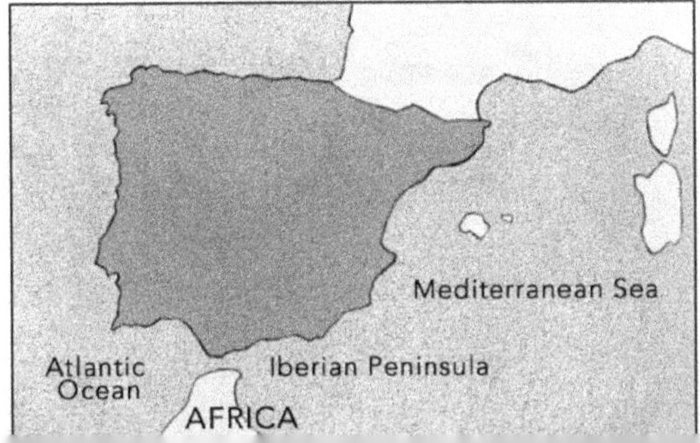

রিকনকুইস্তা বলা হয় – ***আরবীয় পেনিনসুলা*** ফিরে পেতে কত সময় লেগেছিল?

১৬) ৮৪৬ খ্রীষ্টাব্দে মুসলমানরা রোমকে বরখাস্ত করার পর, ৮৫৩ খ্রীষ্টাব্দে **পোপ লিও চতুর্থ** খ্রীষ্টান সৈন্যদের কি প্রতিজ্ঞা করেছিলেন যদি তারা আরব আক্রমণকারীদের বিরুদ্ধে যুদ্ধ করে?

১৭) দুরির মত অনুযায়ী, ইসলামের শক্তির মূল উৎস কি?

"মানুষের শক্তি দ্বারা নয়"

১৮) দুরির মত অনুযায়ী, কার সাথে মুহাম্মাদের উত্তারাধিকারের একটা উল্লেখযোগ্য সাদৃশ্য খুঁজে পাওয়া যায়?

১৯) দানিয়ালের বইতে ইসলামের বিভিন্ন দিক লক্ষ্য করুন যা এটাকে সেই ভীষণ রাজার সাথে সাদৃশ্যপূর্ণ করে তোলে (প্রতিটি বাক্যাংশ সম্পূর্ণ করুন):

POPE LEO IV

- ....ইসলামের অনুভূতি
- ....ইসলামের ক্ষুধা
- ....ইসলামের ব্যবহার
- .... ইসলাম শক্তি ও সম্পদ গ্রহণ ও ব্যবহার করে
- .... ইসলামের দ্বারা পরাজিত জাতি
- .... ইসলামের বিরোধীতা
- .... ইসলামের বিজয়ের উল্লেখ

২০) অবশেষে বিজয় কিভাবে আসবে?

২১) ইসলামের অবমাননাকর দাবী থেকে নাজাত পাবার জন্য কোন দুটি মূল বিষয় কার্যকরী হতে পারে?

২

ক্রুশের মাধ্যমে স্বাধীনতা

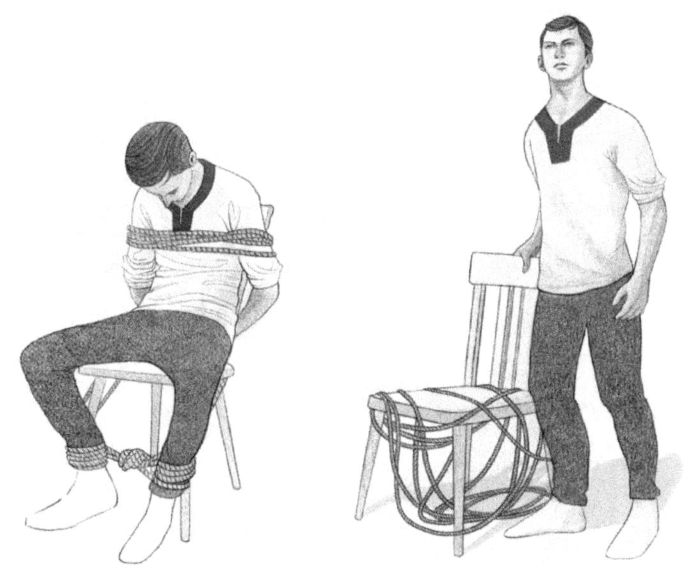

“তিনি আমাকে প্রেরণ করেছেন বন্দীদের কাছে নাজাত ঘোষণা করার জন্য”
লূক ৪:১৮

পাঠের উদ্দেশ্যসমূহ

ক) উপলব্ধি করুন যে ঈসা মানুষকে স্বাধীন করার প্রতিশ্রুতি দিয়েছিলেন।

খ) উপলব্ধি করুন যে আমরা আমাদের স্বাধীনতা দাবি করাকে বেছে নিতে পারি।

গ) বাইবেলে ব্যবহৃত শয়তানের নামগুলো সনাক্ত করুন এবং তাদের অর্থ কী তা বুঝুন।

ঘ) উপলব্ধি করুন যে শয়তানের শক্তি ক্রুশের মাধ্যমে ভেঙ্গে গেছে এবং আমরা শয়তানের নিয়ন্ত্রণের বাইরে স্থানান্তরিত হয়েছি।

ঙ) স্বীকার করুন যে আমরা মন্দ শক্তির বিরুদ্ধে লড়াইয়ে নিযুক্ত আছি।

চ) শয়তান আমাদেরকে দোষারোপ করার জন্য যে ছয়টি কৌশল ব্যবহার করে এবং কীভাবে আমরা এই কৌশলগুলির প্রতি সতর্ক থাকতে পারি তা চিহ্নিত করুন।

ছ) শয়তান কিভাবে মানুষের জীবনে খোলা দরজা এবং পায়ের বন্ধন ব্যবহার করে তা চিনুন।

জ) শয়তান আমাদের বিরুদ্ধে কিভাবে বন্ধ দরজা এবং পায়ের বন্ধন ব্যবহার করে তার কৌশলগুলো চিহ্নিত করুন।

ঝ) ঈসা মশীহের দ্বারা তাঁর শিষ্যদের দেওয়া আধ্যাত্মিক কর্তৃত্বকে বুঝুন এবং মানুষকে স্বাধীন করার জন্য এই কর্তৃত্ব কীভাবে প্রয়োগ করতে হয় তা জানুন।

ঞ) 'নির্দিষ্টতার নীতি' বুঝুন এবং জানুন কেন আমাদের স্বাধীনতা দাবি করার জন্য এটা গুরুত্বপূর্ণ।

ট) লোকেদের স্বাধীন হতে সাহায্য করার জন্য পাঁচটি পদক্ষেপ বিবেচনা করুন।

কেস স্টাডিঃ আপনি হলে কি করতেন?

আপনি একটা জামাতের একজন যুব কর্মী এবং আপনাকে একটা জাতীয় যুব সম্মেলনে আমন্ত্রণ জানানো হয়েছে যার মধ্যে মুসলিম পটভূমির বেশ কয়েকজন বিশিষ্ট মুমিনরা রয়েছে। প্রত্যেক ঘরে চারটি করে বিছানা সহ একটা সুন্দর স্কুলঘরে আপনাকে রাখা হয়েছে। আপনার দুই রুমমেট, হাসান এবং হুসেন, যমজ ভাই যারা মুসলিম পটভূমি থেকে খ্রীষ্টবিশ্বাসী হয়েছে। বিছানায় যাওয়ার আগে, প্যাট্রিক নামে, আরেকজন যুব নেতা, আপনাকে এবং অন্য দুই ব্যক্তিকেও তার সাথে দুয়া করার জন্য আমন্ত্রণ জানান। আপনারা সবাই আনন্দের সাথে দুয়া করার অনুরোধ গ্রহণ করেন এবং প্যাট্রিক রাতে আধ্যাত্মিক সুরক্ষার জন্য দুয়া করেন। ভোর ৪টার দিকে, হাসান চিৎকার শুরু করে এবং তাকে খুব আধ্যাত্মিকভাবে উত্তেজিত বলে মনে হয়। প্যাট্রিক, হুসেন এবং আপনি দুয়া করার জন্য হাসানের চারপাশে জড়ো হন। প্যাট্রিক দুয়া করার সাথে সাথে হাসান আরও ভয় পেয়ে যায়।

প্যাট্রিক হুসেনকে বলেন, "আপনি ইসলাম থেকে বেরিয়ে আসার পর থেকে, আপনি কি আপনার অতীতের চুক্তি, প্রতিজ্ঞা বা নিয়মগুলো পরিত্যাগ করেছেন?"

হুসেন হতবাক হয়ে বলে, "এটা আবার কি! ইসলামে আমরা এমন কিছু করিনি। আমরা শুধু মসজিদে গিয়েছিলাম, এবং এখন আমরা খ্রীষ্টান। আমার ভাই হাসান আরো অন্য লোকের মতো হতাশার সাথে লড়াই করছে। এর সঙ্গে ধর্মের কোনো সম্পর্ক নেই।" তারপর হুসেন আপনার দিকে তাকিয়ে বলেন, "আপনি কি বিশ্বাস করেন যে আমাদের কিছু ত্যাগ করা উচিত ছিল? আপনি কি বিশ্বাস করেন যে আমাদের অতীত জীবনে কোন ধরনের মন্দশক্তি আছে নাকি অন্য কোনকিছু আছে?"

আপনি কিভাবে উত্তর দেবেন?

রেজা ছিলেন একজন যুবক যিনি ইসলাম ত্যাগ করে ঈসা মশীহকে অনুসরণ করার সিদ্ধান্ত নিয়েছিলেন। এক সন্ধ্যায় এক সভায় তাকে ইসলাম প্রত্যাখ্যান করে দুয়া করার জন্য আমন্ত্রণ জানানো হয়। তিনি খুব স্বেচ্ছায় এই কাজ শুরু করেন। যাইহোক, দুয়া করার সময়, যখন তিনি এই শব্দগুলি বলতে এসেছিলেন, "আমি মুহাম্মদের উদাহরণ পরিত্যাগ করছি", তখন তিনি খুবই অবাক হয়েছিলেন যে তিনি 'মুহাম্মদ' শব্দটি মুখে আনতে পারছিলেন না। এটা তাকে হতবাক করেছিল, কারণ যদিও তিনি একটা মুসলিম পরিবারে বেড়ে উঠেছিলেন, তিনি কখনোই ইসলাম পছন্দ করেননি এবং দীর্ঘদিন ধরে মুসলিম রীতিনীতি পালন করেননি। কিন্তু তার খ্রীষ্টান বন্ধুরা তার চারপাশে জড়ো হয়েছিল এবং তাকে এমন বাক্য দিয়ে উৎসাহিত করেছিল যা তাকে ঈসা মশীহতে তার কর্তৃত্বের কথা মনে করিয়ে দেয়। এর পরে তিনি মুহাম্মাদের উদাহরণ ত্যাগ করার কথা বলে দুয়াটি সম্পূর্ণ করতে সক্ষম হন।

সেই রাতের পর রেজার জীবনে দুটি জিনিস বদলে যায়। প্রথমত, তিনি অন্যদের উপর ক্রুদ্ধ হবার আজীবন অভ্যাস থেকে নিরাময় পেয়েছিলেন; এবং দ্বিতীয়ত, তিনি খুশির খবর প্রচারে এবং ইসলাম ত্যাগকারী অন্যদের সাহাবী তৈরি করতে কার্যকর হয়ে উঠেছিলেন। সেই রাতে, যখন রেজা ইসলাম ত্যাগ করেন তখন তিনি খুশির খবর প্রচার এবং শিষ্য বানানোর জন্য ক্ষমতার অভিষেক পেয়েছিলেন, যা ছিল আল্লাহ্‌র পরিচর্যায় তার কার্যকারিতার চাবিকাঠি। তাকে খুশির খবর প্রচার করার জন্য স্বাধীন করা হয়েছিল।

এই অধ্যায় শয়তানের ক্ষমতা থেকে কিভাবে মুক্ত করা যায় সে সম্পর্কে। এই অধ্যায়গুলি আগামী অধ্যায়গুলোর জন্য পথ প্রস্তুত করে, যেগুলি ইসলামী বন্ধনের উপর লক্ষ্য রেখে তৈরি করা হয়েছে।

এই অধ্যায়ে শেখানো নীতিগুলি শুধুমাত্র ইসলামের সাথে নয়, বিভিন্ন পরিস্থিতিতে প্রয়োগ করা যেতে পারে।

ঈসা শিক্ষা দিতে শুরু করেন

রোমানদের কাছে তার চিঠিতে, পৌল "আল্লাহ্‌র সন্তানদের মহিমার স্বাধীনতা" সম্পর্কে বলেছিলেন (রোমীয় ৮:২১)। এই "মহিমার স্বাধীনতা" প্রত্যেক খ্রীষ্টবিশ্বাসীর জন্মগত অধিকার। এটা একটা মহান উপহার, একটা মূল্যবান উত্তরাধিকার যা আল্লাহ্‌ প্রত্যেককে দিতে চান যারা ঈসাকে বিশ্বাস করে এবং অনুসরণ করে।

ঈসা যখন তাঁর শিক্ষার পরিচর্যা শুরু করেছিলেন, তখন জনসাধারণের প্রতি তাঁর প্রথম শিক্ষা ছিল স্বাধীনতার বিষয়ে। এটা ঘটেছিল ইউহোন্না ইউহোন্না বাপ্তাইজকের দ্বারা ঈসার বাপ্তিস্মের পরে এবং মরুভূমিতে শয়তানের দ্বারা ঈসার পরীক্ষা হওয়ার পরে। ঈসা যখন মরুভূমি থেকে ফিরে আসেন, তখন তিনি অবিলম্বে খুশির খবর প্রচার শুরু করেন। কিভাবে তিনি এই কাজ করেছিলেন? তিনি নিজের পরিচয় দিয়ে এটা শুরু করেছিলেন। আমরা লূকে পড়েছি যে ঈসা তাঁর গ্রাম নাসারথের সমাজগৃহে উঠে দাঁড়িয়েছিলেন এবং ইশাইয়া, অধ্যায় ৬১ থেকে পড়তে শুরু করেছিলেনঃ

> মাবুদের রূহ্‌ আমাতে অবস্থিতি করেন,
> কেননা নম্রদের কাছে সুসংবাদ তবলিগ করতে মাবুদ আমাকে অভিষেক করেছেন;
> তিনি আমাকে প্রেরণ করেছেন, যেন আমি ভগ্নান্তঃকরণ লোকদের ক্ষত বেঁধে দিই;
> যেন বন্দী লোকদের কাছে নাজাত ও কারাগারে আটক লোকদের কাছে কারামোচন প্রচার করি;
>
> যেন মাবুদের প্রসন্নতার বছর ও আমাদের আল্লাহ্‌র প্রতিশোধের দিন ঘোষণা করি;
> যেন সমস্ত শোকার্তকে সান্ত্বনা দিতে পারি;
> পরে তিনি কিতাবখানি বন্ধ করে কর্মচারীর হাতে দিয়ে বসলেন। তাতে মজলিস-খানায় সকলের চোখ তাঁর প্রতি স্থির হয়ে রইলো। আর তিনি তাদেরকে বলতে লাগলেন, পাক-কিতাবের এই কালাম তোমাদের কর্ণগোচরে পূর্ণ হল (লুক ৪:১৮-২১)।

ঈসা লোকদের বলছিলেন যে তিনি মানুষকে মুক্ত করতে এসেছেন। তিনি বলছিলেন যে ইশাইয়াকে দেওয়া স্বাধীনতার প্রতিজ্ঞা "আজ" পূর্ণ হচ্ছে: নাসরথের লোকেরা সেই ব্যক্তির সাথে সাক্ষাৎ করেছিল যিনি বন্দীদের নাজাত দিতে পারেন। তিনি তাদের আরও বলছিলেন যে তিনি পাক রূহের দ্বারা অভিষিক্ত হয়েছেন: তিনি ছিলেন অভিষিক্ত, মশীহ, আল্লাহ্‌র মনোনীত রাজা, তাদের প্রতিশ্রুত ত্রাণকর্তা।

ঈসা তাদের স্বাধীনতা বেছে নেওয়ার জন্য আমন্ত্রণ জানিয়েছিলেন। তিনি সুসংবাদ নিয়ে এসেছিলেন: দরিদ্রদের জন্য আশা, কারাগারে বন্দীদের নাজাত, অন্ধদের জন্য নিরাময় এবং নির্যাতিত সকলের জন্য স্বাধীনতা নিয়ে এসেছিলেন।

ঈসা যেখানেই গিয়েছেন তিনি মানুষের জন্য স্বাধীনতা নিয়ে এসেছেন - প্রকৃত স্বাধীনতা নিয়ে এসেছেন, বিভিন্ন উপায়ে। যখন আমরা খুশির খবর পড়ি, তখন আমরা শুনি ঈসা অনেক লোকের জন্য ভাল কাজ করছেন: আশাহীনদের আশা দেওয়া, ক্ষুধার্তদের খাওয়ানো, মানুষকে মন্দ শক্তি থেকে মুক্ত করা এবং অসুস্থদের নিরাময় করার কাজ করেছেন।

ঈসা আজও মানুষকে নাজাত দিচ্ছেন। প্রত্যেক খ্রীষ্টবিশ্বাসীকে ঈসা আহ্বান করেছেন যেন তারা সেই নাজাত উপভোগ করতে পারে।

ঈসা যখন সমাজগৃহে ঘোষণা করেছিলেন যে তিনি "মাবুদের প্রসন্নতার বছর" ঘোষণা করছেন, তখন তিনি লোকেদের বলছিলেন যে এটা তাদের জন্য বিশেষ সময় যখন আল্লাহ্‌ তাদের রহমত দেখাচ্ছেন। ঈসা তাদের বলছিলেন যে আল্লাহ্‌ মানুষকে মুক্ত করতে শক্তি এবং ভালবাসা নিয়ে আসছেন এবং তারাও সেই নাজাত গ্রহণ করতে পারে।

আপনি কি আশা এবং বিশ্বাস করেন যে এই বইটি পড়া আপনার জন্য আল্লাহ্‌র রহমত এবং স্বাধীনতা অনুভব করার ক্ষেত্রে আপনার বিশেষ সময় হতে পারে?

সিদ্ধান্ত নেবার একটা সময়

কল্পনা করুন যে আপনি একটা খাঁচায় আটকা পড়েছেন, এবং খাঁচার দরজাটির তালা বন্ধ। প্রতিদিন আপনার জন্য খাঁচায় খাবার ও পানি দেওয়া হয়। আপনি সেখানে থাকতে পারেন, কিন্তু আপনি একজন বন্দী। ধরুন কেউ এসে সেই খাঁচার দরজা খুলে দিল। এখন আপনার কাছে একটা সুযোগ আছে। আপনি খাঁচায় বসবাস চালিয়ে যেতে পারেন, অথবা আপনি এটা থেকে বেরিয়ে আসতে পারেন এবং আবিষ্কার করতে পারেন যে খাঁচার বাইরের জীবন কেমন। খাঁচার দরজা খোলাটাই যথেষ্ট নয়। আপনাকে সেই খাঁচা থেকে বেরিয়ে আসার সিদ্ধান্ত নিতে হবে। আপনি যদি মুক্ত হতে না চান তার মানে এটা এখনও আপনার বন্দী থাকারই মত।

যখন পৌল গালাতীয়দের কাছে লিখেছিলেন, তিনি বলেছিলেন, "স্বাধীনতার উদ্দেশ্যেই মসীহ্ আমাদের স্বাধীন করেছেন; অতএব তোমরা স্থির থাক এবং গোলামীর জোয়ালিতে আর আবদ্ধ হয়ো না।"। (গালাতীয় ৫:১) ঈসা খ্রীষ্ট লোকেদের মুক্ত করতে এসেছিলেন এবং তিনি যে স্বাধীনতা এনেছেন তা আমরা একবার জানতে পারলে, আমাদের একটা সিদ্ধান্ত নিতে হবে। আমরা কি স্বাধীন মানুষ হিসেবে বাঁচাকে বেছে নেব?

পৌল বলছেন যে আমাদের স্বাধীনতা দাবি করার জন্য আমাদের জাগ্রত এবং সতর্ক থাকতে হবে। স্বাধীনতায় বাঁচতে হলে, আমাদের মুক্ত হওয়ার অর্থ কী তা বুঝতে হবে, তারপরে আমাদের নিজস্ব স্বাধীনতা দাবি করতে হবে এবং তারপরে সেই স্বাধীনতায় চলতে হবে। যখন আমরা ঈসাকে অনুসরণ করি তখন আমাদের শিখতে হবে কীভাবে "স্থির থাকতে হবে" এবং "গোলামীর জোয়াল" প্রত্যাখ্যান করতে হবে।

এই শিক্ষাটি প্রত্যেককে স্বাধীন হবার জন্য এবং তারপর মুক্ত মানুষ হিসেবে বাঁচতে সাহায্য করার জন্য তৈরি করা হয়েছে।

পরের কয়েকটি বিভাগে আমরা শয়তানের ভূমিকা সম্পর্কে শিখব, কীভাবে আমরা শয়তানের ক্ষমতা থেকে আল্লাহ্‌র রাজ্যে স্থানান্তরিত হয়েছি এবং আমরা যে আধ্যাত্মিক যুদ্ধে নিযুক্ত হয়েছি।

ইবলিশ এবং তাঁর রাজ্য

বাইবেল বলে যে আমাদের একজন শত্রু আছে, এমন একজন যে আমাদের ধ্বংস করতে চায়। তার নাম শয়তান। তার অনেক সাহায্যকারী আছে। এদের মধ্যে কিছু সাহায্যকারীদের মন্দশক্তি বলা হয়।

মানুষের সাথে শয়তানের পথ বর্ণনা করতে গিয়ে ঈসা ইউহোন্না ১০:১০ আয়াতে, শয়তানকে "চোর" বলেছেন: "চোর আসে, কেবল যেন চুরি, খুন ও বিনাশ করতে পারে; আমি এসেছি, যেন তারা জীবন পায় ও জীবনের উপচয় পায়"। একটা বিশাল বৈপরীত্য! ঈসা জীবন নিয়ে আসেন—প্রাচুর্যপূর্ণ জীবন; শয়তান ক্ষতি, ধ্বংস এবং মৃত্যু নিয়ে আসে। ঈসা আমাদেরকে আরও বলেন যে শয়তান "সে আদি থেকেই নরহত্যাকারী" (ইউহোন্না ৮:৪৪)।

খুশির খবর এবং নতুন নিয়মের পত্রগুলোর শিক্ষা অনুযায়ী, শয়তানের এই পৃথিবীতে প্রকৃতভাবেই ক্ষমতা আছে কিন্তু সেই ক্ষমতা এবং সার্বভৌমত্ব সীমিত। তার রাজ্যকে বলা হয় "অন্ধকারের কর্তৃত্ব" (কলসীয় ১:১৩) এবং তাকে বলা হয়:

- "এই বিশ্বের রাজপুত্র" (ইউহোন্না ১২:৩১)
- "এই যুগের দেবতা" (২ করিন্থীয় ৪:৪)
- "আসমানের অধিপতি" (ইফিষীয় ২:২)

- “রূহ যে এখন অবাধ্যদের মধ্যে কাজ করছে” (ইফিষীয় 2:২)।

প্রেরিত ইউহোন্না এমনকি আমাদের শিক্ষা দেন যে সমগ্র জগৎ শয়তানের নিয়ন্ত্রণে: “আমরা জানি যে আমরা আল্লাহ্‌র সন্তান, এবং সমস্ত জগৎ সেই শয়তানের নিয়ন্ত্রণে আছে।” (১ ইউহোন্না ৫:১৯)

আমরা যদি বুঝতে পারি যে “সমস্ত জগৎ মন্দের নিয়ন্ত্রণে”, এই জগতের সমস্ত সংস্কৃতি, মতাদর্শ এবং ধর্মে শয়তানের কাজের প্রমাণ দেখে আমাদের অবাক হওয়া উচিত নয়। এমনকি শয়তান আমাদের জামাতের মধ্যেও সক্রিয়।

এই কারণে, আমাদেরকে ইসলামে মন্দের সম্ভাব্য ছাপ, এর বিশ্বদৃষ্টি এবং এর আধ্যাত্মিক শক্তি বিবেচনা করতে হবে; তবে প্রথমে আমরা সাধারণ নীতিগুলি বিবেচনা করব কিভাবে মন্দ শক্তি থেকে নাজাত পাওয়া যায়।

মহান স্থানান্তর

ট্রিনিটি কলেজ অক্সফোর্ডের একজন সহকর্মী, পৌলের ধর্মতাত্ত্বিক বিশ্বদর্শন সম্পর্কে তার একটা নিরীক্ষণ লিখেছেন। পৌল, তিনি বলেছেন:

> … মানুষ সম্পর্কে বিশ্বাস ছিল. মানুষ শুধু গুনাহগারভাবে এবং ইচ্ছাকৃতভাবে আল্লাহ্‌র কাছ থেকে বিচ্ছিন্ন নয় … সে মন্দ শক্তির দাসত্বের অধীনেও আছে যারা মহাবিশ্বকে পর্যবেক্ষন করে এবং যারা ব্যবস্থাকে ব্যবহার করে, আল্লাহ্‌র প্রতি মানুষের আনুগত্যের মাধ্যম হিসেবে নয়, বরং তাদের অত্যাচারের একটা হাতিয়ার হিসেবে। আল্লাহ্‌র কাছ থেকে মানুষের এই বিচ্ছিন্নতা সমস্ত মানবজাতির জন্য একই - এটা সম্পূর্ণরূপে ইহুদি বা সম্পূর্ণভাবে পরজাতীয়দের জন্য নয়। এটা আদমের সন্তান হিসাবে মানুষের অবস্থা।[1]

হোল্ডেন ব্যাখ্যা করেছেন যে পৌলের দৃষ্টিভঙ্গীতে মানুষকে এই বন্ধন থেকে উদ্ধার করা দরকারঃ “যতদূর মন্দ শক্তির কথা বলা যায়, মানুষের একমাত্র প্রয়োজন কেবলমাত্র মন্দশক্তির নিয়ন্ত্রণ থেকে নাজাত লাভ করা”। এই উদ্ধারের চাবিকাঠি হল খ্রীষ্ট, তাঁর মৃত্যু এবং পুনরুত্থান। তাঁর মৃত্যু এবং পুনরুত্থান গুনাহর উপর, এবং মন্দের দানবীয় শক্তির উপর বিজয় লাভ করেছে যা মানবজাতিকে অন্ধ করে রেখেছিল।

যদিও খ্রীষ্টবিশ্বাসী হিসাবে আমরা এখনও “এই অন্ধকার জগতে” বাস করি (ইফীষীয় ৬:১২; ফিলিপীয় ২:১৫ এর সাথে তুলনা করুন), এর মানে কি আমরা শয়তানের শক্তি ও নিয়ন্ত্রণে চলে এসেছি? না! কারণ আমরা ঈসার রাজ্যে স্থানান্তরিত হয়েছি।

ঈসা যখন একটা দর্শনে নিজেকে পৌলের কাছে প্রকাশ করেন এবং তাকে অইহুদীদের কাছে যেতে আহ্বান করেন, তখন তিনি এই প্রেরিতকে বলেন যে তিনি লোকেদের চোখ খুলে দেবেন এবং “তাদেরকে অন্ধকার থেকে আলোতে এবং শয়তানের শক্তি থেকে আল্লাহ্‌র দিকে ফিরিয়ে আনবেন”। (প্রেরিত ২৬:১৮) এই বাক্যগুলো বোঝায় যে লোকেরা খ্রীষ্টের মাধ্যমে পরিত্রাণ লাভ করার আগে শয়তানের ক্ষমতার অধীনে ছিল, কিন্তু খ্রীষ্টের মাধ্যমে তারা মন্দের শক্তি থেকে নাজাত পেয়েছে এবং অন্ধকারের শক্তি থেকে আল্লাহ্‌র রাজ্যে স্থানান্তরিত হয়েছে।

পৌল কলসীয়দের কাছে তার চিঠিতে ব্যাখ্যা করেছেন যে তিনি কীভাবে তাদের জন্য দুয়া করেন:

> আর পিতার শুকরিয়া কর, যিনি পাক লোকদের আলোতে যে উত্তরাধিকার, তাতে তোমাদের অংশী হবার জন্য উপযুক্ত করেছেন। তিনিই আমাদের অন্ধকারের কর্তৃত্ব থেকে উদ্ধার করে আপন প্রিয় পুত্রের রাজ্যে আনয়ন করেছেন। এই পুত্রেই আমরা নাজাত, গুনাহ্‌র ক্ষমা লাভ করেছি। (কলসীয় ১:১২-১৪)।

---

1 জে এল হোল্ডেন, *পল্‌স লেটার্স ফ্রম্ প্রিসন,* পৃঃ ১৮।

যখন কেউ অন্য দেশে চলে যায়, তখন তারা তাদের নতুন দেশে নাগরিকত্বের জন্য আবেদন করতে পারে, কিন্তু এটা করার জন্য তাদের হয়ত পূর্বের নাগরিকত্ব ত্যাগ করতে হতে পারে। খ্রীষ্টের মাধ্যমে পরিত্রাণ এইরকমই: আপনি যখন আল্লাহ্‌র রাজ্যে প্রবেশ করেন তখন আপনি একটা নতুন নাগরিকত্ব পান এবং আপনি আপনার পুরানো নাগরিকত্ব পরিত্যাগ করেন।

ঈসা মসীহের প্রতি আপনার আনুগত্যের স্থানান্তর সম্পূর্ণ আপনার ইচ্ছাতেই হওয়া দরকার। এর মধ্যে নিম্নলিখিত বিষয়গুলো অন্তর্ভুক্ত হতে পারেঃ

- শয়তান এবং সমস্ত মন্দতা পরিত্যাগ করা।
- সেই সমস্ত অন্য লোকেদের সাথে সমস্ত ভুল সম্পর্ক ত্যাগ করা যারা আপনার উপর অধার্মিক কর্তৃত্ব প্রয়োগ করেছে।
- আপনার হয়ে আপনার পূর্বপুরুষদের দ্বারা করা সমস্ত অধার্মিক চুক্তিগুলি ভঙ্গ করা এবং ত্যাগ করা যা আপনাকে যে কোনও উপায়ে প্রভাবিত করেছে।
- সমস্ত অধার্মিক আধ্যাত্মিক ক্ষমতা ত্যাগ করা যা অধার্মিক আনুগত্যের মাধ্যমে আসে।
- ঈসা মসীহের কাছে আপনার জীবনের সম্পূর্ণ অধিকার সমর্পন করে দিন এবং আজ থেকে তাকে আপনার হৃদয়ে প্রভু হিসাবে রাজত্ব করার জন্য আমন্ত্রণ জানানো।

যুদ্ধ

যখন একজন ফুটবল খেলোয়াড় অন্যদলে স্থানান্তরিত হয়, তখন তাকে অবশ্যই নিজের দলের জন্য খেলতে হবে। সে তখন তার নিজের পুরাতন দলের জন্য খেলতে পারে না। একইভাবে আমরা যখন আল্লাহ্‌র রাজ্যে স্থানান্তরিত হইঃ আমাদেরকে অবশ্যই ঈসার দলের জন্য খেলতে হবে এবং শয়তানের দলের জন্য গোল করা বন্ধ করে দিতে হবে।

বাইবেল অনুসারে আল্লাহ্‌ এবং শয়তানের মধ্যে একটা আধ্যাত্মিক যুদ্ধ চলছে। এটা আল্লাহ্‌র রাজ্যের বিরুদ্ধে শয়তানের একটা মহাজাগতিক বিদ্রোহ (মার্ক ১:১৫; লুক ১০:১৮; ইফিষীয় ৬:১২)। এটা দুটি রাজ্যের মধ্যে একটা দ্বন্দ্ব, যেখানে কোন পক্ষের লুকানোর জন্য কোনও নিরপেক্ষ ভিত্তি নেই। খ্রীষ্টানরা নিজেদেরকে এমন একটা লড়াইয়ের মধ্যে খুঁজে পায় যেখানে তারা ইতিমধ্যেই ক্রুশেতে ফলাফল নির্ধারনকারী যুদ্ধে জয়ী হয়েছে, এবং চূড়ান্ত ফলাফল নিয়ে কোন সন্দেহ নেইঃ খ্রীষ্ট বিজয়ী আছেন এবং বিজয়ী থাকবেন।

খ্রীষ্টের অনুগামীরা খ্রীষ্টের প্রতিনিধি, তাই তারা এখন এই অন্ধকার যুগের শক্তির সাথে প্রতিদিনের যুদ্ধে নিজেদেরকে নিযুক্ত দেখতে পায়। খ্রীষ্টের মৃত্যু এবং পুনরুত্থান এই অন্ধকারের বিরুদ্ধে আমাদের একমাত্র কর্তৃত্ব প্রদান করে এবং এর বিরুদ্ধে দাঁড়ানোর জন্য আমাদের শক্তির ভিত্তি প্রদান করে। এই যুদ্ধের প্রতিদ্বন্দ্বিতাপূর্ণ এলাকাটা মানুষ, সম্প্রদায়, সমাজ এবং জাতি নিয়ে গঠিত।

এই যুদ্ধে, এমনকি জামাতও একটা যুদ্ধক্ষেত্র হতে পারে, এবং জামাতের সম্পদকে মন্দ উদ্দেশ্যে ব্যবহার করা যেতে পারে।

এটা একটা গুরুতর এবং গুরুত্বপূর্ণ বিষয়। যাইহোক, পৌল বিজয়ের নিশ্চয়তাকে বর্ণনা করেছেন যখন তিনি লিখেছেন যে এই অন্ধকার যুগের শক্তিগুলিকে নিরস্ত্র করা হয়েছে, অপমানিত করা হয়েছে এবং ক্রুশের মাধ্যমে পরাজিত করা হয়েছে এবং গুনাহর ক্ষমা এই সমস্তকিছুর উপরে বিজয়লাভ করেছেঃ

> আর তোমরা অপরাধে ও খৎনা না করার দরুন মৃত ছিলে, কিন্তু আল্লাহ্‌ তোমাদেরকে মসীহের সঙ্গে জীবিত করেছেন এবং আমাদের সমস্ত অপরাধ মাফ করেছেন; যে আইনগত দাবী-দাওয়া আমাদের প্রতিকূলে দাঁড়িয়ে ছিল তা মুছে ফেলেছেন। তিনি সেই দাবী-দাওয়া প্রেক দিয়ে ক্রুশে লটকিয়ে দূর করে দিয়েছেন। আর তিনি আধিপত্য ও কর্তৃত্ব সকলের ক্ষমতা নষ্ট করে দিয়ে

ক্রুশেই সেই সমস্তের উপরে বিজয়-যাত্রা করে তাদেরকে স্পষ্টভাবে দেখিয়ে দিলেন (কলসীয় ২:১৩-১৫)।

এই অংশটি "বিজয়" নামে পরিচিত রোমান সাম্রাজ্যের বিজয় মিছিলের একটা চিত্র ব্যবহার করে। শত্রুকে পরাজিত করার পর, একজন বিজয়ী সেনাপতি এবং তার সেনাবাহিনী রোম শহরে ফিরে আসে। তাদের জয়কে উদযাপন করার জন্য, সেনাপতি একটা বিশাল মিছিলের নেতৃত্ব দেন, যেখানে পরাজিত শত্রুদের শহরের রাস্তায় শৃঙ্খলবদ্ধভাবে মার্চ করতে বাধ্য করা হয়, তাদের অস্ত্র এবং বর্ম তাদের কাছ থেকে কেড়ে নেওয়া হয়। রোমের লোকেরা তাকিয়ে দেখতে থাকে, তারা বিজয়ীদের জন্য উল্লাস করে এবং পরাজিত শত্রুদের ঠাট্টা করে।

ক্রুশের অর্থ ব্যাখ্যা করার জন্য পৌল রোমান সাম্রাজ্যের বিজয়যাত্রার চিত্র ব্যবহার করছেন। খ্রীষ্ট যখন আমাদের জন্য মারা গিয়েছিলেন, তখন তিনি গুনাহর ক্ষমতাকে বাতিল করেছিলেন। এটা হল যেন আমাদের বিরুদ্ধে আসা অভিযোগগুলো ক্রুশে গেঁথে গেছে: অন্ধকারের সমস্ত শক্তির অভিযোগগুলো বাতিল করা হয়েছে। এই কারণে, শয়তান এবং তার পৈশাচিক শক্তি, যারা আমাদের ধ্বংস করতে চায়, তারা আমাদের উপর তাদের ক্ষমতা হারিয়ে ফেলেছে কারণ তাদের আমাদের বিরুদ্ধে ব্যবহার করার জন্য কোন অভিযোগ বা দোষারোপ নেই। তারা রোমান বিজয়যাত্রার মিছিলে শত্রুদের মতো হয়ে উঠেছে: পরাজিত, নিরস্ত্র এবং প্রকাশ্যে অপমানিত হচ্ছে।

ক্রুশের মাধ্যমে এই অন্ধকার যুগের ক্ষমতা ও রাজত্বের উপর বিজয় অর্জিত হয়েছে। এই বিজয় অশুভ শক্তিগুলিকে লুণ্ঠন করেছে এবং তাদের শাসনের অধিকার কেড়ে নিয়েছে, এবং এই চুক্তির মাধ্যমে মন্দশক্তির দেওয়া সেই অধিকারগুলি কেড়ে নেওয়া হয়েছে যেখানে মানুষ স্বেচ্ছায় বা অনিচ্ছায়, জ্ঞাতসারে বা অজান্তে প্রবেশ করেছে।

এটা একটা শক্তিশালী নীতিঃ শয়তান আমাদের বিরুদ্ধে ব্যবহার করা প্রতিটি কৌশল এবং অভিযোগের জন্য, ক্রুশ আমাদের বিজয় এবং স্বাধীনতার চাবিকাঠি প্রদান করেছে।

পরবর্তী দুটি বিভাগে আমরা দোষারোপকারী হিসেবে শয়তানের ভূমিকা এবং সে মানুষের বিরুদ্ধে যে কৌশলগুলি ব্যবহার করে সেগুলোকে বিবেচনা করব। এর পরে আমরা ছয়টি উপায় যাচাই করে দেখব যার দ্বারা শয়তান মানুষকে আবদ্ধ করার চেষ্টা করে, গুনাহ, ক্ষমা না করা, মুখের বাক্য, রূহের ক্ষত, মিথ্যা (অধার্মিক বিশ্বাস), এবং প্রজন্মগত গুনাহ এবং ফলস্বরূপ অভিশাপের মাধ্যমে। শয়তানের প্রতিটি কৌশলের বিরুদ্ধে আমরা একটা প্রতিকার বর্ণনা করবঃ খ্রীষ্টবিশ্বাসীদের জন্য তাদের স্বাধীনতা দাবি করার এবং তাদের জীবন থেকে এই প্রভাবগুলি ভেঙে ফেলার একটা উপায়। ইসলামের দাসত্ব থেকে কীভাবে মুক্ত হওয়া যায় সেগুলোকে বিবেচনা করলে এই সমস্ত বিষয়গুলি গুরুত্বপূর্ণ হয়ে উঠবে।

অভিযোগকারী

শয়তানের কিছু কৌশল রয়েছে যা সে আমাদের বিরুদ্ধে ব্যবহার করে। এই কৌশলগুলি সম্পর্কে জানা এবং বোঝা এবং তাদের বিরুদ্ধে দাঁড়াতে প্রস্তুত হওয়া আমাদের পক্ষে ভাল। আমাদের স্বাধীনতা প্রয়োগ করতে হবে এবং সেই স্বাধীনতায় জীবন যাপন করতে হবে। এর জন্য আমাদের অবশ্যই মনোযোগ দিতে হবেঃ খ্রীষ্টবিশ্বাসীদের পক্ষে শয়তানের পরিকল্পনাগুলি জানা এবং বোঝা এবং তাদের প্রতিরোধ করার জন্য প্রস্তুত হওয়া ভাল।

পৌল ইফিষীয় ৬:১৮ পদে লিখেছেন যে খ্রীষ্টবিশ্বাসীদের "সজাগ" হওয়া উচিত। একইভাবে, পিতর খ্রীষ্টবিশ্বাসীদের সতর্ক করে বলেন, "তোমরা সংযমী হও, জেগে থাক; তোমাদের বিপক্ষ ইবলিশ গর্জনকারী সিংহের মত কাকে গ্রাস করবে, তার খোঁজ করে বেড়াচ্ছে" (১ পিতর ৫:৮)। আমাদের কীসের জন্য সতর্ক থাকতে হবে? শয়তানের অভিযোগ সম্পর্কে আমাদের সতর্ক থাকতে হবে।

বাইবেল শয়তানকে “অভিযোগকারী” বলে (প্রকাশিত কালাম ১২:১০) এবং হিব্রু ভাষায় ‘শয়তান’ শব্দের প্রকৃত অর্থ হল ‘অভিযোগকারী’ বা ‘প্রতিপক্ষ’। এই শব্দটি আদালতে আইনী প্রতিপক্ষের জন্য ব্যবহার করা হত। ‘শয়তান’ শব্দটি বাইবেলে গীতসংহিতা ১০৯ অধ্যায়ে এইভাবে ব্যবহার করা হয়েছে: “তুমি সেই ব্যক্তির উপরে দুর্জনকে নিযুক্ত কর; বিপক্ষ (ইবলিশ) তার ডান পাশে দাঁড়িয়ে থাকুক। বিচারে সে দোষী সাব্যস্ত হোক, তার দুয়া গুনাহ্‌রূপে গণিত হোক।” (জবুর শরীফ ১০৯:৬-৭) একই রকম ভাবে সখরিয় ৩:১-৩ পদে “শয়তান” নামক এক ব্যক্তিকে নির্দেশ করা হয় যে মহাযাজক যিহোশূয়ের ডানদিকে দাঁড়িয়ে থাকে এবং আল্লাহ্‌র একজন দূতের সামনে তাকে অভিযুক্ত করে। আরেকটি উদাহরণ হল যখন শয়তান ইয়োবকে আল্লাহ্‌র সামনে অভিযুক্ত করে (আইয়ুব ১:৯-১১), তাকে পরীক্ষা করার অনুমতি চাওয়ার জন্য।

শয়তান কার সামনে আমাদের অভিযুক্ত করে? আমরা জানি যে সে আল্লাহ্‌র সামনে আমাদের দোষারোপ করে। সে অন্যদের কাছেও আমাদের দোষারোপ করে; এবং সে অন্যদের কথা এবং আমাদের নিজেদের চিন্তার মাধ্যমে আমাদের নিজেদেরকে দোষারোপ করতে বাধ্য করে। সে চায় আমরা যেন এই অভিযোগগুলির দ্বারা আহত হই, সেগুলোকে বিশ্বাস করি, সেগুলো দ্বারা ভয় পাই এবং সেগুলো দ্বারা সীমাবদ্ধ থাকি।

শয়তান আমাদের কি বিষয়ে অভিযুক্ত করে? সে আমাদের গুনাহর জন্য আমাদেরকে অভিযুক্ত করে এবং আমাদের জীবনের যে কোনো অংশের বিষয়েও সে আমাদেরকে অভিযুক্ত করে যেন আমরা কোনো না কোনোভাবে তার কাছে আত্মসমর্পণ করি।

আমাদের এও বুঝতে হবে যে শয়তান যখন আমাদেরকে দোষারোপ করে, তখন তার অভিযোগগুলো মিথ্যার সাথে ধাঁধাঁর মত হয়ে আমাদের জীবনে আসে। ঈসা শয়তান সম্পর্কে বলেছিলেন:

> তোমরা তোমাদের পিতা শয়তানের এবং তোমাদের পিতার অভিলাষগুলো পালন করাই তোমাদের ইচ্ছা; সে আদি থেকেই নরহন্তা, কখনও সত্যে বাস করে নি, কারণ তার মধ্যে সত্য নেই। সে যখন মিথ্যা বলে, তখন নিজ থেকেই বলে, কেননা সে মিথ্যাবাদী ও মিথ্যার পিতা (ইউহোন্না ৮:৪৪)।

শয়তানের মিথ্যা বলার কৌশলগুলি কী এবং যখনই সে আমাদেরকে অভিযুক্ত করে তখন আমরা কীভাবে শক্ত হয়ে দাঁড়িয়ে থাকতে পারি? এটা অবশ্যই সাহায্য করবে যদি আমরা আগে থেকেই তার কৌশলগুলি জানি। উদাহরণস্বরূপ, ১ করিন্থীয়তে, পৌল খ্রীষ্টবিশ্বাসীদের ক্ষমা করার অভ্যাস করার বিষয়ে আহ্বান জানিয়েছেন। ক্ষমা করা কেন গুরুত্বপূর্ণ? পৌল বলেছেন যে আমরা ক্ষমা করি “যাতে শয়তান আমাদের সঙ্গে প্রতারণা না পারে। কারণ আমরা তাঁর পরিকল্পনা সম্পর্কে অজ্ঞ নই” (২ করিন্থীয় ২:১১)। পৌল আমাদের বলছেন যে ইবলিশ কি করতে চলেছে তা আমরা আগে থেকেই জানতে পারি; এবং, যেহেতু আমরা জানি যে শয়তানের কৌশলগুলির মধ্যে একটা হল আমাদেরকে ক্ষমাহীনতার দ্বারা অভিযুক্ত করা, তাই আমাদের উচিত অন্যদেরকে দ্রুত ক্ষমা করা, যাতে আমরা তার অভিযোগের সামনে দুর্বল না হয়ে পড়ি।

শয়তানের অন্যান্য কৌশলও আছে। এখানে আমরা বিশ্বাসীদেরকে অভিযুক্ত করার জন্য তার ছয়টি প্রধান কৌশলের বিষয়ে বিবেচনা করব এবং কীভাবে আমরা সেগুলোর বিরুদ্ধে দাঁড়াতে পারি তা বিবেচনা করব। এই ছয়টি কৌশল হল:

- গুনাহ
- ক্ষমা না করা
- হৃদয়ের আঘাত
- বাক্য (এবং চিহ্নযুক্ত কাজ)
- অধার্মিক বিশ্বাস (মিথ্যা)

যেমনটি আমরা দেখব, আধ্যাত্মিক স্বাধীনতা খোঁজার একটা মূল পদক্ষেপ হল শয়তান আমাদের বিরুদ্ধে যে সমস্ত দাবি করতে পারে সেগুলোর নাম জানা এবং সেগুলো প্রত্যাখ্যান করতে সক্ষম হওয়া। হতে পারে তার অভিযোগের সত্যতার কিছু ভিত্তি আছে বা সেগুলি সম্পূর্ণ মিথ্যা।

উন্মুক্ত দরজা এবং অধিকার

এই ছয়টি ক্ষেত্রের প্রতিটি বিবেচনা করার আগে, শয়তান মানুষের বিরুদ্ধে যে অধিকার দাবি করে তার জন্য আমাদের কিছু প্রয়োজনীয় নামের সঙ্গে পরিচয় করে নিতে হবে, যা সে মানুষকে নিপীড়নের জন্য ব্যবহার করে। এই ধরনের দুটি মূল নাম হল 'উন্মুক্ত দরজা' এবং 'অধিকার'।

একটা উন্মুক্ত দরজা হল একটা প্রবেশ বিন্দু যা কোন ব্যক্তি অজ্ঞতা, অবাধ্যতা বা অসতর্কতার মাধ্যমে শয়তানকে প্রদান করতে পারে এবং যা শয়তান তখন তার দুর্বলতাকে সেই ব্যক্তির বিরুদ্ধে আক্রমণ ও নিপীড়নের জন্য ব্যবহার করে। আসুন আমরা শয়তান সম্পর্কে ঈসার বর্ণনাকে মনে করি যেখানে তিনি ইবলিশকে "চোর" বলেছেন যে চুরি, হত্যা এবং ধ্বংস করার সুযোগ খুঁজতে ঘুরে বেড়াচ্ছে (ইউহোন্না ১০:১০)। একটা নিরাপদ বাড়ির দরজা খোলা থাকে না: প্রত্যেকটি দরজা নিরাপদে তালাবদ্ধ থাকে।

মানুষের রূহের মধ্যে একটা অধিকার স্থল যার কারণে শয়তান দাবি করে যে একজন ব্যক্তি তার কাছে আত্মসমর্পণ করেছে – আমাদের জীবনের একটা অংশ যা শয়তান তার নিজের অংশ হিসাবে চিহ্নিত করেছে।

পৌল এই সম্ভাবনার কথা উল্লেখ করেছেন যে একজন খ্রীষ্টবিশ্বাসী ক্রোধকে আশ্রয় দিয়ে শয়তানকে সুযোগ দিতে পারেঃ "তোমরা ক্রুদ্ধ হলে গুনাহ্ করো না; সূর্য অস্ত যাবার আগেই তোমাদের ক্রুদ্ধ মন শান্ত হোক; আর ইবলিশকে কোন সুযোগ দিও না।" (ইফিষীয় ৪:২৬-২৭) যে গ্রীক শব্দটিকে "অধিকার" হিসাবে অনুবাদ করা হয়েছে তা হল *টোপোস,* যার অর্থ হল একটা 'বসবাস করার স্থান'। *টোপোস* শব্দটির মূল অর্থ হল এমন একটা স্থান যা দখল করা হয়েছে, এবং গ্রীক অর্থে "একটা *টোপোস* দেওয়া" যার অর্থ হল 'কাউকে সুযোগ বা অধিকার দেওয়া'। পৌল বলছেন যে কেউ যদি ক্রোধকে সম্ভাব্য গুনাহ হিসাবে স্বীকার করে ত্যাগ করার পরিবর্তে ধরে রাখে, তারা শয়তানের কাছে নিজেদের আধ্যাত্মিক স্থল সমর্পণ করে। শয়তান তখন সেই জায়গা দখল করতে পারে এবং খারাপ উদ্দেশ্যে ব্যবহার করতে পারে। ক্রোধকে ধরে রাখার মাধ্যমে একজন ব্যক্তি শয়তানকে অধিকার প্রদান করে।

ইউহোন্না ১৪ অধ্যায়ে, ঈসা আইনি অধিকারের ভাষা ব্যবহার করেন যখন তিনি বলেছেন যে শয়তানের তার উপরে কোন অধিকার নেইঃ

> আমি তোমাদের সঙ্গে আর বেশি কথা বলবো না; কারণ দুনিয়ার অধিপতি আসছে, আর আমার উপর তার কোন ক্ষমতা নেই; কিন্তু দুনিয়া যেন জানতে পায় যে, আমি পিতাকে মহব্বত করি এবং পিতা আমাকে যেমন হুকুম দিয়েছেন, আমি তেমনই করে থাকি। উঠ, আমরা এই স্থান থেকে প্রস্থান করি (ইউহোন্না ১৪:৩০-৩১)।

আর্চবিশপ জে এইচ বার্নার্ড এই অনুচ্ছেদে তার ব্যাখ্যা হিসাবে লিখেছেন যে ঈসা বলছেন, "শয়তান … আমার ব্যক্তিত্বের কোন বিন্দুকেই বেঁধে রাখাতে পারবে না"।[2] এখানে যে বাগধারাটি ব্যবহার করা হয়েছে আসলে সেটা একটা আইনী বিষয়, যেমন ডি.এ. কারসন এই বিষয়ে ব্যাখ্যা করেছেনঃ

---

2 জে. এইচ. বার্নার্ড, *এ ক্রিটিকাল অ্যান্ড এক্সেজেটিকাল কমেন্টারি অন্ দ্যা গসপেল একর্ডিং টু জন,* ভলিউম ২, পৃষ্ঠাঃ ৫৫৬।

> আমার উপর তার কোন দখল নেই একটা বাগধারা যার অর্থ "তার আমার মধ্যে কোন অধিকার নেই" – এটা একটা হিব্রু বাগধারা যা প্রায়শই আইনি প্রসঙ্গে ব্যবহৃত হত, যার অর্থ "আমার উপর তার কোন দাবি নেই" বা "আমার উপর তার কিছুই অধিকার নেই" ··· শয়তান ঈসার উপরে অধিকার ফলাতে পারত যদি সে ঈসার বিরুদ্ধে কোন যুক্তিযুক্ত অভিযোগ খুঁজে পেত।[3]

কেন শয়তানের ঈসার উপর কোন ক্ষমতা নেই? এর কারণ হল ঈসার জীবন গুনাহবিহীন। তিনি বলেছেন যে "পিতা আমাকে যেমন হুকুম দিয়েছেন, আমি তেমনই করে থাকি" (ইউহোন্না ১৪:৩১; এছাড়াও ইউহোন্না ৫:১৯ দেখুন)। এই কারণেই ঈসার মধ্যে এমন কিছু নেই যা শয়তানকে তার উপর কোনো আইনি অধিকার দাবি করতে দেয়। ঈসার উপরে তার কোন অধিকার নেই যা শয়তান ব্যবহার করতে পারে।

ঈসা একজন নির্দোষ মানুষ হওয়া সত্ত্বেও তাঁকে ক্রুশবিদ্ধ করা হয়েছিল। এটা ক্রুশের শক্তির জন্য এত গুরুত্বপূর্ণ। যেহেতু ঈসা নির্দোষ ছিলেন, তাই শয়তান দাবি করতে পারে না যে তাঁকে ক্রুশবিদ্ধ করা একটা বৈধ শাস্তি ছিল। আল্লাহ্‌র মশীহের মৃত্যু অন্যদের পক্ষে একটা নির্দোষ কোরবানি ছিল, শয়তানের দ্বারা ঈসার বিরুদ্ধে পরিচালিত ন্যায়বিচার নয়। খ্রীষ্ট যদি শয়তানের কাছে কোন অধিকার সমর্পণ করতেন, তবে তার মৃত্যু গুনাহর জন্য ন্যায়সঙ্গত শাস্তি হত। কিন্তু, যেহেতু ঈসা নির্দোষ ছিলেন, তার মৃত্যু সমগ্র বিশ্বের গুনাহর জন্য একটা কার্যকর নৈবেদ্য হিসাবে কার্যকরী হয়েছে।

আমরা আমাদের নিজের জীবনের উন্মুক্ত দরজা এবং অধিকারের বিষয়ে কী করতে পারি? আমরা উন্মুক্ত দরজা বন্ধ করতে পারি, এবং ইবলিশকে অধিকার দেওয়া বন্ধ করতে পারি। আমাদের আধ্যাত্মিক স্বাধীনতা দাবি করার জন্য, এই পদক্ষেপগুলি অপরিহার্য। আমাদের এটাকে নিয়ম সঙ্গতভাবে করতে হবে, সমস্ত খোলা দরজা বন্ধ করে এবং আমাদের জীবনের অধিকার বন্ধ করার মাধ্যমে।

কিন্তু কিভাবে এই কাজ করতে হবে? আসুন আমরা একে একে ছয়টি ক্ষেত্র বিবেচনা করি। ইসলাম কিভাবে মানুষকে আবদ্ধ করে তা বিবেচনা করলেই এই সবকটি ক্ষেত্র গুরুত্বপূর্ণ হবে।

গুনাহ

যদি খোলা দরজাটি আমাদের কোন গুনাহ হয়, তবে আমরা সেই গুনাহর জন্য অনুতপ্ত হয়ে এই দরজাটি বন্ধ করতে পারি যে গুনাহর দ্বারা আমরা শয়তানকে আমাদের জীবনের অধিকার দাবি করার অনুমতি দিয়েছি। ক্রুশের শক্তিই হল এই প্রক্রিয়ার মূল চাবিকাঠি। নাজাতদাতা হিসাবে খ্রীষ্টের কাছে আবেদন করার মাধ্যমে, আমরা আল্লাহ্‌র ক্ষমা পেতে পারি। ইউহোন্না যেমন লিখেছেন, "···তাঁর পুত্র ঈসার রক্ত আমাদেরকে সমস্ত গুনাহ্ থেকে পাক-পাক করে" (১ ইউহোন্না ১:৭)। আমরা যদি গুনাহ থেকে শুচি হয়ে যাই, তাহলে গুনাহর আমাদের উপর কোন ক্ষমতা নেই। পৌল লিখেছেন, "তাঁর রক্তের দ্বারা আমরা ঈমানদার হয়েছি" (রোমীয় ৫:৯)। এর অর্থ হল আল্লাহ্ আমাদের ঈমানদার হিসাবে দেখেন। যখন আমরা অনুতপ্ত হই এবং খ্রীষ্টের দিকে ফিরি, তখন আমরা তাঁর সাথে সমাধিস্থ হইঃ আমরা ঈসার সাথে চিহ্নিত হই। তারপর আমরা এমন একজন ব্যক্তি হয়ে যাই যার বিরুদ্ধে শয়তান কোনো বৈধ অভিযোগ আনতে পারে না। আমরা এমন একজন ব্যক্তি হয়ে উঠি যার উপর শয়তানের কোন অধিকার নেই কারণ আমাদের গুনাহ "আবৃত হয়েছে" (রোমীয় ৪:৭)। আমাদের বিরুদ্ধে শয়তানের অভিযুক্ত দাবি থেকে আমরা মুক্ত হয়েছি।

এটা বাস্তবে কিভাবে কার্যকরী হয়? যদি কেউ ক্রমাগত মিথ্যা বলার অভ্যাসের সাথে লড়াই করে, তবে সেই ব্যক্তিকে বুঝতে সক্ষম হতে হবে যে মিথ্যা বলা আল্লাহ্‌র দৃষ্টিতে ভুল, এটা স্বীকার করতে হবে, মিথ্যা বলার জন্য অনুতপ্ত হতে হবে এবং খ্রীষ্টের কাজের মাধ্যমে ক্ষমার আশ্বাস লাভ করতে

---

3 ডি. এ. কার্সন, *দ্যা গসপেল একর্ডিং টু জন,* পৃষ্ঠাঃ ৫-৮-৯।

হবে। যখন এরকম করা হয়, তখন মিথ্যা বলাকে প্রত্যাখ্যান এবং পরিত্যাগ করা যেতে পারে। অন্যদিকে, যদি ব্যক্তি মিথ্যা বলা পছন্দ করে, এটাকে উপযোগী বলে মনে করে এবং এটা ছেড়ে দেওয়ার কোনো ইচ্ছা তার না থাকে, তাহলে মিথ্যা থেকে নাজাতর জন্য যেকোন চেষ্টাই নিরর্থক হতে পারে এবং শয়তান সেই ব্যক্তির বিরুদ্ধে এই বিষয়টাকে ব্যবহার করতে সক্ষম হবে।

আমরা অনুতাপ করে, আমাদের গুনাহ ত্যাগ করে এবং খ্রীষ্টের ক্রুশে বিশ্বাস করে গুনাহর দরজা বন্ধ করতে পারি। এইভাবে আমরা শয়তানকে আমাদের বিরুদ্ধে আমাদের গুনাহ ব্যবহার করার অধিকার ব্যবহার করতে অস্বীকার করি।

ক্ষমাহীনতা বা মাফ না করা

আরেকটি কৌশল শয়তান আমাদের বিরুদ্ধে ব্যবহার করতে পছন্দ করে সেটা হল যখন আমরা অন্যদের মাফ না করি। মাফ করা এমন একটা বিষয় যা ঈসা প্রায়ই শিখাতেন। তিনি বলেছিলেন যে আমরা অন্যকে মাফ না করা পর্যন্ত আল্লাহ্‌র থেকে আমরা ক্ষমা লাভ করতে পারি না (মার্ক ১১:২৫-২৬; মথি ৬:১৪-১৫)।

ক্ষমাহীনতা আমাদেরকে কারো অন্যায় বা বেদনাদায়ক ঘটনার সাথে আবদ্ধ করে রাখতে পারে। এটা শয়তানকে একটা সুযোগ দিতে পারে, আমাদের বিরুদ্ধে আইনি অধিকার দিতে পারে। পৌল করিন্থীয়দের কাছে তার দ্বিতীয় চিঠিতে এই বিষয়ে লিখেছেন:

> যদি তোমরা কোন লোকের দোষ মাফ করে থাক তবে আমিও মাফ করি; কেননা আমি যদি কোন কিছু মাফ করে থাকি, তবে তোমাদের জন্য মসীহের সাক্ষাতে তা মাফ করেছি, যেন আমরা ইবলিশ কর্তৃক প্রতারিত না হই; কেননা তার পরিকল্পনা সকল আমরা অজ্ঞাত নই (২ করিন্থীয় ২:১০-১১)।

কেন অন্যদেরকে আমাদের মাফ না করার কারণে শয়তান আমাদের প্রতাড়না করতে পারে? এর কারণ হল সে আমাদের মাফ না করাকে আমাদের বিরুদ্ধে সুযোগ হিসাবে ব্যবহার করতে পারে। কিন্তু আমরা যদি "তাঁর পরিকল্পনা সম্বন্ধে অজ্ঞ না হই", যেমন পৌল বলেছেন, তাহলে আমরা জানব যে অন্যদের মাফ করার মাধ্যমে আমাদেরকে শয়তানের প্রতারণাকে অপসারণ করতে হবে।

মাফ করার তিনটি দিক রয়েছে: অন্যকে মাফ করা; আল্লাহ্‌র মাফ গ্রহণ করা; এবং কখনও কখনও নিজেদেরকে মাফ করা। মাফ করার ক্রুশের[4] এই প্রতীকটি আমাদের এই তিনটি দিক মনে রাখতে সাহায্য করে। ক্রুশের অনুভূমিক দিকটা আমাদের অন্যদের মাফ করার কথা মনে করিয়ে দেয়। উল্লম্ব দিকটা আমাদের আল্লাহ্‌র মাফি পাওয়ার কথা স্মরণ করিয়ে দেয়। বৃত্তি আমাদের নিজেদেরকে মাফ করার কথা মনে করিয়ে দেয়।

মাফ করার অর্থ এই নয় যে আমরা অন্য ব্যক্তি যা করেছে সেগুলো ভুলে যাই বা তাদের ক্ষমা করে দিই। এর মানে এই নয় যে আমাদের সেই ব্যক্তিকে বিশ্বাস করা উচিত। অন্যদের মাফ করার অর্থ হল আমরা আল্লাহ্‌র সামনে তাদের দোষারোপ করার জন্য আমাদের অধিকারকে পরিত্যাগ করি। যে ব্যক্তি আমাদের সাথে অন্যায় করেছে তাকে আমরা তাদের বিরুদ্ধে করা যেকোনো দাবি থেকে নাজাত দিই। আমরা তাদের ন্যায়বিচারের জন্য আল্লাহ্‌র কাছে সমর্পণ করি এবং আমরা sei বিষয়টি আল্লাহ্‌র কাছে হস্তান্তর করি। মাফ করা একটা অনুভূতি নয়: এটা একটা সিদ্ধান্ত।

---

4 দ্যা ফর্‌গিভনেস ক্রস ঈশ ফ্রম চেষ্টার অ্যান্ড বেটসি কিলস্ত্রা, *রেসটরিং দ্যা ফাউন্ডেশনস্‌*, পৃষ্ঠাঃ ৯৮

অন্যকে ক্ষমা করার পাশাপাশি আল্লাহ্‌র কাছ থেকে ক্ষমা পাওয়াও গুরুত্বপূর্ণ, কারণ ক্ষমা আরও শক্তিশালী হয় যখন আমরা জানি যে আমাদের ক্ষমা করা হয়েছে (ইফিষীয় ৪:৩২)।

এই প্রশিক্ষণ নির্দেশিকাটির শেষে অতিরিক্ত উৎস বিভাগে একটা "ক্ষমার দুয়া" দেওয়া হয়েছে।

রূহের ক্ষত

রূহের একটা ক্ষত দ্বারাও ইবলিশ সুযোগ গ্রহণ করতে পারে। রূহের ক্ষত আসলে শরীরের ক্ষতের চেয়েও বেশি আঘাত করতে পারে এবং যখন আমরা শারীরিকভাবে আঘাত পাই তখন আমাদের রূহও আহত হতে পারে। ধরুন কেউ একটা আঘাতমূলক এবং ভয়ঙ্কর আক্রমণের মধ্য দিয়ে যাচ্ছে। এর পরে তারা দীর্ঘকাল ভয়ে ভুগতে পারে। শয়তান সেই ভয়টিকে সেই ব্যক্তির বিরুদ্ধে ব্যবহার করতে পারে এবং তারা আরও ভয়ের কারণে দাসত্ব করতে পারে।

একবার যখন আমি[5] ইসলামের উপর শিক্ষা দিচ্ছিলাম, তখন একজন দক্ষিণ আফ্রিকান মহিলা আমার কাছে এসেছিলেন যিনি এক দশক আগে থেকে মুসলিম পটভূমির লোকেদের সাথে জড়িত একটা বেদনাদায়ক অভিজ্ঞতার কারণে হতাশার মধ্যে ছিলেন। স্থানীয় একটা সেমিনারের অনুরোধে, তার পরিবার ইসলাম থেকে ধর্মান্তরিত হওয়ার দাবি করে এমন দুই ব্যক্তিকে তাদের বাড়িতে আতিথেয়তার প্রস্তাব দিয়েছিল। এটা একটা অত্যন্ত কঠিন এবং বেদনাদায়ক সময়ের শুরু ছিল। তার বাড়ির অতিথিরা আক্রমনাত্মক ছিল এবং তারা তাকে এবং তার পরিবারকে ক্রমাগত উপহাস করত। তারা তাকে দেয়ালের সাথে ঠেলে ধরে রাখত, তাকে শূকর বলত, অভিশাপ দিত এবং এমনকি তারা পাশ দিয়ে যাওয়ার সময় তার গায়ে থুথু দিত। এমনকি তিনি তার বাড়ির চারপাশে বিভিন্ন জায়গায় ছোট ছোট কাগজের টুকরো দেখতে পান যেখানে আরবি ভাষায় বিভিন্ন অভিশাপ লেখা থাকত। এই পরিবার তাদের জামাতের কাছে সাহায্য চেয়েছিল, কিন্তু কেউ তাদের কথা বিশ্বাস করেনি। শেষ পর্যন্ত তারা সেই ব্যক্তিদের জন্য বিকল্প বাসস্থান ভাড়া করে এবং এইভাবে তারা তাদের থেকে নাজাত পেতে সক্ষম হয়েছিল। সেই স্ত্রীলোক লিখেছিলেন, "সেই সময়ে আমরা আর্থিক, আধ্যাত্মিক, মানসিক এবং শারীরিকভাবে নিঃশেষিত হয়ে গেছিলাম। আমি আর নিজেকে বিশ্বাস করতে পারতাম না, আমি অনুভব করতে থাকতাম যে আমি কোন কিছুতেই ভালো ছিলাম না, কারণ তারা আমার সাথে আবর্জনার মতো আচরণ করেছিল"। আমাকে ইসলামিক দাসত্বের উপর শিক্ষা দিতে শোনার পরে, তিনি সেই ভয় এবং আত্ম-সন্দেহকে প্রত্যাখ্যান করেছিলেন যা তাকে এতদিন ধরে জর্জরিত করে রেখেছিল। আমরা তার বেদনাদায়ক অভিজ্ঞতার নিরাময়ের জন্য একসাথে দুয়া করেছি, সে তার ভয়কে ত্যাগ করেছিল। তিনি আশ্চর্যজনকভাবে সুস্থ হয়েছিলেন এবং বলেছিলেন, "আমি এই স্বর্গীয় সুযোগের জন্য প্রভুর প্রশংসা করি ··· এখন আমি একজন মহিলা হিসাবে প্রভুর সেবা করার জন্য স্বস্তি অনুভব করছি ও নিজেকে যোগ্য বলে অনুভব করছি। আল্লাহ্‌র মহিমা হোক!" পরে তিনি আমাকে লিখেছিলেন:

> আমরা এখনও প্রভুর সেবা করি, আমরা তাকে আগের চেয়ে অনেক বেশি ভালবাসি, আমরা মুসলিম সংস্কৃতি এবং বিশ্বাসের বিষয়ে অনেক কিছু শিখেছি এবং এই সবের মাধ্যমে আমরা আরও শক্তিশালী হয়েছি এবং আমরা বলতে পারি যে আমরা প্রভুর ভালবাসায় মুসলমানদের ভালবাসি এবং কখনও তাদের প্রতি আমাদের ভালোবাসা থামবে না। আমাদের জীবনের মাধ্যমে তাদের দেখাতে থাকব যে, ঈসা তাদের প্রত্যেককে কতটা ভালোবাসেন।

মানুষ যখন রূহের ক্ষত দ্বারা ক্লেশ ভোগ করে, শয়তান তখন তাদের মিথ্যার মাধ্যমে প্রতাড়না করার চেষ্টা করে। সেই মিথ্যাগুলো সত্য নয়, কিন্তু একজন ব্যক্তি সেগুলিকে বিশ্বাস করতে পারে কারণ সেই মিথ্যার যন্ত্রণাকে তারা সত্য হিসাবে অভিজ্ঞতা করে। এই মহিলার জীবনে মিথ্যা ছিল যে তিনি মূল্যহীন এবং তিনি "কোন ভালোকিছুর যোগ্য" ছিলেন না।

এই ধরনের মিথ্যা থেকে স্বাধীন হবার জন্য, আমরা এই পাঁচটি পদক্ষেপ প্রয়োগ করতে পারি:

---

5 মার্ক দুরি, এই পাঠ্যপুস্তকের লেখক।

১) প্রথমে সেই ব্যক্তিকে প্রভুর কাছে তাদের রূহ সমর্পণ করার জন্য আমন্ত্রণ জানান, প্রভুকে বলুন যে তারা তাদের ব্যথা সম্পর্কে কী অনুভব করে।

২) তারপর তাদের হতাশা নিরাময়ের জন্য ঈসার কাছে দুয়া করুন।

৩) সেই ব্যক্তি যেন তাদের ক্ষমা করে দেয় যে তাকে আঘাত করেছে।

৪) এরপর সেই ব্যক্তি ভয় এবং আঘাতের অন্যান্য ক্ষতিকারক প্রভাবগুলোকে পরিত্যাগ করে, আল্লাহ্‌র উপর নিজের আস্থা ঘোষণা করে।

৫) তারপর সেই ব্যক্তি স্বীকার করে এবং তাদের আঘাতের কারণে তারা যে মিথ্যাগুলোকে বিশ্বাস করেছিল সেগুলোকে প্রত্যাখ্যান করে।

এটা করার পরে, শয়তানের আক্রমণগুলি আরও বেশি সফলভাবে প্রতিহত করা যেতে পারে কারণ সে শয়তানের ফাঁদ থেকে নিজের পা সরিয়ে নিয়েছে।

বাক্য

আমাদের বাক্য বা কথা খুব শক্তিশালী। আমাদের মুখের বাক্য ব্যবহার করে আমরা অন্যদের এবং নিজেদেরকেও বন্দী করে রাখতে পারি। এই কারণেই ইবলিশ আমাদের মুখের বাক্যকে আমাদের বিরুদ্ধে ব্যবহার করার চেষ্টা করে। ঈসা বলেছিলেনঃ

> আর আমি তোমাদেরকে বলছি, মানুষেরা যত অনর্থক কথা বলে, বিচার-দিনে সেই সবের হিসাব দিতে হবে। কারণ তোমার কথা দ্বারা তুমি নির্দোষ বলে গণিত হবে, আর তোমার কথা দ্বারাই তুমি দোষী বলে গণিত হবে। (মথি ১২:৩৬-৩৭)

ঈসা শিক্ষা দিয়েছেন যেন আমরা আমাদের বাক্য নেয়ামত করার জন্য ব্যবহার করি, অভিশাপ দেবার জন্য নয়ঃ কিন্তু তোমরা যে শুনছো, আমি তোমাদেরকে বলি, তোমরা নিজ নিজ দুশমনদেরকে মহব্বত করো; যারা তোমাদেরকে হিংসা করে, তাদের মঙ্গল করো; যারা তোমাদেরকে বদদোয়া দেয়, তাদেরকে দোয়া করো; যারা তোমাদেরকে নিন্দা করে, তাদের জন্য দুয়া করো। (লূক ৬:২৭-২৮)

ঈসা সতর্ক করেছেন যে আমাদের সমস্ত কথা বার্তার মধ্যে যেন আমরা অবহেলামূলক কথাবার্তা না বলি, এর মধ্যে অন্তর্ভূক্ত আছে যেকোন কসম, প্রতিজ্ঞা এবং যেকোন কথিত চুক্তি যার মধ্যে আমরা প্রবেশ করেছি। ঈসা তাঁর শিষ্যদের কোন বিষয়ে কসম না করতে বলার কারণকে বিবেচনা করুনঃ

> কিন্তু আমি তোমাদের বলছি, কোন কসমই খেয়ো না... কিন্তু তোমাদের কথা হ্যাঁ, হ্যাঁ, না, না, হোক; এর অতিরিক্ত যা, তা মন্দ থেকে জন্মে। (মথি ৫:৩৪, ৩৭)

তাহলে আমরা কেন কসম খাব না? ঈসা ব্যাখ্যা করেন যে এটা স্বয়ং শয়তানের কাছ থেকে "মন্দের" কাছ থেকে আসে। শয়তান চায় আমরা কসম খাই কারণ সে আমাদের বিরুদ্ধে আমাদের বাক্যকে ব্যবহার করার পরিকল্পনা করে, যেন আমাদের ক্ষতি করতে পারে। এটা তাকে আমাদের জীবনে অধিকারের পা রাখতে পারে, এবং আমাদেরকে দোষারোপ করার জন্য একটা ভিত্তি দিতে পারে। আমরা যে কথাগুলো বলেছি তার শক্তি বুঝতে না পারলেও সেই কথাগুলো আমাদের জীবনে সত্যি হতে পারে।

তাহলে, আমরা কি করতে পারি, যখন আমরা শপথ করি বা কসম খাঁই, প্রতিজ্ঞা করি বা আমাদের মুখের বাক্য দ্বারা (এবং সম্ভবত ধর্মীয় আচার-অনুষ্ঠানের বিষয়ে কসম খাই) চুক্তি করি যা আমাদেরকে একটা খারাপ পথে আবদ্ধ করে, এমন একটা পথ যা আমাদের অনুসরণ করা উচিত নয় এবং যা আমাদের জন্য আল্লাহ্‌র পথ না?

লেবীয় ৫:৪-১০ পদে ইস্রায়েলীয়দের কী করতে হয়েছিল তার একটা ব্যাখ্যা রয়েছে যখন কোন একজন ব্যক্তি "অযত্নে একটা কসম" উচ্চারণ করেছিল এবং তারা তাদের কসমের কারণে আবদ্ধ হয়েছিল। এই কসম থেকে নাজাত পাওয়ার একটা উপায় দেওয়া হয়েছিল। ব্যক্তিটিকে পুরোহিতের কাছে একটা বলি আনতে হবে, যিনি এই গুনাহর প্রায়শ্চিত্ত করবেন এবং তারপরেই ব্যক্তিটি তাদের অসতর্ক কসম থেকে নাজাত পাবে।

সুসংবাদ হল ক্রুশের কারণে, আমরা আমাদের সমস্ত অধার্মিক কসম, শপথ এবং প্রতিজ্ঞা থেকে স্বাধীন হতে পারি। এটা বিস্ময়কর যে বাইবেল আমাদের শেখায় যে ঈসার রক্ত "হাবিলের রক্তের থেকে উত্তম কথা বলে":

> কিন্তু তোমরা এই সকলের কাছে উপস্থিত হয়েছ, যথা সিয়োন পর্বত, ...নতুন নিয়মের মধ্যস্থ ঈসা এবং ছিটানো রক্ত, যা হাবিলের রক্ত থেকেও উত্তম কথা বলে। (ইবরানি ১২:২২-২৪)

এর অর্থ হল ঈসার রক্তে আমাদের কথিত সমস্ত বাক্য থেকে আমাদের বিরুদ্ধে আগত সমস্ত অভিশাপ বাতিল করার ক্ষমতা রয়েছে। বিশেষ করে, ঈসার রক্তে চুক্তিটি আমাদের ভয় বা মৃত্যুর সাথে করা সমস্ত চুক্তিকে অগ্রাহ্য করে এবং বাতিল করে।

আচার অনুষ্ঠানঃ রক্তের চুক্তি থেকে স্বাধীনতা

আমাদেরকে বন্ধনযুক্ত করার বিষয়ে বাক্যের শক্তি নিয়ে আমরা আলোচনা করছি। হিব্রু শাস্ত্রে, একটা চুক্তিতে নিজেকে আবদ্ধ করার একটা আদর্শ উপায় ছিল রক্তের চুক্তি। এর মধ্যে অন্তর্ভূক্ত ছিল আল্লাহ্‌র কালাম এবং সঙ্গে একটা নির্দিষ্ট রীতি।

আল্লাহ্‌ যখন আদিপুস্তক ১৫ অধ্যায়ে ইব্রাহিমের সাথে তাঁর বিখ্যাত চুক্তি করেছিলেন, তখন এটা একটা বলির মাধ্যমে প্রণীত হয়েছিল। ইব্রাহিম পশু সরবরাহ করেছিলেন, জবাই করেছিলেন এবং পশুর অংশগুলি মাটিতে রেখেছিলেন। তারপর একটা ধূমযুক্ত শিখা - আল্লাহ্‌র উপস্থিতি এবং অংশগ্রহণের প্রতিনিধিত্ব করেছিল – যা সেই প্রাণীর অংশগুলির মধ্যে দিয়ে চলে গেছিল। এই আচার-অনুষ্ঠানটি কি একটা অভিশাপ ডেকে নিয়ে আসে যে "আমি কি এই চুক্তি ভঙ্গ করলে আমি সেই পশুর মতো হয়ে যেতে পারি" - অর্থাৎ, "আমাকেও কি ঐ পশুর মত হত্যা করে টুকরো টুকরো করা হতে পারে"।

এটা নবী ইয়ারমিয়ার মাধ্যমে আল্লাহ্‌র দেওয়া সতর্কবার্তায় প্রতিফলিত হয়:

> যে লোকেরা আমার নিয়ম লঙ্ঘন করেছে, যারা আমার সাক্ষাতে নিয়ম করে তার কথা পালন করে নি, বাছুরকে দুই খণ্ড করে তার মধ্য দিয়ে গমন করেছে, আমি তাদেরকে তেমনি তাদের হাতে তুলে দেব; এহুদার কর্মকর্তারা, জেরুশালেমের কর্মকর্তারা, নপুংসকরা, ইমামেরা ও দেশের সমস্ত লোক, যারা বাছুরটির দুই খণ্ডের মধ্য দিয়ে গমন করেছে, তাদেরকে আমি তাদের দুশমনদের হাতে ও প্রাণনাশে সচেষ্ট লোকদের হাতে তুলে দেব; তাতে তাদের লাশ আসমানের পাখিদের ও ভূমির পশুদের খাদ্য হবে। (ইয়ারমিয়া ৩৪:১৮-২০)

প্রারম্ভিক আচার-অনুষ্ঠান, যেমন জাদুবিদ্যায় প্রচলিত আচার-অনুষ্ঠান, রক্ত বলিদানের মাধ্যমে একজন ব্যক্তিকে একটা চুক্তিতে আবদ্ধ করতে পারে। এই ধরনের আচার-অনুষ্ঠানে মৃত্যুকে প্রকৃত রক্ত দিয়ে নয়, প্রতীকীভাবে ডাকা যেতে পারে: উদাহরণস্বরূপ, নিজের ধ্বংসের অভিশাপমূলক বাক্য বলার মাধ্যমে; গলায় ফাঁসের মতো মৃত্যুর প্রতীক পরিধান করে; অথবা একটা আচার-অনুষ্ঠানে মৃত্যুর অভিনয় করে, যেমন একটা কফিনে রাখা বা হৃদয়ে প্রতীকী ছুরিকাঘাত করার মাধ্যমে। (পরবর্তীতে আমরা ইসলামের সাথে এই ধরণের আচার-অনুষ্ঠানের একটা উদাহরণ বিবেচনা করব।)

প্রতীকী মৃত্যুর আচার- অনুষ্ঠান সহ রক্তের চুক্তিগুলি ব্যক্তির উপর এবং কখনও কখনও তাদের বংশধরদের উপর মৃত্যুর অভিশাপ দেয়। এটা আধ্যাত্মিকভাবে বিপজ্জনক কারণ এই ধরনের আচার আধ্যাত্মিক নিপীড়নের জন্য দরজা খুলে দেয়। প্রথমে তারা একজন ব্যক্তিকে চুক্তির শর্তের সাথে

আবদ্ধ করে এবং তারপর তারা চুক্তির অভিশাপের পরিপূর্ণতায় সেই ব্যক্তিকে হত্যা বা মারা যাওয়ার জন্য আধ্যাত্মিক ভাবে অনুমতি দেয়।

একজন খ্রীষ্টবিশ্বাসী মহিলা যার সম্প্রদায় বহু প্রজন্ম ধরে ইসলামিক শাসনের অধীনে বসবাস করত, সে দুঃস্বপ্নে ভুগছিল যেখানে তার মৃত আত্মীয়রা তাকে মৃতদের দেশে আসার জন্য ইশারা করছিল। তিনি সম্পূর্ণ অযৌক্তিক আত্মহত্যার চিন্তায় জর্জরিত হয়ে ছিলেন যার জন্য কোন আপাত দৃষ্টিতে কোন ব্যাখ্যা ছিল না। আমি যখন তার সাথে কথা বলেছিলাম এবং দুয়া করেছিলাম, তখন এটা প্রকাশিত হয়েছিল যে তার পরিবারের অন্যান্য সদস্যরা, পূর্ববর্তী প্রজন্মের লোকেরাও মৃত্যু সম্পর্কে অবর্ণনীয় দুঃস্বপ্ন দেখেছিল যা তাদের খুব কষ্ট দিয়েছিল। আমি বুঝতে পেরেছিলাম যে তার পূর্বপুরুষরা ইসলামিক শাসনের অধীনে বসবাস করেছিল এবং আত্মসমর্পণের *যিম্মা* চুক্তির অধীন ছিল, মৃত্যুর ভয় তার উপরে অত্যাচার করছিল। তার খ্রিস্টান পূর্বপুরুষদের প্রতি বছর একটা নির্দিষ্ট আচার-অনুষ্ঠানের মধ্য দিয়ে যেতে হতো, যখন তারা *যিম্মার* শর্তানুযায়ী মুসলমানদের *জিজিয়া* কর প্রদান করত। এই আচার-অনুষ্ঠানের অংশ হিসেবে তাদের ঘাড়ের পাশে আঘাত করা হতো তাদের শিরচ্ছেদের প্রতীক হিসেবে যদি তারা ইসলামের কাছে তাদের আত্মসমর্পণের চুক্তির শর্তগুলোকে ভঙ্গ করে। (আমরা এই আচারটি পাঠ ৬-এ আলোচনা করব।) আমি এর বিরুদ্ধে সেই মহিলার সাথে দুয়া করেছিলাম, মৃত্যুর শক্তিকে তিরস্কার করে এবং এই শিরচ্ছেদের আচারের সাথে আবদ্ধ মৃত্যুর নির্দিষ্ট অভিশাপকে বাতিল করেছিলাম। এই দুয়া করার পরে, যা এই আচারের শক্তিকে ভেঙে দেয়, তিনি দুঃস্বপ্ন এবং মৃত্যুর চিন্তা থেকে দুর্দান্ত স্বস্তি অনুভব করেছিলেন।

অধার্মিক বিশ্বাস (মিথ্যা)

শয়তান আমাদের বিরুদ্ধে যে প্রধান কৌশল ব্যবহার করে সেটা হল আমাদেরকে মিথ্যা ভক্ষণ করানো। এর অর্থ হল যখন আমরা এই মিথ্যাগুলিকে গ্রহণ করি এবং বিশ্বাস করি, তখন সে আমাদের বিরুদ্ধে অভিযোগ, বিভ্রান্তি এবং প্রতারণা ব্যবহার করতে পারে। কখনই ভুলে যাবেন না যে শয়তান "মিথ্যাবাদী এবং মিথ্যার পিতা" (ইউহোন্না ৮:৪৪)। (এই পাঠের আগে দক্ষিণ আফ্রিকান মহিলার গল্পে, মিথ্যাটি ছিল যে তার জীবন খুবই মূল্যহীন ছিল।)

যখন আমরা ঈসা মসীহের পরিপক্ক শিষ্য হয়ে উঠছি, তখন আমরা শিখি যে কীভাবে মিথ্যাকে শনাক্ত করতে এবং প্রত্যাখ্যান করতে হয় যেগুলোকে আমরা পূর্বে সত্য বলে গ্রহণ করেছিলাম। এই মিথ্যা বা অধার্মিক বিশ্বাসগুলি আমাদের জীবনে বিভিন্ন উপায়ে প্রদর্শিত হতে পারেঃ আমরা যা বলি, আমরা যা ভাবি এবং বিশ্বাস করি এবং আমাদের নিজেদের বিষয়ে কথাবার্তায়, যা আমরা মনে করি বা নিজেদেরকে বলি যখন অন্য কেউ শোনে না। কিছু অধার্মিক বিশ্বাসের উদাহরণ হলঃ

- "আমাকে কেউ কখনো ভালোবাসেনি"।
- "মানুষ কখনও বদলাতে পারে না"।
- "আমি কখনই নিরাপদ জীবন যাপন করতে পারব না"।
- "আমার মধ্যে শুরু থেকেই কিছু ভুল আছে"।
- "লোকেরা যদি জানতে পারে আমি আসলে কেমন, তাহলে তারা আমাকে প্রত্যাখ্যান করবে"।
- "আল্লাহ আমাকে কখনো ক্ষমা করবেন না"।

কিছু মিথ্যা আমাদের সম্প্রদায়ের সংস্কৃতির অংশ হতে পারে; উদাহরণস্বরূপ, "নারীরা দুর্বল" বা "আপনি পুরুষদের কখনই বিশ্বাস করতে পারবেন না"। আমি একটা ইংরেজ (অ্যাংলো-স্যাক্সন) সংস্কৃতি থেকে এসেছি, এবং আমার সংস্কৃতির একটা মিথ্যা হল যে পুরুষদের কখনই আবেগ

দেখানো উচিত না। একটা ইংরেজি প্রবাদ আছে যে "প্রকৃত পুরুষ কখনই কাঁদে না"। লোকেরা একে "শক্ত করে ঠোঁটে ঠোঁট চেপে রাখা" বলে। কিন্তু এটা সত্য নয়: কখনও কখনও প্রকৃত পুরুষরাও কাঁদে!

আমরা যখন সাহাবী হিসাবে পরিপক্ক হয়ে উঠি, তখন আমরা আমাদের সংস্কৃতির মিথ্যাকে চ্যালেঞ্জ করতে শিখি এবং সেগুলিকে সত্য দিয়ে প্রতিস্থাপন করি।

মনে রাখবেনঃ সবচেয়ে নিখুঁত মিথ্যা হল সেটা যা সত্য বলে *মনে হয়।* কখনও কখনও যদি আমরা আমাদের মন দিয়ে বিশ্বাস করি যে একটা অধার্মিক বিশ্বাস কখনই সত্য নয়, কিন্তু আমাদের হৃদয় সেটাকে সত্য হিসাবে অনুভব করতে পারে।

ঈসা আমাদের শিক্ষা দিয়েছেন, "অতএব যে ইহুদীরা তাঁর উপর ঈমান আনলো, তাদেরকে ঈসা বললেন, তোমরা যদি আমার কথায় স্থির থাক, তা হলে সত্যিই তোমরা আমার সাহাবী; আর তোমরা সেই সত্য জানবে এবং সেই সত্য তোমাদেরকে স্বাধীন করবে।" (ইউহোন্না ৮:৩১-৩২)

পাক রূহ আমাদেরকে আমরা যে মিথ্যাগুলি বিশ্বাস করেছি তা শনাক্ত করতে এবং সেগুলোকে নাম দিতে এবং তারপর সেগুলিকে প্রত্যাখ্যান করতে সাহায্য করে (১ করিন্থীয় ২:১৪-১৫)। যখন আমরা ঈসাকে অনুসরণ করি এবং এই পৃথিবীর মিথ্যাকে প্রত্যাখ্যান করতে শিখি, আমাদের চিন্তাভাবনা আরোগ্যতা লাভ করে এবং রূপান্তরিত হতে পারে। পৌল ব্যাখ্যা করেছেন যে এইভাবে আমরা আমাদের মনকে পুননবীকরণ করতে পারি:

> আর এই যুগের অনুরূপ হয়ো না, কিন্তু মনের নতুনীকরণ দ্বারা সম্পূর্ণ রূপান্তরিত হয়ে উঠো, যেন তোমরা পরীক্ষা করে জানতে পার আল্লাহ্‌র ইচ্ছা কি। আল্লাহ্‌র ইচ্ছা উত্তম, গ্রহণযোগ্য ও সিদ্ধ। (রোমীয় ১২:২)

মন্দ খবর হল যে এই মিথ্যা শয়তানকে আমাদের জীবনে অধিকারের পা রাখতে সুযোগ দিতে পারে। সুসংবাদটি হল আমরা সত্যের মুখোমুখি হওয়ার মাধ্যমে এই অধিকার থেকে নাজাত পেতে পারি। যখন আমরা সত্যকে উপলব্ধি করি তখন আমরা যে মিথ্যা স্বীকার করেছি সেগুলোকে প্রত্যাখ্যান করতে পারি এবং তা পরিত্যাগ করতে পারি।

এই প্রশিক্ষণ নির্দেশিকার অতিরিক্ত উৎস বিভাগে মিথ্যার সাথে মোকাবেলা করার জন্য একটা দুয়া দেওয়া রয়েছে।

বংশগত গুনাহ এবং ফলাফলজনিত অভিশাপ

আরেকটি কৌশল শয়তান আমাদের বিরুদ্ধে ব্যবহার করতে পারে সেটা হল বংশগত পাপঃ আমাদের পূর্বপুরুষদের গুনাহ। এগুলি এমন অভিশাপের সাথে আসতে পারে যা আমাদেরকে খারাপভাবে ক্ষতিগ্রস্ত করে।

আমরা সকলেই এমন পরিবারগুলি দেখেছি যেখানে একটা বিশেষ গুনাহ বা খারাপ চরিত্র এক প্রজন্ম থেকে অন্য প্রজন্মে চলে যায়। এই সম্পর্কে একটা ইংরেজি প্রবাদ আছে, "আপেল – আপেল গাছ থেকে দূরে পড়ে না"। পরিবারগুলি একটা আধ্যাত্মিক উত্তরাধিকারও পাস করতে পারে যা তাদের বংশধরদের প্রভাবিত করে, যা শয়তানের জন্য একটা খোলা দরজা প্রদান করে। আধ্যাত্মিক অত্যাচার একাধিক প্রজন্মকে প্রভাবিত করতে পারে, কারণ একটা প্রজন্ম তাদের গুনাহর দ্বারা পরের প্রজন্মকে আবদ্ধ করে এবং ফলস্বরূপ মন্দ অভিশাপগুলি এক প্রজন্ম থেকে অন্য প্রজন্মের উপর চলে যায়।

কিছু খ্রীষ্টবিশ্বাসীরা প্রজন্ম থেকে প্রজন্মের আধ্যাত্মিক বন্ধনের ধারণাটিকে অগ্রহণযোগ্য বা অযৌক্তিক বলে মনে করেন। এর পরিবর্তে তারা মনে করে এগুলো হল শিশুদের উপর পিতামাতার আচরণের প্রভাব। উদাহরণস্বরূপ, যদি একজন পিতা মিথ্যাবাদী হয়, তবে তার সন্তানরা তাকে দেখে শিখবে এবং একজন মিথ্যাবাদী হয়ে উঠতে পারে; অথবা যদি একজন মা তার সন্তানকে অভিশাপ দেন, তাহলে সন্তানের কাছে তার নিজের প্রতিমূর্তি খারাপ হতে পারে। এই আচরণগুলো এক প্রজন্ম

আরেক প্রজন্মের থেকে শেখে। কিন্তু বাবা-মায়ের কাছ থেকে একটা আধ্যাত্মিক উত্তরাধিকারও রয়েছে, যা শেখার ধারণা থেকে আলাদা।

চুক্তি, অভিশাপ এবং নেয়ামত সম্পর্কিত বাইবেলের সমগ্র ধারণা এই দৃষ্টিভঙ্গির সাথে একমত। বাইবেল বর্ণনা করে যে কিভাবে আল্লাহ্ ইস্রায়েল জাতির সাথে একটা চুক্তি করেছিলেন, তাদের সাথে একটা আন্তঃপ্রজন্মীয় জাতি হিসাবে আচরণ করেছিলেন এবং তাদের নেয়ামত এবং অভিশাপের একটা ব্যবস্থায় আবদ্ধ করেছিলেন যা তাদের এবং তাদের বংশধরদের জন্য প্রযোজ্য ছিল - হাজারতম প্রজন্মের জন্য নেয়ামত এবং অভিশাপ তৃতীয় বা চতুর্থ প্রজন্ম পর্যন্ত (যাত্রাপুস্তক ২০:৫; ৩৪:৭)।

যেহেতু আল্লাহ্ এইভাবে মানুষের সাথে আন্তঃপ্রজন্মগতভাবে মোকাবিলা করেছেন, তাই এটা অবশ্যই বোঝা সহজ যে শয়তান মানবজাতির বিরুদ্ধে আন্তঃপ্রজন্মের অধিকার দাবি করে! মনে রাখবেন শয়তান হল "অভিযোগকারী" যে "যে দিনরাত আমাদের আল্লাহ্‌র সম্মুখে তাদের নাম দোষারোপ করে" (প্রকাশিত কালাম ১২:১০), সে আমাদের বিরুদ্ধে যা কিছু করতে পারে তা আমাদের দিকে নিক্ষেপ করতে থাকে। আমাদের পূর্বপুরুষদের গুনাহর কারণে সে আমাদের দোষারোপ করে এবং করবে। উদাহরণস্বরূপ, আদম এবং হবার গুনাহ তাদের বংশধরদের বিরুদ্ধে আন্তঃপ্রজন্মীয় অভিশাপ প্রকাশ করেছিল, যার মধ্যে ছিল সন্তান প্রসবের ব্যথা (পয়দাদেশ ৩:১৬); মহিলাদের উপর পুরুষের আধিপত্য (পয়দাদেশ ৩:১৬); জীবিকা নির্বাহের জন্য কঠোর পরিশ্রম (পয়দাদেশ ৩:১৭-১৮); এবং শেষ পর্যন্ত মৃত্যু এবং ক্ষয় (পয়দাদেশ ৩:১৯)। এইভাবে "এই অন্ধকার যুগ" কাজ করে। শয়তান এটা জানে, এবং সে এটা আমাদের বিরুদ্ধে ব্যবহার করে।

বাইবেল এই বিষয়ে একটা পরিবর্তনের ভবিষ্যদ্বাণী করে, যখন আল্লাহ্ আর লোকেদের তাদের পিতামাতার গুনাহর জন্য দায়ী করবেন না, এবং প্রত্যেক ব্যক্তি তাদের নিজের গুনাহর জন্য দায়ী থাকবেঃ

> কিন্তু তোমরা বলছো, 'সেই পুত্র কেন পিতার অপরাধ বহন করে না?' সেই পুত্র তো ন্যায় ও সঠিক কাজ করেছে এবং আমার বিধিগুলো রক্ষা করেছে, সেসব পালন করেছে; সে অবশ্য বাঁচবে। যে প্রাণী গুনাহ্ করে, সেই মরবে; পিতার অপরাধ পুত্র বহন করবে না; ও পুত্রের অপরাধ পিতা বহন করবে না; ধার্মিকের ঈমানদারতা তার উপরে বর্তাবে ও দুষ্টের নাফরমানী তার উপরে বর্তাবে। (ইহিস্কেল ১৮:১৯-২০)

এই অনুচ্ছেদটি মশীহ যুগ, ঈসা মশীহের রাজ্যের জন্য একটা ভবিষ্যদ্বাণী হিসাবে বোঝা উচিত। এটা "এই অন্ধকার জগত" শয়তানের শাসনের অধীনে কাজ করার উপায়ে একটা মৌলিক পরিবর্তন নয়, তবে একটা ভিন্ন একটা জগতের প্রতিজ্ঞা, আল্লাহ্‌র প্রিয় পুত্রের রাজ্যের আগমনের দ্বারা রূপান্তরিত একটা পৃথিবী। এটা একটা প্রতিজ্ঞা, কেবলমাত্র নতুন চুক্তির অধীনে আল্লাহ্ প্রতিটি ব্যক্তির সাথে তাদের নিজস্ব গুনাহ অনুযায়ী ব্যবহার করবেন, কিন্তু এটাও সত্য যে শয়তানের যে ক্ষমতা মানুষকে তাদের পিতামাতা এবং পূর্বপুরুষদের গুনাহর মাধ্যমে আবদ্ধ করার শক্তিকে ভাঙ্গবে ঈসা মশীহের মৃত্যু এবং পুনরুত্থান।

তাই যদিও এটা সত্য যে পুরানো ব্যবস্থার চুক্তি, "গুনাহ ও মৃত্যুর আইন" এক প্রজন্ম থেকে অন্য প্রজন্মে গুনাহর কথা বলে, খ্রীষ্ট এই পুরানো ব্যবস্থাকে সরিয়ে রেখেছেন, যার দ্বারা শয়তান মানুষকে মানুষ তাদের পিতামাতার গুনাহর জন্য আবদ্ধ করার দাবি করেছিল, কিন্তু সেই দাবি ক্রুশের মাধ্যমে শূন্য এবং অকার্যকর হয়ে ওঠে। এটা এমন একটা স্বাধীনতা যা খ্রীষ্টবিশ্বাসীদের নিজেদের জন্য দাবি করার অধিকার রয়েছে।

তাহলে কীভাবে আমরা প্রজন্মের অভিশাপ থেকে আমাদের স্বাধীনতা দাবি করতে পারি? এর উত্তর বাইবেলে পাওয়া যায়। তোরাহ ব্যাখ্যা করে যে পরবর্তী প্রজন্ম তাদের পূর্বপুরুষদের গুনাহর প্রভাব থেকে মুক্ত হওয়ার জন্য, তাদেরকে "তাদের গুনাহ এবং তাদের পূর্বপুরুষদের গুনাহ স্বীকার করতে হবে" (লেবীয় ২৬:৪০)। তারপর, আল্লাহ্ বলেন, তিনি "তাদের সেই পূর্বপুরুষদের সঙ্গে কৃত তাঁর নিয়ম তাদের জন্য স্মরণ করবেন" এবং তাদের দেশকে সুস্থ করবেন (লেবীয় ২৬:৪৫)।

আমরা একই কৌশল ব্যবহার করতে পারি। আমরাঃ

- আমাদের পূর্বপুরুষের গুনাহ এবং আমাদের নিজের গুনাহ স্বীকার করতে পারি,
- এই গুনাহগুলো প্রত্যাখ্যান এবং পরিত্যাগ করতে পারি, এবং তারপর
- এই গুনাহর কারণে আগত সমস্ত অভিশাপ ভেঙে দিতে পারি।

খ্রীষ্টের ক্রুশের কারণে আমাদের এই সমস্তকিছুই করার অধিকার আছে। আমাদের প্রতিটি অভিশাপ থেকে মুক্ত করার ক্ষমতা ক্রুশেতে রয়েছেঃ ‘‘মসীহ্ই মূল্য দিয়ে আমাদের শরীয়তের বদদোয়া থেকে মুক্ত করেছেন, কারণ তিনি আমাদের জন্য শাপস্বরূপ হলেন ...’’ (গালাতীয় ৩:১৩)

এই প্রশিক্ষণ নির্দেশিকার অতিরিক্ত উৎস বিভাগে ‘প্রজন্মগত গুনাহর জন্য একটা দুয়া’ রয়েছে।

নিম্নলিখিত বিভাগে খ্রীষ্টেতে আমাদের যে কর্তৃত্ব রয়েছে এবং কীভাবে তা আমাদের নির্দিষ্ট পরিস্থিতিতে প্রয়োগ করা যায় তা বিবেচনা করব। এছাড়াও আমরা শয়তানের কৌশলকে পরাস্ত করার জন্য পাঁচটি ধাপের বর্ণনা দেব।

আমাদের আল্লাহ্‌র রাজ্যের কর্তৃত্ব

ঈসা নিজেই শিষ্যদের নির্দেশ দিয়েছিলেন যে তাদের কাছে জান্নাত এবং পৃথিবীতে বিষয়গুলিকে ‘‘আবদ্ধ’’ এবং ‘‘আলগা’’ করার ক্ষমতা রয়েছে, যা বলা যায়, আধ্যাত্মিক রাজ্য এবং শারীরিক রাজ্য উভয় ক্ষেত্রেইঃ

> আমি তোমাদেরকে সত্যি বলছি, তোমরা দুনিয়াতে যা কিছু বাঁধবে, তা বেহেশতে বেঁধে রাখা হবে এবং দুনিয়াতে যা কিছু মুক্ত করবে, তা বেহেশতে মুক্ত হবে। (মথি ১৮:১৮; ১৬:১৯ দেখুন)

শয়তানের উপর আমাদের কর্তৃত্বের প্রতিজ্ঞা প্রকৃতপক্ষে বাইবেলের শুরুতে পয়দাদেশ ৩:১৫ আয়াতে ঘোষণা করা হয়েছে যেখানে আল্লাহ্ সর্পকে বলেছেন যে নারীর সন্তান ‘‘তোমার মস্তক চূর্ণ করবে’’। পৌল এই বিষয়েও বলেছেনঃ ‘‘আর শান্তির আল্লাহ্ ত্বরায় ইবলিশকে তোমাদের পদতলে দলিত করবেন।।’’ (রোমীয় ১৬:২০)

ঈসা যখন তাঁর শিষ্যদের পাঠিয়েছিলেন, প্রথমে বারো এবং তারপর বাহাত্তর, তিনি তাদেরকে আল্লাহ্‌র রাজ্য ঘোষণা করার সময় ভূত তাড়ানোর ক্ষমতা দিয়েছিলেন (লুক ৯:১)। পরে, যখন শিষ্যরা ফিরে আসেন, তখন তারা এই কর্তৃত্বে তাদের বিস্ময় প্রকাশ করে বলেন, ‘‘প্রভু, এমনকি ভূতরাও আপনার নামে আমাদের বশ্যতা স্বীকার করে’’। ঈসা উত্তর দিলেন, ‘‘আমি শয়তানকে বিদ্যুতের মতো বেহশত থেকে পড়তে দেখছি’’। (লুক ১০:১৭-১৮)

এটা একটা দুর্দান্ত সান্ত্বনা যে খ্রীষ্টবিশ্বাসীদের কাছে শয়তানের কৌশলগুলিকে পরাজিত করার এবং ধ্বংস করার ক্ষমতা রয়েছে। এর মানে হল যে বিশ্বাসীদের অধার্মিক চুক্তি এবং শপথ ভঙ্গ করার এবং বাতিল করার ক্ষমতা রয়েছে কারণ খ্রীষ্টের রক্তের চুক্তি সেই সমস্ত চুক্তির ক্ষমতা বাতিল করে যা মন্দ উদ্দেশ্য নিয়ে করা হয়েছিল। এটা একটা কসম যা জাকারিয়ার মশীহ সম্পর্কে ভবিষ্যদ্বাণীতে প্রতিফলিত হয়েছেঃ

> তোমার নিয়মের রক্তের জন্য আমি তোমার বন্দীদেরকে সেই পানিবিহীন কুয়ার মধ্য থেকে মুক্ত করেছি। (সখরিয় ৯:১১)

নির্দিষ্টতার নীতি

স্বাধীনতা দাবি করার সময়, অধার্মিক উন্মুক্ত দরজা এবং শয়তানের সুযোগগুলোর বিরুদ্ধে প্রতিরোধ এবং মোকাবেলা করার জন্য নির্দিষ্ট পদক্ষেপ নেওয়ার প্রয়োজন আছে৷ তৌরাত হুকুম দেয় যে মূর্তি এবং তাদের উপাসনা স্থান সম্পূর্ণরূপে ধ্বংস করতে হবে৷ মূর্তিগুলির আধ্যাত্মিক শক্তিকে কীভাবে লুণ্ঠন করা যায় তার একটা নমুনা দ্বিতীয় বিবরণ ১২:১-৩ পদে দেওয়া হয়েছে, যেখানে আল্লাহ্ তাঁর লোকেদের উচ্চ স্থানগুলি (উপাসনার স্থান), আচার-অনুষ্ঠান, ধর্মীয় বস্তু এবং বেদিগুলিকে একত্রে সম্পূর্ণ এবং পুঙ্খানুপুঙ্খভাবে ধ্বংস করার নির্দেশ দিয়েছেন, এবং তার সঙ্গে মূর্তিগুলিও ধ্বংস করার নির্দেশ দিয়েছেন৷

বিশেষভাবে গুনাহ স্বীকারোক্তির সময়ে সেই নির্দিষ্ট গুনাহর নাম উচ্চারণ করা ভাল এবং সহায়ক৷ একইভাবে, যখন আমরা আমাদের আধ্যাত্মিক স্বাধীনতা দাবি করি তখনও আমাদের সুনির্দিষ্ট হওয়া উচিত৷ এর ফলে সেই সমস্ত ক্ষেত্র আল্লাহ্‌র সত্যের আলোকে আলোকিত হবে যে ক্ষেত্রগুলোতে ক্ষমার প্রয়োজন আছে৷ যেখানে অধার্মিক চুক্তি করা হয়েছে, সেই চুক্তিগুলোর প্রতিটি শর্ত এবং পরিণতিগুলোকে একে একে প্রত্যাহার করতে হবে৷ এটা নির্দিষ্ট করে করার প্রয়োজন৷ সাধারণভাবে, শয়তান যত শক্তিশালী কৌশল ব্যবহার করে, তার শক্তি ভাঙার সময় আমাদের আরো বেশি সুনির্দিষ্ট হতে হবে৷

সুনির্দিষ্টতার এই নীতিটি প্রযোজ্য হয় যখন আমরা আমাদের কথা এবং কাজ দ্বারা করা অধার্মিক প্রতিজ্ঞা থেকে নিজেদেরকে মুক্ত করার সিদ্ধান্ত নিই৷ উদাহরণস্বরূপ, একজন ব্যক্তি যে রক্ত বলিদানের মাধ্যমে নীরবতার ব্রতের সাথে নিজেকে আবদ্ধ করেছে তাকে অনুতাপ করতে হবে এবং এই আচার-অনুষ্ঠান অংশগ্রহণ করাকে ত্যাগ করতে হবে এবং বিশেষভাবে এই চুক্তির মাধ্যমে করা সমস্ত ব্রত বাতিল করতে হবে৷ অনুরূপভাবে, ক্ষমা না করার বিরুদ্ধে সংগ্রাম করছেন এমন ব্যক্তি যিনি এই ধরনের শব্দ উচ্চারণ করেছেন "যতদিন আমি বেঁচে থাকব, আমি অমুককে কখনই ক্ষমা করব না" তাকে অবশ্যই এই ব্রত থেকে বা প্রতিজ্ঞার জন্য অনুতপ্ত হতে হবে, এই অঙ্গীকার ত্যাগ করতে হবে এবং এই ধরনের কথা উচ্চারণের জন্য আল্লাহ্‌র কাছে ক্ষমা চাইতে হবে৷ যৌন নির্যাতনের শিকার একজন যিনি ক্ষতি বা মৃত্যুর হুমকির ভয়ে নীরব থাকতে সম্মত হয়েছেন তাদের স্বাধীনতা দাবি করার জন্য তাদের নীরবতার ব্রত বা প্রতিজ্ঞা ত্যাগ করতে হবে: উদাহরণস্বরূপ, "আমার সাথে যা করা হয়েছে সে সম্পর্কে আমি আমার নীরবতা পরিত্যাগ করছি এবং আমি আমার কথা বলার অধিকার দাবি করছি"।

সুসান নামক একজন মহিলা এমন অনেক মানুষকে তার জীবন থেকে হারিয়েছেন যাদের তিনি ভালোবাসতেনঃ তার বাবা, তার মা এবং তার স্বামী৷ তিনি ভয় পেয়েছিলেন যে তিনি যদি অন্য কাউকে ভালোবাসেন তবে তিনি তাদেরও হারাবেন, তাই তিনি নিজের কাছে প্রতিজ্ঞা করেছিলেন, "আমি আর কাউকে ভালবাসব না"। এর পরে তিনি অন্যদের প্রতি খুব তিক্ত হয়ে ওঠেন এবং শত্রুতাপূর্ণ ব্যবহার করতে শুরু করেন৷ যে কেউ তার কাছে আসত তাকে সে তিনি অভিশাপ দেবার শপথ করেছিলেন৷ কিন্তু যখন তিনি তার আশির দশকে ছিলেন তখন তিনি ঈসাকে খুঁজে পান এবং একটা মণ্ডলীতে যোগদান করেন৷ সেই জামাত তাকে আশা দিয়েছে এবং তিনি তার ৫০ বছরের কখনও মহব্বত না করার শপথ ত্যাগ করেছেন৷ ভয় থেকে মুক্ত হয়ে, তিনি জামাতেরঅন্যান্য মহিলাদের সাথে গভীর এবং সুন্দর বন্ধুত্ব তৈরি করেছিলেন৷ তার জীবন সম্পূর্ণরূপে পরিবর্তিত হয়েছিল কারণ তার জীবনের উপর শয়তানের দখল ভেঙে গিয়েছিল৷

স্বাধীনতার পাঁচ ধাপ

এখানে একটা সাধারণ পরিচর্যা কাজের মডেল রয়েছে যেখানে পাঁচটি ধাপ রয়েছে যা আমাদের বিরুদ্ধে শয়তানের কৌশলের বিরোধিতা ও ধ্বংস করতে ব্যবহার করা যেতে পারে৷

১) স্বীকার করা এবং অনুতাপ করা

একটা প্রথম পদক্ষেপ হল যে কোন গুনাহ স্বীকার করা, এবং আল্লাহ্‌র সত্য ঘোষণা করা যা এই সমস্যাটির জন্য প্রযোজ্য। উদাহরণস্বরূপ, যদি আপনি একটা অধার্মিক বিশ্বাস ধারণ করে থাকেন তবে আপনি এটাকে একটা গুনাহ হিসাবে বিশেষভাবে স্বীকার করতে পারেন, এর জন্য আল্লাহ্‌র কাছে ক্ষমা চাইতে পারেন এবং গুনাহর জন্য অনুতপ্ত হতে পারেন। আপনি আল্লাহ্‌র সত্য ঘোষণা করতে পারেন যেরকম এই পরিস্থিতিতে প্রযোজ্য।

২) ত্যাগ করা

পরবর্তী ধাপ হল পরিত্যাগ করা। এর অর্থ প্রকাশ্যে ঘোষণা করা যে আপনি আর সমর্থন করেন না, বিশ্বাস করেন না, সম্মত হন না বা কোনো কিছুর সাথে কোনো সম্পর্ক রাখেন না। উদাহরণস্বরূপ, আপনি যদি একটা অধার্মিক আচার-অনুষ্ঠানে অংশগ্রহণ করেন, যখন আপনি সেই আচার পরিত্যাগ করেন, আপনি এটার প্রতি আপনার পূর্বের প্রতিজ্ঞা প্রত্যাহার বা পরিত্যাগ করেন। পূর্বে ব্যাখ্যা করা হয়েছে নির্দিষ্টভাবে এটা করা গুরুত্বপূর্ণ।

৩) ভেঙ্গে ফেলা

এই পদক্ষেপটি আধ্যাত্মিক রাজ্যে কর্তৃত্ব নেওয়ার সাথে জড়িত যা কোনকিছুর শক্তিকে ভাঙতে পারে। উদাহরণস্বরূপ, যদি কোনও অভিশাপের সাথে আপনি জড়িত থাকেন তবে আপনি ঘোষণা করতে পারেন, “আমি এই অভিশাপটি ভেঙে দিচ্ছি”। ঈসার শিষ্যদের ঈসার নামে “শত্রুর সমস্ত শক্তির উপর কর্তৃত্ব” দেওয়া হয়েছে (লুক ১০:১৯)। অভিশাপগুলোকে আমাদের নির্দিষ্টভাবে ভঙ্গ করতে হবে।

৪) ফেলে দেওয়া

যখন মন্দশক্তি কোনও ব্যক্তিকে পীড়িত করার জন্য একটা সুযোগ পায় বা খোলা দরজার সুবিধা গ্রহণ করে, এমন যে কোনও খোলা দরজা বা সুযোগ যা আপনার জীবনে আছে, সেগুলোকে স্বীকার করে, ত্যাগ করে এবং ভাঙ্গার মাধ্যমে তাদের অপসারণ করে, আপনাকে সেই মন্দশক্তিগুলোকে দূরে চলে যাওয়ার হুকুম দিএত হবে।

৫) নেয়ামত করা এবং পূরণ করা

চূড়ান্ত পদক্ষেপ হল সেই ব্যক্তিকে নেয়ামত করা এবং দুয়া করা যেন আল্লাহ্ তাদের প্রতিটি ভাল জিনিস দিয়ে পূর্ণ করবেন, সেই সমস্তকিছুর বিপরীত বিষয় প্রদান করেন যার কারণে তাদের ক্ষতি হয়েছে। উদাহরণস্বরূপ, যদি তারা মৃত্যুর ভয়ের সাথে লড়াই করছিল তবে তাদেরকে জীবন এবং সাহসের নেয়ামত করুন।

এই পাঁচটি ধাপ সব ধরনের দাসত্বের জন্য ব্যবহার করা যেতে পারে, কিন্তু এখানে আমাদের মূল লক্ষ্য হল ইসলাম থেকে নাজাত, তাই পরবর্তী পাঠে আমরা শিখব কিভাবে ইসলামের দাসত্ব থেকে মানুষকে মুক্ত করতে এই পদক্ষেপগুলি ব্যবহার করতে হয়।

অধ্যয়ন নির্দেশিকা

পাঠ ২

শব্দভাণ্ডার

পরিত্যাগ করা
স্বাধীনতা
মশীহ
শয়তান
আল্লাহ্‌র রাজ্য
এই অন্ধকার যুগ
রোমান বিজয়
পা রাখার সুযোগ
উন্মুক্ত দরজা
পা রাখার সুযোগ
টোপোস
আইনগত অধিকার
ক্ষমার ক্রুশ
কসম
রক্তের চুক্তি
জিজিয়া
আত্ম-কথা
সত্যের মুখোমুখি
রূহের ক্ষত
বংশগত গুনাহ
আধ্যাত্মিক উত্তরাধিকার
আন্তঃপ্রজন্মীয়
নির্দিষ্টতার নীতি

নতুন নাম

- আচার্য্য জে এল হোল্ডেনঃ ট্রিনিটি কলেজ অক্সফোর্ডের সহকর্মী (জন্ম ১৯২৯)
- আচার্য্য জে এইচ বার্নার্ডঃ আইরিশ আংলিকান বিশপ (১৮৬০-১৯২৭)

- ডি এ কার্সনঃ নতুন নিয়মের অধ্যাপক (জন্ম ১৯৪৬)

এই পাঠে উল্লিখিত বাইবেলের অংশগুলো

রোমীয় ৮:২১
লূক ৪:১৮-২১
কলসীয় ১:১৩
২ করিন্থীয় ৪:৪
১ ইউহোন্না ৫:১৯
ফিলিপীয় ২:১৫
ইশাইয়া ৬১:১-২
ইউহোন্না ১০:১০; ৮:৪৪
ইউহোন্না ১২:৩১
ইফিষীয় ২:২
ইফিষীয় ৬:১২
প্রেরিত ২৬:১৮

কলসীয় ১:১২-১৩
লূক ১০:১৮
ইফিষীয় ৬:১৮
প্রকাশিত কালাম ১২:১০
জাকারিয়া ৩:১-৩
২ করিন্থীয় ২:১১
ইউহোন্না ১৪:৩০-৩১; ৫:১৯
রোমীয় ৫:৯; ৪:৭
মথি ৬:১৪-১৫
ইফিষীয় ৪:৩২
লূক ৬:২৭-২৮
লেবীয় ৫:৪-১০
পয়দাদেশ ১৫
ইউহোন্না ৮:৩১-৩২
রোমীয় ১২:২
প্রকাশিত কালাম ১২:১০
ইহিস্কেল ১৮:১৯-২০
গালাতীয় ৩:১৩
মথি ১৬:১৯
রোমীয় ১৬:২০
জাকারিয়া ৯:১১

মার্ক ১:১৫
কলসীয় ২:১৩-১৫
১ পিতর ৫:৮
জবুর শরীফ ১০৯:৬-৭
আইয়ুব ১:৯-১১
ইফিষীয় ৪:২৬-২৭
১ ইউহোন্না ১:৭
মার্ক ১১:২৫-২৬
২ করিন্থীয় ২:১০-১১
মথি ১২:৩৬-৩৭
মথি ৫:৩৪, ৩৭
ইবরানি ১২:২২-২৪
ইয়ারমিয়া ৩৪:১৮-২০
১ করিন্থীয় ২:১৪-১৫
হিজরত ২০:৫; ৩৪:৭
পয়দাদেশ ৩:১৬-১৯
লেবীয় ২৬:৪০-৪৫
মথি ১৮:১৮
পয়দাদেশ ৩:১৫
লূক ১০:১৭-১৮
দ্বিতীয় বিবরণ ১২:১-৩

পাঠের প্রশ্নাবলী ২

- কেস স্টাডি নিয়ে আলোচনা।

১) রেজাকে কোন বিষয়টা অবাক করে দিয়েছিল যখন সে ইসলামকে **পরিত্যাগ** করার জন্য একটা দুয়া করেছিল?

২) সে দুয়া করা সম্পূর্ণ করার পরে, তার জীবনে কি পরিবর্তন ঘটেছিল?

ঈসা শিক্ষা দিতে শুরু করেন

৩) প্রত্যেক খ্রীষ্টবিশ্বাসীর জন্মগত অধিকার কি?

৪) ঈসা কোথা থেকে জনসমক্ষে শিক্ষা দিতে শুরু করেন?

৫) তিনি কোন প্রতিজ্ঞা পূর্ণ করার জন্য এসেছিলেন বলে উক্তি করেছিলেন?

৬) ঈসা কোন কোন বিষয় থেকে লোকদেরকে স্বাধীন করেছিলেন?

একটা সিদ্ধান্ত নেবার সময়

৭) একজন কয়েদীর জেলের দরজা খোলা ছিল। যদি সেই কয়েদী **স্বাধীনতা** উপভোগ করতে চায় তাহলে তাকে কি করতে হত? এই বিষয়টা আমাদেরকে আত্মিক **স্বাধীনতার** বিষয়ে কি বলে?

ইবলিশ এবং তার রাজ্য

৮) **শয়তানের** আরো কয়েকটা নাম কি কি এবং সেগুলো আমাদের কি শিক্ষা দেয়?

৯) ইউহোন্না ১২:৩১ পদ এবং এখানে তালিকাভুক্ত আরো পদগুলোর উপরে ভিত্তি করে, শয়তানের এমন কি আছে যা দুরি স্বীকার করেছেন, কিন্তু সেটা শয়তানের কাছে সীমিত আকারে আছে?

১০) ইসলামের মূল্যায়ন করার জন্য দুরি আমাদের নির্দেশ দিয়েছেন?

মহান হস্তান্তর

১১) কলসীয় ১:১২-১৩ পদ এবং **জে. এল. হোল্ডেনের** মত অনুযায়ী, মানবজাতির চরিত্র কোন শক্তির কাছে বন্দী হয়ে আছে?

১২) প্রেরিত ২৬:১৮ পদ অনুযায়ী, কোন শক্তি থেকে মানুষেরা উদ্ধার পেয়েছে, নাজাত পেয়েছে এবং হস্তান্তরিত হয়েছে?

১৩) পৌলের কথা অনুযায়ী, যখন আল্লাহ্ আমাদের উদ্ধার করেন, তখন আমাদের জীবনে কি ঘটে?

১৪) পৌল কি কারণে কলসীয়দের কৃতজ্ঞ হতে দেখতে চান?

১৫) ঈসা মশীহের প্রতি আমাদের পূর্ণ আনুগত্য প্রদান করার পাঁচটি দিক কি কি?

যুদ্ধ

১৬) মার্ক ১:১৫ এবং এর সঙ্গে তালিকাভুক্ত অন্যান্য পদের উপরে ভিত্তি করে, খ্রীষ্টবিশ্বাসীরা নিজেদেরকে কোন দ্বন্দ্বের মধ্যে খুঁজে পায়?

১৭) মন্দশক্তির সঙ্গে প্রতিদিনের লড়াইয়ের ক্ষেত্রে জামাতেরবিষয়ে দুরি কোন সতর্কতার বাক্য ব্যবহার করেছেন?

১৮) পৌলের কথা অনুযায়ী, এই যুদ্ধে, খ্রীষ্টবিশ্বাসীরা কোন বিষয়ে নিশ্চিত থাকতে পারে?

১৯) ক্রুশের বিজয়লাভকে ব্যাখ্যা করার জন্য পৌল কিভাবে **রোমের বিজয়যাত্রার** ধারণাকে ব্যবহার করেছেন?

দোষারোপকারী

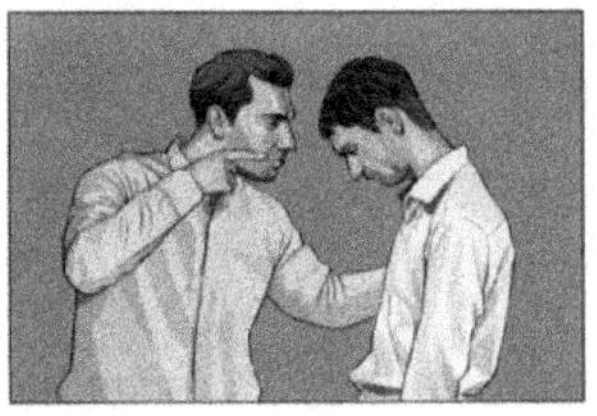

২০) হিব্রু শব্দ ***ইবলিশ*** কথাটির অর্থ কি?

২১) **শয়তানের** কার্যকলাপের আলোকে পিতর এবং পৌল উভয়ই খ্রীষ্টবিশ্বাসীদেরকে কি বিষয়ে সতর্ক করেছিলেন?

২২) **ইবলিশ** আমাদেরকে কি বিষয়ে দোষারোপ করে?

২৩) ইবলিশ আমাদের দোষারোপ করার জন্য যে ছয়টি কৌশল ব্যবহার করে, সেগুলো কি কি?

২৪) আত্মিক **স্বাধীনতা** খোঁজার ক্ষেত্রে একটা গুরুত্বপূর্ণ **স্বাধীনতা** কি?

উন্মুক্ত দরজা এবং পা রাখার সুযোগ

২৫) দুরি এই বিষয়গুলোকে কিভাবে সংজ্ঞায়িত করেছেনঃ

- একটা উন্মুক্ত দরজা এবং
- একটা পা রাখার সুযোগ

২৬) যদি আমরা গুনাহ স্বীকার করতে এবং পরিত্যাগ করতে অস্বীকার করি, তাহলে কিভাবে আমরা **শয়তানের** কাছে সমর্পণ করব?

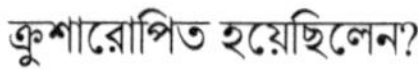

২৭) খ্রীষ্টের বাক্য “আমার উপরে তার কোন অধিকার নেই” কথাটির অর্থ কি?

২৮) **ইবলিশ** ঈসার জীবন সম্পর্কে কি দাবি করতে পারে নি?

২৯) এটা কেন গুরুত্বপূর্ণ যে ঈসা একজন নির্দোষ মানুষ হিসাবে ক্রুশারোপিত হয়েছিলেন?

গুনাহ

৩০) **উন্মুক্ত দরজা** এবং **পা রাখার স্থান**গুলোর বিষয়ে আমাদের কি করার প্রয়োজন আছে?

৩১) আমাদের জীবনে গুনাহর **উন্মুক্ত দরজাকে** আমরা কিভাবে বন্ধ করতে পারি?

ক্ষমা না করা

৩২) ঈসার মত অনুযায়ী, ক্ষমা লাভ করার শর্ত কি?

৩৩) কেন আমাদের ক্ষমা না করার ফলে **ইবলিশ** আমাদের সঙ্গে প্রতারণা করার সুযোগ পায়?

৩৪) ক্ষমার তিনটি দিক কি কি?

৩৫) আমরা যদি কাউকে ক্ষমা করি, এর অর্থ কি আমাদের সেটা ভুলেও যেতে হবে?

রূহের ক্ষত

৩৬) আমাদের **রূহের ক্ষতকে ইবলিশ** কিভাবে আমাদের বিরুদ্ধে ব্যবহার করে?

৩৭) একজন দক্ষিণ আফ্রিকার স্ত্রীলোক কোথা থেকে আরোগ্যতা লাভ করেছিলেন, এবং তাকে কি **পরিত্যাগ** করতে হয়েছিল?

৩৮) শয়তানের **পা রাখার সুযোগ** যদি রূহের একটা ক্ষত হয় সেক্ষেত্রে পাঁচটি কি কি পদক্ষেপ অবলম্বন করা যেতে পারে?

বাক্য

৩৯) মথি ১২ অধ্যায় অনুযায়ী, বিচার দিনে আমাদের কি বিষয়ের হিসাব দিতে হবে?

৪০) **ইবলিশ** কেন চায় আমরা যেন **কসম** খাই?

৪১) আমাদের কথিত শব্দের ধবংসাত্মক শক্তিকে বাতিল করার ক্ষমতা কিসের আছে?

আচার অনুষ্ঠানঃ রক্তের চুক্তি থেকে স্বাধীনতা

৪২) আদিপুস্তক ১৫ অধ্যায়ে ইব্রাহিম আল্লাহ্‌র সাথে যে **রক্তের চুক্তি** করেছিলেন তা থেকে কি বোঝা যায়? (ইয়ারমিয়া ৩৪:১৮-২০ পদও বিবেচনা করুন)

৪৩) কেন **রক্তের চুক্তি** বিপদজনক?

৪৪) ইসলামের অধীনে বসবাসকারী খ্রীষ্টবিশ্বাসীদের ঘাড়ে আঘাত করা কিসের প্রতীক ছিল, যখন তারা মুসলিমদের বার্ষিক ***জিজিয়া*** কর প্রদান করত?

অধার্মিক বিশ্বাস (মিথ্যা)

৪৫) আমাদের ক্ষতি করার জন্য **শয়তানের** মূল কৌশলগুলোর মধ্যে একটা কৌশল কি?

৪৬) খ্রীষ্টের পরিপক শিষ্য হবার জন্য আমাদের কি করতে হবে বলে দুরি বলেছেন?

৪৭) ইংরেজ সংস্কৃতির কোন অংশটিকে দুরি একটা মিথ্যা হিসাবে উল্লেখ করেছেন?

৪৮) দুরির মতামত অনুযায়ী, "সবচেয়ে নিখুঁত মিথ্যা" কোনটি?

৪৯) কোন ধরনের কাজ এবং কোন ধরনের "সাক্ষাৎ" আমাদেরকে **শয়তানের** মিথ্যাগুলোর প্রতি দরজা বন্ধ করতে সক্ষম করে?

বংশগত গুনাহ এবং ফলাফলজনিত অভিশাপ

৫০) দুরি কি বিশ্বাস করেন যা একটা পরিবারের এক প্রজন্ম থেকে অন্য প্রজন্মে প্রেরণ করা যেতে পারে, ঠিক যেমন কোন বংশের জিনগত বৈশিষ্ট্যগুলো শিশুদের মধ্যে দেখতে পাওয়া যায়?

৫১) দুরি কোন বিষয়ে যুক্তি প্রদান করেন যেখানে তিনি বলেছেন কিছু নির্দিষ্ট লোকের অভিজ্ঞতার আধ্যাত্মিক নিপীড়নের মাত্রা সম্পূর্ণরূপে ব্যাখ্যা করতে পারে না?

৫২) আল্লাহ্ ইস্রায়েলীয়দের সাথে তাঁর চুক্তিতে সামগ্রিকভাবে কোন ব্যবস্থায় আবদ্ধ করেছিলেন? (যাত্রাপুস্তক ২০:৫; ৩৪:৭ দেখুন)

৫৩) একটা **আন্তঃপ্রজন্মীয়** উত্তরাধিকারের উদাহরণ হিসাবে, আদম এবং ইভের গুনাহ কী প্রকাশ করেছিল? (প্রকাশিত কালাম ১২:১০, পয়দাদেশ ৩:১৬-১৯ দেখুন)

৫৪) দুরি কিভাবে ইহিস্কেল ১৮ অধ্যায়ের ঘোষণার উত্তর দিয়েছেন যে পুত্ররা তাদের পিতার গুনাহ বহন করে না?

৫৫) **বংশগত গুনাহর** প্রভাবের সঙ্গে মোকাবিলা করার জন্য কোন তিনটি পদক্ষেপ ব্যবহার করা যেতে পারে?

আমাদের রাজ্যের কর্তৃত্ব

৫৬) পয়দাদেশ ৩:১৫ আয়াতে মানবজাতিকে কোন কর্তৃত্বের বিষয়ে প্রতিজ্ঞা করা হয়েছে এবং এরপরে সেই কর্তৃত্ব ঈসার মাধ্যমে শিষ্যদের প্রদান করা হয়েছে, উল্লিখিত আছে মথি ১৬:১৯ এবং ১৮:১৮ আয়াতে, যা জাকারিয়া ৯:১১ আয়াতের পরিপূর্ণতা?

নির্দিষ্টতার নীতি

৫৭) পুরাতন নিয়মে মূর্তি সম্পর্কিত নির্দেশগুলো কেন একটা মডেল হিসাবে ব্যবহৃত হতে পারে আত্মিক অঞ্চলগুলোকে সম্বোধন করার ক্ষেত্রে? (দ্বিতীয় বিবরণ ১২:১-৩ দেখুন)

৫৮) আমরা যে মন্দ চুক্তির মধ্যে প্রবেশ করি সেগুলোর শক্তিকে ভাঙ্গার ও বাতিল করার শক্তি কাড় আছে?

৫৯) উন্মুক্ত দরজা এবং শয়তানের পা রাখার অধিকারগুলোর বিষয়ে সিদ্ধান্ত নেবার ক্ষেত্রে আমাদের কি ধরনের কাজ করতে হবে বলে দুরি উল্লেখ করেছেন?

৬০) সুসানের জীবনে আভ্যন্তরীণ ব্রত কি ছিল? এর ফলে তার জীবনে কি পরিণতি হয়েছিল? সে কিভাবে সেই ব্রত থেকে মুক্ত হয়েছিল?

স্বাধীনতার পাঁচটি ধাপ

৬১) স্বাধীনতা লাভের পাঁচটি ধাপ কি কি? আপনি কি সেগুলো মুখস্থ করতে পারবেন?

৬২) স্বীকারোক্তি কি এবং একজন ব্যক্তিকে স্বাধীনতা দাবি করার জন্য কি ঘোষণা করতে হবে?

৬৩) দুরির মত অনুযায়ী, সেই ব্যক্তিকে আপনি কিভাবে নেয়ামত করবেন যে একবার কোন বন্ধন থেকে মুক্ত হয়েছে?

৩

ইসলামকে উপলব্ধি করা

“আর তোমরা সেই সত্য জানবে এবং সেই সত্য তোমাদেরকে স্বাধীন করবে”
ইউহোন্না ৮:৩২

পাঠের উদ্দেশ্যসমূহ

ক) মুসলিম হওয়ার ক্ষেত্রে আত্মসমর্পণের ভূমিকা উপলব্ধি করা।

খ) আল্লাহর কাছে একজন মুসলমানের আত্মসমর্পণের ক্ষেত্রে মুহাম্মদের ব্যক্তিত্বের নিয়ন্ত্রনকারী ভূমিকাকে প্রশংসা করা।

গ) মুসলিমদের পথ দেখানোর জন্য *শরিয়া* আইন থাকা কেন অপরিহার্য তা বোঝা।

ঘ) দেখুন কিভাবে 'সাফল্য' এবং 'পরাজয়' মুসলিমদের বিশ্বাসকে গঠন করে।

ঙ) কোরানে দেখতে পাওয়া যায় এরকম চার ধরনের লোকের বর্ণনা দাও।

চ) খ্রীষ্টবিশ্বাসী এবং ইহুদিদের বিষয়ে মুহাম্মদ এবং ইসলামের শিক্ষাগুলি বোঝা।

ছ) খ্রীষ্টবিশ্বাসী এবং ইহুদিদের জন্য সর্বাধিক ব্যবহৃত মুসলিম দুয়া করার প্রভাবগুলি স্বীকার করা।

জ) *শরিয়া* আইন দ্বারা সৃষ্ট ক্ষতি বিবেচনা করা।

ঝ) ইসলামে প্রতারণা করা কেন অনুমোদিত তা স্পষ্ট করে বোঝা।

ঞ) বিশেষজ্ঞদের দ্বারা সুরক্ষিত একটা বিশ্বাস সম্পর্কে খ্রীষ্টবিশ্বাসীদের নিজেদেরকে জানাতে উৎসাহিত করা।

ট) ঈসা, ইসলামিক ঈসা এবং ইতিহাসের প্রকৃত ঈসার মধ্যে পার্থক্য করা।

কেস স্টাডিঃ আপনি হলে কি করতেন?

অনেক দুয়া করার পরে, আপনি এবং আপনার জামাতের দল পাক রূহের নেতৃত্বে একটা নতুন উপবিভাগে একটা গৃহ জামাত শুরু করার কথা অনুভব করছেন যে অঞ্চলে অনেক মুসলমান বাস করেন। একজন "শান্তির পুরুষ"-এর গৃহেতে পরিবার এবং প্রতিবেশীদের সাথে বেশ কয়েক মাস বিচক্ষণতার সাথে দেখা করার পরে (লুক ১০:৬), সেই বাড়ীর কর্তা একটা সহভাগিতার পরে আপনাকে জানায় যে তাকে এবং আপনাকে উভয়কেই স্থানীয় সম্প্রদায়ের মেয়রের সাথে দেখা করার জন্য ডাকা হয়েছে। আপনি যখন সেখানে পৌঁছান, আপনি দেখতে পান যে একজন ইমাম এবং বেশ কয়েকজন মসজিদের বুজুর্গ সেখানে উপস্থিত রয়েছেন। আপনি তাদের সাথে হাত মেলান। আপনি দ্রুত জানতে পারেন যে তারা আপনার উপরে গোপন মিটিং করার মাধ্যমে এলাকার শান্তি নষ্ট করার অভিযোগ এনেছে যেখানে আপনি তাদের নবী মুহাম্মদকে অপমান করেছেন। আপনি এবং সেই "শান্তির পুরুষ" উভয়ই এই অভিযোগকে দৃঢ়ভাবে অস্বীকার করেন। ইমাম তখন বলেন, "তোমরা খ্রীষ্টবিশ্বাসীরা আল্লাহকে বিশ্বাস কর না এবং তাঁর শেষ নবী মুহাম্মদকে অস্বীকার কর। তোমরা জাহান্নামে যাবে। আল্লাহ মুসলমানদের শ্রেষ্ঠ মনে করেন এবং আমাদের অবশ্যই তোমাদের উপর শাসন করতে হবে। তোমরা যদি ইসলামের কাছে নতি স্বীকার না কর, তাহলে আমরা তোমাদের কাজকে অবশ্যই প্রতিরোধ করব, এমনকি ঈসা যখন পৃথিবীতে ফিরে আসবেন তখন তিনিও তোমাদের বিরুদ্ধে যুদ্ধ করবেন। তোমাদের অবশ্যই আমাদের সম্প্রদায়ের দুর্বল লোকদের তোমাদের কলুষিত ধর্মের প্রতি অনুগত করা থেকে বিরত থাকতে হবে।" আপনি সেই মেয়রের ধর্ম জানেন না, কিন্তু তিনি আপনাকে এমনভাবে দেখেন যেন মনে হয় আপনি এই অভিযোগের জবাব দেওয়ার অনুমতি পেয়েছেন।

আপনি কি বলবেন?

এই বিভাগগুলিতে আমরা *শাহাদার* পরিচয় দেব এবং ব্যাখ্যা করব যে এটা কীভাবে মুসলমানদেরকে মুহাম্মদের উদাহরণ অনুসরণ করতে বেঁধে রাখে।

কিভাবে একজন মুসলিম হওয়া যায়

ইসলাম শব্দটি আরবি শব্দ, যার অর্থ 'আত্মসমর্পণ' বা 'নিবেদন'। মুসলিম শব্দের অর্থ হল 'নিবেদনকারী', যিনি আল্লাহর কাছে আত্মসমর্পণ করেছেন।

এই আত্মসমর্পণ এবং নিবেদন শব্দগুলোর মানে কি? কোরানে আল্লাহর প্রভাবশালী চিত্র হল যে তিনি সার্বভৌম মালিক যিনি সমস্ত কিছুর উপর নিরঙ্কুশ কর্তৃত্ব রাখেন। এই মালিকের প্রতি প্রত্যাশিত মনোভাব তার কর্তৃত্বের কাছে নিজেদের সমর্পণ করা।

যে কেউ ইসলামে প্রবেশ করে সে আল্লাহ ও তার রসূলের পথের কাছে আত্মসমর্পণ করতে সম্মত হয়। এই চুক্তিটি *শাহাদা,* ইসলামী আকীদা স্বীকার করে করা হয়ঃ

> *আশাদু আন লা ইলাহা ইল্লা আল্লাহ্,*
> *ওয়া আশাদু আন্না মুহাম্মাদুন রাসুল আল্লাহ্*
>
> আমি স্বীকার করি যে আল্লাহ্ ছাড়া আর কোন খুদা বা আল্লাহ্ নেই, এবং আমি স্বীকার ক্রি যে মুহাম্মাদ হল আল্লাহ্র রসূল।

আপনি যদি *শাহাদা* গ্রহণ করেন এবং নিজের জন্য এটা পাঠ করেন তাহলে আপনি মুসলমান হয়ে গেছেন।

যদিও এগুলি কেবলমাত্র কয়েকটি শব্দ, কিন্তু এই শব্দগুলোর তাৎপর্য বিশাল। *শাহাদা* পাঠ করা একটা চুক্তির ঘোষণা যে মুহাম্মদ আপনার জীবনের জন্য পথপ্রদর্শক হবেন। একজন মুসলিম হওয়া—একজন 'নিবেদনকারী' হওয়ার—মানে মুহাম্মদকে আল্লাহর অনন্য, চূড়ান্ত রসূল হিসেবে অনুসরণ করা, যিনি জীবনের প্রতিটি খুঁটিনাটি দিক নির্দেশ প্রদান করেন।

মুহাম্মদের নির্দেশগুলো দুটি উৎস থেকে পাওয়া যায়, যা একসঙ্গে ইসলামিক শাস্ত্র নিয়ে গঠিত:

- *কোরান* আল্লাহর পক্ষ থেকে মুহাম্মদকে প্রদত্ত প্রকাশিত একটা কিতাব।
- *সুন্না* হল মুহাম্মদের উদাহরণ, যার মধ্যে রয়েছে:
  - শিক্ষা: মুহাম্মদ মানুষকে যা করতে শিখিয়েছিলেন
  - কর্ম: মুহাম্মদ যা করেছেন।

মুহাম্মাদ *(সুন্না)* এর উদাহরণ দুটি প্রধান রূপে মুসলমানদের জন্য বর্ণিত হয়েছে। একটা হাদীসের সংগ্রহে রয়েছে, যা ঐতিহ্যবাহী বাণী, বলা হয় যে মুহাম্মদ যা করেছিলেন সেগুলোকে বর্ণনা করে। অন্যটি *সিরাতে* রয়েছে, যা মুহাম্মদের জীবনী যা শুরু থেকে শেষ পর্যন্ত তার জীবনের কাহিনী বলার দাবি করে।

মুহাম্মদের ব্যক্তিত্ব

শাহাদাতে আবদ্ধ যে কেউ মুহাম্মদের উদাহরণ অনুসরণ করতে এবং তাঁর চরিত্র অনুকরণ করতে বাধ্য। এই সবই *শাহাদার* স্বীকারোক্তি থেকে অনুসরণ করে যেখানে বলা হয় যে মুহাম্মদ আল্লাহর রসূল। *শাহাদাতে* এই শব্দগুলি পাঠ করার অর্থ হল আপনি আপনার জীবনের জন্য মুহাম্মদের নির্দেশনা গ্রহণ করেছেন এবং আপনি তাকে অনুসরণ করতে বাধ্য।

কোরানে, মুহাম্মদকে সর্বোত্তম উদাহরণ হিসাবে বলা হয়েছে, যাকে অনুসরণ করা সকলের জন্য বাধ্যতামূলক:

> যারা আল্লাহ ও শেষ দিবসের আশা রাখে এবং আল্লাহকে অধিক স্মরণ করে, তাদের জন্যে রসূলুল্লাহর মধ্যে উত্তম নমুনা রয়েছে। (Q ৩৩:২১)
>
> যে লোক রসূলের হুকুম মান্য করবে সে আল্লাহরই হুকুম মান্য করল। (Q ৪:৮০)
>
> আল্লাহ ও তাঁর রসূল কোন কাজের হুকুম করলে কোন মুমিন পুরুষ ও মুমিন নারীর সে বিষয়ে ভিন্ন ক্ষমতা নেই যে, আল্লাহ ও তাঁর রসূলের হুকুম অমান্য করে সে প্রকাশ্য পথভ্রষ্ট তায় পতিত হয়। (Q ৩৩:৩৬)

কোরান বলে যে যারা মুহাম্মদকে অনুসরণ করে তারা সফল এবং নেয়ামতপ্রাপ্ত হবে:

> যারা আল্লাহ ও তাঁর রসূলের আনুগত্য করে আল্লাহকে ভয় করে ও তাঁর শাস্তি থেকে বেঁচে থাকে তারাই কৃতকার্য। (Q ২৪:৫২)
>
> আর যে কেউ আল্লাহর হুকুম এবং তাঁর রসূলের হুকুম মান্য করবে, তাহলে যাঁদের প্রতি আল্লাহ নেয়ামত দান করেছেন…(Q ৪:৬৯)

মুহাম্মদের নির্দেশ ও উদাহরণের বিরোধিতা করাকে অবিশ্বাস বলা হয় যা এই জীবনে ব্যর্থতা এবং পরের জীবনে আগুনের দিকে নিয়ে যায়। কোরানে মুসলমানদের উপর এই অভিশাপ দেওয়া হয়েছেঃ

যে কেউ রসূলের বিরুদ্ধাচারণ করে, তার কাছে সরল পথ প্রকাশিত হওয়ার পর এবং সব মুসলমানের অনুসৃত পথের বিরুদ্ধে চলে, আমি তাকে ঐ দিকেই ফেরাব যে দিক সে অবলম্বন করেছে এবং তাকে জাহান্নামে নিক্ষেপ করব। আর তা নিকৃষ্টতর গন্তব্যস্থান। (Q ৪:১১৫)

...রসূল তোমাদেরকে যা দেন, তা গ্রহণ কর এবং যা নিষেধ করেন, তা থেকে বিরত থাক এবং আল্লাহকে ভয় কর। নিশ্চয় আল্লাহ কঠোর শাস্তিদাতা। (Q ৫৯:৭)

এমনকি কোরান হুকুম করে তাদের বিরুদ্ধে লড়াই করার জন্য যারা মুহাম্মাদকে প্রত্যাখ্যান করেঃ

তোমরা যুদ্ধ কর আহলে-কিতাবের ঐ লোকদের সাথে, যারা আল্লাহ ও রোজ হাশরে ঈমান রাখে না, আল্লাহ ও তাঁর রসূল যা হারাম করে দিয়েছেন তা হারাম করে না এবং গ্রহণ করে না সত্য ধর্ম, যতক্ষণ না করজোড়ে তারা জিযিয়া প্রদান করে। (Q ৯:২৯)

...সুতরাং তোমরা মুসলমানদের চিত্তসমূহকে ধীরস্থির করে রাখ। আমি কাফেরদের মনে ভীতির সঞ্চার করে দেব। কাজেই গর্দানের উপর আঘাত হান এবং তাদেরকে কাট জোড়ায় জোড়ায়। যেহেতু তারা অবাধ্য হয়েছে আল্লাহ এবং তাঁর রসূলের, সেজন্য এই নির্দেশ। বস্তুতঃ যে লোক আল্লাহ ও রসূলের অবাধ্য হয়, নিঃসন্দেহে আল্লাহর শাস্তি অত্যন্ত কঠোর। (Q ৮:১২-১৩)

কিন্তু মুহাম্মদের উদাহরণ কি অনুসরণ করার যোগ্য? যদিও মুহাম্মদের জীবনের কিছু দিক ইতিবাচক, অন্যগুলি প্রশংসনীয়, এবং অনেকগুলি আকর্ষণীয়, কিন্তু এমন কিছু জিনিস আছে যা মুহাম্মদ করেছিলেন যা প্রায় সমস্ত নৈতিক মান দ্বারা ভুল বলে বিবেচিত হবে। *সিরাস* এবং *হাদিসগুলিতে* মুহাম্মদের অসংখ্য কর্ম আছে যেগুলো মর্মান্তিক, যার মধ্যে হত্যা, নির্যাতন, ধর্ষণ এবং নারীদের অন্যান্য নির্যাতন, দাসত্ব, চুরি, প্রতারণা, এবং অমুসলিমদের বিরুদ্ধে উস্কানি দেওয়া অন্তর্ভূক্ত আছে।

মুহাম্মদ ব্যক্তি হিসাবে কি ছিলেন তার প্রমাণ হিসাবে এই ধরনের বিষয়গুলো শুধুমাত্র বিরক্তিকর নয়: *শরিয়ার* মাধ্যমে এটা সমস্ত মুসলমানদের জীবনেও প্রভাব ফেলে। মুহাম্মদের উদাহরণকে অনুসরণ করার জন্য আল্লাহ কোরানে সর্বোত্তম মডেল হিসাবে আইন প্রণয়ন করেছেন, তাই মুহাম্মদের জীবনের সমস্ত ঘটনা, এমনকি খারাপ ঘটনাগুলি, মুসলমানদের অবশ্যই অনুসরণ করার জন্য মানদণ্ড হয়ে ওঠে।

কোরান - মুহাম্মদের ব্যক্তিগত দলিল

পর্যবেক্ষক মুসলমানরা বিশ্বাস করে যে কোরানকে মানবতার জন্য আল্লাহর নির্দেশনার নিখুঁত প্রকাশ হিসাবে দেওয়া হয়েছে, যা তার রসূল মুহাম্মদের মাধ্যমে দেওয়া হয়েছিল। আপনি যদি বার্তাবাহককে গ্রহণ করেন তবে আপনাকে অবশ্যই তার বার্তা গ্রহণ করতে হবে। তাই *শাহাদা* একজন মুসলমানকে কোরানে বিশ্বাস ও আনুগত্য করতে বাধ্য করে।

কোরান যেভাবে তৈরি হয়েছিল তা বোঝার জন্য একটা গুরুত্বপূর্ণ বিষয় হল যে মুহাম্মদ এবং কোরান একটা দেহের সাথে তার মেরুদণ্ডের মতোই নিবিড়ভাবে আন্তঃসংযুক্ত। *সুন্নাহ*-মুহাম্মদের শিক্ষা ও উদাহরণ – এগুলো হল দেহের মতো এবং কোরান হল মেরুদণ্ড। এই দুটি বিষয় একে অপরকে ছাড়া দাঁড়াতে পারে না এবং আপনি একটাকে ছাড়া অন্যটিকে বুঝতে পারবেন না।

ইসলামিক *শরিয়া* - মুসলিম হওয়ার 'পথ'

মুহাম্মদের শিক্ষা ও উদাহরণ অনুসরণ করার জন্য একজন মুসলমানকে অবশ্যই কোরান ও *সুন্নার* দিকে তাকাতে হবে। যাইহোক, এর মূল উপকরণটি অত্যন্ত জটিল এবং বেশিরভাগ মুসলমানদের পক্ষে এগুলো উপলব্ধি করা, বোঝা এবং নিজেদের জন্য ব্যবহার করা কঠিন। প্রাথমিক ইসলামী শতাব্দীতে ধর্মীয় নেতাদের কাছে এটা স্পষ্ট হয়ে উঠেছিল যে মুসলমানদের সংখ্যাগরিষ্ঠকে অবশ্যই অল্প সংখ্যক বিশেষজ্ঞের উপর নির্ভর করতে হবে যারা মুহাম্মদের *সুন্না* এবং কোরানের মূল খসড়াকে জীবনযাপনের জন্য একটা নিয়মতান্ত্রিক এবং সামঞ্জস্যপূর্ণ শ্রেণীবদ্ধ নিয়ম অনুযায়ী সংগঠিত করতে

পারে। সুতরাং, কোরান এবং মুহাম্মদের *সুন্নার* উপর ভিত্তি করে, মুসলিম আইনবিদরা এগুলোকে একত্রিত করেছেন যা *শরিয়া* হিসাবে পরিচিত হয়েছে, যা একজন মুসলিম ব্যক্তির জীবন যাপন করার 'উপায়' বা 'পথ'।

ইসলামিক *শরিয়াকে* মুহাম্মদের *শরিয়া* হিসাবেও উল্লেখ করা যেতে পারে, কারণ এটা মুহাম্মদের উদাহরণ এবং শিক্ষার উপর ভিত্তি করে লেখা হয়েছে। শরীয়তের নিয়ম পদ্ধতি ব্যক্তি এবং সম্প্রদায় উভয়ের জন্যই একটা সম্পূর্ণ জীবনধারাকে সংজ্ঞায়িত করে। *শরিয়া* ছাড়া ইসলাম হতে পারে না।

যেহেতু মুহাম্মদের সুন্না হল *শরিয়া* আইনের একটা ভিত্তি, তাই মুহাম্মাদ যা করেছেন এবং বলেছেন তা হাদিস এবং *সিরাতে* লিপিবদ্ধ করা হয়েছে, এর লিপিবদ্ধ বিবরণকে বোঝা এবং মনোযোগ দেওয়া গুরুত্বপূর্ণ। মুহাম্মদ সম্পর্কে অজ্ঞতা হল *শরিয়া* সম্পর্কে অজ্ঞতা, এবং এটা হল ইসলামের অধীনে বসবাসকারী বা যাদের জীবন ইসলাম দ্বারা প্রভাবিত তাদের মানবাধিকার সম্পর্কে অজ্ঞতা। মুহাম্মদ যা করেছিলেন সেটা হল, *শরিয়া* আইন মুসলিমদের অনুকরণ করার জন্য সুপারিশ করেছিলেন এবং ইহা মুসলিম এবং অমুসলিম উভয়ের জীবনই প্রভাবিত করেছিল। মুহাম্মদের জীবন এবং আজকের মুসলিম জনগণের জীবনের মধ্যে সম্পর্ক সবসময় সরাসরি নাও হতে পারে, তবে এটা অত্যন্ত শক্তিশালী এবং তাৎপর্যপূর্ণ হয়ে রয়ে গেছে।

শরিয়া সম্বন্ধে আরেকটি বিষয় লক্ষণীয় যে, সংসদ কর্তৃক প্রণীত আইনের বিপরীতে, যা জনগণের দ্বারা প্রণীত এবং পরিবর্তন করা যায়, *শরিয়াকে* ঐশ্বরিক বাধ্যতামূলক নিয়ম বলে মনে করা হয়। তাই দাবি করা হয় যে, *শরিয়া* নিখুঁত এবং অপরিবর্তনীয়। তবুও, নমনীয়তার কিছু ক্ষেত্র রয়েছে। নতুন নতুন পরিস্থিতি তৈরি হতে থাকে যার জন্য মুসলিম আইনবিদদের অবশ্যই কাজ করতে হয় যে কীভাবে *শরিয়া* নির্দিষ্ট ক্ষেত্রে প্রয়োগ করা হবে, তবে এগুলি পূর্বনির্ধারিত, নিখুঁত এবং নিরবধি ব্যবস্থা হিসাবে বিবেচিত হয়।

এই পরবর্তী বিভাগগুলিতে আমরা ইসলামের সেই শিক্ষাকে পরীক্ষা করব যে শিক্ষা বলে মুসলমানরাই সফল, যারা অন্য মানুষের থেকে উচ্চতর।

"সফলতার দিকে এসো"

কোরান অনুযায়ী সঠিক পথনির্দেশের ফল কী? যারা আল্লাহর কাছে আত্মসমর্পণ করে এবং তাঁর হেদায়েত গ্রহণ করে, তাদের জন্য উদ্দেশ্য হল ইহকাল ও পরকালের *সাফল্য।* ইসলামের দাওয়াত হলো সফলতার দাওয়াত।

সাফল্যের এই আহ্বানটি *আজান* বা উপাসনার আহ্বানে ঘোষণা করা হয়, যা দিনে পাঁচবার মুসলমানদের কাছে শোনানো হয়ঃ

> আল্লাহ্ হলেন মহান! আল্লাহ্ হলেন মহান!
> আল্লাহ্ হলেন মহান! আল্লাহ্ হলেন মহান!
> আমি সাক্ষী যে আল্লাহ্ ছাড়া আর কোন আল্লাহ্ নেই।
> আমি সাক্ষী যে আল্লাহ্ ছাড়া আর কোন আল্লাহ্ নেই।
> আমি সাক্ষী যে মুহাম্মাদ হল আল্লাহ্র রসূল।
> আমি সাক্ষী যে মুহাম্মাদ হল আল্লাহ্র রসূল।
> ইবাদত করতে এস। ইবাদত করতে এস।
> **সফলতার দিকে এস। সফলতার দিকে এস।**
>
> আল্লাহ্ হলেন মহান! আল্লাহ্ হলেন মহান!
> আল্লাহ্ হলেন মহান! আল্লাহ্ হলেন মহান!
> আল্লাহ্ ছাড়া আর কোন আল্লাহ্ নেই।

কোরানে সফলতার গুরুত্বকে অনেক বেশি গুরুত্ব দেওয়া হয়েছে। এটা মানবতাকে দুটি ভাগে, বিজয়ী এবং বাকিদের মধ্যে ভাগ করে। যারা আল্লাহর নির্দেশনা গ্রহণ করে না তাদেরকে বারবার 'পরাজিত' বা 'ক্ষতিগ্রস্ত' বলে সম্বোধন করা হয়ঃ

> যে লোক ইসলাম ছাড়া অন্য কোন ধর্ম তালাশ করে, কস্মিণকালেও তা গ্রহণ করা হবে না এবং আখেরাতে সে ক্ষতি গ্রস্ত। (Q ৩:৮৫)
>
> আপনার প্রতি এবং আপনার পূর্ববর্তীদের পতি প্রত্যাদেশ হয়েছে, যদি আল্লাহর শরীক স্থির করেন, তবে আপনার কর্ম নিষ্ফল হবে এবং আপনি ক্ষতিগ্রস্তদের একজন হবেন। (Q ৩৯:৬৫)

সফলতা এবং ব্যর্থতার উপর ইসলামের জোর দেওয়ার কারণে অনেক মুসলমানকে তাদের ধর্ম এবং নিজেদেরকে অমুসলিমদের থেকে উচ্চতর হিসাবে বিবেচনা করতে শিখিয়েছে, এবং অধিক ঈমানদার মুসলমানদের বলা হয়েছে যে তারা কম ঈমানদার মুসলমানদের থেকে উচ্চতর, তাই বৈষম্য ইসলামের একটা জীবন ব্যবস্থা।

বিভক্ত পৃথিবী

কোরানের পুরো অধ্যায় জুড়ে, শুধু মুসলমানদের সম্পর্কেই নয়, খ্রীষ্টবিশ্বাসী এবং ইহুদিদের সম্পর্কেও অনেক কিছু এবং অন্যান্য ধর্মের লোকদের সম্পর্কেও অনেক কিছু বলা আছে। কোরান এবং ইসলামী আইনগত পরিভাষা চারটি ভিন্ন শ্রেণীর মানুষের উল্লেখ করে:

১) প্রথম এবং সর্বাগ্রে রয়েছে প্রকৃত মুসলমান।

২) তারপর *মুনাফিক* নামে আরেকটি শ্রেণী আছে, যারা বিদ্রোহী মুসলমান।

৩) মুহাম্মদের আবির্ভাবের আগে আরবদের মধ্যে মূর্তিপূজকরা ছিল প্রধান শ্রেণী। মূর্তিপূজার আরবি শব্দ হল *মুশরিক,* যার আক্ষরিক অর্থ 'সহযোগী'। এরা এমন লোক যারা শিরক 'সংসর্গ' করেছে বলে মনে করা হয়, যার অর্থ বলা হয় যে কেউ বা কোন কিছু আল্লাহর মতো, বা আল্লাহর অংশীদার রয়েছে যারা তাঁর ক্ষমতা ও রাজত্বে অংশীদার।

৪) *কিতাবের লোকেরা মুশরিকদের* একটা উপশ্রেণি। এই শ্রেণীতে খ্রীষ্টবিশ্বাসী এবং ইহুদীরাও অন্তর্ভুক্ত। তাদের অবশ্যই *মুশরিক* হিসাবে বিবেচনা করা উচিত, কারণ কোরান খ্রীষ্টবিশ্বাসী এবং ইহুদি উভয়কেই *শিরকের* দোষী বলে উল্লেখ করেছে (Q ৯:৩০-৩১; Q ৩:৬৪)।

কিতাবের ধারণাটি বোঝায় যে খ্রীষ্টধর্ম এবং ইহুদি ধর্ম ইসলামের সাথে সম্পর্কিত এবং এই ধর্মগুলো ইসলাম থেকেই উদ্ভূত বলে বিশ্বাস করা হয়। ইসলামকে মাতৃধর্ম হিসাবে বিবেচনা করা হয় যেখান থেকে খ্রীষ্টান এবং ইহুদিরা বহু শতাব্দী ধরে বিচ্ছিন্ন হয়েছিল। কোরান অনুসারে, খ্রীষ্টান এবং ইহুদিরা এমন একটা বিশ্বাস অনুসরণ করে যা মূলত বিশুদ্ধ একেশ্বরবাদ ছিল-অন্য কথায়, সেটি হল ইসলাম-কিন্তু এখন তাদের ধর্মগ্রন্থগুলি কলুষিত হয়েছে এবং এখন আর সেগুলো বিশ্বাসযোগ্য নয়। এই অর্থে, খ্রীষ্টান এবং ইহুদি ধর্মকে ইসলামের বিকৃত রূপ হিসাবে গণ্য করা হয় যার অনুসরণকারীরা সঠিকভাবে পরিচালিত পথ থেকে অর্থাৎ ইসলাম থেকে বিচ্যুত হয়েছে।

কোরান খ্রীষ্টান এবং ইহুদিদের সম্পর্কে ইতিবাচক এবং নেতিবাচক উভয় মন্তব্যই অন্তর্ভুক্ত করে রেখেছে। ইতিবাচক দিক থেকে এটা বলে যে কিছু খ্রীষ্টান এবং ইহুদি বিশ্বস্ত এবং সত্যকে বিশ্বাস করে (Q ৩:১১৩-১৪)। যাইহোক, একই অধ্যায় বলে যে তাদের আন্তরিকতার পরীক্ষা হল যে তাদের বিশ্বাস যদি প্রকৃত হয় তাহলে তারা মুসলমান হয়ে যাবে (Q ৩:১৯৯)।

ইসলাম অনুসারে, খ্রীষ্টান এবং ইহুদিরা তাদের অজ্ঞতা থেকে মুক্ত হতে পারেনি যতক্ষণ না মুহাম্মদ কোরান নিয়ে এসেছেন (Q ৯৮:১)। ইসলাম শিক্ষা দেয় যে মুহাম্মদ খ্রীষ্টান এবং ইহুদিদের ভুল সংশোধন করার জন্য আল্লাহর একজন উপহার হিসাবে এসেছিলেন। এর অর্থ হল খ্রীষ্টান এবং

ইহুদিদের উচিত মুহাম্মদকে আল্লাহর রসূল হিসাবে গ্রহণ করা এবং কোরানকে তাঁর চূড়ান্ত প্রকাশিত কালাম হিসাবে গ্রহণ করা (Q ৪:৪৭; Q ৫:১৫; Q ৫৭:২৮-২৯)।

এখানে চারটি দাবি রয়েছে যা কোরান ও সুন্না অমুসলিমদের সম্পর্কে ব্যক্ত করে এবং বিশেষ করে এগুলো খ্রীষ্টান ও ইহুদিদের সম্পর্কেঃ

১) মুসলমানরা "সর্বোত্তম মানুষ" এবং অন্যান্য মানুষদের থেকে শ্রেষ্ঠ। তাদের ভূমিকা হল তাদের সঠিক এবং অন্যায় সম্পর্কে নির্দেশ দেওয়া, যা সঠিক তা হুকুম করা এবং যা ভুল তা নিষেধ করা (Q ৩:১১০)।

২) ইসলামের নিয়তি হল অন্য সব ধর্মের উপর শাসন করা (Q ৪৮:২৮)।

৩) এই উচ্চতা অর্জনের জন্য, মুসলমানদেরকে ইহুদি এবং খ্রীষ্টানদের (কিতাবধারীদের) বিরুদ্ধে লড়াই করতে হবে যতক্ষণ না তারা পরাজিত ও বিনীত হয় এবং মুসলিম সম্প্রদায়ের প্রতি শ্রদ্ধা জানাতে বাধ্য হয় (Q ৯:২৯)।

৪) খ্রীষ্টান এবং ইহুদিরা যারা তাদের শিরককে আঁকড়ে ধরে এবং মুহাম্মদ এবং তাঁর একেশ্বরবাদে অবিশ্বাস করে - অর্থাৎ যারা ইসলাম গ্রহণ করে না - তারা জাহান্নামে যাবে (Q ৫:৭২; Q ৪:৪৭-৫৬)।

যদিও ইহুদি এবং খ্রীষ্টানদের একত্রে কিতাবের লোক হিসাবে পরিচিত একটা ভিন্ন বিভাগ গঠনের জন্য বিবেচনা করা হয়, তবুও ইহুদিরা বেশি সমালোচিত হয়। কোরান ও সুন্নাতে তাদের বিরুদ্ধে অসংখ্য সুনির্দিষ্ট ধর্মতাত্ত্বিক দাবি করা হয়েছে। উদাহরণস্বরূপ, মুহাম্মদ শিখিয়েছিলেন যে শেষ সময়ে, পাথরগুলি ইহুদিদের হত্যা করতে মুসলমানদের সাহায্য করার জন্য তাদের কণ্ঠস্বর ধার দেবে এবং কোরান বলে যে খ্রীষ্টানরা মুসলমানদের "প্রেমেতে সবচেয়ে কাছের", কিন্তু ইহুদীদের (এবং মূর্তিপূজক) মুসলমানদের বিরুদ্ধে সবচেয়ে বড় শত্রুতা আছে (Q ৫:৮২)।

যাইহোক, শেষ পর্যন্ত, কোরানের চূড়ান্ত রায় ইহুদি এবং খ্রীষ্টান উভয়ের জন্যই নেতিবাচক। এমনকি এই দোষারোপটি প্রতিটি ধর্মপরায়ণ মুসলমানের প্রাত্যহিক দুয়ায় অন্তর্ভুক্ত করা হয়েছে।

মুসলমানদের প্রতিদিনের দুয়ায় ইহুদি ও খ্রীষ্টানরা

কোরানের সবচেয়ে পরিচিত অধ্যায় *(সূরা)* হল *আল-ফাতিহা* অর্থাৎ 'আরম্ভ'। এই *সূরাটি* সমস্ত বাধ্যতামূলক দৈনিক নামাজের অংশ হিসাবে পাঠ করা হয় - *সালাত* - এবং প্রতিটি নামাজের মধ্যে এটার পুনরাবৃত্তি করা হয়। বিশ্বস্ত মুসলমান যারা তাদের সমস্ত নামাজ পাঠ করে তারা এই সূরাটি দিনে কমপক্ষে ১৭ বার এবং বছরে ৫০০০ বার পাঠ করে।

আল-ফাতিহা হল নির্দেশ লাভের জন্য একটা দুয়া:

> শুরু করছি আল্লাহর নামে
> যিনি পরম করুণাময়, অতি দয়ালু।
> যাবতীয় প্রশংসা আল্লাহ তা'আলার যিনি সকল সৃষ্ট জগতের পালনকর্তা।
> যিনি নিতান্ত মেহেরবান ও দয়ালু।
> যিনি বিচার দিনের মালিক।
> আমরা একমাত্র তোমারই ইবাদত করি
> এবং শুধুমাত্র তোমারই সাহায্য দুয়া করি।
> আমাদেরকে সরল পথ দেখাও,
> সে সমস্ত লোকের পথ, যাদেরকে তুমি নেয়ামত দান করেছ।
> তাদের পথ নয়, **যাদের প্রতি তোমার গজব নাযিল হয়েছে**
> **এবং যারা পথভ্রষ্ট হয়েছে।** (Q ১:১-৭)

এটা এমন একটা দুয়া যেখানে বিশ্বাসীকে "সরল পথে" পরিচালিত করার জন্য আল্লাহর সাহায্য দুয়া করা হয়। তাই এটা ইসলামের মূল শিক্ষার বিষয়ে সত্য।

কিন্তু যারা আল্লাহর ক্রোধের কবলে পড়ে বা সরল পথ থেকে বিপথগামী হয় তারা কারা? এরা কারা যারা প্রত্যেক মুসলমানের নামাজে, প্রতিদিন, বহু মুসলমানের জীবনে হাজার হাজার বার এমনভাবে খারাপ কথার যোগ্য? মুহাম্মদ এই *সূরার* অর্থ ব্যাখ্যা করে বলেন, "যারা ক্রোধ অর্জন করেছে তারা ইহুদি এবং যারা বিপথে পরিচালিত হয়েছে তারাই খ্রীষ্টান।"

এটা লক্ষণীয় যে, প্রত্যেক মুসলমানের দৈনিক দুয়ায়, ইসলামের একেবারে মূল অংশে, খ্রীষ্টান ও ইহুদিদের বিপথগামী এবং আল্লাহর ক্রোধের বস্তু হিসাবে প্রত্যাখ্যাত হিসাবে অন্তর্ভুক্ত করা হয়েছে।

এই পরবর্তী বিভাগে আমরা ইসলামী *শরিয়া* দ্বারা সৃষ্ট ক্ষতির বিষয়ে বিবেচনা করব। এটা আসলে মুহাম্মদের উদাহরণ এবং শিক্ষার কারণে হয়েছে।

শরিয়ার সমস্যা

যখন কোন দেশে ইসলাম প্রতিষ্ঠিত হয়, দীর্ঘ সময়ের মধ্যে সম্প্রদায়ের সংস্কৃতিকে *শরিয়া* দ্বারা পুনর্নির্মাণ করা যেতে পারে। এই প্রক্রিয়াকে বলা হয় 'ইসলামীকরণ'। কারণ মুহাম্মদের জীবন ও শিক্ষায় এমন অনেক কিছু ছিল যা ভালো ছিল না, অনেক অন্যায় ও সামাজিক সমস্যা *শরিয়া* দ্বারা আনা হয়েছে। এর মানে হল যদিও ইসলাম সাফল্যের প্রতিশ্রুতি দেয়, *শরিয়া* দ্বারা নিয়ন্ত্রিত সমাজগুলি প্রায়ই মানুষের অনেক ক্ষতি করে। আমরা যদি আজ সারা বিশ্বের দিকে তাকাই, আমরা দেখতে পাব যে অনেক ইসলামি দেশের উন্নতির মাত্রা অত্যন্ত দুর্বল এবং সেই দেশগুলোতে ইসলামের প্রভাবের কারণে অনেক মানবাধিকার সমস্যা সেখানে রয়েছে।

শরিয়া দ্বারা সৃষ্ট কিছু অন্যায় ও সমস্যা হল:

- মুসলিম সমাজে নারীদের নিকৃষ্ট মর্যাদা রয়েছে এবং ইসলামী আইনের কারণে তারা অনেক নির্যাতনের শিকার হয়। আমরা একটা উদাহরণ বিবেচনা করবঃ নীচে আমিনা লওয়ালের ঘটনা দেওয়া হল।
- ইসলামের *জিহাদের* শিক্ষা বিশ্বজুড়ে লক্ষ লক্ষ পুরুষ, মহিলা এবং শিশুদের জীবনে সংঘাত ও ক্ষতির কারণ হয়ে দাঁড়িয়েছে।
- কিছু অপরাধের জন্য *শরিয়ার* শাস্তি নিষ্ঠুর এবং অত্যধিকঃ উদাহরণস্বরূপ, চোরের হাত কেটে ফেলা এবং ইসলামকে প্রত্যাখ্যান করার জন্য ধর্মত্যাগীদের হত্যা করা।
- *শরিয়া* মানুষকে ভালো করার জন্য পরিবর্তন করতে পারে না। যখন কোন দেশে ইসলামী বিপ্লব ঘটেছে, এবং উগ্র মুসলিমরা সরকারের ক্ষমতা দখল করেছে, তার ফলে দুর্নীতি বেশি হয়েছে, কম নয়। ইরানের সাম্প্রতিক ইতিহাস একটা উদাহরণ: ১৯৭৮ সালে ইরানের ইসলামী বিপ্লবের পর, যখন শাহকে উৎখাত করা হয়, তখন মুসলিম পণ্ডিতরা সরকার গ্রহণ করেন কিন্তু, তাদের প্রতিশ্রুতি সত্ত্বেও, দুর্নীতি কেবল বৃদ্ধি পেতেই থাকে।
- মুহাম্মদ কিছু পরিস্থিতিতে মুসলমানদের মিথ্যা বলার অনুমতি দিয়েছিলেন এবং উৎসাহিত করেছিলেন। এর পরিণতি নিয়ে আমরা পরে আলোচনা করব।
- ইসলামী শিক্ষার কারণে, অমুসলিমরা প্রায়ই মুসলিম সমাজে বৈষম্যের শিকার হয়। বর্তমান বিশ্বে খ্রীষ্টানদের উপর সবচেয়ে বেশি নিপীড়ন মুসলমানদের দ্বারা করা হয়।

আমিনা লাওয়ালের মামলা

এখন আমরা একজন মুসলিম মহিলার উদাহরণ আলোচনা করব যার জীবন *শরিয়ার* কারণে আশঙ্কার সম্মুখীন হয়েছিল। ১৯৯৯ সালে নাইজেরিয়া দেশের উত্তরে মুসলিম সংখ্যাগরিষ্ঠ রাজ্যগুলির জন্য *শরিয়া* আদালত চালু করা হয়। তিন বছর পর, ২০০২ সালে, আমিনা লাওয়ালকে একজন *শরিয়া* বিচারক পাথর ছুঁড়ে মৃত্যুদণ্ডে দণ্ডিত করেছিলেন কারণ তিনি তার বিবাহবিচ্ছেদের পরে গর্ভবতী হয়ে একটা সন্তানের জন্ম দিয়েছিলেন। তিনি শিশুটিকে তার বাবার নাম দিয়েছিলেন, কিন্তু ডিএনএ পরীক্ষা ছাড়া আদালত প্রমাণ করতে পারেনি যে তিনিই পিতা, তাই লোকটিকে দোষী সাব্যস্ত করা হয়নি। শুধুমাত্র মহিলাটিকে ব্যভিচারের দায়ে দোষী সাব্যস্ত করা হয়েছিল এবং তাকে পাথর মারার শাস্তি দেওয়া হয়েছিল।

যে বিচারক আমিনাকে দোষী সাব্যস্ত করেছিলেন তিনি এও রায় দিয়েছিলেন যে তার সন্তানের দুধ না ছাড়া পর্যন্ত তাকে পাথর মারা হবে না। এই রায়টি, এবং সন্তানের দুধ ছাড়ানোর পরে প্রয়োগ করা হয়, এক্ষেত্রে মুহাম্মদের উদাহরণকে ঘনিষ্ঠভাবে অনুসরণ করা হয়, যে একজন মুসলিম মহিলাকে ব্যভিচার স্বীকার করার পরে পাথর ছুঁড়ে হত্যা করেছিলেন, কিন্তু তাকে পাথর মারা হয়েছিল শুধুমাত্র শিশুটির দুধ খাওয়া ছাড়া পর্যন্ত এবং শক্ত খাবার খাওয়া শুরু হওয়া পর্যন্ত।

শরিয়া পাথর মারার আইন বিভিন্ন কারণে খারাপ:

- এটা অত্যধিক গুরুতর একটা আইন।
- এটা নিষ্ঠুর: পাথর ছুড়ে মারা কারোর মৃত্যুর জন্য একটা ভয়ঙ্কর উপায়।
- যারা পাথর নিক্ষেপ করে এটা তাদেরও ক্ষতি করে।
- এটা বৈষম্যমূলক, এমন একজন মহিলাকে লক্ষ্য করে বিধান দেওয়া হয় যে গর্ভবতী কিন্তু সেই পুরুষকে শাস্তি দেওয়া হয় না যে তাকে গর্ভবতী করেছে।
- এটা একটা অল্প বয়স্ক শিশুকে তার মার কাছ থেকে বঞ্চিত করে, তাকে এতিম করে তোলে।
- এটা একজন মহিলা ধর্ষিত হতে পারে এমন সম্ভাবনাকে উপেক্ষা করে।

আমিনার মামলা আন্তর্জাতিক ভাবে ক্ষোভের সৃষ্টি করে। বিশ্বজুড়ে নাইজেরিয়ার দূতাবাসগুলিতে দশ লক্ষেরও বেশি প্রতিবাদের চিঠি পাঠানো হয়েছিল। আমিনার জন্য সৌভাগ্যবশত, আদালতে তার সাজা বাতিল করা হয়। আমিনার সাজা বাতিল করার ক্ষেত্রে *শরিয়া* আপিল আদালত প্রকৃতপক্ষে এই নীতিকে প্রত্যাখ্যান করেনি যে ব্যভিচারের জন্য ইসলামী শাস্তি অর্থাৎ পাথর ছুঁড়ে হত্যা করা ঠিক নয়। পরিবর্তে অন্যান্য কারণ দেওয়া হয়েছিল; উদাহরণ স্বরূপ, আপিল আদালত বলেছে যে আমিনাকে সাজা দেওয়ার সময় তিনজন বিচারকের উপস্থিত থাকা উচিত ছিল, শুধু একজন বিচারক নয়।

বৈধ প্রতারণা

ইসলামী *শরীয়তের* একটা সমস্যাযুক্ত দিক হল মিথ্যা ও প্রতারণার বিষয়ে এর শিক্ষা। যদিও এটা অবশ্যই স্বীকার করতে হবে যে ইসলামে মিথ্যা বলা একটা গুরুতর গুনাহ হিসাবে বিবেচিত হয়, কিন্তু এমন কিছু পরিস্থিতি রয়েছে যেখানে ইসলামী কর্তৃপক্ষের মতে, এবং মুহাম্মদের উদাহরণের উপর ভিত্তি করে মিথ্যা বলা অনুমোদিত বা এমনকি বাধ্যতামূলক।

বেশ কয়েকটি ভিন্ন পরিস্থিতি রয়েছে যেখানে মুসলমানদের মিথ্যা বলার অনুমতি দেওয়া হয়েছে বা মিথ্যা বলা বাধ্যতামূলক। উদাহরণ স্বরূপ, *সহীহ আল-বুখারী* নামে *হাদীসের* সংগ্রহে একটা অধ্যায় রয়েছে যার শিরোনাম রয়েছে "যে ব্যক্তি মানুষের মধ্যে শান্তি স্থাপন করে সে মিথ্যাবাদী নয়"। মুহাম্মদের উদাহরণের এই দৃষ্টিভঙ্গী অনুসারে, যে পরিস্থিতিতে মুসলমানদের অসত্য কথা বলার

অনুমতি দেওয়া হয় তার মধ্যে একটা হল যখন লোকেদের মিটমাট করতে সাহায্য করার জন্য মিথ্যা বলা হয় তখন এটা একটা ইতিবাচক প্রভাব ফেলবে।

ইসলামের বৈধ মিথ্যার আরেকটি প্রসঙ্গ হল যখন মুসলিমরা অমুসলিমদের থেকে বিপদে পড়ে (Q ৩:২৮)। এই আয়াত থেকে *তাকিয়ার* ধারণাটি উদ্ভূত হয়েছে, যা মুসলমানদের নিরাপদ রাখার জন্য প্রতারণার অনুশীলনকে নির্দেশ করে। মুসলিম পণ্ডিতদের ঐক্যমত হল যে মুসলমানরা, যখন অমুসলিমদের রাজনৈতিক আধিপত্যের অধীনে বাস করে, তখন তাদের প্রতিরক্ষামূলক ব্যবস্থা হিসাবে অমুসলিমদের প্রতি বন্ধুত্ব এবং দয়া দেখানোর অনুমতি দেওয়া হয়, যতক্ষণ না তারা তাদের বিশ্বাস (এবং শত্রুতা) তাদের হৃদয়ে ধরে রাখে। এই মতবাদের একটা তাৎপর্য হল যে অমুসলিমদের প্রতি ধর্মপরায়ণ মুসলমানদের আচরণ কম বন্ধুত্বপূর্ণ হবে বলে আশা করা যেতে পারে, এবং তাদের বিশ্বাসগুলি কম আবৃত হবে, কারণ তাদের রাজনৈতিক ক্ষমতা বৃদ্ধি পাবে।

অন্যান্য পরিস্থিতিতে যেখানে *শরিয়া* আইন মুসলমানদের মিথ্যা বলতে উৎসাহিত করে তার মধ্যে রয়েছে: দাম্পত্য সম্প্রীতি বজায় রাখার জন্য স্বামী ও স্ত্রীর মধ্যে; বিরোধ নিষ্পত্তি করার সময়; যখন সত্য বলার কারণে আপনি নিজেকে দোষী সাব্যস্ত করতে পারেন—মুহাম্মদ কখনও কখনও এমন লোকদের তিরস্কার করতেন যারা অপরাধ স্বীকার করেছে; যখন কেউ আপনাকে তার গোপনীয়তার ভার দেয়; এবং যুদ্ধের ক্ষেত্রে। আরও সাধারণভাবে, ইসলাম মিথ্যা বলার জন্য একটা নীতির পরামর্শ দেয় যেখানে শেষ উপায় ন্যায্যতার কথা বলে।

কিছু মুসলিম পণ্ডিত বিভিন্ন ধরণের মিথ্যার মধ্যে সূক্ষ্ম পার্থক্য তৈরি করেছেন; উদাহরণস্বরূপ, একটা সরল মিথ্যা বলার চেয়ে একটা বিভ্রান্তিকর ধারণা দেওয়া উত্তম। উপযোগবাদী—'শেষ ফলাফলই উপায়কে ন্যায্যতা দেয়'—মিথ্যা ও সত্য বলার জন্য নীতিশাস্ত্র সমাজের অনেক ক্ষতি করতে পারে। এটা আস্থা নষ্ট করে এবং বিভ্রান্তি সৃষ্টি করে, ঘরোয়া ও রাজনৈতিক সংস্কৃতির ক্ষতি করে। মুসলিম *উম্মা*- সমগ্র মুসলিম সম্প্রদায় - এর কারণে একটা নৈতিকভাবে ক্ষতিগ্রস্ত সম্প্রদায়। উদাহরণস্বরূপ, যদি স্বামীরা অভ্যাসগতভাবে তাদের স্ত্রীদের সাথে মতভেদ দূর করার জন্য মিথ্যা বলে, যেমনটি মুহাম্মদ শিখিয়েছিলেন, এটা বিবাহের মধ্যে আস্থা নষ্ট করবে। যদি শিশুরা তাদের পিতাকে তাদের মায়েদের সাথে মিথ্যা বলে তবে এটা তাদের অন্যদের সাথে মিথ্যা বলার অনুমতি দেবে এবং তাদেরকে অন্য লোকেদের জন্য বিশ্বাস করা কঠিন করে তুলবে। বৈধ প্রতারণার সংস্কৃতি সমগ্র সমাজে বিশ্বাসের ভাঙ্গন ঘটায়। এর মানে, উদাহরণস্বরূপ, ব্যবসা পরিচালনা করা আরও ব্যয়বহুল হবে, দ্বন্দ্ব দীর্ঘায়িত হবেএবং পুনর্মিলন অর্জন করা অনেক কঠিন হয়ে যাবে।

যখন কেউ ইসলাম ত্যাগ করে, তখন এটা গুরুত্বপূর্ণ যেন তারা বিশেষভাবে মুহাম্মদের উদাহরণের এই দিকটি ত্যাগ করে। আমরা পাঠ ৭ এ এই বিষয়ে ফিরে আসব।

নিজের জন্য চিন্তা কর

ইসলামে জ্ঞানকে যেভাবে সংগঠিত করা হয়েছে এবং এমনকি রক্ষা করা হয়েছে তার কারণে, ইসলাম নির্দিষ্ট বিষয়ে আসলে কী শিক্ষা দেয় তা জানা কঠিন হতে পারে। মিথ্যা বলার সংস্কৃতি এই সমস্যাটিকে আরও খারাপ করে তুলতে পারে।

ইসলামের প্রাথমিক উৎসগুলি বড় এবং জটিল, এবং কোরান ও *সুন্নার* উৎস উপকরণ থেকে *শরিয়া* বিধি আহরণের প্রক্রিয়াটিকে একটা অত্যন্ত দক্ষ প্রক্রিয়া বলে মনে করা হয়, যার জন্য দীর্ঘ বছর প্রশিক্ষণের প্রয়োজন হয়, যা মুসলমানদের বিশাল সংখ্যাগরিষ্ঠ অংশ গ্রহণ করতে অক্ষম। এর অর্থ হল ঈমানের বিষয়ে নির্দেশনার জন্য মুসলমানদের অবশ্যই তাদের আলেমদের উপর নির্ভর করতে হবে। প্রকৃতপক্ষে, ইসলামী আইন মুসলমানদেরকে এমন কাউকে খুঁজে বের করার নির্দেশ দেয় যে একজন ব্যক্তির নিজের চেয়ে বিশ্বাসের বিষয়ে বেশি জ্ঞানী, এবং সেই ব্যক্তিকে অনুসরণ করতে নির্দেশ দেওয়া হয়। মুসলমানদের *শরিয়া* আইন সম্পর্কে প্রশ্ন থাকলে, তাদের এমন কাউকে জিজ্ঞাসা করতে হবে যার প্রয়োজনীয় দক্ষতা রয়েছে।

সাম্প্রতিক শতাব্দীতে বাইবেলের জ্ঞান যেভাবে সকলের কাছে উপলব্ধ করা হয়েছে ইসলামিক ধর্মীয় জ্ঞানকে সেইভাবে গণতান্ত্রিক করা হয়নি। এটা জানার প্রয়োজনের ভিত্তিতে উপলব্ধ করা হয়। ইসলামে কিছু বিষয় নিয়ে আলোচনা করা হয় না যদি সেগুলি উল্লেখ করার প্রয়োজন না থাকে এবং যদি আলোচনা করার ফলে ইসলামকে খারাপ আলোতে ফেলতে হয়। অনেক মুসলমানকেই তাদের ইসলামী শিক্ষককে 'ভুল প্রশ্ন' করার কারনে তিরস্কারের অভিজ্ঞতার মুখোমুখি হতে হয়েছে।

ইসলাম, কোরান বা মুহাম্মদের *সুন্নাহ* সম্পর্কে মতামত প্রকাশের অধিকার তাদের নেই বলে দাবি করে এমন কাউকে ভয় পাওয়া উচিত নয়। এই যুগে, যখন এই বিষয়গুলির উপর প্রাথমিক উৎস উপাদানগুলি সহজে পাওয়া যায়, প্রত্যেকেরই-খ্রীষ্টান, ইহুদি, নাস্তিক বা মুসলমানদের-কে নিজেদেরকে জানানোর এবং এই বিষয়ে তাদের মতামত জানানোর প্রতিটি সুযোগ নেওয়া উচিত। ইসলাম দ্বারা প্রভাবিত যে কেউ এবং প্রত্যেকেরই এ বিষয়ে নিজেদের জানার এবং নিজস্ব মতামত তৈরি করার অধিকার রয়েছে।

এই পরবর্তী বিভাগগুলোতে আমরা ঈসা সম্পর্কে ইসলামের উপলব্ধি নিয়ে আলোচনা করব, এবং ব্যাখ্যা করব কেন ইসলামিক ঈসা মানুষকে স্বাধীনতা দিতে পারেন না।

ইসলামের নবী ঈসা

বিশ্বাসী লোকেদের একটা গুরুত্বপূর্ণ প্রশ্নের সিদ্ধান্ত নিতে হবে: তারা কি নাজারেথের ঈসাকে অনুসরণ করবে, নাকি তারা মক্কার মুহাম্মদকে অনুসরণ করবে? এটা একটা অত্যন্ত গুরুত্বপূর্ণ সিদ্ধান্ত, যার বিশাল পরিণতি একজন ব্যক্তি এবং এমনকি জাতির উপরে আসে।

এটা সুপরিচিত যে মুসলমানরা ঈসাকে, যাকে তারা 'ঈসা' বলে ডাকে, তাকে মুহাম্মদের মতোই আল্লাহর রসূল বলে মনে করে। ইসলাম শিক্ষা দেয় যে ঈসা অলৌকিকভাবে জন্মগ্রহণ করেছিলেন, কুমারী মরিয়মের গর্ভ থেকে, তাই তাকে কখনও কখনও ইবনে মরিয়ম 'মেরির পুত্র' হিসাবে উল্লেখ করা হয়। কোরান ঈসা আল-মাসিহকে 'মসীহ' বলেও ডাকে কিন্তু এই উপাধির অর্থ কী হতে পারে সে সম্পর্কে কোরানে কোনো ব্যাখ্যা দেওয়া হয়নি।

কোরানে যিশুকে ঈসা নামে বিশ বারের বেশি উল্লেখ করা হয়েছে- সে তুলনায়, মুহাম্মদ নামটি মাত্র চারবার উল্লেখ করা হয়েছে-এবং কোরানে ঈসাকে একটা উপাধি বা আরো অন্য কিছু উপাধির মাধ্যমে মোট ৯৩ বার উল্লেখ করা হয়েছে।

ইসলাম শিক্ষা দেয় যে মুহাম্মদের আগে অতীতের মানুষের কাছে আল্লাহর পক্ষ থেকে অনেক রসূল বা নবী প্রেরিত করা হয়েছিল। কোরান জোর দিয়ে বলেছে যে, ঈসা সহ এরা সবাই কেবলমাত্র মানুষ ছিলেন।

কোরান দাবি করে যে এই প্রাক্তন রসূলরা মুহাম্মদের মতো একই বার্তা নিয়ে এসেছেন: সেটা হল ইসলামের বার্তা। উদাহরণস্বরূপ, এটা দাবি করে যে যুদ্ধ এবং হত্যা করার হুকুম এবং যুদ্ধে মারা যাওয়া বিশ্বাসীদের জন্য জান্নাতের প্রতিশ্রুতি অতীতে ঈসা এবং মূসা উভয়কেই দেওয়া হয়েছিল (Q ৯:১১১), এবং পরে মুহাম্মদের মাধ্যমে একই হুকুম এবং প্রতিশ্রুতি জারি করা হয়েছিল। অবশ্যই মনে রাখতে হবে, নাজারেথের প্রকৃত ঈসা এই ধরনের জিনিস কখনও শেখাননি এবং এই বিষয়ের প্রতিশ্রুতি দেননি।

কোরানে, ঈসার শিষ্যরা ঘোষণা করেছেন, "আমরা মুসলিম" (Q ৩:৫২; আরও দেখুন Q ৫:১১১) এবং কোরান বলে যে ইব্রাহিম একজন ইহুদি বা খ্রীষ্টান ছিলেন না বরং একজন মুসলিম ছিলেন (Q ৩:৬৭)। অন্যান্য বাইবেলের ব্যক্তিবর্গকেও ইসলামের নবী বলে দাবি করা হয়েছে যার মধ্যে অন্তর্ভুক্ত আছে ইব্রাহিম, ইস্‌হাক, ইয়াকুব, ইসমাইল, মূসা, হারোন, দায়ুদ, সলোমন, আইয়ুব, জোনাহ এবং ইউহোন্না বাপ্তাইজক।

ইসলাম এই বিষয়ে অনুমতি দেয় যে এই পূর্ববর্তী 'ইসলামের নবীদের' দ্বারা আনা কথিত শরিয়া মুহাম্মদের *শরিয়ার* মতো ছিল না। যদিও, এটা দাবি করা হয় যে আগের *শরিয়াগুলি* বাতিল করা হয়েছিল এবং মুহাম্মাদ আসার পর প্রতিস্থাপিত হয়েছিল, তাই ঈসা যখন ফিরে আসবেন তখন তিনি মুহাম্মদের *শরিয়া* দ্বারা শাসন করবেন:

> যেহেতু পূর্ববর্তী সকল নবীদের শরীয়ত মুহাম্মদের প্রেরিত হওয়ার সাথে সাথে বাতিল হয়ে গেছে, তাই ঈসা ইসলামের আইন অনুসারে বিচার করবেন।[6]

কোরান আরও দাবি করে যে মুহাম্মদের কোরানের মতো ঈসাকে আল্লাহ একটা বই দিয়েছিলেন, যার নাম *ইঞ্জিল। ইঞ্জিলের* শিক্ষাগুলোকে কোরানের বাণীর মতোই বলে মনে করা হয়, তবে আসল ইঞ্জিল হারিয়ে গেছে বলে দাবি করা হয়। মুসলমানরা বিশ্বাস করে যে বাইবেলের খুশির খবরগুলোতে আসল *ইঞ্জিলের* পরিবর্তিত এবং বিকৃত টুকরা রয়েছে। যদিও, এটা দাবি করা হয় যে এটা কোন ব্যাপার নয় কারণ মুহাম্মদকে আল্লাহ প্রেরণ করেছিলেন যা যা প্রয়োজন তার চূড়ান্ত বিষয় দেওয়ার জন্য।

মূলত, ইসলাম যা শিক্ষা দেয় এবং অধিকাংশ মুসলমান যা বিশ্বাস করে, তা হল ঈসা যদি আজ জীবিত থাকতেন তবে তিনি খ্রীষ্টবিশ্বাসীদের বলতেন, "মুহাম্মদকে অনুসরণ কর"! এর মানে হল যে কেউ যদি জানতে চায় যে ঈসা আসলে কী শিখিয়েছিলেন এবং তাকে অনুসরণ করতে চান, তাহলে তাদের যা করা উচিত তা হল মুহাম্মাদকে অনুসরণ করা এবং ইসলামের কাছে নিজেকে সমর্পণ করাঃ কোরান ব্যাখ্যা করে যে একজন ভাল খ্রীষ্টান বা একজন ভাল ইহুদী মুহাম্মদকে আল্লাহর একজন সত্যিকারের নবী হিসাবে স্বীকৃতি দেবে। (Q ৩:১৯৯)।

খ্রীষ্টানদের কোরান দ্বারা সতর্ক করা হয়েছে যে তারা ঈসাকে যেন "আল্লাহ্‌র পুত্র" না বলেন বা তাকে আল্লাহ্‌ হিসাবে উপাসনা না করেন। এটা জোর দিয়ে বলা হয় যে ঈসা নিছক একজন মানুষ ছিলেন (Q ৩:৫৯) এবং আল্লাহর দাস ছিলেন (Q ১৯:৩০)।

ইসলাম শিক্ষা দেয় যে পৃথিবী শেষ হওয়ার আগে, ঈসার হাতে ইহুদি ও খ্রিস্টান ধর্ম ধ্বংস হয়ে যাবে। শেষ সময় সম্পর্কে এই শিক্ষা আমাদেরকে ইসলামী দৃষ্টিভঙ্গি বুঝতে সাহায্য করে। সুনান আবু দাউদ থেকে নিম্নোক্ত *হাদীসটি* বিবেচনা করুন:

> [যখন ঈসা ফিরে আসবেন] তিনি ইসলামের জন্য মানুষের সাথে যুদ্ধ করবেন। তিনি ক্রুশ ভেঙ্গে ফেলবেন, শূকর হত্যা করবেন এবং *জিজিয়া* বাতিল করবেন। আল্লাহ্‌ ইসলাম ছাড়া সকল ধর্মকে ধ্বংস করে দেবেন। তিনি খ্রীষ্টারিকে ধ্বংস করবেন এবং পৃথিবীতে চল্লিশ বছর জীবন যাপন করবেন এবং তারপরে তিনি মারা যাবেন।

মুহাম্মদ এখানে বলছেন যে ঈসা যখন পৃথিবীতে ফিরে আসবেন তখন তিনি "ক্রুশ ভেঙ্গে ফেলবেন"-অর্থাৎ, খ্রীষ্টধর্মকে ধ্বংস করবেন-এবং "জিজিয়া বাতিল করবেন"-অর্থাৎ, ইসলামী শাসনের অধীনে বসবাসকারী খ্রীষ্টবিশ্বাসীদের আইনি সহনশীলতার অবসান ঘটাবেন। এর মানে হল যে খ্রীষ্টবিশ্বাসীদের আর তাদের খ্রীষ্টধর্ম রাখার জন্য ট্যাক্স দেওয়ার বিকল্প থাকবে না। মুসলিম পণ্ডিতরা এর অর্থ ব্যাখ্যা করেছেন যে ঈসা অর্থাৎ মুসলিম ঈসা যখন ফিরে আসবেন তখন তিনি খ্রীষ্টবিশ্বাসী সহ সমস্ত অমুসলিমকে ইসলাম গ্রহণে বাধ্য করবেন।

নাসারথের প্রকৃত ঈসাকে অনুসরণ করা

আমরা আগেই বলেছি যে মানুষকে সিদ্ধান্ত নিতে হবে যে তারা কাকে অনুসরণ করবে: ঈসা নাকি মুহাম্মদ। যাইহোক, মুসলমানদের শেখানো হয় যে ঈসা বা মুহাম্মাদকে অনুসরণ করা একই বিষয়ঃ ঈসাকে অনুসরণ করা মুহাম্মদকে অনুসরণ করার মতোই। মুসলমানদের শেখানো হয় যে মুহাম্মদকে

---

6 শাহিহ মুসলিম, ভলিউম ২, পৃঃ ১১১, ২৮৮

অনুসরণ ও ভালোবাসার মাধ্যমে, তারা ঈসাকে অনুসরণ করছে এবং ঈসাকে ভালোবাসছে। মুসলমানরা ইতিহাসের ঈসা, সুসমাচারের ঈসাকে, একটা ভিন্ন ঈসা, অর্থাৎ কোরানের ঈসার দ্বারা প্রতিস্থাপন করেছে। পরিচয়ের এই পরিবর্তনটি আল্লাহ্‌র পরিত্রাণের পরিকল্পনাকে গোপন করে এবং মুসলমানদের সত্য ঈসাকে খুঁজে পেতে এবং অনুসরণ করতে বাধা হিসেবে কাজ করে।

সত্য হল ইতিহাসের আসল ঈসাকে আমরা চারটি খুশির খবর থেকে জানতে পারি, যা ঈসার জীবন্ত স্মৃতির বিষয়ে লেখা হয়েছিল। এগুলো হল ঈসা, তাঁর বার্তা এবং তাঁর পরিচর্যার নির্ভরযোগ্য নথি। ঈসা মসিহ পৃথিবীতে জীবন কাটানোর ৬০০ বছরেরও বেশি সময় পর ইসলামের শিক্ষাগুলোকে একত্রিত করে, নাসরথের ঈসা সম্পর্কে তথ্যের জন্য নির্ভর করা যায় না।

যখন কেউ ইসলামকে প্রত্যাখ্যান করে, তখন তাকে অবশ্যই শুধু মুহাম্মদের উদাহরণই নয়, কোরানের মিথ্যা ঈসাকেও প্রত্যাখ্যান করতে হবে। ঈসার শিষ্য হিসাবে বেঁচে থাকার সত্য এবং সর্বোত্তম উপায় হল তাঁর কাছ থেকে এবং চারটি সুসমাচারে আমাদের জন্য সংরক্ষিত তাঁর শিষ্যদের বার্তা থেকে শিক্ষা নেওয়া, যেমন লুক বলেছেন, "যেন, আপনি যে সকল বিষয় শিক্ষা পাইয়াছেন, সেই সকল বিষয়ের নিশ্চয়তা জ্ঞাত হইতে পারেন।" (লুক ১:৪)।

এটা খুবই গুরুত্বপূর্ণ কারণ, আমরা দেখতে পাব, আধ্যাত্মিক বন্ধন থেকে নাজাত পাওয়ার চাবিকাঠি হল ঈসা মশীহের জীবন ও মৃত্যু। তিনি হলেন শুধুমাত্র নাসরথের প্রকৃত ঈসা, সুসমাচারের ঈসা, যিনি আমাদের জন্য এই স্বাধীনতা প্রদান করতে পারেন।

অধ্যয়নের নির্দেশিকা

পাঠ ৩

শব্দভাণ্ডার

ইসলাম	রসূল	*সালাত*
শাহাদা	*আজান*	*ইসলামীকরণ*
কোরান	*মুশরিক*	*শাহিহ আল-বুখারি*
সুন্না	*শিরক*	*তাকিয়া*
হাদিত	কিতাবের লোক	*উম্মা*
সিরা	*আল-ফাতিহা*	*ইঞ্জিল*

নতুন নাম

- আমিনা লাওয়ালঃ নাইজেরীয় স্ত্রীলোক (জন্ম ১৯৭২)
- ঈসাঃ কোরানে ঈসার যে নাম দেওয়া হয়েছে

এই পাঠে বাইবেলের যে অংশ ব্যবহৃত হয়েছে

লূক ১:৪

এই পাঠে কোরানের যে অংশ ব্যবহৃত হয়েছে

Q ৩৩:২১	Q ৮:১২-১৩	Q ৪:৪৭	Q ১:১-৭
Q ৪:৮০	Q ৩:৮৫	Q ৫:১৫	Q ৩:২৮
Q ৩৩:৩৬	Q ৩৯:৬৫	Q ৫৭:২৮-২৯	Q ৯:১১১
Q ২৪:৫২	Q ৯:৩০-৩১	Q ৩:১১০	Q ৩:৫২
Q ৪:৬৯	Q ৩:৬৪	Q ৪৮:২৮	Q ৫:১১১
Q ৪:১১৫	Q ৩:১১৩-১৪	Q ৫:৭২	Q ৩:৬৭
Q ৫৯:৭	Q ৩:১৯৯	Q ৪:৪৭-৫৬	Q ৩:৫৯
Q ৯:২৯	Q ৯৮:১	Q ৫:৮২	Q ১৯:৩০

পাঠের প্রশ্নাবলী ৩

- কেস স্টাডি নিয়ে আলোচনা।

কিভাবে একজন মুসলিম হতে হয়

১) আরবি ভাষায় ***ইসলাম*** শব্দটির মূল অর্থ ও ব্যাখ্যা কি?

২) আপনি যদি ***শাহাদা*** পাঠ করেন তাহলে আপনি কি হয়ে যাবেন?

৩) আপনি যখন ***শাহাদা*** পাঠ করেন তখন আপনি আপনার জীবনে নির্দেশক বা পরিচালক হিসাবে কোন বিষয়কে ঘোষণা করেন?

৪) মুহাম্মদের নির্দেশনা বোঝার জন্য দুটি পৃথক উৎস কি কি, এবং তারা কিভাবে একে অপরের থেকে পৃথক?

৫) কোন দুই ধরনের গ্রন্থে মুহাম্মদের উদাহরণ লিপিবদ্ধ আছে?

মুহাম্মদের ব্যক্তিত্ব

৬) যদি মুসলিমরা আল্লাহ্‌র অনুগত হতে চায়, তাহলে তাদেরকে কার অনুগত হতে হবে?

৭) আল্লাহ্ যদি মুহাম্মদের সমস্ত উদাহরণকে মুসলমানদের অনুসরণ করার জন্য সর্ব্বোত্তম মডেল হিসাবে আইন প্রদান করেন তাহলে এর প্রভাব কি হবে?

৮) Q ২৪:৫২ অনুসারে কাদেরকে বিজয় লাভ করার প্রতিজ্ঞা দেওয়া হয়েছে?

৯) যারা আল্লাহ্ ও তার **রসূলকে** অমান্য করে তাদের বিরুদ্ধে প্রতিশোধ নেবার কি প্রতিজ্ঞা দেওয়া হয়েছে?

১০) Q ৯:২৯ এবং Q ৮:১২-১৩ অনুযায়ী, মুসলিমদের কাদের বিরুদ্ধে অবশ্যই যুদ্ধ করতে হবে?

১১) দুরি উল্লেখ করেছেন যে মুহাম্মাদ কিছু প্রশংসনীয় কাজ করেছেন, তথাপি তিনি কোন আটটি উদাহরণ তালিকাভুক্ত করেছেন যা সবাইকে হতবাক করে?

কোরান - মুহাম্মাদের ব্যক্তিগত দলিল

১২) আপনি যদি ***শাহাদা*** পাঠ করেন, তাহলে আপনি আরো কোন বিষয়ের প্রতি বিশ্বাস ও আনুগত্য রাখতে বাধ্য?

১৩) ***সুন্না*** এবং **কোরানের** মধ্যের সম্পর্ককে ব্যাখ্যা করার জন্য লেখক দুরি কি উদাহরণ ব্যবহার করেছেন?

ইসলামী *শরিয়া*– মুসলিম হবার 'উপায়'

১৪) ***সুন্না*** এবং **কোরানকে** একটা নিয়মতান্ত্রিক ক্ষেত্রে সংগঠিত করার জন্য মুসলিমদের বিশেষজ্ঞদের কর্তৃত্বের জন্য কার বা কাদের উপরে নির্ভর করতে হয়?

১৫) লেখক দুরির মত অনুযায়ী, কোন বিষয়টা ছাড়া ইসলাম টিকে থাকতে পারবে না?

১৬) সংসদ থেকে যে আইন প্রণয়ন করা হয়, তার থেকে শরিয়ার আইন ভিন্ন হয় কেন?

“সফলতার কাছে এস”

১৭) ইসলামের আহ্বান বা দাওয়াত কি?

১৮) **কোরানের** আহ্বান অনুযায়ী মানবজাতিকে কোন দুটি ভাগে বিভক্ত করা হয়েছে?

১৯) কোন দুটি উপায়ে ইসলাম বৈষম্য ও নিজেদেরকে শ্রেষ্ঠ মনে করার বিষয়ে শিক্ষা দেয়?

একটা বিভক্ত পৃথিবী

২০) **কোরান** এবং ইসলামিক আইন অনুযায়ী যে চার শ্রেণীর মানুষ আছে সেগুলো কি কি?

২১) মুহাম্মাদ সেই ব্যক্তিকে কি বলে যে আল্লহার কোন ব্যক্তি বা বিষয়ের সহভাগী হয়?

২২) যদিও ইহুদি ধর্ম এবং খ্রীষ্ট ধর্মকে (কিতাবের লোক) প্রাথমিকভাবে **কোরানে** একেশ্বরবাদের বিশুদ্ধ রূপ হিসাবে বর্ণনা করা হয়েছিল, কিন্তু এই ধারণা পরিবর্তিত হয়েছে। চারটি বিষয় লিখুন যার জন্য মুসলমানরা এখন ইহুদি ও খ্রীষ্টানদের বিষয়ে নিন্দা করে:

১)

২)

৩)

৪)

২৩) কোরানে ইহুদী এবং খ্রীষ্টবিশ্বাসীদের বিষয়ে কোন ইতিবাচক বিষয়গুলি বলা হয়েছে?

২৪) কোন উপায়ে অমুসলিমদের বিরুদ্ধে মুসলমানরা চারটি ধর্মতাত্ত্বিক দিক এবং ইহুদি ও খ্রীষ্টানদের উপরে অত্যাচার করার চারটি উপায় দাবি করে? এই চারটি বিষয়ের তালিকা তৈরি করুনঃ

১)

২)

৩)

৪)

২৫) **কোরানে** ইহুদী এবং মুসলিমদের মধ্যের সম্পর্ককে কিভাবে চিত্রায়িত করা হয়েছে?

মুসলিমদের প্রাত্যহিক নামাজে ইহুদী ও খ্রীষ্টবিশ্বাসীরা

২৬) এমন কোন তিনটি বিষয় আছে যা কোরানের প্রথম অধ্যায়, ***আল- ফাতিহা*** 'আরম্ভ'-কে অনন্য করে তোলে?

২৭) দুরির মত অনুযায়ী, আল- ফাতিহা -তে এমন কোন লোকদের বিষয়ে উল্লেখ করা আছে যারা পথভ্রষ্ট হয়েছে এবং আল্লাহ্‌র গজব অর্জন করেছে?

শরিয়া-র সমস্যা

২৮) ***শরিয়া*** দ্বারা সৃষ্ট সমস্যার মৌলিক উৎস কি?

২৯) একটা জাতির সংস্কৃতিকে ইসলামের সাথে সামঞ্জস্যপূর্ণ করতে যে পরিবর্তন করা হয়, সেই পরিবর্তনের প্রক্রিয়ার নাম কি?

৩০) লেখক দুরি *শরিয়াকে* দায়ী করেছেন এমন ছয়টি বিষয় চিহ্নিত করুনঃ

১)

২)

৩)

৪)

৫)

৬)

আমিনা লাওয়ালের মামলা

৩১) ১৯৯৯ সালে নাইজেরিয়ায় কোন পরিবর্তনের ফলে **আমিনা লাওয়ালকে** ব্যাভিচারের দায়ে দোষী সাব্যস্ত করা হয়েছিল?

৩২) **আমিনা লাওয়ালকে** পাথর মেরে হত্যা করার শাস্তি দেবার ক্ষেত্রে শরিয়া বিচারকরা কার উদাহরণকে নিবিড়ভাবে অনুসরণ করেছিল?

৩৩) ইসলামের পাথর মারার ব্যবস্থার বিষয়ে লেখক দুরির ছয়টি সমালোচনা কি কি?

১)

২)

৩)

৪)

৫)

৬)

বৈধ প্রতারণা

৩৪) মুসলিমরা যে মিথ্যা বলতে পারে তা বোঝানোর জন্য লেখক দুরি কোন কোন পরিস্থিতির উল্লেখ করেছেন?

৩৫) *তাকিয়া* কথাটির অর্থ কি?

৩৬) লেখক দুরি অভ্যাসগত মিথ্যা বলার নৈতিক ক্ষতি হিসাবে কি দেখেন?

নিজের জন্য চিন্তা কর

৩৭) অধিকাংশ মুসলিম তাদের বিশ্বাসের বিষয়ে নির্দেশ লাভ করার জন্য কিসের উপরে নির্ভর করে?

৩৮) ইন্টারনেটের এই আধুনিক যুগে ইসলামের প্রাথমিক উৎসগুলো আমাদের কাছে উপলব্ধ হওয়ায় লেখক দুরি আমাদের কি করতে উৎসাহিত করেছেন?

ইসলামের নবী ঈসা

৩৯) লোকেরা কোন গুরুত্বপূর্ন সিদ্ধান্তের মুখোমুখি হয়?

৪০) **কোরানে** কোন নামটা বেশি উল্লেখ আছেঃ মহাম্মাদ অথবা ঈসা (ঈসা)?

৪১) ইসলাম অনুসারে, এমন কোন জিনিসকে মুহাম্মাদ বাতিল করেছেন?

৪২) **কোরান** অনুযায়ী, ***ইঞ্জিল*** কি ছিল?

৪৩) ***হাদিস*** অনুসারে, যখন **ঈসা** ফিরে আসবেন তখন তিনি কি করবেন?

নাসরথের প্রকৃত ঈসাকে অনুসরণ করা

৪৪) ঈসাকে অনুসরণ করার বিষয়ে মুসলমানদের কি শেখানো হয়?

৪৫) এটা মুসলমানদের থেকে কি গোপন রাখে?

৪৬) কিভাবে আমরা প্রকৃত নাসরথের ঈসা সম্পর্কে বিশ্বাসযোগ্য উপায়ে জানতে পারি?

৪৭) **কোরানের ঈসা** এবং ইঞ্জিলের ঈসার মধ্যে কি উপায়ে পার্থক্য তৈরি করা গুরুত্বপূর্ণ?

৪

zমুহাম্মদ এবং প্রত্যাখ্যান

"তোমরা নিজ নিজ দুশমনদেরকে মহব্বত করো;
যারা তোমাদেরকে হিংসা করে, তাদের মঙ্গল করো;"
লুক ৬:২৭

পাঠের উদ্দেশ্যসমূহ

ক) আরবে মুহাম্মদের জীবনের বেদনাদায়ক প্রথম ৪০ বছরের প্রশংসা করা।

খ) মুহাম্মদের আত্ম-প্রত্যাখ্যান এবং আত্ম-সন্দেহ কীভাবে মক্কায় ইসলাম প্রতিষ্ঠার অবিচ্ছেদ্য অঙ্গ ছিল তা বোঝা।

গ) মক্কাবাসীদের উপহাস এবং নিপীড়নের মুখে কীভাবে মক্কার 'প্রত্যাদেশগুলি' মুহাম্মদকে বৈধতা দেওয়ার জন্য ব্যবহার করা হয়েছিল তা উপলব্ধি করা।

ঘ) মুহাম্মদের মক্কার জীবনের মূল ব্যক্তিত্বগুলোর প্রশংসা করাঃ তার প্রবল সমর্থক এবং তার বিক্ষুব্ধ শত্রুরা।

ঙ) উপলব্ধি করা কিভাবে নিপীড়ন বা প্রলোভন হিসাবে মুহাম্মদের *ফিতনার* মূল ধারণাটি মক্কার শেষের দিক থেকে শুরু করে এবং মদিনায় তার বছরগুলিতে অব্যাহত রেখে যুদ্ধের একটা সহিংস মতবাদে রূপান্তরিত হয়েছিল।

চ) প্রতিশোধ এবং প্রতিহিংসার জন্য মুহাম্মদের তীব্র আকাঙ্ক্ষা কীভাবে তার ধর্মতত্ত্বকে আকার দিয়েছে এবং অ-বিশ্বাসীদের এবং বিশেষ করে ইহুদিদের প্রতি তার আচরণকে অনুধাবন করা।

ছ) স্বীকার করা যে মুহাম্মদের প্রত্যাখ্যানের বিরোধিতা করার উপায় ইসলামে শিকার এবং আগ্রাসনের একটা বিশ্বব্যাপী অনুভূতিতে পরিণত হয়েছে।

জ) *শরিয়ার* প্রভাবের কারণে আজ মুসলমানদের জীবনে মুহাম্মদের খারাপ বৈশিষ্ট্যগুলি কীভাবে পুনরায় দেখা যাচ্ছে সেগুলো উপলব্ধি করুন।

ঝ) যারা ইসলাম ত্যাগ করে তাদের মুহাম্মদের চরিত্র ও উদাহরণ থেকে দূরে সরে যাওয়ার প্রয়োজনীয়তার প্রশংসা করা।

কেস স্টাডিঃ আপনি হলে কি করতেন?

আপনার পেশাগত দিকে আপনার যোগ্যতার উন্নতির জন্য আপনাকে নির্দিষ্ট কিছু সেমিনারে যোগ দিতে হবে৷ একটা ওয়ার্কশপের সময়, আপনাকে একটা দলে রাখা হয়েছে যেখানে একজন ধর্মপ্রাণ মুসলমান, একজন নিষ্ঠুর নাস্তিক, একজন নামমাত্র ক্যাথলিক এবং আপনি আছেন৷ এই দলের সাথে কাজ করার ক্ষেত্রে কখনও কখনও একসাথে খাওয়াও অন্তর্ভুক্ত আছে৷ একবার একসঙ্গে খাবারের সময় কথোপকথনে মুসলিম ভদ্রলোক মুসলমানদের বিরুদ্ধে খ্রীষ্টানদের দ্বারা শতাব্দীর পর শতাব্দী ধরে সংঘটিত হিংসার সমস্ত অভিব্যক্তি এবং বর্তমানে মুসলিম জাতির বিরুদ্ধে করা সমস্ত মন্দ কাজগুলোকে তালিকাভুক্ত করার সিদ্ধান্ত নিলেন৷ তার দৃষ্টিভঙ্গী অনুযায়ী, “মুসলিমরা নির্যাতনের শিকার; খ্রীষ্টানরা আগ্রাসী”৷ নাস্তিক ব্যক্তিটি এই সময়ে ক্রুসেডারদের রক্তাক্ত “পাক যুদ্ধ” অর্থাৎ খ্রীষ্টানদের বিরুদ্ধে আক্রমণে মুসলমানদের সাথে যোগ দেয়৷ ক্যাথলিক সহকর্মী লাল হয়ে যায় এবং সাহায্যের জন্য আপনার দিকে তাকায়৷

মুসলমান এবং নাস্তিক উভয়কেই আপনি এই পরিস্থিতিতে কি বলবেন, যারা এখন আপনার দিকে তাকিয়ে আছে?

মুহাম্মদ হলেন ইসলামের মূল ও দেহ৷ এই পাঠটি মুহাম্মদের জীবনের কিছু বেদনাদায়ক অভিজ্ঞতার এবং যে ক্ষতিকর উপায়ে তিনি তার কঠিন পরিস্থিতির প্রতি প্রতিক্রিয়া দিয়েছিলেন তার একটা সংক্ষিপ্ত বিবরণ দেয়৷ প্রথম বিভাগে আমরা তার কঠিন পারিবারিক পরিস্থিতি এবং মক্কায় তার অভিজ্ঞতার অন্যান্য সমস্যার কথা বিবেচনা করব৷

পরিবারের আরম্ভ

মুহাম্মদের জন্ম ৫৭০ খ্রীষ্টাব্দে, মক্কার একটা আরব উপজাতি কুরাইশদের মধ্যে হয়েছিল৷ মুহাম্মদের জন্মের আগেই তার পিতা আবদুল্লাহ বিন আবদ আল-মুত্তালিব মারা যান৷ মুহম্মদকে তার প্রাথমিক বছরগুলিতে যত্ন নেওয়ার জন্য অন্য পরিবারে লালনপালন করা হয়েছিল৷ তার মা মারা যান যখন তিনি ছয় বছর বয়সের ছিলেন, এবং তার শক্তিশালী পিতামহ কিছু সময়ের জন্য তাকে দেখাশোনা করেছিলেন, কিন্তু তারপর তিনিও মারা যান যখন মুহাম্মদ আট বছর বয়সী ছিলেন৷ তারপর মুহাম্মদ তার পিতার ভাই আবু তালিবের সাথে বসবাস করতে যান, যেখানে তাকে তার চাচার উট এবং ভেড়ার দেখাশোনা করার দায়িত্ব দেওয়া হয়েছিল৷ পরে তিনি দাবি করেন যে প্রত্যেক নবী একটা পালের লালন-পালন করেছেন, এইভাবে তিনি তার দুর্বল পটভূমিকে বিশেষ এবং স্বতন্ত্র কিছুতে পরিণত করেছেন৷

যদিও মুহাম্মদের অন্যান্য চাচাদের মধ্যে কিছুজন ধনী ছিল, মনে হয় তারা তাকে সাহায্য করার জন্য কিছুই করেনি৷ কোরান এক চাচার প্রতি অবজ্ঞা প্রকাশ করেছে, যার ডাকনাম আবু লাহাব বা ‘ আগুনের শিখার পিতা’, যেখানে বলা হয়েছে যে তিনি নরকে জ্বলবেন, মুহাম্মদের প্রতি অবজ্ঞার কারণে:

> আবু লাহাবের হস্তদ্বয় ধ্বংস হোক এবং ধ্বংস হোক সে নিজে,
> কোন কাজে আসেনি তার ধন-সম্পদ ও যা সে উপার্জন করেছে৷
> সত্বরই সে প্রবেশ করবে লেলিহান অগ্নিতে
> এবং তার স্ত্রীও-যে ইন্ধন বহন করে,
> তার গলদেশে খর্জুরের রশি নিয়ে৷ (Q ১১১)

বিবাহ এবং পরিবার

একজন যুবক হিসেবে, যখন মুহাম্মদের বয়স ছিল পঁচিশ বছর এবং একজন ধনী মহিলা খাদিজার জন্য তিনি কাজ করতেন, যখন তিনি তাকে বিয়ের প্রস্তাব দেন। তিনি মুহাম্মদের চেয়ে বড় ছিলেন। ইবনে কাথির দ্বারা বর্ণিত একটা রেওয়ায়েত অনুসারে, খাদিজা ভয় পেয়েছিলেন যে তার পিতা এই বিয়েকে প্রত্যাখ্যান করবেন, তাই তিনি পিতার মাতাল অবস্থায় তাদের বিয়ে করিয়েছিলেন। যখন তার বাবা তার জ্ঞানে এলেন তখন কী ঘটেছে তা আবিষ্কার করার পরে তিনি ক্ষুব্ধ হয়েছিলেন।

আরবীয় সংস্কৃতিতে, একজন পুরুষকে স্ত্রীর জন্য যৌতুক মূল্য দিতে হত, তারপরে সেই স্ত্রীকে তার সম্পত্তি হিসাবে বিবেচনা করা হত। যদি তার স্বামী মারা যায়, তবে তাকে তার স্বামীর সম্পত্তির অংশ হিসাবে বিবেচনা করা হত এবং স্বামীর পুরুষ উত্তরাধিকারী চাইলে তাকে বিয়ে করতে পারত। স্বাভাবিক পরিস্থিতির বিপরীতে, খাদিজাহ ছিলেন শক্তিশালী এবং ধনী -মুহাম্মদের জীবনীকার ইবনে ইসহাক খাদিজাহকে "মর্যাদা ও সম্পদের অধিকারী" একজন মহিলা বলে অভিহিত করেছেন-এবং মুহাম্মদ এমন দরিদ্র ছিলেন যার জীবনের সম্ভাবনাও খুব বেশি ছিল না। খাদিজাও এর আগে দুবার বিয়ে করেছিলেন। তৎকালীন আরবদের মধ্যে বিবাহ সম্পর্কে স্বাভাবিক বোঝাপড়া এবং খাদিজা ও মুহাম্মদের সম্পর্কের ব্যবস্থার মধ্যে বৈসাদৃশ্য লক্ষণীয়।

খাদিজা এবং মুহাম্মদের ছয়টি (কোন কোন বিবরণ অনুযায়ী সাতটি) সন্তান ছিল। একত্রে মুহাম্মদের তিনটি (বা চার) পুত্র ছিল, কিন্তু তারা সবাই অল্প বয়সে মারা যায়, তার কোন পুরুষ উত্তরাধিকারী ছিল না। নিঃসন্দেহে এটা মুহাম্মদের শৈশব অভিজ্ঞতার পাশাপাশি পারিবারিক জীবনের অভিজ্ঞতায় হতাশার আরেকটি উৎস ছিল।

উপসংহারে, মুহাম্মদের পারিবারিক পরিস্থিতিতে বেশ কিছু সম্ভাব্য বেদনাদায়ক বৈশিষ্ট্য ছিল, যার মধ্যে অনাথ হওয়া এবং তার পিতামহকে হারানো, দরিদ্র নির্ভরশীল সম্পর্কে জীবন যাপন হওয়া, একজন মাতাল শ্বশুরের দ্বারা বিয়ে করা, তার সন্তানদের হারানো এবং শক্তিশালী আত্মীয়দের কাছ থেকে শত্রুতার সম্পর্ক পাওয়া। প্রত্যাখ্যান এবং হতাশার এই প্যাটার্নের বড় ব্যতিক্রমগুলি ছিল তার চাচা আবু তালিবের তার প্রতি যত্ন দেলহানো, এবং খাদিজার তাকে বিবাহের সঙ্গী হিসাবে বেছে নেওয়া, যা তাকে দারিদ্র্য থেকে উদ্ধার করেছিল।

একটা নতুন ধর্ম প্রতিষ্ঠিত হয় (মক্কা)

মুহাম্মদের পারিবারিক পরিস্থিতি কঠিন ছিল এবং যখন তিনি একটা নতুন ধর্ম প্রতিষ্ঠা করেন তখনও তিনি অসুবিধার সম্মুখীন হন।

মুহাম্মদের বয়স প্রায় ৪০ বছর ছিল যখন তিনি একটা রূহ থেকে দর্শন অনুভব করতে শুরু করেছিলেন যাকে তিনি পরে বলেছিলেন দেবদূত জিব্রিল। প্রথমে মুহম্মদ এই পরিদর্শনে অত্যন্ত ব্যথিত হয়েছিলেন এবং আশ্চর্য হয়েছিলেন যে তিনি ভূতগ্রস্ত হয়েছেন কিনা। এমনকি তিনি আত্মহত্যার কথাও ভেবে বলেছিলেন, "আমি পাহাড়ের চূড়ায় গিয়ে নিজেকে নীচে ফেলে দেব যাতে আমি আত্মহত্যা করতে পারি এবং বিশ্রাম পেতে পারি"। তার স্ত্রী খাদিজা তার এই চরম উদ্বেগের মধ্যে তাকে সান্ত্বনা দিয়েছিলেন এবং তাকে তার চাচাতো ভাই ওয়ারাকার কাছে নিয়ে গিয়েছিলেন, যিনি একজন খ্রীষ্টান ছিলেন, যিনি ঘোষণা করেছিলেন যে তিনি একজন নবী এবং তিনি পাগল নন।

পরবর্তীতে, যখন তার কাছে প্রকাশিত বিষয়গুলো কিছু সময়ের জন্য বন্ধ হয়ে যায়, তখন মুহাম্মাদ আবার আত্মহত্যার চিন্তাভাবনা করেন, কিন্তু প্রতিবার তিনি নিজেকে একটা পাহাড় থেকে ফেলে দিতে উদ্যত হতেন, জিব্রিল উপস্থিত হয়ে তাকে আশ্বস্ত করে বলতেন, "একটা নতুন ধর্ম মুহাম্মদ! তুমি প্রকৃতপক্ষে সত্যে আল্লাহর রসূল।"

মনে হয় মুহাম্মদ একজন প্রতারক হিসাবে প্রত্যাখ্যাত হওয়ার ভয় পেয়েছিলেন, কারণ প্রথম সূরাগুলির মধ্যে একটাতে আল্লাহ মুহাম্মদকে আশ্বাস দিয়েছেন যে তিনি তাকে পরিত্যাগ করবেন না বা প্রত্যাখ্যান করবেন না (Q ৯৩)।

মুসলিম সম্প্রদায় প্রথমে ধীরে ধীরে বৃদ্ধি পায়। খাদিজা ছিলেন প্রথম মুসলিম ধর্মান্তরিত ব্যক্তি। পরেরটি ছিল মুহাম্মদের ছোট চাচাতো ভাই আলী বিন আবু তালিব, যিনি মুহাম্মদের নিজের বাড়িতে বড় হয়েছিলেন। অন্যরা যারা অনুসরণ করতে শুরু করেছিল, তারা প্রধানত দরিদ্র, ক্রীতদাস এবং স্বাধীন দাসদের মধ্য থেকে লোকজনেরা।

মুহাম্মদের নিজের গোত্র

প্রথমে নতুন ধর্মটি তার অনুসরণকারীরা গোপন রেখেছিলেন, কিন্তু তিন বছর পর মুহাম্মদ বলেছিলেন যে আল্লাহ তাকে এটা প্রকাশ করতে বলেছিলেন। তিনি একটা পারিবারিক সম্মেলন আহ্বান করে এটা প্রকাশ করেছিলেন যেখানে তিনি তার আত্মীয়দের ইসলামের দাওয়াত দিয়েছিলেন।

প্রথমে, মক্কার মুহাম্মাদের সহকর্মী কুরাইশ উপজাতিরা তার কথা শুনতে ইচ্ছুক ছিল, কিন্তু ততক্ষণ পর্যন্ত যতক্ষণ না সে তাদের দেবতাদের আক্রমণ করতে শুরু করে। এর পর মুসলিমরা বদলে যায় এবং যাকে ইবনে ইসহাক "একটা ঘৃণ্য সংখ্যালঘু" বলে অভিহিত করেছিলেন। উত্তেজনা তুঙ্গে উঠে যায়, দুই পক্ষের মধ্যে হাতাহাতি হয়।

বিরোধিতা বেড়ে যাওয়ায়, মুহাম্মদের চাচা আবু তালিব তাকে রক্ষা করেন। যখন মক্কার অন্যরা কাছে এসে বললো, "হে আবু তালিব, তোমার ভাতিজা আমাদের দেবতাদের অভিশাপ দিয়েছে, আমাদের ধর্মকে অপমান করেছে, আমাদের জীবনযাত্রাকে উপহাস করেছে... হয় তোমাকে তাকে থামাতে হবে না হয় তাকে আমাদের কাছে দিতে হবে", আবু তালিব তাদের নরম সুরে উত্তর দেয় এবং তারা চলে যায়।

অবিশ্বাসী আরবরা মুহাম্মদের বংশের বিরুদ্ধে অর্থনৈতিক ও সামাজিক বয়কট সংগঠিত করেছিল, তাদের সাথে বাণিজ্য ও আন্তঃবিবাহ নিষিদ্ধ করেছিল। তাদের দারিদ্র্যতার কারণে মুসলমানরা ছিল অরক্ষিত। ইবনে ইসহাক কুরাইশদের হাতে তাদের আচরণের সংক্ষিপ্ত বিবরণ দিয়েছেনঃ

> অতঃপর কুরাইশরা রসূলের অনুসরণকারী সকলের প্রতি তাদের শত্রুতা প্রদর্শন করে; মুসলমানদের অন্তর্ভুক্ত প্রতিটি গোষ্ঠী তাদের [মুসলমানদের] আক্রমণ করেছিল, তাদের বন্দী করেছিল এবং তাদের মারধর করেছিল, তাদের খাবার বা পানীয় দিতে দেয়নি এবং মক্কার জ্বলন্ত উত্তাপে তাদের ছেড়ে দিয়েছিল, যাতে তাদেরকে তাদের ধর্ম থেকে প্রলুব্ধ করা যায়। কেউ কেউ অত্যাচারের চাপে পথ দিয়ে দিয়েছিল এবং অন্যরা আল্লাহ্‌র দ্বারা সুরক্ষিত হয়ে তাদের প্রতিরোধ করেছিল।[7]

মুহম্মদ নিজেও বিপদ ও অপমান থেকে রেহাই পাননি: যখন তিনি দুয়া করছিলেন তখন তার উপর ময়লা এবং এমনকি পশুর অন্ত্রও ছুড়ে মারা হয়েছিল।

যখন নির্যাতন চলতে থাকে, ৮৩ জন মুসলিম পুরুষ এবং তাদের পরিবার আশ্রয়ের জন্য খ্রীষ্টান আবিসিনিয়ায় চলে যায়, যেখানে তারা সুরক্ষা পায়।

এই পরবর্তী বিভাগে আমরা বিবেচনা করব কিভাবে মুহাম্মদ মক্কায় তার নিজের লোকদের প্রত্যাখ্যানের প্রতি প্রতিক্রিয়া জানিয়েছিলেন।

---

7 এ গিলাউমে, *দ্যা লাইফ অফ্ মুহাম্মাদ, পৃঃ ১৪৩।*

আত্ম-সন্দেহ এবং আত্ম-বৈধতা

এক পর্যায়ে মুহাম্মাদ কুরাইশদের চাপে একেশ্বরবাদের প্রতি তার বিশ্বাসে নড়বড়ে হয়েছিলেন। তারা তাকে একটা চুক্তির প্রস্তাব দিয়েছিল যাতে তারা আল্লাহর ইবাদত করবে যদি সে তাদের উপাস্যদের পূজা করে। সে এই চুক্তিটি গ্রহণ করেনি, Q ১০৯:৬ আয়াত ঘোষণা করে, "তোমার কাছে তোমার ধর্ম, আমার কাছে আমার ধর্ম"! যদিও, মুহাম্মাদ অবশ্যই দ্বিধান্বিত ছিলেন, আল-তাবারির উল্লেখ করে যে তিনি যখন Q ৫৩ গ্রহণ করছিলেন, তখন তার কাছে যা "প্রকাশিত" হয়েছিল তা পরবর্তীকালে 'শয়তানের আয়াত' নামে পরিচিত হয়েছিল, যা মক্কার দেবী আল-লাত, আল- উযযা ও মানাত-এর কথা বলে, "এরা ছিল উচ্চতর *ঘরানিক* যাদের সুপারিশ অনুমোদিত হত"।

এই আয়াতটি শুনে বিধর্মী কুরাইশরা খুশি হয়ে মুসলমানদের সাথে ইবাদত করতে লাগল। যদি এরপরে, ফেরেশতা জিব্রিল মুহাম্মদকে তিরস্কার করেছিলেন, তাই মুহাম্মদ ঘোষণা করেছিলেন যে আয়াতটি রহিত (বাতিল) করা হয়েছে এবং শয়তানের কাছ থেকে এসেছে। যখন মুহাম্মদ জানালেন যে আয়াতটি প্রত্যাহার করা হয়েছে, তখন এটা কুরাইশদের মনে আরও ঘৃণার জন্ম দেয়, যারা মুহাম্মদ এবং তার অনুসরণকারীদের প্রতি আরও বেশি শত্রু হয়ে ওঠে।

এর পরে, মুহাম্মাদ একটা আয়াতের কথা উল্লেখ করেন যেটি দাবি করে যে তার পূর্বের সমস্ত নবীদেরও শয়তান দ্বারা বিপথগামী করা হয়েছিল (Q ২২:৫২)। এখানে আবার আমরা দেখি মুহাম্মদ লজ্জার একটা সম্ভাব্য কারণ গ্রহণ করেছেন এবং এটাকে পার্থক্যের চিহ্নে পরিণত করেছেন।

তিনি একজন জালিয়াত ছিলেন এই বিষয় নিয়ে উপহাস এবং অভিযোগের মুখে, তিনি গভীরভাবে স্তব্ধ হয়েছিলেন, তখন বলা হয় যে মুহাম্মদ আল্লাহর কাছ থেকে আয়াত পেয়েছিলেন যা তাকে বৈধতা দিয়েছিল এবং তার চরিত্রকে অসাধারণ বলে প্রশংসা করা হয়েছিল। কোরান বলে, তিনি ভ্রান্ত ছিলেন না, কিন্তু একজন সততাপূর্ণ মানুষ ছিলেন (Q ৫৩:১-৩; Q ৬৮:১-৪)।

বিভিন্ন হাদিস ঐতিহ্যও উল্লেখ করে যে মুহাম্মদ তার জাতি, গোত্র, বংশ এবং পিতৃত্বের শ্রেষ্ঠত্বে বিশ্বাস করেছিলেন। তিনি অবৈধ ছিলেন এমন দাবির জবাবে, তিনি বলেছিলেন যে তার সমস্ত পূর্বপুরুষের জন্ম হয়েছিল, এবং কেউই বিবাহ বন্ধনে আবদ্ধ হননি, তার বংশ ফিরে গেছে আদম পর্যন্ত। ইবনে কাথির দ্বারা বর্ণিত একটা হাদিসে, মুহাম্মদ ঘোষণা করেছিলেন যে তিনি সর্বোত্তম জাতির (আরবদের) সর্বোত্তম গোত্রের (হাশেমাইটস) সেরা মানুষ, তিনি বলেছিলেন, "আমি তোমাদের মধ্যে সর্বোত্তম এবং রূহের দিক দিয়ে তোমাদের মধ্যে শ্রেষ্ঠ। পিতৃত্ব … আমি নির্বাচিতদের মধ্যে সবচেয়ে অধিক নির্বাচিত; সুতরাং যে আরবদের ভালোবাসে, সে আমাকে ভালোবাসার মাধ্যমেই তাদের ভালোবাসে।"

মক্কায় মুহাম্মদের ১৩ বছর সময় ছিল যখন ইসলামের সাফল্যের ধারণা এবং বিজয়ী এবং পরাজিতদের ভাষা কোরানের বিষয়বস্তু হিসাবে আবির্ভূত হতে শুরু করে। উদাহরণস্বরূপ, মুসা এবং মিশরীয় মূর্তিপূজারীদের মধ্যে দ্বন্দ্বের বারবার উল্লেখ, কোরান বিজয়ী এবং পরাজিতদের পরিপ্রেক্ষিতে ফলাফল বর্ণনা করে ইত্যাদির উল্লেখ (উদাহরণস্বরূপ, Q ২০:৬৪, ৬৮; Q ২৬:৪০-৪৪)। মুহাম্মদ নিজের এবং তার বিরোধীদের মধ্যে লড়াইয়ের ক্ষেত্রে সাফল্যের পরিভাষা প্রয়োগ করতে শুরু করেছিলেন, ঘোষণা করেছিলেন যে যারা আল্লাহর আয়াতকে প্রত্যাখ্যান করবে তারা ক্ষতিগ্রস্ত হবে (Q ১০:৯৫)।

আরো প্রত্যাখ্যান এবং নতুন সঙ্গী

মক্কায় কিছু সময়ের জন্য পরিস্থিতি ভাল যাচ্ছিল না যখন একই বছরে মুহাম্মদ তার স্ত্রী খাদিজা এবং তার চাচা আবু তালিব উভয়কেই হারিয়েছিলেন। এগুলো ছিল তার জন্য প্রচণ্ড আঘাত। তাদের সমর্থন ও সুরক্ষা ব্যতীত, কুরাইশরা মুহাম্মদ এবং তার ধর্মের বিরুদ্ধে আরও বেশি শত্রুতা করতে সাহসী হয়েছিল।

আরব সমাজ গড়ে উঠেছিল জোট এবং মক্কেল সম্পর্কের উপর ভিত্তি করে। নিরাপত্তা খোঁজার উপায় ছিল নিজের থেকেও শক্তিশালী কারো সুরক্ষায় আসা। তার এবং তার অনুসরণকারীদের বিপদ বৃদ্ধির সাথে সাথে এবং তার নিজের গোত্র দ্বারা প্রত্যাখ্যাত হওয়ার ফলে, মুহাম্মদ বিকল্প রক্ষক খুঁজতে মক্কার নিকটবর্তী একটা স্থান তায়েফে যান। যাইহোক, তায়েফে তাকে উপহাস করা হয়েছিল এবং তিরষ্কার করা হয়েছিল এবং একটা জনতা তাকে তাড়া করেছিল।

ইসলামিক উৎস উল্লেখ করে যে, তায়েফ থেকে ফেরার পথে, *জিনদের* একটা দল (দানব) মধ্যরাতে তার নামাজ পড়ার সময় মুহাম্মদকে কোরানের আয়াত তেলাওয়াত করতে শুনেছিল। যা শুনে তারা এতটাই মুগ্ধ হয়েছিল যে তারা সরাসরি ইসলাম গ্রহণ করে। তারপর এই মুসলিম *জিনরা* অন্য *জিনদের* কাছে ইসলাম প্রচার করতে চলে যায়। এই ঘটনাটি কোরানে দুবার উল্লেখ করা হয়েছে (Q ৪৬:২৯-৩২; Q ৭২:১-১৫)।

এই ঘটনা দুটি কারণে গুরুত্বপূর্ণ। প্রথমত, এটা মুহাম্মদের নিজেকে বৈধ প্রমাণ করার পদ্ধতির সাথে সামঞ্জস্যপূর্ণ: তিনি দাবি করতে সক্ষম হয়েছিলেন যে যদিও তায়েফের মানুষরা তাকে প্রত্যাখ্যান করেছিল, সেখানে যে *জিনরা* ছিল তারা মুহাম্মাদের নিজের সম্পর্কে দাবিকে স্বীকৃতি দিয়েছিলঃ যে সে আল্লাহর পক্ষ থেকে একজন প্রকৃত রসূল।

দ্বিতীয়ত, *জিনেরা* খোদাভীরু মুসলমান হতে পারে এই ধারণা ইসলামের অভ্যন্তরে পৈশাচিক জগতের একটা দ্বার খুলে দিয়েছে। মুহাম্মদের জীবনের এই ঘটনা, এবং মুসলিম জিনের উল্লেখ, মুসলমানদের (মুসলিম) রূহ জগতের সাথে যোগাযোগ করার চেষ্টা করার জন্য একটা ন্যায্যতা প্রদান করেছে। মুসলমানদের আত্মিক জগতের সাথে জড়িত হওয়ার আরেকটি কারণ হল কোরান এবং হাদিসে উল্লেখ রয়েছে যে প্রত্যেক ব্যক্তির একটা *কারীন* বা সহচর রূহ রয়েছে (Q ৪৩:৩৬; Q ৫০:২৩, ২৭)।

মক্কায় ফিরে এসে মুহাম্মদের জন্য কিছুই ভালো হচ্ছিল না। তবুও অবশেষে তিনি এমন একটা সম্প্রদায় খুঁজে বের করতে পেরেছিলেন যারা তাকে রক্ষা করতে ইচ্ছুক হিল। এরা ইয়াথ্রিব (পরে মদিনা নামে পরিচিত) থেকে আরবের লোক ছিল, এমন একটা শহর যেখানে অনেক ইহুদিও বাস করত। মক্কায় একটা বার্ষিক মেলা চলাকালীন, মদিনার একদল দর্শক মুহাম্মদের প্রতি আনুগত্য ও বাধ্য থাকার প্রতিশ্রুতি দিয়েছিল, তাঁর একেশ্বরবাদের বার্তা অনুসারে জীবন যাপন করার জন্য সম্মত হয়েছিল।

এই প্রথম অঙ্গীকারে যুদ্ধের কোনো অঙ্গীকার করা হয়নি। যদিও, পরের বছরের মেলায় মদিনাবাসীদের একটা বৃহত্তর দল মুহম্মদ যে সুরক্ষা চেয়েছিল তার প্রতিশ্রুতি দিয়েছিল। এই মদিনাবাসী, যারা আনসার 'সহায়ক' হিসেবে পরিচিতি লাভ করেছিল, তারা "প্রেরিতের (মুহাম্মাদের) সম্পূর্ণ আনুগত্যের সাথে যুদ্ধ" করার উদ্যোগ নিয়েছিল।

এর পর সিদ্ধান্ত হয় যে মক্কার মুসলমানরা মদিনায় হিজরত করবে একটা রাজনৈতিক নিরাপদ আশ্রয়স্থল স্থাপন করার জন্য। মুহম্মদই সর্বশেষ ছিলেন যিনি মক্কা থেকে পালিয়েছিলেন, মাঝরাতে পিছনের জানালা দিয়ে পালিয়েছিলেন। মদিনায়, মুহাম্মদ তার বার্তা বিনা বাধায় ঘোষণা করতে সক্ষম হন এবং কার্যত সমস্ত মদিনার আরবিরা প্রথম বছরের মধ্যেই ইসলাম গ্রহণ করে। তখন মুহাম্মদের বয়স ছিল ৫২ বছরের একটু বেশি।

মক্কার বছরগুলিতে, মুহাম্মদকে তার নিজের পরিবার এবং গোত্র প্রত্যাখ্যান করেছিল। কিছু ব্যতিক্রম ছাড়া, শুধুমাত্র কিছু নম্র দরিদ্ররা তাকে বিশ্বাস করেছিল এবং অন্যদের দ্বারা তাকে উপহাস করা হয়েছিল, হুমকি দেওয়া হয়েছিল, অপমান করা হয়েছিল এবং বাকিরা সবাই তাকে আক্রমণ করেছিল।

ভবিষ্যদ্বাণীমূলক আহ্বানের তার অনুভূতি প্রত্যাখ্যানের ভয়ে, মুহাম্মদ প্রথমে নিজের সম্পর্কে খুব অনিশ্চিত ছিলেন। একপর্যায়ে তিনি কুরাইশদের দেবতাকেও মেনে নিতেন বলে মনে হয়। যাইহোক, শেষ পর্যন্ত, সমস্ত বিরোধিতা সত্ত্বেও, মুহাম্মদ দৃঢ় অধ্যবসায়ের সাথে কাজ করেছিলেন এবং একদল নিবেদিতপ্রাণ অনুসরণকারী অর্জন করেছিলেন।

মুহাম্মদ কি সত্যিই মক্কায় শান্তিপূর্ণ ছিলেন?

অনেক লেখক দাবি করেছেন যে মক্কায় মুহাম্মদের সাক্ষ্যের দশ বছর শান্তিপূর্ণ ছিল। এক দিক থেকে এটা সত্য ছিল। যাইহোক, যদিও কোরানের মক্কান অধ্যায়ে কোন শারীরিক সহিংসতার হুকুম নেই, এটা অবশ্যই চিন্তা করা হয়েছিল, এবং প্রাথমিক প্রকাশগুলিতে ভয়ঙ্কর ভাষায় মুহাম্মদের প্রতিবেশীদের নিন্দা করা হয়েছিল, যারা তাঁর ধর্মকে প্রত্যাখ্যান করে তাদের জন্য পরবর্তী জীবনে ভয়ঙ্কর যন্ত্রণার ঘোষণা করা হয়েছিল।

কোরানে মক্কার বিচারের আয়াতগুলির একটা কাজ ছিল কুরাইশ আরবদের প্রত্যাখ্যানের মুখে মুহাম্মদকে বৈধ করা। উদাহরণস্বরূপ, কোরান বলে যে যারা মুসলমানদের নিয়ে উপহাস করে তাদের ইহকাল ও পরকালে শাস্তি দেওয়া হবে। বিশ্বাসীরা, জান্নাতে তাদের পালঙ্কে বিলাসিতা করে বসে মদ পান করবে, এবং তারা নরকের আগুনে পোড়া অবিশ্বাসীদের দিকে তাকাবে এবং হাসবে (Q ৮৩:২৯-৩৬)।

এই বিচারের বার্তাগুলি নিঃসন্দেহে মক্কায় সংঘাতের আগুন জ্বালিয়েছিল। কাফের মুশরিকরা এই বিষয়টাকে অপচ্ছন্দ করেছিল।

মুহাম্মদ শুধুমাত্র অনন্ত বিচার প্রচার করেননি, কিন্তু ইবনে ইসহাক উল্লেখ করেছেন যে এটা মক্কান যুগের প্রথম দিকে ছিল যে মুহাম্মদ প্রথমে অবিশ্বাসী মক্কাবাসীদের হত্যা করার তার অভিপ্রায়কে পূর্বাভাস দিয়েছিলেন। তিনি তাদের বললেন, “হে কুরাইশ, তোমরা কি আমার কথা শুনবে? যার হাতে আমার প্রাণ আছে তার কসম, আমি তোমাদের বধ নিয়ে আসছি”।

পরবর্তীতে, মুহাম্মদ মদিনায় পালিয়ে যাওয়ার ঠিক আগে, কুরাইশদের একটা দল তার কাছে এসেছিল এবং অভিযোগ নিয়ে তার মুখোমুখি হয়েছিল যে সে তার প্রত্যাখ্যানকারীদের হত্যা করার হুমকি দিচ্ছেঃ “মুহাম্মদ অভিযোগ করেছেন যে ... যদি আপনি তাকে অনুসরণ না করেন তবে আপনাকে হত্যা করা হবে, এবং যখন তোমরা মৃতদের মধ্য থেকে পুনরুত্থিত হবে, তখন তোমাদের জাহান্নামের আগুনে পোড়ানো হবে”। মুহম্মদ স্বীকার করেছেন যে এটা সঠিক ছিল, “আমি সেটাই বলেছি”।

মক্কায় প্রত্যাখ্যান ও নিপীড়নের শিকার হওয়ার পর, মুসলিম সম্প্রদায়, তাদের নবী মুহাম্মদ দ্বারা পরিচালিত হয়ে, তাদের বিরোধীদের বিরুদ্ধে যুদ্ধে যাওয়াকে বেছে নিয়েছিল।

এই বিভাগগুলিতে আমরা দেখব মুহাম্মাদ তাদের বিরুদ্ধে হিংসা করতে উদ্যত হয়েছিল যারা তাকে এবং তার বার্তাকে প্রত্যাখ্যান করেছিল।

অত্যাচার থেকে হত্যা

আরবি শব্দ *ফিতনা* ‘বিচার, অত্যাচার, প্রলোভন’ মুহাম্মদের একজন সামরিক নেতাতে রূপান্তর হওয়ার ধারণাটিকে বোঝার জন্য অত্যন্ত গুরুত্বপূর্ণ। শব্দটি *ফাতানা* থেকে উদ্ভূত হয়েছে যার অর্থ ‘বিমুখ হওয়া, প্রলোভন দেখাতে, প্ররোচিত করা বা পরীক্ষার সম্মুখীন হওয়া’। এর মূল অর্থ হল আগুন দিয়ে একটা ধাতু পরীক্ষা করা এবং শুদ্ধ করা। *ফিতনা* শব্দটি প্রলোভন বা পরীক্ষাকে বোঝাতে পারে, যার মধ্যে ইতিবাচক এবং নেতিবাচক উভয় প্রকার প্ররোচনার উপায় রয়েছে। এর মধ্যে আর্থিক এবং অন্যান্য প্রণোদনা দেওয়া বা নির্যাতন করাও অন্তর্ভুক্ত থাকতে পারে।

অবিশ্বাসীদের সাথে প্রাথমিক মুসলিম সম্প্রদায়ের অভিজ্ঞতার উপর ধর্মতাত্ত্বিক প্রতিফলনে *ফিতনা* একটা মূল ধারণা হয়ে উঠেছে। কুরাইশদের বিরুদ্ধে মুহাম্মদের অভিযোগ ছিল যে তারা *ফিতনা* ব্যবহার করেছিল - যার মধ্যে রয়েছে অপমান, অপবাদ, অত্যাচার, বর্জন, অর্থনৈতিক চাপ এবং

অন্যান্য প্রণোদনা - যাতে মুসলমানদের ইসলাম ত্যাগ করতে বা ইসলামের দাবিগুলিকে দুর্বল করা যায়।

যুদ্ধ সম্পর্কিত প্রথম দিকের কোরানের আয়াতগুলি স্পষ্ট করে দিয়েছে যে যুদ্ধ এবং হত্যার পুরো উদ্দেশ্য ছিল *ফিতনা* দূর করা:

> আর লড়াই কর আল্লাহর ওয়াস্তে তাদের সাথে, যারা লড়াই করে তোমাদের সাথে। অবশ্য কারো প্রতি বাড়াবাড়ি করো না। নিশ্চয়ই আল্লাহ সীমালঙ্ঘনকারীদেরকে পছন্দ করেন না।
>
> আর তাদেরকে হত্যাকর যেখানে পাও সেখানেই এবং তাদেরকে বের করে দাও সেখান থেকে যেখান থেকে তারা বের করেছে তোমাদেরকে। বস্তুতঃ *ফেতনা* ফ্যাসাদ বা দাঙ্গা-হাঙ্গামা সৃষ্টি করা হত্যার চেয়েও কঠিন অপরাধ।...
>
> আর তাদের সাথে লড়াই করো না মসজিদুল হারামের নিকটে যতক্ষণ না তারা তোমাদের সাথে সেখানে লড়াই করে। অবশ্য যদি তারা নিজেরাই তোমাদের সাথে লড়াই করে। তাহলে তাদেরকে হত্যা কর। এই হল কাফেরদের শাস্তি। আর তারা যদি বিরত থাকে, তাহলে আল্লাহ অত্যন্ত দয়ালু। আর তোমরা তাদের সাথে লড়াই কর, যে পর্যন্ত না *ফেতনার* অবসান হয় এবং আল্লাহর দ্বীন প্রতিষ্ঠিত হয়। অতঃপর যদি তারা নিবৃত হয়ে যায় তাহলে কারো প্রতি কোন জবরদস্তি নেই, কিন্তু যারা যালেম (তাদের ব্যাপারে আলাদা)। (Q ২:১৯০-১৯৩)

মুসলমানদের *ফিতনা* ধারণাটি "হত্যা করার চেয়েও খারাপ" এবং এই ধারণাটি অত্যন্ত তাৎপর্যপূর্ণ হিসাবে প্রমাণিত হয়েছে। পাক মাসে (যে সময় আরব উপজাতীয় ঐতিহ্যে যেকোন অভিযান নিষিদ্ধ ছিল) মক্কার কাফেলা (Q ২:২১৭) আক্রমণের পরে একই বাক্যাংশটি আবার প্রকাশিত হবে। এটা অন্ততপক্ষে বোঝায় যে, কাফেরদের রক্তপাত করা ততটা খারাপ নয় যতটা খারাপ মুসলিমদেরকে তাদের বিশ্বাস থেকে বিপথগামী করা।

সূরা ২ এর এই অনুচ্ছেদে আরেকটি উল্লেখযোগ্য বাক্যাংশ হল "তাদের সাথে যুদ্ধ করো যতক্ষণ না *ফিতনা* শেষ হয়"। বদর যুদ্ধের পর এটাও দ্বিতীয়বার প্রকাশিত হয়েছিল, মদিনায় দ্বিতীয় বছরে (Q ৮:৩৯)।

এই *ফিতনার* বাক্যাংশগুলি, প্রতিটি দুবার করে প্রকাশ করা হয়েছে, এই নীতিটি প্রতিষ্ঠিত করেছে যে জিহাদকে ইসলামে প্রবেশের ক্ষেত্রে কোন বাধার অস্তিত্বের দ্বারা বা মুসলমানদেরকে তাদের বিশ্বাস ত্যাগ করার জন্য প্রণোদনা দিয়ে ন্যায়সঙ্গত করা হয়েছিল। যুদ্ধ করা এবং অন্যদের হত্যা করা যতই দুঃখজনক হোক না কেন, ইসলামকে অবমূল্যায়ন করা বা বাধা দেওয়া আরও খারাপ ছিল।

অবিশ্বাসের অস্তিত্বকেও অন্তর্ভুক্ত করার জন্য মুসলিম পণ্ডিতরা *ফিতনার* ধারণাকে প্রসারিত করেছেন, তাই এই বাক্যাংশটিকে "হত্যার চেয়ে অবিশ্বাস খারাপ" হিসাবে ব্যাখ্যা করা যেতে পারে।

এইভাবে বিষয়টি উপলব্ধি করুন যে, "হত্যার চেয়ে *ফিতনা* নিকৃষ্ট" বাক্যাংশটি মুহাম্মাদের বার্তা প্রত্যাখ্যানকারী সমস্ত কাফেরদের সাথে লড়াই করার এবং হত্যা করার একটা সর্বজনীন আদেশে পরিণত হয়েছে, তারা মুসলমানদের বিষয়ে হস্তক্ষেপ করুক বা না করুক। অবিশ্বাসীদের জন্য নিছক "অবিশ্বাস করা" - যেমনটি মহান ভাষ্যকার ইবনে কাথির বলেছেন - তাদের হত্যার চেয়েও বড় মন্দ ছিল *ফিতনা*। এটা অবিশ্বাস দূর করার জন্য যুদ্ধের ন্যায্যতা প্রদান করে, এবং ইসলামকে অন্য সব ধর্মের উপর প্রাধান্য দেয় (Q ২:১৯৩; Q ৮:৩৯)।

"আমরা ভুক্তভোগী"!

কোরানের এই অনুচ্ছেদের মাধ্যমে, মুহাম্মদ মুসলমানদের ভুক্তভোগী হবার ধারণার উপর জোর দিয়েছিলেন। যুদ্ধ এবং বিজয়কে ঈমানদার বিষয় হিসাবে দেখানোর জন্য তিনি দাবি করেছিলেন যে কাফের শত্রুরা দোষী এবং আক্রমণের যোগ্য। হিংসাকে ন্যায্যতা দেওয়ার জন্য মুসলমানদের বৃহত্তর ভুক্তভোগী হিসাবে ব্যবহার করা হয়েছিল: মুসলমানদের দ্বারা তাদের শত্রুদের যত বেশি শাস্তি

দেওয়া হয়েছিল, শত্রুদের অপরাধের উপর জোর দেওয়া তত বেশি প্রয়োজনীয় ছিল। আল্লাহ ঘোষণা করার পর যে মুসলমানদের দুর্ভোগ "হত্যার চেয়েও খারাপ", এটা মুসলমানদের জন্য বাধ্যতামূলক হয়ে ওঠে যে তারা তাদের শত্রুদের উপর যা কিছু ঘটিয়েছে তার চেয়ে তাদের নিজেদের শিকার বা ভুক্তভোগী হওয়াকে আরও বড় মন্দ হিসাবে বিবেচনা করতে হবে।

এটা হল এই ধর্মতত্ত্বের মূল, যা কোরান এবং মুহাম্মদের *সুন্নাতে* ভিত্তি করে আছে, যা ব্যাখ্যা করে কেন, বারবার, কিছু মুসলিম জোর দিয়ে বলেছে যে তাদের ভুক্তভোগী হওয়া অন্যদের উপরে তাদের আক্রমণের চেয়ে বেশি মন্দ। আল-জাজিরা টেলিভিশনে ডঃ ওয়াফা সুলতানের সাথে বিতর্কে আলজেরিয়ার ধর্মীয় রাজনীতির অধ্যাপক আহমদ বিন মুহাম্মদ এই মানসিকতা প্রকাশ করেছিলেন। ডঃ সুলতান উল্লেখ করেছিলেন যে মুসলমানরা নিরীহ মানুষকে হত্যা করেছে। ডক্টর সুলতানের যুক্তিতে ক্ষুব্ধ হয়ে আহমদ বিন মুহাম্মদ চিৎকার করতে শুরু করে বলেছিলেনঃ

> আমরা ভুক্তভোগী! ··· আমাদের [মুসলিমদের] মধ্যে লক্ষ লক্ষ নিরপরাধ মানুষ আছে, যেখানে তোমাদের মধ্যে নির্দোষদের... সংখ্যা মাত্র কয়েক ডজন, শত বা খুব বেশি হলে কয়েক হাজার।

এই ভুক্তভোগী মানসিকতা আজও অনেক মুসলিম সম্প্রদায়কে জর্জরিত করে চলেছে, এবং তাদের নিজেদের ক্রিয়াকলাপের দায়িত্ব নেওয়ার ক্ষমতাকে দুর্বল করে দিচ্ছে।

প্রতিফল

মদিনায় মুহাম্মদের সামরিক শক্তি বৃদ্ধি এবং বিজয় আসতে শুরু করলে, পরাজিত শত্রুদের সাথে তার আচরণ যুদ্ধের জন্য তার প্রেরণা সম্পর্কে অনেক কিছু প্রকাশ করে। একটা বলার মতো ঘটনা ছিল উকবার প্রতি মুহাম্মদের আচরণ, যে এর আগে উটের গোবর এবং অস্ত্র নিক্ষেপ করেছিল। বদরের যুদ্ধে উকবা বন্দী হয়েছিলেন এবং নিজের জীবনের জন্য অনুরোধ করেছিলেন, "কিন্তু হে মুহাম্মদ, কে আমার সন্তানদের দেখাশোনা করবে?" উত্তর ছিল "জাহান্নাম!" তারপর মুহাম্মদ উকবাকে হত্যা করেছিলেন। বদরের যুদ্ধের পর, যুদ্ধে নিহত মক্কাবাসীদের লাশ একটা গর্তে ফেলে দেওয়া হয় এবং মুহাম্মদ মধ্যরাতে সেই গর্তে গিয়ে মক্কার মৃতদের ঠাট্টা করে।

এই ধরনের ঘটনাগুলি দেখায় যে যারা মুহাম্মদকে প্রত্যাখ্যান করেছিল তাদের বিরুদ্ধে প্রতিশোধ নেওয়ার মাধ্যমে সে নিজের বৈধতা প্রমাণ করতে চেয়েছিল। সে শেষ কথা বলার জন্য জোর দিয়েছিল, এমনকি মৃতদের কাছেও।

যারা মুহাম্মদকে প্রত্যাখ্যান করেছিল তারা তার হত্যার তালিকার শীর্ষে ছিল। তিনি যখন মক্কা জয় করেন, মুহাম্মদ হত্যাকে নিরুৎসাহিত করেন। তবে খুন হওয়ার জন্য একটা ছোট হিট লিস্ট তার কাছে ছিল। এই তালিকায় তিনজন ধর্মত্যাগী, একজন পুরুষ ও একজন নারী ছিল যারা মক্কায় মুহাম্মদকে অপমান করেছিল এবং দুইজন ক্রীতদাসী যারা তাকে নিয়ে ব্যঙ্গাত্মক গান গেয়েছিল।

মক্কার হিট লিস্ট মুহাম্মদকে যারা প্রত্যাখ্যান করেছিল তাদের প্রতি তার বিদ্বেষকে প্রতিফলিত করে। ধর্মত্যাগীদের অব্যাহত অস্তিত্ব ছিল *ফিতনার* একটা রূপ, যতদিন তারা বেঁচে ছিল ততদিন তারা প্রমাণ ছিল যে ইসলাম ত্যাগ করা সম্ভব, অন্যদিকে যারা মুহাম্মাদকে উপহাস করেছিল বা অপমান করেছিল তারা বিপজ্জনক ছিল কারণ তাদের কাছে অন্যদের বিশ্বাসকে দুর্বল করার ক্ষমতা ছিল।

অমুসলিমদের জন্য প্রভাব

ইসলামিক আইনে অবিশ্বাসীদের প্রত্যাখ্যানের মূলটি মুহাম্মদের আবেগময় বিশ্বদৃষ্টি এবং প্রত্যাখ্যানের প্রতি তার নিজের প্রতিক্রিয়ার মধ্যে পাওয়া যায়।

প্রাথমিকভাবে, মুহাম্মদ তার সহ-উপজাতিদের, পরজাতীয় আরবদের উপর তার শত্রুতাকে বেশি প্রয়োগ করেছিলেন। আমরা পরজাতীয় আরবদের প্রতি মুহাম্মদের আচরণের একটা প্রবণতা লক্ষ্য

করতে পারি: তারা মুসলমানদের উপর যে বিচার করেছিল তাতে অপরাধের অনুভূতি এই ধারণাটিকে সমর্থন করার জন্য ব্যবহৃত হয় যে ইসলামকে অবিশ্বাসের অস্তিত্বই *ফিতনা* গঠন করে। কিতাবের লোকেদের সাথেও মুহাম্মদের আচরণে একই প্রবণতা পাওয়া যায়। ইসলাম প্রত্যাখ্যানকারী হিসাবে, তারা স্থায়ীভাবে দোষী হিসাবে চিহ্নিত হয়ে পড়ে, তাদের আধিপত্যের অধীনে থাকার যোগ্য এবং নিকৃষ্ট হিসাবে বিবেচিত হয়।

মক্কা বিজয়ের আগে, মুহাম্মদ একটা দর্শন দেখেছিলেন যেখানে তিনি মক্কায় তীর্থযাত্রা করেছিলেন। এটা তখন অসম্ভব ছিল, কারণ মুসলমানরা মক্কাবাসীদের সাথে যুদ্ধের পরিস্থিতিতে ছিল। তার দর্শনের পর, মুহাম্মদ হুদায়বিয়ার চুক্তি নিয়ে আলোচনা করেন, যা তাকে তার তীর্থযাত্রা করার অনুমতি দেয়। চুক্তিটি দশ বছরের জন্য ছিল এবং এর একটা শর্ত ছিল যে কেউ যদি তাদের অভিভাবকের অনুমতি ছাড়া মুহাম্মাদের কাছে আসবে তাকে মক্কাবাসীদের কাছে ফিরিয়ে দেওয়া হবে। এর মধ্যে ছিল ক্রীতদাস ও নারী। চুক্তিটি উভয় পক্ষের লোকদের একে অপরের সাথে জোটবদ্ধ হওয়ার পরিস্থিতি তৈরি করে দেয়।

মুহাম্মদ চুক্তি অনুযায়ী নিজের কথা রাখেনিঃ যখন লোকেরা মক্কা থেকে তাদের স্ত্রী বা ক্রীতদাসদের পুনরুদ্ধার করতে তার কাছে আসে তখন সে আল্লাহর কর্তৃত্বের কথা বলে পলাতকদের ফিরিয়ে দিতে অস্বীকার করত। প্রথম ঘটনাটি ছিল একজন মহিলা, উম্মে কুলথুম, যার ভাইয়েরা তাকে উদ্ধার করতে এসেছিল। মুহাম্মদ প্রত্যাখ্যান করেছিলেন, কারণ, ইবনে ইসহাক যেমন বলেছেন, "আল্লাহ তা নিষিদ্ধ করেছেন" (এছাড়াও Q ৬০:১০ দেখুন)।

৬০ নং সূরা মুসলমানদেরকে অবিশ্বাসী মানুষদের বন্ধু হিসেবে গ্রহণ না করার নির্দেশ দেয়। এতে বলা হয়েছে যে, যদি কোনো মুসলমান গোপনে মক্কাবাসীকে ভালোবাসে তবে তারা বিপথগামী হয়েছে, যেহেতু অবিশ্বাসীদের আকাঙ্ক্ষা কেবলমাত্র মুসলমানদেরকে অবিশ্বাস করা। ৬০ নং সূরার পুরোটাই হুদায়বিয়ার চুক্তির চেতনার সাথে সাংঘর্ষিক, যেখানে বলা হয়েছে, "আমরা একে অপরের সাথে শত্রুতা করব না এবং কোন গোপন সংরক্ষণ বা খারাপ বিশ্বাস রাখব না"। যাইহোক, পরে, যখন মুসলমানরা মক্কা আক্রমণ করে এবং জয় করে, তখন এটাকে ন্যায়সঙ্গত বলার কারণে বলা হয়েছিল যে কুরাইশরা চুক্তি লঙ্ঘন করেছিল।

এর পরে, আল্লাহ ঘোষণা করলেন যে মূর্তিপূজকদের সাথে আর কোন চুক্তি করা যাবে না-"আল্লাহ মুশরিকদের পরিত্যাগ করেছেন" এবং "মুশরিকদের যেখানেই পাও হত্যা কর" (Q ৯:৩, ৫)।

ঘটনাগুলির এই ক্রমটি ব্যাখ্যা করে যে এটা একটা প্রতিষ্ঠিত ইসলামী দৃষ্টিভঙ্গি হয়ে উঠেছে, যে অমুসলিম কাফেররা স্বভাবতই চুক্তি ভঙ্গকারী ছিল, চুক্তি রাখতে অক্ষম ছিল (Q ৯:৭-৮)। একই সময়ে, মুহাম্মদ, আল্লাহর নির্দেশে, কাফেরদের সাথে চুক্তি ভঙ্গ করার অধিকার দাবি করেছিলেন। যখন মুহাম্মদ, একটা উচ্চ ক্ষমতার কর্তৃত্ব দাবি করে তার চুক্তি লঙ্ঘন করেছিল, তখন সেটা অন্যায় হিসাবে বিবেচিত হয়নি।

এই ধরনের ঘটনাগুলি প্রকাশ করে যে, মুহাম্মাদ, অবিশ্বাসীদেরকে তাদের শ্রেণীতে অন্তর্ভুক্ত করে যারা মুসলমানদেরকে তাদের বিশ্বাস থেকে প্ররোচিত করবে (অর্থাৎ যারা *ফিতনার* প্রতি আত্মসমর্পণ করবে), যতক্ষণ তারা ইসলাম গ্রহণ করতে অস্বীকার করবে ততক্ষণ তাদের সাথে স্বাভাবিক সম্পর্ক করা অসম্ভব।

এই পরবর্তী বিভাগে আমরা বিবেচনা করব কিভাবে মুহাম্মদ আরবের ইহুদিদের বিরুদ্ধে তার বিরক্তি ও আগ্রাসনকে করুণ পরিণতিতে পরিণত করেছিলেন। আরবের ইহুদিদের সাথে মুহাম্মদের মিথস্ক্রিয়া অমুসলিমদের উপর ইসলামের নীতির ভিত্তি তৈরি করে, যার মধ্যে রয়েছে কিতাবের লোকদের জন্য *ধিম্মা* চুক্তি ব্যবস্থা, যা আমরা পরবর্তী পাঠে অন্বেষণ করব।

ইহুদিদের সম্পর্কে মুহাম্মদের প্রাথমিক দৃষ্টিভঙ্গি

প্রথমে ইহুদিদের প্রতি মুহাম্মদের প্রধান আগ্রহ তার দাবির সাথে সম্পর্কিত যে তিনি একটা দীর্ঘ সূত্রের মধ্যে একজন নবী ছিলেন যার মধ্যে অনেক ইহুদি নবীও অন্তর্ভুক্ত ছিল। মক্কার শেষের দিকে এবং মদিনা যুগের প্রথম দিকে, ইহুদিদের অনেক উল্লেখ রয়েছে, প্রায়শই তাদেরকে কিতাবের লোক বলে উল্লেখ করা হয়েছে। এই সময়ের কোরান এই বিষয়টি তুলে ধরে যে যদিও কিছু ইহুদি বিশ্বাসী ছিল এবং কিছু জন বিশ্বাসী ছিল না, মুহাম্মদের বাণী তাদের জন্যেও নেয়ামত হিসাবে আসবে (Q ৯৮:১-৮)।

মুহম্মদ কিছু খ্রীষ্টানদেরও মুখোমুখি হয়েছিলেন এবং এই যোগাযোগগুলি উৎসাহজনক ছিল। খাদিজার খ্রীষ্টান চাচাতো ভাই ওয়ারাকা মুহাম্মদকে একজন নবী হিসাবে চিহ্নিত করেছিলেন। এমনও একটা ঐতিহ্য রয়েছে যে মুহাম্মদ তার ভ্রমণে বাহীরা নামক এক সন্ন্যাসীর সাথে দেখা করেছিলেন, যিনি ঘোষণা করেছিলেন যে মুহাম্মদ একজন নবী। সম্ভবত মুহাম্মদ আশা করেছিলেন যে ইহুদিরা তার মধ্যে আল্লাহর পক্ষ থেকে একটা "স্পষ্ট নিদর্শন" দেখতে পাবে (Q ৯৮) এবং তার বার্তায় ইতিবাচক প্রতিক্রিয়া জানাবে। প্রকৃতপক্ষে, মুহাম্মদ বলেছিলেন যে তিনি যা শিক্ষা দিয়েছিলেন তা ইহুদি ধর্মের মতোই ছিল, যার মধ্যে "দুয়া করা" এবং যাকাত[8] দেওয়াও ছিল (Q ৯৮:৫)। এমনকি তিনি তার অনুসরণকারীদেরকে আল-শাম 'সিরিয়া'র দিকে মুখ করে দুয়া করার নির্দেশ দিয়েছেন, যার অর্থ যিরূশালেমের দিকে, যা ইহুদি রীতির অনুলিপি করা।

মুহাম্মদ যখন মদিনায় আসেন, তখন ইসলামিক উৎস উল্লেখ করে যে তিনি মুসলমান ও ইহুদিদের মধ্যে একটা চুক্তি বাস্তবায়িত করেছিলেন। এই চুক্তিটি ইহুদি ধর্মকে স্বীকৃতি দেয় – "ইহুদিরা তাদের ধর্ম পালন করবে এবং মুসলমানদের ধর্ম মুসলমানরা" - এবং এটা ইহুদিদের কাছ থেকে মুহাম্মদের প্রতি আনুগত্যের হুকুম দেয়।

মদিনায় বিরোধিতা

মুহাম্মদ মদিনার ইহুদি বাসিন্দাদের কাছে তার বার্তা উপস্থাপন করতে শুরু করেন, কিন্তু অপ্রত্যাশিত প্রতিরোধের মুখোমুখি হন। ইসলামিক উৎসগুলো এই বিষয়টাকে ঈর্ষা হিসাবে দায়ী করে। মুহাম্মদের কিছু উদ্ঘাটন বাইবেলের বিভিন্ন বিষয়কে অন্তর্ভুক্ত করে, এবং কোন সন্দেহ নেই যে রব্বিরা এই উপাদানটির প্রতিদ্বন্দ্বিতা করেছিলেন, মুহাম্মদের ব্যাখ্যায় এগুলো বৈপরীত্য নির্দেশ করে।

ইসলামের নবী রব্বিদের প্রশ্নগুলিকে ঝামেলাপূর্ণ মনে করেছিলেন এবং কিছু কিছু সময়ে তার কাছে আরও বেশি কোরান নাযিল করা হয়েছিল, যার মাধ্যমে তাকে সেই সমস্ত প্রশ্নের জবাব সরবরাহ করা হয়েছিল। বারবার, যখন মুহাম্মদকে একটা প্রশ্ন দ্বারা চ্যালেঞ্জ করা হয়েছিল, তখন তিনি ঘটনাটিকে আত্ম-প্রমাণ করার সুযোগে পরিণত করতেন, যেমনটি কোরানের আয়াতগুলি দেখায়।

মুহাম্মদের সবচেয়ে সহজ কৌশলগুলির মধ্যে একটা ছিল জোর দিয়ে বলা যে ইহুদিরা ছিল প্রতারক যারা তাদের উপযোগী অনুচ্ছেদগুলি উদ্ধৃত করেছিল এবং অন্যগুলোকেকে গোপন করেছিল যেগুলো তাদের মনবৃত্তি পূর্ণ করতে সাহায্য করবে না (Q ৩৬:৭৬; Q ২:৭৭। আল্লাহর পক্ষ থেকে আরেকটি উত্তর ছিল যে ইহুদিরা ইচ্ছাকৃতভাবে তাদের ধর্মগ্রন্থকে মিথ্যা বলেছিল (Q ২:৭৫।

মুহাম্মদের সাথে রব্বিদের কথোপকথন ইসলামিক উৎস দ্বারা ব্যাখ্যা করা হয়েছিল প্রকৃত সংলাপ বা মুহাম্মদের দাবির যুক্তিসঙ্গত উত্তর হিসাবে নয়, বরং *ফিতনা* হিসাবে, ইসলাম এবং মুসলমানদের বিশ্বাসকে ধ্বংস করার প্রচেষ্টার জন্য সেই কথোপকথন করা হয়েছিল।

---

8 ইসলামের পাঁচটি স্তম্ভের মধ্যে একটি, *যাকাত* হল একটি বার্ষিক ধর্মীয় কর।

প্রত্যাখ্যানকারীদের জন্য একটা শত্রুতাপূর্ণ ধর্মতত্ত্ব

ইহুদিদের সাথে মুহাম্মদের হতাশাজনক কথোপকথন তাদের প্রতি তার ক্রমবর্ধমান শত্রুতার জন্য অবদান রাখে। যেখানে অতীতে, কোরানের আয়াতে বলা হয়েছিল যে কিছু ইহুদি বিশ্বাসী ছিল, পরে কোরান ঘোষণা করেছিল যে সমগ্র ইহুদি জাতি অভিশপ্ত ছিল এবং খুব কম লোকই সত্যিকারের বিশ্বাসী ছিল (Q ৪:৪৬)।

কোরান দাবি করেছে যে অতীতে কিছু ইহুদি তাদের গুনাহর জন্য বানর এবং শুকরে রূপান্তরিত হয়েছিল (Q ২:৬৫; Q ৫:৬০; Q ৭:১৬৬)। আল্লাহ তাদেরকে নবী-হত্যাকারীও বলেছেন (Q ৪:১৫৫; Q ৫:৭০)। বলা হয়েছিল যে আল্লাহ চুক্তি ভঙ্গকারী ইহুদিদের সাথে তার সম্পর্ক ত্যাগ করেছেন, তাদের হৃদয়কে শক্ত করেছেন, তাই মুসলমানরা সর্বদা তাদের বিশ্বাসঘাতক বলে মনে করতে পারে (কয়েকজন ইহুদী বাদে) (Q ৫:১৩)। তাদের চুক্তি ভঙ্গ করার পর, ইহুদিদেরকে "ক্ষতিগ্রস্ত" বলে ঘোষণা করা হয়েছিল যারা তাদের প্রকৃত নির্দেশ ত্যাগ করেছিল (Q ২:২৭)।

মদিনায়, মুহাম্মদ মনে করেন যে তাকে ইহুদিদের ভুল সংশোধন করার জন্য পাঠানো হয়েছে (Q ৫:১৫)। মদিনা যুগের শুরুর দিকে, মুহাম্মদের উদ্ঘাটন ইহুদি ধর্মকে বৈধ বলে পরামর্শ দিয়েছিল (Q ২:৬২। যদিও, এই আয়াতটি Q ৩:৮৫ দ্বারা রহিত (বাতিল) হয়েছে। মুহাম্মদ উপসংহারে পৌঁছেছিলেন যে তার আগমন ইহুদি ধর্মকে বাতিল করেছে, যে ইসলাম তিনি নিয়ে এসেছেন সেটিই চূড়ান্ত ধর্ম এবং কোরানই শেষ প্রকাশিত কালাম। যারা এই বার্তাটি প্রত্যাখ্যান করেছে তারা সবাই "পরাজয়কারী" হবে (Q ৩:৮৫। ইহুদি বা খ্রীষ্টানদের জন্য তাদের পুরানো ধর্ম অনুসরণ করা আর গ্রহণযোগ্য হবে না: তাদের মুহাম্মদকে স্বীকার করতে হবে এবং মুসলমানও হতে হবে।

কোরানের আয়াতে, মুহাম্মদ ইহুদি ধর্মের উপর একটা পূর্ণ মাত্রার ধর্মতাত্ত্বিক আক্রমণ শুরু করেছিলেন। ইহুদিদের দ্বারা তাঁর বার্তা প্রত্যাখ্যান করার সময় মুহাম্মদ এটাকে গভীর অপরাধ হিসাবে গ্রহণ করেছিলেন। এটা মুহাম্মদের জন্য আরেকটি আত্ম-প্রমাণ ছিল, যেমনটি তিনি মক্কার মূর্তিপূজারীদের সাথে করেছিলেন। তারপর মুহাম্মদ আরও এগিয়ে যান, এবং আক্রমনাত্মক প্রতিক্রিয়াও প্রয়োগ করেন।

প্রত্যাখ্যান হিংসায় পরিণত হয়

মদিনায়, মুহাম্মদ ভয় দেখানোর জন্য এবং শেষ পর্যন্ত ইহুদিদের নির্মূল করার জন্য একটা অভিযান শুরু করেছিলেন। বদরের যুদ্ধে মূর্তিপূজকদের বিরুদ্ধে বিজয়ের দ্বারা উৎসাহিত হয়ে, তিনি কাইনুকা ইহুদি গোত্রে গিয়েছিলেন এবং তাদের আল্লাহ্র প্রতিশোধের হুমকি দিয়েছিলেন। এরপর তিনি কাইনুকা ইহুদীদের ঘেরাও করার এবং মদীনা থেকে বিতাড়িত করার অজুহাত খুঁজে পেয়েছিলেন।

তারপর মুহাম্মদ ইহুদিদের লক্ষ্য করে তাদের ধারাবাহিকভাবে হত্যা করতে শুরু করেন এবং তার অনুসারীদের জন্য একটা হুকুম জারি করেন, "যে কোনো ইহুদি তোমার ক্ষমতার অধীনে আসে তাকে হত্যা কর"। ইহুদীদের কাছে তিনি *আসলিম তাসলাম* ঘোষণা করেন, সেটা হল 'ইসলাম কবুল কর, তোমরা নিরাপদ থাকবে'।

মুহাম্মদের চিন্তাধারায় গভীর পরিবর্তন ঘটেছিল। অমুসলিমদের তাদের সম্পত্তি ও জীবনের অধিকার ছিল শুধুমাত্র যদি তারা ইসলাম ও মুসলমানদের সমর্থন ও সম্মান করত। অন্য সমস্তকিছু ছিল *ফিতনা,* এবং তাদের সাথে যুদ্ধ করার একটা অজুহাত।

মদিনার ইহুদিদের সাথে মোকাবিলা করার মুহাম্মদের ইচ্ছা তখনো সম্পূর্ণ হয়নি। বানু নাদিররা তার নজরে আসার জন্য পরবর্তী সারিতে ছিল। পুরো নাদির গোত্রের বিরুদ্ধে তাদের চুক্তি ভঙ্গ করার অভিযোগ আনা হয়েছিল, তাই তাদের উপরে আক্রমণ করা হয়েছিল এবং, একটা বিরাট অবরোধের পরে, একইভাবে মদিনা থেকে তাদের বিতাড়িত করা হয়েছিল, তাদের সম্পত্তি মুসলমানদের জন্য লুঠ করার জন্য পরিত্যাগ করা হয়েছিল।

এরপর মুহাম্মদ ফেরেশতা জিব্রিলের আদেশের ভিত্তিতে শেষ অবশিষ্ট ইহুদি গোত্র বানু কুরাইজা অবরোধ করেন। যখন ইহুদীরা নিঃশর্ত আত্মসমর্পণ করেছিল, তখন মদিনার বাজারে ইহুদি পুরুষদের শিরশ্ছেদ করা হয়েছিল – প্রায় ৬০০ থেকে ৯০০ পুরুষ, বিভিন্ন বিবরণ থেকে পাওয়া তথ্য অনুযায়ী - এবং ইহুদি মহিলা ও শিশুদেরকে লুণ্ঠন হিসাবে (অর্থাৎ দাস হিসাবে) মুসলমানদের মধ্যে বিতরণ করা হয়েছিল।

মুহাম্মদ আরবের ইহুদিদের সাথে তার শত্রুতা তখনও পুরোপুরি শেষ করেনি। মদিনাকে তাদের উপস্থিতি থেকে মুক্ত করার পর তিনি খায়বার আক্রমণ করেন। খায়বার অভিযান শুরু হয়েছিল ইহুদিদের কাছে দুটি পছন্দের প্রস্তাব দিয়ে: ইসলামে ধর্মান্তরিত হও অথবা তোমাদের হত্যা করা হবে। যাইহোক, যখন মুসলমানরা খায়বারের ইহুদিদের পরাজিত করেছিল, তখন একটা তৃতীয় বিকল্প আলোচনা করা হয়েছিল: শর্তসাপেক্ষে আত্মসমর্পণ। এভাবেই খায়বার ইহুদিরা প্রথম *ধিম্মি* হয়ে ওঠে (পাঠ ৬ দেখুন)।

এটা ইহুদিদের সাথে মুহাম্মদের আচরণ সম্পর্কে আমাদের আলোচনার সমাপ্তি ঘটায়।

এটা লক্ষ করা গুরুত্বপূর্ণ যে যেহেতু কোরান খ্রীষ্টান এবং ইহুদিদেরকে একই শ্রেণীর প্রতিনিধি হিসাবে গণ্য করে যারা কিতাবের লোক হিসাবে পরিচিত, তাই কোরানে এবং মুহাম্মদের জীবনে ইহুদিদের সাথে কিতাবের লোক হিসাবে আচরণ করা হয়েছে।

প্রত্যাখ্যানের প্রতি মুহাম্মদের তিনটি প্রতিক্রিয়া

মুহাম্মদের ভবিষ্যদ্বাণীমূলক জীবনের কাহিনীতে আমরা দেখেছি কিভাবে সে বিভিন্ন উপায়ে প্রত্যাখ্যানের অভিজ্ঞতা লাভ করেছিল: তার পারিবারিক পরিস্থিতিতে, মক্কায় তার নিজের সম্প্রদায়ের দ্বারা এবং মদিনার ইহুদিদের দ্বারা।

আমরা প্রত্যাখ্যানের জন্য তার বিভিন্ন ধরনের প্রতিক্রিয়াগুলিও পর্যবেক্ষণ করেছি। প্রথম দিকে, মুহম্মদ *আত্ম-প্রত্যাখ্যানকারী প্রতিক্রিয়া* দেখিয়েছিলেন, যার মধ্যে আত্মঘাতী চিন্তাভাবনা, তার আবিষ্ট হওয়ার ভয় এবং হতাশা ছিল।

প্রত্যাখ্যানের ভয় মোকাবেলা করার মতো তার *আত্ম-প্রমাণমূলক প্রতিক্রিয়াও* ছিল।[9] এর মধ্যে রয়েছে এমন দাবী যে আল্লাহ তার শত্রুদেরকে জাহান্নামে শাস্তি দেবেন; সম্ভাব্য বিব্রতকর বিষয়গুলিকে ঢেকে দেওয়ার দাবি করে, যেমন এই দাবি যে সমস্ত নবীকে শয়তান কোনো না কোনো সময়ে বিপথগামী করেছিল; এবং আল্লাহর পক্ষ থেকে অবতীর্ণ আয়াতগুলি ঘোষণা করেছে যে যারা মুহাম্মদের বাণী অনুসরণ করে তারা ইহকাল ও পরকালে বিজয়ী হবে।

অবশেষে, *আক্রমণাত্মক প্রতিক্রিয়া* প্রাধান্য পেয়েছে। এর ফলে অমুসলিমদের বিরুদ্ধে যুদ্ধ এবং বিজয়ের মাধ্যমে *ফিতনা* দূর করার জন্য জিহাদের মতবাদ তৈরি হয়েছিল।

তার প্রতিক্রিয়ায়, মুহাম্মদ আত্ম-প্রত্যাখ্যান, তারপর আত্ম-প্রমাণ এবং অবশেষে আগ্রাসনের মধ্য দিয়ে যান। এতিম মুহাম্মদ একসময় হয়ে গেল এতিম-নির্মাতা মুহাম্মদ। একজন আত্ম-সন্দেহকারী, যিনি আত্মহত্যার চিন্তা করেছিলেন কারণ তিনি ভয় পেয়েছিলেন যে তিনি মন্দশক্তির দ্বারা যন্ত্রণা পাচ্ছেন, তিনি চূড়ান্ত প্রত্যাখ্যানকারী হয়েছিলেন, যুদ্ধের মাধ্যমে তার ধর্মকে অন্যদের উপরে চাপিয়ে দিয়েছিলেন এবং শেষ পর্যন্ত অন্য সমস্ত বিশ্বাসকে প্রতিস্থাপন করেছিলেন।

---

9 ফর এ ডিসকাস্‌ন অফ্‌ রিজেক্সন অ্যান্ড রেসপন্সেস টু ইট, দেখুন নোয়েল এবং গিবসন, *এভিক্টিং ডেমনিক স্কুয়েটার্স অ্যান্ড ব্রেকিং বন্ডেজেস।*

মুহাম্মদের মানসিক দৃষ্টিভঙ্গী অনুযায়ী, অবিশ্বাসীদের পরাজয় এবং অধঃপতন তার অনুসরণকারীদের অনুভূতিকে "নিরাময়" করবে এবং তাদের ক্রোধ নিভিয়ে দেবে। যুদ্ধের মাধ্যমে জয়ী এই নিরাময় কোরানে 'ইসলামী শান্তি' হিসাবে বর্ণিত হয়েছে:

> যুদ্ধ কর ওদের সাথে, আল্লাহ তোমাদের হস্তে তাদের শাস্তি দেবেন। তাদের লাঞ্ছিত করবেন, তাদের বিরুদ্ধে তোমাদের জয়ী করবেন এবং মুসলমানদের অন্তরসমূহ শান্ত করবেন। এবং তাদের মনের ক্ষোভ দূর করবেন। (Q ৯:১৪-১৫)

প্রথমে, মুহাম্মদ এবং তার অনুসরণকারীরা মক্কার মুশরিকদের হাতে প্রকৃত নির্যাতনের অভিজ্ঞতা লাভ করেছিলেন। যাইহোক, যখন তিনি মদিনায় ক্ষমতা গ্রহণ করেন, তখন মুহাম্মদ তার নবুওয়াতের প্রতি অবিশ্বাসকে মুসলমানদের উপরে অত্যাচার হিসাবে গণ্য করতে শুরু করেন এবং অবিশ্বাসীদের এবং উপহাসকারীদের সাথে মোকাবিলা করার জন্য হিংসা ব্যবহারের লাইসেন্স দিয়ে দেন - তা মূর্তিপূজক, ইহুদি বা খ্রিস্টানই হোক না কেন-তারা সবাই যেন শান্ত হয়ে যায় এবং ভয়ে মহাম্মদের কাছে আত্মসমর্পণ করে, মুহাম্মাদ তার ধর্ম এবং তার সম্প্রদায়ের উপরে সকল প্রকার প্রত্যাখ্যান দূর করার জন্য একটা আদর্শিক এবং সামরিক কর্মসূচি তৈরি করেন। পরে তিনি দাবি করেন যে তার কর্মসূচীর সাফল্য তার নবুওয়াতকে বৈধতা দিয়েছে।

একই সময়ে যখন এই সব ঘটছিল, মুহাম্মদ তার অনুসরণকারী মুসলমানদের উপর আরও বেশি নিয়ন্ত্রণ প্রয়োগ করছিলেন। যেখানে আগে মক্কায় কোরান ঘোষণা করেছিল যে মুহাম্মদ "কেবলমাত্র একজন সতর্ককারী" ছিলেন, মদিনায় হিজরত করার পরে তিনি তার বিশ্বস্তদের একজন সেনাপতি হয়ে উঠেছিলেন, তাদের জীবনকে এমন পর্যায়ে নিয়ন্ত্রিত করেছিলেন যেখানে কোরান ঘোষণা করে যে একবার যদি "আল্লাহ এবং রসূল" কোন একটা বিষয়ে সিদ্ধান্ত নেন, বিনা প্রশ্নে আনুগত্য দেখানো ছাড়া মুমিনদের আর কিছুই করার নেই (Q ৩৩:৩৬), এবং আল্লাহর আনুগত্য করার উপায় হল রাসূলের আনুগত্য করা (Q ৪:৮০)।

মদিনান যুগে মুহাম্মদ যে নিয়ন্ত্রণগুলি প্রবর্তন করেছিলেন তা আজও *শরিয়ার* মাধ্যমে অনেক মুসলমানের জন্য আঘাতের কারণ হয়ে দাঁড়িয়েছে। এর একটা উদাহরণ হল মুহাম্মাদ কর্তৃক প্রবর্তিত *শরীয়তের* একটা আইন যে, যদি কোনো ব্যক্তি তার স্ত্রীকে তিনবার "আমি তোমাকে তালাক দিচ্ছি" বলে তালাক দেয়, কিন্তু তার পরে সেই দম্পতি যদি আবার বিয়ে করতে চায়, তাকে প্রথমে অন্য পুরুষকে বিয়ে করতে হবে, তার সাথে যৌন সম্পর্ক স্থাপন করতে হবে। তাকে তার প্রথম স্বামীকে পুনরায় বিয়ে করার আগে তার দ্বিতীয় স্বামীর থেকে তালাক নিতে হবে। এই নিয়ম মুসলিম মহিলাদের অনেক দুঃখের কারণ হয়েছে।

কোরান আমাদেরকে মুহাম্মদের ভবিষ্যদ্বাণীমূলক জীবনের অগ্রগতিকে দেখায়ঃ এটা মুহাম্মদের নিজস্ব, তীব্রভাবে ব্যক্তিগত নথি, প্রত্যাখ্যানের মুখে তার ক্রমবর্ধমান শত্রুতা এবং আগ্রাসনের নীতি এবং অন্যদের জীবন নিয়ন্ত্রণ করার জন্য তার ক্রমবর্ধমান ইচ্ছার উল্লেখ কোরানে দেওয়া হয়েছে। যে বৈশিষ্ট্যগুলি পরবর্তীকালে অমুসলিমদের উপর চাপিয়ে দেওয়া হয়েছিল - যেমন নীরবতা, অপরাধবোধ এবং কৃতজ্ঞতা – যেগুলো প্রত্যাখ্যানের প্রতি মুহাম্মদের নিজস্ব প্রতিক্রিয়াগুলির বিবর্তন থেকেই এসেছে, কারণ মুহাম্মাদ হিংসার সাথে সেই সমস্ত লোকদের প্রতি ব্যর্থতা এবং প্রত্যাখ্যান চাপিয়ে দিয়েছিলেন যারা এটা ঘোষণা করতে অস্বীকার করেছিল যে, "আমি বিশ্বাস করি আল্লাহ ছাড়া কোন মাবুদ নেই এবং মুহাম্মদ তার নবী"।

এখানেই মুহাম্মদের অভিজ্ঞতা এবং অন্যদের থেকে প্রাপ্ত এবং অন্যদের উপরে আরোপিত প্রত্যাখ্যানের প্রতিক্রিয়া সম্পর্কে এবং তার শত্রুদের বিরুদ্ধে সাফল্যের জন্য তার আত্ম-প্রমাণমূলক সাধনার বিষয়ে আমাদের সংক্ষিপ্ত বিবরণ শেষ করা হল।

"সেরা উদাহরণ"

এই পাঠে আমরা মুহাম্মদের কিছু মূল চারিত্রিক বৈশিষ্ট্য সম্পর্কে শিখছি। যদিও ইসলামে তাকে মানবতার অনুসরণের জন্য সর্বোত্তম উদাহরণ হিসাবে বিবেচনা করা হয়, আমরা দেখেছি যে তিনি

প্রত্যাখ্যানের দ্বারা প্রভাবিত এবং প্রকৃতপক্ষে গভীরভাবে ক্ষতিগ্রস্ত হয়েছেন। তার প্রতিক্রিয়ার মধ্যে রয়েছে আত্ম-প্রত্যাখ্যান, আত্ম-বৈধতা, নিয়ন্ত্রণ এবং আগ্রাসন। প্রত্যাখ্যানের এই প্রতিক্রিয়াগুলি তার জন্য ক্ষতিকারক ছিল এবং আজ অবধি অন্যান্য অনেক লোকের জন্য ক্ষতিকারক হয়ে চলেছে।

মুহাম্মদের ব্যক্তিগত ইতিহাস গুরুত্বপূর্ণ কারণ তাঁর ব্যক্তিগত সমস্যাগুলি সমস্ত বিশ্বের সমস্যা হয়ে দাঁড়িয়েছে যদিও এগুলোই *শরিয়া* এবং *শরিয়ার* বিশ্বদর্শন। এভাবে একজন মুসলমান আধ্যাত্মিকভাবে মুহাম্মদের চরিত্র ও উদাহরণের সাথে আবদ্ধ হয়। এই বন্ধনটি *শাহাদা* পাঠের মাধ্যমে দৃঢ় করা হয় এবং যখনই *শাহাদা* পাঠ করা হয় তখন ইসলামের আচার-অনুষ্ঠানের মাধ্যমে এটাকে শক্তিশালী করা হয়। একটা মুসলিম শিশু জন্মের পর প্রথম যে শব্দগুলো শোনে তা হল তার কানে *শাহাদার* ঘোষণা।

শাহাদা ঘোষণা করে যে মুহাম্মাদ আল্লাহর রসূল, যা আল্লাহর বাণী হিসাবে কোরানের একমাত্র অনুমোদন, যা মুহাম্মদের কাছে আল্লাহর রসূল হিসাবে নাজিল হয়েছিল। শাহাদা পালন করার অর্থ মুহাম্মাদ সম্পর্কে কোরান যা বলে তাতেই সম্মতি দেওয়া, যার মধ্যে তার উদাহরণ অনুসরণ করা বাধ্যতামূলক, যারা মুহাম্মাদকে অনুসরণ করে না তাদের বিরুদ্ধে উচ্চারিত হুমকি এবং অভিশাপকে স্বীকার করা এবং যারা তাদের বিরোধিতা করে এবং মহাম্মাদের বার্তা প্রত্যাখ্যান এবং তাকে অনুসরণ করতে অস্বীকার করে এমন লোকদের বিরুদ্ধে লড়াই করা একজন *শাহাদা* উচ্চারণকারীর দায়িত্ব।

প্রকৃতপক্ষে, *শাহাদা* হল আত্মিক জগতের কাছে - এই অন্ধকার জগতের কর্তৃপক্ষ এবং ক্ষমতার কাছে একটা ঘোষণা (ইফিষীয় ৬:১২) – যে একজন বিশ্বাসী মুহাম্মদের উদাহরণগুলো পালন করার জন্য একটা চুক্তির দ্বারা আবদ্ধ: তার 'রূহ' মুহাম্মদের সাথে বন্ধনযুক্ত (পাঠ ৭ দেখুন)। এটা মুহাম্মদের সাথে তাদের একটা আধ্যাত্মিক বন্ধন স্থাপন করে। এই চুক্তির বন্ধন কর্তৃপক্ষ ও ক্ষমতাকে মুসলিম বিশ্বাসীদের উপর একই নৈতিক ও আধ্যাত্মিক সমস্যা আরোপ করার অনুমতি দেয় যেগুলো মুহাম্মদকে উৎসাহিত করেছিল এবং আবদ্ধ করে রেখছিল, এবং যেগুলি ইসলামী *শরিয়ার* মাধ্যমে দৃঢ়ভাবে স্থাপিত হয়েছিল ও শক্তিশালী হয়ে উঠেছিল, এবং ইসলামী সমাজের সংস্কৃতির গভীরে এগুলো কাজ করতে শুরু করেছিল।

আমরা মুহাম্মদের *সুন্নাহর* বিভিন্ন নেতিবাচক দিক নিয়ে আলোচনা করছি যা *শাহাদা* এবং *শরীয়তের* প্রভাবের কারণে অনেক মুসলমানের জীবনে একই নেতিবাচক বিষয় নিয়ে এসেছে। এখানে কিছু নেতিবাচক বৈশিষ্ট্যের একটা তালিকা রয়েছে যা মুহাম্মদের উদাহরণ এবং শিক্ষাকে চিহ্নিত করেঃ

- হিংসা এবং যুদ্ধ
- হত্যা
- দাসত্ব
- প্রতিশোধ এবং প্রতিফল
- ঘৃণা
- নারীদের প্রতি ঘৃণা
- ইহুদিদের প্রতি ঘৃণা
- অপব্যবহার
- লজ্জা এবং অন্যদের জন্য লজ্জা
- ভয় দেখানো
- প্রতারণা
- অপরাধ করা

- শিকার হওয়া
- আত্ম-প্রতিবাদ
- শ্রেষ্ঠত্বের অনুভূতি
- আল্লাহ্‌কে ভুলভাবে উপস্থাপন করা
- অন্যদের উপর কর্তৃত্ব করা
- ধর্ষণ।

মুসলমানরা যখন শাহাদা পাঠ করে তারা প্রকৃতপক্ষে খ্রীষ্ট এবং বাইবেল সম্পর্কে কোরানের ও সুন্নার দাবিকে সমর্থন করে। এর মধ্যে রয়েছেঃ

- ক্রুশে খ্রীষ্টের মৃত্যুকে অস্বীকার করা
- ক্রুশের প্রতি ঘৃণা
- অস্বীকার করা যে ঈসা আল্লাহ্‌র পুত্র (এবং যারা এটা বিশ্বাস করে তাদের অভিশাপ দেওয়া)
- ইহুদি ও খ্রীষ্টানরা তাদের ধর্মগ্রন্থকে কলুষিত করেছে বলে অভিযোগ করা
- দাবী যে ঈসা খ্রীষ্টধর্মকে ধ্বংস করতে ফিরে আসবেন এবং সমগ্র বিশ্বকে মুহাম্মদের শরিয়ার বশ্যতা স্বীকার করতে বাধ্য করবেন।

এই বিষয়গুলো সত্যিই একটা ভারী বোঝা। ঈসা খ্রীষ্টকে অনুসরণ করার জন্য যারা ইসলাম ত্যাগ করে তাদের সামনে একটা চ্যালেঞ্জ হল যে এই বৈশিষ্ট্যগুলিকে নিষ্পত্তিমূলকভাবে মোকাবেলা করা না হলে তারা মানুষের রূহের মধ্যে বারবার পা রাখতেই থাকবে। এটা একটা কারণ যে মুসলিমরা যারা খ্রীষ্টের প্রতি ফেরে তাদের খ্রীষ্টিয় জীবন যাপনে সংগ্রাম করতে হয় এবং তারা অনেক অসুবিধাও অনুভব করতে পারে।

যদি একজন রসূল হিসাবে মুহাম্মদের প্রভাবকে স্পষ্টভাবে পরিত্যাগ না করা হয়, তাহলে কোরানের অভিশাপ এবং ভীতিপ্রদর্শন এবং খ্রীষ্টের মৃত্যু এবং খ্রীষ্টের প্রভুত্বের বিরুদ্ধে মুহাম্মদের বিরোধিতা আধ্যাত্মিক অস্থিরতার কারণ হতে পারে, যার ফলে ঈসার অনুসরণকারী হয়ে কেউ সহজেই ভয় পেতে পারে এবং খ্রীষ্টেতে তাদের বৃদ্ধি দুর্বল হতে পারে এবং তাদের আত্মবিশ্বাসের অভাব হতে পারে। এটা কারোর সাহাবী হওয়ার প্রক্রিয়াকে মারাত্মকভাবে ক্ষতিগ্রস্ত করতে পারে।

এই কারণে, যখন কেউ ইসলাম ত্যাগ করে, তখন পরামর্শ দেওয়া হয় যে তারা বিশেষভাবে মুহাম্মদের উদাহরণ ও শিক্ষাকে যেন প্রত্যাখ্যান করে, সেইসাথে কোরান, কোরানের প্রভাব এবং *শাহাদা* দ্বারা উহ্য সমস্ত অভিশাপকে একত্রে প্রত্যাখ্যান করে। আমরা পরবর্তী পাঠে এটা শিখব কিভাবে আমরা ঈসা মশীহ এবং তার ক্রুশের জীবন বিবেচনা করতে পারি এবং মুহাম্মদের উদাহরণ থেকে মুক্ত করার জন্য শক্তিশালী চাবিগুলির প্রস্তাব রাখতে পারি।

অধ্যয়নের নির্দেশিকা

পাঠ ৪

শব্দভাণ্ডার

শয়তানিক আয়াত
বাতিল
জিন
কারীন
দেশ পরিবর্তন
ফিতনা
হুদায়বিয়ার চুক্তি
যাকাত
আসলিম তাসলাম
খায়বার
ধিম্মি
কিতাবের লোক

প্রত্যাখ্যানের প্রতিক্রিয়াঃ আত্ম-প্রত্যাখ্যান, আত্ম-বৈধতা, আগ্রাসন

নতুন নাম

- কুরাইশ, মক্কাতে মুহাম্মদের গোষ্ঠী
- আবদুল্লাহ বিন আবদ আল-মুত্তালিব: মুহাম্মদের আরবি পিতা (মৃত্যু ৫৭০ খ্রীষ্টাব্দ)
- আবু তালিব: মুহাম্মদের চাচা এবং পৃষ্ঠপোষক (মৃত্যু ৬২০ খ্রীষ্টাব্দ)
- আবু লাহাব: মুহাম্মদের চাচা এবং প্রতিপক্ষ (মৃত্যু ৬২৪ খ্রীষ্টাব্দ)
- খাদিজাঃ মক্কাতে মুহাম্মদের স্ত্রী (মৃত্যু ৬২০ খ্রীষ্টাব্দ)
- ইবনে কাথির: সিরিয়ার ঐতিহাসিক ও পণ্ডিত (১৩০১-১৩৭৩ খ্রীষ্টাব্দ)
- ইবনে ইসহাক: সিরিয়ার মুসলিম জীবনীকার মুহাম্মদ (৭০৪-৭৬৮ খ্রীষ্টাব্দ)। মুহাম্মদের জীবন সম্পর্কে তার বিবরণ লিপিবদ্ধ করা হয়েছিল - সম্পাদিত আকারে - ইবনে হিশাম (৮৩৩ খ্রীষ্টাব্দ)।
- জিব্রিল: একজন কথিত ফেরেশতা যিনি মুহাম্মদকে বার্তা পাঠিয়েছিলেন

- ওয়ারাকা: মুহাম্মদের প্রথম স্ত্রী খাদিজার খ্রীষ্টান চাচাতো ভাই
- আলী বিন আবু তালিব: মুহাম্মদের ছোট চাচাতো ভাই, আবু তালিবের ছেলে এবং মুহাম্মদের দ্বিতীয় ধর্মান্তরিত ব্যক্তি (৬০১-৬৬১ খ্রিস্টাব্দ)
- আল-তাবারি: একজন প্রভাবশালী মুসলিম ঐতিহাসিক এবং কুরআনের ভাষ্যকার (৮৩৯ – ৯২৩ খ্রীষ্টাব্দ)
- আল-লাত, আল-উজ্জা এবং মানাত: মক্কার দেবী, আল্লাহর তিন কন্যা
- হাশেমাইত: মুহাম্মদের দাদা হাশিমের বংশধর
- ইয়াথ্রিব: মদিনার পূর্বের নাম
- আনসার 'সহায়ক': মদিনাবাসী যারা মুহাম্মদকে অনুসরণ করেছিল

- ডঃ ওয়াফা সুলতান: সিরিয়ান-আমেরিকান মনোরোগ বিশেষজ্ঞ এবং ইসলামের সমালোচক (জন্ম ১৯৫৮ খ্রীষ্টাব্দ)
- আহমদ বিন মুহাম্মদ: আলজেরিয়ার ধর্মীয় রাজনীতির অধ্যাপক
- উকবা: মুহাম্মাদের প্রতি বিদ্বেষী একজন মক্কার আরবি ব্যক্তি
- বাহিরা: একজন খ্রীষ্টান সন্ন্যাসী যার সাথে মুহাম্মদ তার ভ্রমণে দেখা করেছিলেন
- বনু কাইনুকা, বনু নাদির এবং বনু কুরাইজা: মদিনার ইহুদি উপজাতি

এই পাঠে বাইবেলের যে অংশ ব্যবহৃত হয়েছে

ইফিষীয় ৬:১২

এই পাঠে কোরানের যে অংশ ব্যবহৃত হয়েছে

Q ১১১	Q ৪৬:২৯-৩২	Q ৩৬:৭৬	Q ২:২৭
Q ৯৩	Q ৭১:১-১৫	Q ২:৭৭	Q ৫:১৫
Q ১০৯:৬	Q৮৩:২৯-৩৬	Q ২:৭৫	Q ২:৬২
Q ৫৩	Q ২:১৯০-৯৩	Q ৪:৪৬	Q ৩:৮৫
Q ২২:৫২	Q ২:২১৭	Q ২:৬৫	Q ৯:১৪-১৫
Q ৫৩:১-৩	Q ৮:৩৯	Q ৫:৬০	Q ৩৩:৩৬
Q ৬৮:১-৪	Q ২:১৯৩	Q ৭:১৬৬	Q ৪:৮০
Q ২০:৬৪, ৬৯	Q ৬০:১০	Q ৪:১৫৫	
Q ২৬:৪০-৪৪	Q ৯:৩-৫, ৭-৮	Q ৫:৭০	
Q ১০:৯৫	Q ৯৮:১-৮	Q ৫:১৩	

পাঠের প্রশ্নাবলি ৪

- কেস স্টাডি আলোচনা করুন।

পরিবারের শুরু

১) মুহাম্মাদের প্রথম বছরগুলোকে কোন তিনটি বেদনাদায়ক ঘটনা ঘটেছিল?

২) মুহাম্মাদের চাচা **আবু লাহাব** কিসের জন্য পরিচিত?

৩) **খাদিজার** সাথে মুহাম্মাদের বিবাহের ছয়টি অনন্য দিক কি কি?

৪) সন্তান ধারণের সময়ে মুহাম্মাদ ও **খাদিজা** কোন কষ্টের সম্মুখীন হয়েছিলেন?

৫) সেই দুজন ব্যক্তিত্ব কারা ছিলেন যারা মুহাম্মাদের প্রতি অত্যন্ত যত্নশীল ছিলেন?

একটা নতুন ধর্ম প্রতিষ্ঠিত হয় (মক্কা)

৬) মুহাম্মাদের বয়স কত ছিল যখন তিনি 'ফেরেশতা' **জিব্রিলের** কাছ থেকে দর্শন পেতে শুরু করেছিলেন এবং তিনি সেগুলোর প্রতি কিভাবে প্রতিক্রিয়া দেখিয়েছিলেন?

৭) **ওয়ারাকা** যখন মুহাম্মাদের সফরের কথা শুনেছিলেন, তখন তিনি কি ঘোষণা করেছিলেন?

৮) মুহাম্মাদ বার বার কিসের ভয় পেয়েছিলেন, যা তিনি ছিলেন না বলে আল্লাহ্ তাকে বার বার আশ্বস্ত করেছিলেন?

৯) প্রথম মুসলিম বিশ্বাসী কারা ছিলেন?

মুহাম্মাদের নিজের গোষ্ঠী

১০) কি কারণে মুহাম্মাদের মুসলমানদের ক্ষুদ্র সম্প্রদায় একটা ঘৃণ্য সংখ্যালঘুতে পরিণত হয়েছিল?

১১) মুহাম্মাদের চাচা **আবু তালিবের** কি গুরুত্বপূর্ণ ভূমিকা ছিল, যদিও তিনি মুসলিম ছিলেন না?

১২) মুহাম্মাদ এবং তার সম্প্রদায়ের প্রতি মক্কায় **কুরাইশ** উপজাতির নতুন নীতি কি হয়েছিল?

১৩) কোন খ্রীষ্টান দেশেতে অনেক মুসলিমেরা পালিয়ে গেছিল এবং কতজন পুরুষ তাদের পরিবার নিয়ে পালিয়েছিল?

আত্ম-সন্দেহ এবং আত্ম-প্রমাণ

১৪) মুহাম্মাদকে কি চুক্তির প্রস্তাব দেওয়া হয়েছিল যে বিষয়ে Q ১০৯:৬ উল্লেখ করেছে?

১৫) মুহাম্মাদ কোন বিষয়ে অনুমোদন দিয়েছিলেন যা মক্কাবাসীকে আনন্দিত করেছিল কিন্তু যা তিনি পরে বদলে দিয়েছিলেন, এবং এখন সেই আয়াতকে বলা হয় **শয়তানিক আয়াত?**

১৬) মুহাম্মাদের নিজের চুক্তি বদলে ফেলার বিষয়ে, Q ২২:৫২ কি অজুহাত দেখিয়েছিল?

১৭) মুহাম্মাদ তার শ্রেষ্ঠত্বকে প্রচারের জন্য কি বিষয়ে অসংখ্য অহংকার প্রকাশ করেছিলেন?

১৮) মক্কার যুগের শেষের দিকে 'সাফল্যের' বিষয়ে মুহাম্মাদের নতুন কি ধারণা দেখতে পাওয়া যায়?

আরো প্রত্যাখ্যান এবং নতুন সঙ্গী

১৯) মুহাম্মদের জন্য কোন দ্বিগুণ আঘাত অপেক্ষা করছিল এবং তিনি কোথায় নতুন রক্ষক খুঁজে পেলেন?

২০) মুহাম্মাদ যখন তায়েফ থেকে ফিরে আসছিলেন, তখন তাকে দুয়া করতে শুনতে পেয়ে কারা মুসলিম ধর্ম গ্রহণ করেছিলেন?

২১) আত্মিক জগতের দিকে অনেক মুসলিমদের উন্মুক্ত হবার কারণ হিসাবে লেখক দুরি কোন দুটি কারণ দিয়েছেন?

২২) মদিনা থেকে **আনসাররা** মুহাম্মাদের কাছে কি অঙ্গীকার করেছিল?

২৩) মুহাম্মাদ মদিনাতে প্রথম বছরে কি অর্জন করেছিলেন যা তিনি মক্কায় অর্জন করতে পারেননি?

মুহাম্মাদ কি মক্কায় সত্যিই শান্তিপ্রিয় ছিল?

২৪) মক্কার সূরাগুলোতে কোন ভয়াবহ ঘোষণা পাওয়া যায়?

২৫) **ইবন ইসাকের** মতে, মুহাম্মাদ কি প্রতিজ্ঞা করেছিলেন যা মক্কার কুরাইশদের ঘটবে?

নির্যাতন থেকে হত্যা পর্যন্ত

২৬) মুহাম্মাদ **কুরাইশদের** বিরুদ্ধে তার বিরুদ্ধে কি ব্যবহার করার জন্য অভিযোগ করেছিলেন, যার পরিবর্তে, যুদ্ধের সমস্ত উদ্দেশ্যকে ন্যায্য বলে সমর্থন করা হয়েছিল?

২৭) মুহাম্মাদের মতে, এমন কি বিষয় আছে যা মানুষ হত্যা বা পাক মাসকে লঙ্ঘন করার চেয়েও বেশি দুঃখজনক?

২৮) কি বিষয় সবসময় *জিহাদকে* সমর্থন করে?

২৯) যদি আপনি 'অবিশ্বাস' করেন, মুসলিম পণ্ডিতদের এবং সিরিয়ার পারস্যের পণ্ডিত **ইবনে কাথিরের** মতে আপনি কিসের যোগ্য?

"আমরা ভুক্তভোগী!"

৩০) কেন মুসলমানরা তাদের ভুক্তভোগী হওয়াকে তাদের শত্রুদের হত্যার চেয়ে খারাপ বলে মনে করে?

৩১) ডঃ **ওয়াফা সুলতানের** সঙ্গে বিতর্কের সময় অধ্যাপক **আহমেদ বিন মুহাম্মাদ** মুসলমানদের ভুক্তভোগী হবার বিষয়টিকে কিসের উপরে ভিত্তি করে উপস্থাপন করেছিলেন?

প্রতিশোধ

৩২) **উকবার** প্রতি মুহাম্মাদের আচরণ এবং ব্যবহার কিসের নির্দেশ করে?

৩৩) বন্দী মক্কাবাসীদের জন্য মুহাম্মাদের হিট-লিস্ট কি প্রদর্শন করে?

অমুসলিমদের জন্য প্রভাব

৩৪) **কিতাবের লোকেরা** যখন ইসলামকে প্রত্যাখ্যান করেছিল তখন তাদের জন্য কি অপেক্ষা করছিল?

৩৫) লেখক দুরির মত অনুযায়ী, মুহাম্মাদের জীবনে কি প্রাধান্য পেয়েছিল?

৩৬) কেন মুহাম্মাদ মনে করেছিলেন যে তিনি **হুদায়বিয়ার চুক্তি** লঙ্ঘন করতে পারেন?

৩৭) Q ৯:৩-৫ মুসলমানদেরকে মূর্ত্তিপূজকদের সাথে কি করার নির্দেশ দিয়েছে?

ইহুদীদের সম্পর্কে মুহাম্মাদের প্রাথমিক দৃষ্টিভঙ্গী

৩৮) কোরানের মক্কার সূরা এবং সূরা ৯৮ তে ইহুদীদের সম্পর্কে কি বলা হয়েছে?

৩৯) কোন বিষয়টা ছিল যার কারণে মুহাম্মাদ আশা করেছিল যে ইহুদীরা তার বার্তার বিষয়ে ইতিবাচক মনোভাব দেখাবে?

মদীনায় বিরোধীতা

৪০) কেন মুহাম্মাদকে মদিনার ইহুদী রব্বিদের সাথে তার কথোপকথনের সময়ে নতুন কোরানিক আয়াতের উপরে ক্রমবর্ধমানভাবে নির্ভর করতে হয়েছিল?

৪১) ইহুদীদের ফিতনার প্রতি মুহাম্মাদ কোন দুটি উপায়ে জবাব দিয়েছিলেন?

প্রত্যাখ্যানকারীদের জন্য একটা শত্রুতাপূর্ণ ধর্মতত্ত্ব

৪২) দুরি মুহাম্মাদের নতুন ইহুদী-বিরোধী বার্তা ব্যাখ্যা করেছেনঃ “ইহুদীরা” কি ছিল সে সম্পর্কে কোরান কি বলে?

১) Q ৪:৪৬…

২) Q ৭:১৬৬, ইত্যাদি …

৩) Q ৫:৭০…

৪) Q ৫:১৩…

৫) Q ২:২৭…

৪৩) মুহাম্মাদ এখন কি বিশ্বাস করে যা তার বার্তাকে বাতিল হয়ে গেছে বলে প্রকাশ করা হয়েছে?

প্রত্যাখ্যান হিংসাতে পরিণত হয়

৪৪) মুহাম্মাদ মদীনার প্রথম ইহুদী গোষ্ঠী **কাইনুকা** উপজাতির সাথে কি করেছিল?

৪৫) মদীনার অবশিষ্ট ইহুদীদের কাছে মুহাম্মাদ কেন ***আসলিম তাসলাম*** প্রচার করেছিল?

৪৬) মুহাম্মাদ মদীনার দ্বিতীয় ইহুদী উপজাতি **নাদিরদের** প্রতি কি করেছিল?

৪৭) মুহাম্মাদ মদীনার তৃতীয় ইহুদী উপজাতি **কুরাইজাদের** প্রতি কি করেছিল?

৪৮) মুহাম্মাদ খায়বার ইহুদী উপজাতির প্রতি কি করেছিল?

৪৯) ইসলাম ধর্মে **কিতাবের লোক** হিসাবে কাদেরকে দেখা হয়?

প্রত্যাখ্যানের প্রতি মুহাম্মাদের তিনটি প্রতিক্রিয়া

৫০) বিভিন্ন ধরনের প্রত্যাখ্যানের ফলে, মুহাম্মাদ প্রত্যাখ্যানের প্রতি তার প্রতিক্রিয়ার কোন তিনটি ধাপ অতিক্রম করেছিলেন?

৫১) Q ৯:১৪-১৫ অনুযায়ী, কোন বিষয় মুহাম্মাদ ও তার অনুসরণকারীদের অনুভূতিকে "নিরাময়" করবে এবং তাদের ক্রোধ নিবারণ করবে?

৫২) মুহাম্মাদ তার এবং তার সম্প্রদায়ের প্রতি প্রত্যাখ্যানকে বন্ধ করার জন্য কি করেছিলেন?

৫৩) মদীনায় হিজরতের পর মুহাম্মাদের ভূমিকায় কি পরিবর্তন হয়েছিল?

৫৪) কোরানের পরবর্তী আয়াতগুলোকে আল্লাহর বাধ্য থাকার উপায় হিসাবে কিভাবে বিবেচনা করা হয়?

৫৫) অমুসলিমদের বাধ্যতামূলক নীরবতা, অপরাধবোধ এবং কৃতজ্ঞতা কিসের উপর ভিত্তি করে নির্ধারন করা হয়?

"সেরা উদাহরণ"

৫৬) কিভাবে মুহাম্মাদের সমস্যা সারা পৃথিবীর জন্য সমস্যা হয়ে দাঁড়িয়েছে?

৫৭) নবজাত মুসলিম শিশুর কানে প্রথম কোন শব্দগুলোকে আবৃত্তি করা হয়?

৫৮) মুসলমানরা *শাহাদা* পাঠ করার সময় কোন দুটি বিষয়কে সমর্থন করে?

৫৯) লেখক দুরির মত অনুযায়ী, *শাহাদা* পাঠ আত্মিক শক্তিকে কি অনুমতি প্রদান করে?

৬০) আপনি যদি ব্যক্তিগতভাবে মুসলিমদের সম্মুখীন হন, তাহলে আপনি কি তাদের আচরণে নীচে তালিকাভুক্ত মুহাম্মাদের উদাহরণের ১৮টি দিকের মধ্যে থেকে কোন দিক লক্ষ্য করেছেন? (এক বা একাধিক উদাহরণে বৃত্তাকার দাগ টানুন)

- হিংসা / যুদ্ধ
- হত্যা
- দাসত্ব
- প্রতিশোধ / প্রতিফল
- ঘৃণা
- প্রতারণা
- অপরাধ গ্রহণ
- ভুক্তভোগী
- আত্ম – বৈধতা
- শ্রেষ্ঠত্বের অনুভূতি

- নারীদের প্রতি ঘৃণা
- ইহুদীদের প্রতি ঘৃণা
- অপব্যবহার
- লজ্জা / মিথ্যা
- ভয় দেখানো
- আল্লাহ্‌কে ভুলভাবে উপস্থাপন করা
- অন্যদের উপরে কর্তৃত্ব করা
- ধর্ষন
- উপরের একটাও না

৬১) কোরান এবং *সুন্না* খ্রীষ্টের আল্লাহ্‌র পুত্রত্বের প্রতি কিভাবে প্রতিক্রিয়া দেখায়?

৬২) কোরান এবং *সুন্না* বাইবেলের প্রতি কিভাবে প্রতিক্রিয়া দেখায়?

৬৩) কোরান এবং সুন্না এই বিষয়ে কি বলে যে ঈসা যখন আসবেন তখন তিনি খ্রীষ্টানদের সঙ্গে কি করবেন?

৬৪) যখন আমরা মুহাম্মাদের উদাহরণ এবং তার সাথে আসা অভিশাপগুলোকে প্রত্যাখ্যান করি এবং পরিত্যাগ করি, তখন আমরা এর সঙ্গে আর কি প্রত্যাখ্যান করি?

৬৫) স্পষ্টভাবে মুহাম্মাদকে পরিত্যাগ করার ব্যর্থতার ফলাফল হিসাবে চারটি আধ্যাত্মিক বৈশিষ্ট কি হতে পারে?

৫

শাহাদা থেকে স্বাধীনতা

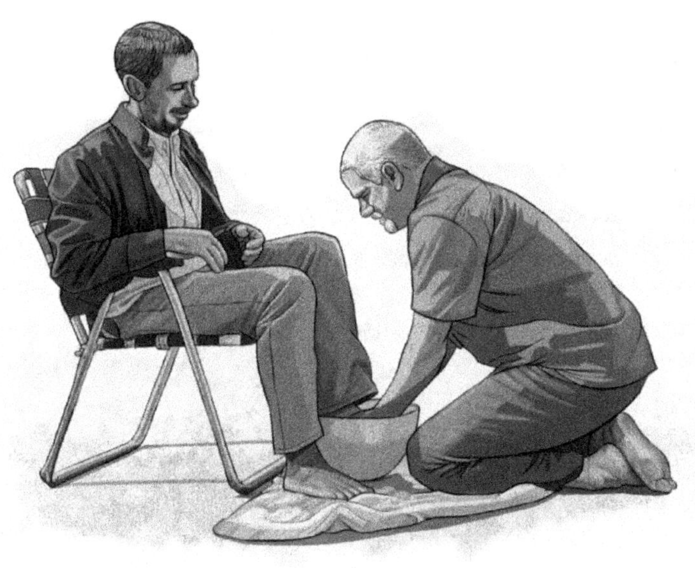

"ফলত কেউ যদি মসীহে থাকে, সে নতুন সৃষ্টি হল"
২ করিন্থীয় ৫:১৭

পাঠের উদ্দেশ্যসমূহ

ক) প্রত্যাখ্যানে প্রতিক্রিয়া দেওয়ার ক্ষেত্রে ঈসা এবং মুহাম্মদ কতটা আলাদা ছিলেন তা পার্থক্য করা এবং উপলব্ধি করা।

খ) ঈসাকে বিভিন্ন উপায়ে প্রশ্ন করা, প্রত্যাখ্যান করা এবং তুচ্ছ করা হয়েছে এমন ঘটনাগুলির একটা সমীক্ষা করা।

গ) উপলব্ধি করা কিভাবে ঈসা প্রত্যাখ্যানকে গ্রহণ করেছিলেন এবং হিংসা প্রত্যাখ্যান করেছিলেন।

ঘ) আমাদের শত্রুদের ভালবাসার খ্রীষ্টের শিক্ষার গভীর প্রভাবের প্রশংসা করা।

ঙ) স্বীকার করুন যে ঈসা তার শিষ্যদের এবং সমস্ত খ্রীষ্টবিশ্বাসীদের শেষ নিপীড়নের জন্য প্রস্তুত করেছিলেন।

চ) ক্রুশেতে ঈসা মশীহের মৃত্যুতে আল্লাহ্ কীভাবে মানবজাতি ও ঐশ্বরিক প্রত্যাখ্যানকে সম্বোধন করেছেন তা উপলব্ধি করা।

ছ) কীভাবে পুনরুত্থান এবং স্বর্গারোহণ ঈসা খ্রিস্টের মৃত্যুর সত্যতা প্রদর্শন করে তা বোঝা।

জ) ঈসার ক্রুশের প্রতি মুহাম্মদের তীব্র ঘৃণা সম্পর্কে সচেতন থাকা।

ঝ) ঈসাকে অনুসরণ করার জন্য একটা দুয়া করে খ্রীষ্টের প্রতি অঙ্গীকার স্থাপন করুন।

ঞ) আপনি *শাহাদা* ত্যাগ করার জন্য প্রস্তুত হওয়ার সময় ১৫টি নির্দিষ্ট সত্য ঘোষণাকারী শাস্ত্রীয় আয়াতগুলি বিবেচনা করুন।

ট) ত্যাগের দুয়া পাঠ করে *শাহাদা* থেকে আধ্যাত্মিক নাজাতের দাবি করুন।

কেস স্টাডি: আপনি কি করবেন?

আপনি একটা "বিশ্বাস এবং ন্যায়বিচার" সম্মেলনে যোগদানের জন্য জোস, নাইজেরিয়াতে আমন্ত্রিত হয়েছেন। আপনার কাছে সম্পূর্ণ অর্থ আছে এবং আপনি মিডিয়া বিভাগের একজন স্বেচ্ছাসেবক সাহায্যকারী হিসেবে সেখানে যাচ্ছেন। আপনার সেখানকার আলোচনাগুলিকে উৎসাহপূর্ণ এবং আকর্ষণীয় বলে মনে হল এবং নেতৃত্বের দ্বারা আপনাকে উৎসাহিত করা হয় যেন আপনি সেই আলোচনায় বসেন এবং ছোট দলের ওয়ার্কশপের অধিবেশনগুলি শুনতে পান। আপনি স্বেচ্ছায় সেখানে বসলেন।

দ্বিতীয় দিন, আপনার ছোট দলে যে বিষয়টি নিয়ে বিতর্ক চলছিল তা হল "খ্রীষ্টানদের কি মার খাওয়ার জন্য তৃতীয়[10] গালও ঘুরিয়ে দেওয়া উচিত?" আপনার দলের দুজন ব্যক্তি দৃঢ়ভাবে অবিরাম অহিংসা, ক্রমাগত শান্তিবাদ, এবং যে কোনও হিংসার প্রেক্ষাপট থেকে দূরে চলে যাওয়ার বিষয়ে জোর দিচ্ছে। আপনার দলের আরও অনেক লোক এর প্রতিবাদ করে বলেছেন, "ভয় পেয়ে চলে যাওয়া এবং অহিংসা শুধুমাত্র মুসলমানদেরকে পুরো নাইজেরিয়া জুড়ে তাদের ধর্মীয় চিন্তা ছড়িয়ে দিতে উৎসাহিত করবে"। মুসলমানরা, তারা যুক্তি দেয়, শুধুমাত্র বিদ্রোহী প্রতিরোধ, সুরক্ষার দৃঢ় পদক্ষেপ এবং একটা সজাগ জামাতের সম্প্রদায়কে সম্মান করবে। সত্য খ্রীষ্টবিশ্বাসীরা তাদের বাড়ি এবং গ্রাম রক্ষা করে এবং তারা পালিয়ে যায় না।

উভয় পক্ষই তাদের বিশ্বাসকে যাচাই করার জন্য নিজেদের ধর্মগ্রন্থ ব্যবহার করে। তারা অবশেষে আপনার দিকে ফিরে বলে, "আপনি কী বলেন? ঈসা বলেছেন, 'অন্য গালটা ঘুরিয়ে দাও'। আমাদের কি তৃতীয় গালটাও ঘুরানো উচিত?

আপনি সেখানে কি বলবেন?

এই বিভাগগুলিতে আমরা বিবেচনা করব যে প্রত্যাখ্যানের অভিজ্ঞতার প্রতি ঈসা কীভাবে তাঁর প্রতিক্রিয়া দেখিয়েছিলেন। ঈসার জীবন, মুহাম্মদের জীবনের চেয়ে কম নয়, ঈসার কাহিনী একটা প্রত্যাখ্যানের কাহিনী, যা ক্রুশে তার চূড়ান্ত পর্যায়ে আসে। মুহাম্মদ প্রতিশোধের মাধ্যমে অত্যাচারের জবাব দিয়েছিলেনঃ খ্রীষ্টের প্রতিক্রিয়া সম্পূর্ণ ভিন্ন ছিল এবং এই ভিন্ন প্রতিক্রিয়াই ইসলাম থেকে সকলকে নাজাতের চাবিকাঠি প্রদান করে।

একটা কঠিন আরম্ভ

মুহাম্মদের মতো, ঈসার পারিবারিক পরিস্থিতি আদর্শ পরিবারের ধারণা থেকে অনেক দূরে ছিল। জন্মের সময় অবৈধতার লজ্জা তার উপর ঝুলেছিল (মথি ১:১৮-২৫)। তিনি খুবই নম্র পরিস্থিতিতে জন্মগ্রহণ করেছিলেন, একটা আস্তাবলে (লুক ২:৭)। তার জন্মের পর, রাজা হেরোদ তাকে হত্যা করার চেষ্টা করেছিলেন। তারপর তিনি মিশরে পালিয়ে শরণার্থী হয়েছিলেন (মথি ২:১৩-১৮)।

---

10 অন্যভাবে বলতে গেলে, খ্রিষ্টানরা কি হিংসার সামনে একবার নয়, কিন্তু দ্বিতীয়বার বা তার থেকে বেশি বার নিজেদের গাল ঘুরিয়ে দিয়ে অত্যাচার সহ্য করবে?

ঈসাকে প্রশ্ন করা হয়

ঈসা যখন ত্রিশ বছর বয়সে তাঁর শিক্ষার পরিচর্যা শুরু করেছিলেন, তখন তিনি প্রচুর বিরোধিতার সম্মুখীন হয়েছিলেন। মুহাম্মদের মতোই, ইহুদি ধর্মীয় নেতারা ঈসাকে প্রশ্ন জিজ্ঞাসা করেছিলেন তাঁর কর্তৃত্বকে চ্যালেঞ্জ ও দুর্বল করার উদ্দেশ্যে:

> … আলেম ও ফরীশীরা তাঁকে অত্যন্ত পীড়াপীড়ি করতে ও নানা বিষয়ে কথা বলবার জন্য উত্তেজিত করতে লাগল, তাঁর মুখের কথায় তাঁকে ফাঁদে ফেলবার জন্য অপেক্ষা করে রইলো। (লুক ১১:৫৩-৫৪)

এই প্রশ্নগুলোর অর্থ হলঃ

- কেন ঈসা বিশ্রামবারে লোকেদের সাহায্য করছিলেনঃ এই প্রশ্নটি করা হয়েছিল এটা দেখাতে যে তিনি ব্যবস্থা ভঙ্গ করছেন (মার্ক ৩:২; মথি ১২:১০)
- তিনি যা করতেন তা করার জন্য তার কী কর্তৃত্ব ছিল (মার্ক ১১:২৮; মথি ২১:২৩; লুক ২০:২)
- একজন পুরুষের জন্য তার স্ত্রীকে তালাক দেওয়া বৈধ কিনা (মার্ক ১০:২; মথি ১৯:৩)
- সিজারকে কর প্রদান করা বৈধ কিনা (মার্ক ১২:১৫; মথি ২২:১৭; লুক ২০:২২)
- সবচেয়ে সর্বশ্রেষ্ঠ আজ্ঞা কোনটি (মথি ২২:৩৬)
- মশীহ কার পুত্র (মথি ২২:৪২)
- ঈসার পিতৃত্ব সম্বন্ধে প্রশ্ন (ইউহোন্না ৮:১৯)
- পুনরুত্থান (মথি ২২:২৩-২৮; লুক ২০:২৭-৩৩)
- অলৌকিক চিহ্নকার্য্য করার অনুরোধ (মার্ক ৮:১১; মথি ১২:৩৮; ১৬:১)।

এই প্রশ্নগুলি ছাড়াও, ঈসাকে বিভিন্ন বিষয়ে অভিযুক্ত করা হয়েছিল:

- তিনি শয়তান ছিলেন, 'তাঁর সঙ্গে শয়তান থাকত' এবং তিনি শয়তানের শক্তি দ্বারা অলৌকিক কাজ করতেন (মার্ক ৩:২২; মথি ১২:২৪; ইউহোন্না ৮:৫২; ১০:২০)
- এমন শিষ্য রাখা যারা বিশ্রামবার পালন করে না (মথি ১২:২) বা পরিচ্ছন্নতার আচার পালন করে না (মার্ক ৭:২; মথি ১৫:১-২; লুক ১১:৩৮)
- অবৈধ সাক্ষ্য প্রদান (ইউহোন্না ৮:১৩)।

প্রত্যাখ্যানকারীরা

যখন আমরা ঈসার জীবন ও শিক্ষার কথা বিবেচনা করি, তখন আমরা দেখতে পাই যে তিনি বিভিন্ন ব্যক্তি ও দলের কাছ থেকে প্রত্যাখ্যাত হয়েছেনঃ

- রাজা হেরোদ তাকে হত্যা করার চেষ্টা করেছিল যখন তিনি একজন শিশু ছিলেন (মথি ২:১৬।
- নাসারথের তার নিজের গ্রামের লোকেরা তাকে বিরক্ত করেছিল (মার্ক ৬:৩; মথি ১৩:৫৩-৫৮) এবং তাকে হত্যা করার জন্য তাকে একটা পাহাড় থেকে ফেলে দেওয়ার চেষ্টা করেছিল (লুক ৪:২৮-৩০)।

- তার নিজের পরিবারের সদস্যরা তাকে তাকে পাগল বলে অভিযুক্ত করেছে (মার্ক ৩:২১)।
- তার অনেক অনুসরণকারীরা তাকে পরিত্যাগ করেছিল (ইউহোন্না ৬:৬৬)।
- এক জনতা তাকে পাথর মারার চেষ্টা করেছিল (ইউহোন্না ১০:৩১)।
- ধর্মীয় নেতারা তাকে হত্যা করার চক্রান্ত করেছিল (ইউহোন্না ১১:৫০)।
- তার কাছের লোক যিহুদা তাঁর সঙ্গে বিশ্বাসঘাতকতা করেছিল (মার্ক ১৪:৪৩-৪৫; মথি ২৬:১৪-১৬; লূক ২২:১-৬; ইউহোন্না ১৮:২-৩)।
- পিতর, তাঁর প্রধান শিষ্য তাঁকে তিনবার অস্বীকার করেছিল (মার্ক মার্ক ১৪:৬৬-৭২; মথি ২৬:৬৯-৭৫; লূক ২২:৫৪-৬২; ইউহোন্না ১৮)।
- যিরূশালেমের জনতা তাঁকে ক্রুশবিদ্ধ করার দাবি করেছিল, সেই শহরে যেখানে মাত্র কয়েকদিন আগে তাকে সম্ভাব্য মশীহ হিসাবে আনন্দের চিৎকার সহকারে স্বাগত জানানো হয়েছিল (মার্ক ১৫:১২-১৫; লুক ২৩:১৮-২৩; ইউহোন্না ১৯:১৫) .
- তাকে ঘুষি মারা হয়েছিল, থুতু দেওয়া হয়েছিল এবং ধর্মীয় নেতাদের দ্বারা উপহাস করা হয়েছিল (মার্ক ১৪:৬৫; মথি ২৬:৬৭-৬৮)।
- প্রহরী এবং রোমান সৈন্যদের দ্বারা তাকে উপহাস করা হয়েছিল এবং অপব্যবহার করা হয়েছিল (মার্ক ১৫:১৬-২০; মথি ২৭:২৭-৩১; লূক ২২:৬৩-৬৫, ২৩:১১)।
- তাঁর বিরুদ্ধে ইহুদী এবং রোমান বিচারকের সামনে মিথ্যা অভিযোগ আনা হয়েছিল এবং মৃত্যুদণ্ড দেওয়া হয়েছিল (মার্ক ১৪:৫৩-৬৫; মথি ২৬:৫৭-৬৭; ইউহোন্না ১৮:২৮)।
- রোমানদের জন্য উপলব্ধ মৃত্যুদণ্ডের সবচেয়ে অপমানজনক উপায়ে তাঁকে ক্রুশবিদ্ধ করা হয়েছিল, যা ইহুদিদের দ্বারা আল্লাহ্‌র অভিশাপের শাস্তি হিসাবে বিবেচিত হয়েছিল (দ্বিতীয় বিবরণ ২১:৩৩)।
- দুই চোরের মাঝখানে তাঁকে ক্রুশবিদ্ধ করা হয়েছিল, ঈসাকে ক্রুশে তাঁর মৃত্যু যন্ত্রণা সহ্য করার সময় নিন্দা করা হয়েছিল (মার্ক ১৫:২১-৩২; মথি ২৭:৩২-৪৪; লূক ২৩:৩২-৩৬; ইউহোন্না ১৯:২৩-৩০)।

প্রত্যাখ্যানের প্রতি ঈসার প্রতিক্রিয়া

যখন আমরা এই সমস্ত প্রত্যাখ্যানগুলি বিবেচনা করি, তখন আমরা দেখতে পাই না যে ঈসা আক্রমণাত্মক বা হিংস্র প্রতিক্রিয়া দেখিয়েছিলেন৷ তিনি কখনও প্রতিশোধ চাননি৷

কখনও কখনও ঈসা তার বিরুদ্ধে অভিযোগের জবাবও দিতেন না, সবচেয়ে উল্লেখযোগ্য ঘটনা হল যখন তাঁকে ক্রুশবিদ্ধ করার আগে অভিযুক্ত করা হয়েছিল (মথি ২৭:১৪)। প্রারম্ভিক মন্ডলী এটাকে মশীহের সম্বন্ধে একটা ভবিষ্যদ্বাণীর পরিপূর্ণতা হিসাবে বিবেচনা করেছিলঃ

> তিনি নির্যাতিত হলেন, তবু দুঃখভোগ স্বীকার করলেন, তিনি মুখ খুললেন না; ভেড়ার বাচ্চা যেমন হত হবার জন্য নীত হয়, ভেড়ী যেমন লোমচ্ছেদকদের সম্মুখে নীরব হয়, তেমনি তিনি মুখ খুললেন না৷ (ইশাইয়া ৫৩:৭)

যখন তাকে নিজেকে প্রমাণ করার জন্য চ্যালেঞ্জ করা হয়েছিল, তখন ঈসা কখনও কখনও তা করতে অস্বীকার করতেন, তার পরিবর্তে তাদেরকে একটা প্রশ্ন জিজ্ঞাসা করতে পছন্দ করতেন (উদাহরণস্বরূপ, মথি ২১:২৪; ২২:১৫-২০)।

ঈসা বদমেজাজি ছিলেন না, যদিও অনেকবার লোকেরা তার সাথে কলহ করার চেষ্টা করেছিলঃ

> তিনি কলহ করবেন না, উচ্চশব্দও করবেন না, পথে কেউ তাঁর কণ্ঠস্বর শুনতে পাবে না।তিনি থেৎলা নল ভাঙ্গবেন না, সধূম শলতে নিভিয়ে ফেলবেন না, যে পর্যন্ত না ন্যায়বিচার বিজয় লাভ করে। (মথি ১২:১৯-২০, ইশাইয়া ৪২:১-৪ উদ্ধৃত করা হয়েছে)

যখন লোকেরা ঈসাকে পাথর মারতে বা তাকে হত্যা করতে চেয়েছিল, তখন তিনি কেবল অন্য জায়গায় চলে যেতেন (লুক ৪:৩০), তার ক্রুশবিদ্ধ হওয়ার ঘটনাগুলি ছিল ব্যতিক্রম, যখন ঈসা ইচ্ছাকৃতভাবে তার মৃত্যুর দিকে এগিয়ে গিয়েছিলেন।

এই প্রতিক্রিয়াগুলির এটাই বোঝাতে চাইছে যে ঈসা যখন প্রত্যাখ্যানের অভিজ্ঞতার দ্বারা প্রলুব্ধ হয়েছিলেন, তখন তিনি প্রলোভনকে জয় করেছিলেন এবং প্রত্যাখ্যানের কাছে নতি স্বীকার করেননি। ইবরানীদের কাছে চিঠিতে তার প্রতিক্রিয়াগুলির সংক্ষিপ্তসার নিম্নরূপ:

> কেননা আমরা এমন মহা-ইমামকে পাই নি, যিনি আমাদের দুর্বলতা ঘটিত দুঃখে দুঃখিত হতে পারেন না, কিন্তু তিনি সমস্ত বিষয়ে আমাদের মত পরীক্ষিত হয়েছেন অথচ গুনাহ্ করেন নি। (ইবরানী ৪:১৫)

ইঞ্জিলে ঈসার যে চিত্র আমরা পেয়েছি তা এমন একজন ব্যক্তির চিত্র, যিনি খুব নিরাপদ এবং নিজের সাথে স্বাচ্ছন্দ্যে জীবন যাপন করেছিলেন। তিনি প্রতিহিংসাপরায়ণ ছিলেন না: তার বিরুদ্ধে যারা আসে তাদের আক্রমণ বা ধ্বংস করার কোনো প্রয়োজন তিনি বোধ করেননি। ঈসা শুধুমাত্র প্রত্যাখ্যানের প্রতিই উত্তম প্রতিক্রিয়া ব্যক্ত করেননি; তিনি তার শিষ্যদের প্রত্যাখ্যানের প্রতিক্রিয়ার জন্য একটা ধর্মতাত্ত্বিক কাঠামোও শিখিয়েছিলেন, প্রকৃতপক্ষে তিনি এগুলো দিয়েছিলেন প্রত্যাখ্যানকে প্রত্যাখ্যান করার জন্য। এই ধর্মতত্ত্বের মূল উপাদানগুলি এই পাঠে পরে ব্যাখ্যা করা হয়েছে।

প্রত্যাখ্যানের দুটি কাহিনী

এটা উল্লেখযোগ্য যে বিশ্বের দুটি বৃহত্তম ধর্মের প্রতিষ্ঠাতা ঈসা এবং মুহাম্মদ উভয়েই প্রত্যাখ্যানের গুরুতর অভিজ্ঞতার সম্মুখীন হয়েছেন বলে জানা যায়। এগুলি তাদের জন্ম এবং শৈশব অবস্থা থেকেই শুরু হয়েছিল এবং পরিবারের সদস্যদের এবং ধর্মীয় কর্তৃপক্ষের সাথে বিভিন্ন পদক্ষেপে সেই প্রত্যাখ্যানের অভিজ্ঞতা প্রসারিত হয়েছিল। দুজনের প্রতিই পাগল এবং অশুভ শক্তি দ্বারা নিয়ন্ত্রিত হওয়ার অভিযোগ আনা হয়েছিল। উভয়কেই উপহাস ও অপমান করা হয়েছিল। দুজনেই প্রতারণার শিকার হন। দুজনেই তাদের জীবনের আশঙ্কার মুখে পড়েন।

যদিও, এই উল্লেখযোগ্য মিলগুলি আরও বেশি উল্লেখযোগ্য পার্থক্য দ্বারা ছাপিয়ে গেছে, যা এই দুটি ধর্মের প্রতিষ্ঠার উপর গভীর প্রভাব ফেলেছে। যেখানে মুহম্মদের জীবন কাহিনী মানবতার জন্য সম্পূর্ণ নেতিবাচক প্রত্যাখ্যান প্রতিক্রিয়াগুলির সম্পূর্ণ প্রদর্শন করে, যার মধ্যে রয়েছে আত্ম-প্রত্যাখ্যান, আত্ম-প্রমাণ এবং আগ্রাসন, সেখানে ঈসার জীবন সম্পূর্ণ ভিন্ন দিকে চলে গিয়েছে। তিনি প্রত্যাখ্যানকে কাটিয়ে উঠেছিলেন, প্রত্যাখ্যানকে অন্যের উপর চাপিয়ে দিয়ে নয়, বরং এটাকে আলিঙ্গন করার মাধ্যমে, এবং এর মাধ্যমে, খ্রীষ্টীয় বিশ্বাস অনুসারে, তিনি এইভাবে প্রত্যাখ্যানের শক্তিকে পরাস্ত করেছেন এবং প্রত্যাখানের ব্যথাকে নিরাময় করেছেন। যদি মুহাম্মদের জীবন *শরিয়ায়* বন্দী আধ্যাত্মিক উত্তরাধিকার বোঝার চাবিকাঠি ধারণ করে, তাহলে খ্রীষ্টের জীবন কতটা স্বাধীনতা এবং সম্পূর্ণতার চাবিকাঠি প্রদান করে, এবং এই স্বাধীনতা সেই উভয় ধরনের পরিস্থিতির লোকেদের জন্য যারা ইসলাম ত্যাগকারী এবং সেই সমস্ত খ্রীষ্টবিশ্বাসীদের জন্য যারা *শরিয়া* পরিস্থিতির মধ্যে বসবাস করছে।

এই পরবর্তী বিভাগগুলিতে আমরা পরীক্ষা করব যে কীভাবে ঈসা মশীহ এবং ত্রাণকর্তা হিসাবে তাঁর মিশনের আলোকে প্রত্যাখ্যানকে বুঝতে পেরেছিলেন এবং কীভাবে তাঁর জীবন এবং তাঁর ক্রুশ প্রত্যাখ্যানের তিক্ত পরিণতি থেকে আমাদের স্বাধীন করতে পারে।

প্রত্যাখ্যান আলিঙ্গন করা

ঈসা স্পষ্ট করেছিলেন যে আল্লাহ্‌র মসীহ হিসাবে প্রত্যাখ্যাত হওয়া তাঁর কাজের একটা অপরিহার্য অংশ ছিল। আল্লাহ্‌ একজন প্রত্যাখ্যাতকে তার সম্পূর্ণ ভবনের মূল পাথর হিসেবে ব্যবহার করার পরিকল্পনা করেছিলেনঃ

> যে পাথর রাজমিস্ত্রীরা অগ্রাহ্য করেছে, তাই-ই কোণের প্রধান পাথর হয়ে উঠল… (মার্ক ১২:১০, গীতসংহিতা ১১৮:২২-৩৩ উদ্ধৃত করেছেন; মথি ২১:৪২ও দেখুন)

ঈসাকে প্রত্যাখ্যাত হিসাবে চিহ্নিত করা হয়েছিল (উদাহরণস্বরূপ, ১ পিতর ২:২১ এবং প্রেরিত ৮:৩২-৩৫) ইশাইয়ার ক্লেশভোগকারী দাস হিসাবে, যার ক্লেশের মাধ্যমে লোকেরা তাদের গুনাহ থেকে শান্তি এবং পরিত্রাণ পাবেঃ

> তিনি অবজ্ঞাত ও মানুষের ত্যাজ্য,
> ব্যথার পাত্র ও যাতনা পরিচিত হলেন;
> …
> কিন্তু তিনি আমাদের অধর্মের জন্য বিদ্ধ,
> আমাদের অপরাধের জন্য চূর্ণ হলেন;
> আমাদের শান্তিজনক শাস্তি তাঁর উপরে বর্তিল
> এবং তাঁর ক্ষতগুলো দ্বারা আমাদের আরোগ্য হল। (ইশাইয়া ৫৩:৩-৫)

এই পরিকল্পনার কেন্দ্রে ছিল ক্রুশ, এবং ঈসা বারবার এই সত্যের পুনরাবৃত্তি করেছেন যে তাঁকে মৃত্যু বরন করতে হবেঃ

> পরে তিনি তাঁদেরকে এই শিক্ষা দিতে আরম্ভ করলেন যে, ইবনুল-ইনসানকে অনেক দুঃখ ভোগ করতে হবে এবং প্রাচীনবর্গ, প্রধান ইমাম ও আলেমদের কর্তৃক অগ্রাহ্য হতে হবে, নিহত হতে হবে, আর তিন দিন পরে আবার উঠতে হবে। এই কথা তিনি স্পষ্টভাবেই বললেন। …(মার্ক ৮:৩১-৩২; মার্ক ১০:৩২-৩৪ দেখুন; মথি ১৬:২১; ২০:১৭-১৯; ২৬:২; লূক ১৮:৩১; ইউহোন্না ১২:২৩)

হিংসা প্রত্যাখ্যান করুন

ঈসা স্পষ্টভাবে এবং বারবার তার লক্ষ্য অর্জনের জন্য বল প্রয়োগের ধারণার নিন্দা করেছিলেন, এমনকি যখন তার নিজের জীবন ঝুঁকির মধ্যে ছিল তখনওঃ

> তখন ঈসা তাঁকে বললেন, তোমার তলোয়ার খাপে রাখ, কেননা যেসব লোক তলোয়ার ধারণ করে, তারা তলোয়ার দ্বারা বিনষ্ট হবে। (মথি ২৬:৫২)

ঈসা যখন ক্রুশের দিকে এগোচ্ছিলেন, তিনি তার উদ্দেশ্যের সত্যতা প্রমাণের জন্য শক্তির ব্যবহারকে পরিত্যাগ করেছিলেন, এমনকি তার মৃত্যুর মূল্যেও:

> জবাবে ঈসা বললেন, আমার রাজ্য এই দুনিয়ার নয়; যদি আমার রাজ্য এই দুনিয়ার হত, তবে আমার অনুচরেরা প্রাণপণ করতো, যেন আমি ইহুদীদের হাতে না পড়ি; কিন্তু আমার রাজ্য তো এখানকার নয়। (ইউহোন্না ১৮:৩৬)

ঈসা যখন জামাতের ভবিষ্যত নির্যাতনের কথা বলছিলেন তখন তিনি "একটা তরবারি" আনার কথা বলেছিলেন:

> মনে করো না যে, আমি দুনিয়াতে শান্তি দিতে এসেছি; শান্তি দিতে আসি নি, কিন্তু তলোয়ার দিতে এসেছি। (মথি ১০:৩৪)

এই পদটা কখনও কখনও প্রমাণ হিসাবে দেওয়া হয় যে ঈসা হিংসার লাইসেন্স দিয়েছিলেন; যদিও, এটা প্রকৃতপক্ষে সেই বিভাজনগুলিকে বোঝায় যা পরিবারের মধ্যে আসতে পারে যখন খ্রীষ্টানরা খ্রীষ্টেতে বিশ্বাসের জন্য প্রত্যাখ্যাত হয়: লূকের অনুরূপ অনুচ্ছেদে "তরবারি" শব্দটির পরিবর্তে "বিভাজন" শব্দটি ব্যবহার করা হয়েছে (লুক ১২:৫২)। এখানে তরবারিটি প্রতীকী, যা বিভক্ত করে, পরিবারের এক সদস্যকে অন্য সদস্য থেকে আলাদা করে। ভবিষ্যৎ নিপীড়ন সম্পর্কে ঈসা যে পরামর্শ দিয়েছিলেন তার বিস্তৃত প্রেক্ষাপটে আরেকটি সম্ভাব্য ব্যাখ্যা হল, "তরবারি" বলতে খ্রীষ্টানদের উপরে নির্যাতনকে বোঝায়। এই ক্ষেত্রে, এটা খ্রীষ্টানদের বিরুদ্ধে তাদের সাক্ষ্যের কারণে উত্থাপিত একটা তরবারি, অন্যদের বিরুদ্ধে খ্রীষ্টানদের দ্বারা ব্যবহৃত তরবারি নয়।

ঈসার হিংসাকে প্রত্যাখ্যান আল্লাহ্‌র লোকেদের রক্ষা করার জন্য মশীহ্ যখন আসবেন তখন তিনি কী করবেন সে সম্পর্কে সাধারণভাবে ধারণা করা প্রত্যাশার বিপরীত ছিল। আশা ছিল যে এই পরিত্রাণ সামরিক এবং রাজনৈতিক দিকের পাশাপাশি আধ্যাত্মিকও হবে। ঈসা সামরিক বিকল্প প্রত্যাখ্যান করেছিলেন। তিনি এটাও স্পষ্ট করেছিলেন যে তার রাজ্য রাজনৈতিক নয়, যখন তিনি বলেছিলেন যে তাঁর রাজ্য "এই জগতের নয়"। তিনি শিখিয়েছিলেন যে মানুষকে সিজারের যা সেটা সিজারকে দেওয়া উচিত, এবং আল্লাহ্‌র যা সেটা আল্লাহ্‌কে দেওয়া উচিত (মথি ২২:২১)। তিনি অস্বীকার করেছিলেন যে আল্লাহ্‌র রাজ্য শারীরিকভাবে অবস্থিত হতে পারে, কারণ এটা মানুষের মধ্যে পাওয়া যায় (লুক ১৭:২১)।

যখন তাঁর শিষ্যদের সঙ্গে কথা বলেছিলেন, যারা আল্লাহ্‌র রাজ্যে উচ্চতর রাজনৈতিক কার্যালয় কে পাবে তা নিয়ে তর্ক করছিল – তাদের প্রতীকী বসার অবস্থানের অবস্থান দ্বারা - ঈসা তাদের বলেছিলেন যে আল্লাহ্‌র রাজ্য তাদের সাথে পরিচিত রাজনৈতিক রাজ্যগুলির মতো নয়, যেখানে লোকেরা একে অপরের উপর কর্তৃত্ব করে। তিনি বলেছিলেন, প্রথম হওয়ার জন্য, তোমাদের শেষ হতে হবে (মথি ২০:১৬, ২৭), এবং তার অনুসরণকারীদের উচিত সেবা পাওয়ার পরিবর্তে সেবা করার চেষ্টা করা (মার্ক ১০:৪৩; মথি ২০:২৬-২৭)।

প্রারম্ভিক জামাত হিংসার বিষয়ে যিশুর শিক্ষাকে হৃদয়ে গ্রহণ করেছিল। উদাহরণস্বরূপ, জামাতের প্রথম শতাব্দীতে প্রাথমিক বিশ্বাসীদেরকে সৈনিক সহ কিছু পেশায় জড়িত হতে নিষেধ করা হয়েছিল, এবং যদি একজন খ্রীষ্টান সৈনিক হয়ে থাকে তবে তার হত্যা করা নিষিদ্ধ ছিল।

নিজের শত্রুদের ভালবাস

প্রত্যাখ্যানের ক্ষতিকর প্রতিক্রিয়াগুলির মধ্যে একটা হতে পারে আগ্রাসন। এটা শত্রুতা দ্বারা চালিত হয় যা প্রত্যাখ্যানের অভিজ্ঞতা থেকে আসতে পারে। যদি ঈসা শিখিয়েছিলেন যে:

- প্রতিশোধ আর গ্রহণযোগ্য নয় - মন্দ কর্মের বিনিময়ে ভালো কাজ করা উচিত, মন্দ নয় (মথি ৫:৩৮-৪২)
- অন্যদের বিচার করা ভুল (মথি ৭:১-৫)
- শত্রুদের ভালবাসতে হবে, ঘৃণা নয় (মথি ৫:৪৪)
- নম্ররা পৃথিবীর উত্তরাধিকারী হবে (মথি ৫:৫)
- শান্তি স্থাপনকারীদের আল্লাহ্‌র সন্তান বলা হবে (মথি ৫:৯)।

এই শিক্ষাগুলি নিছক কথার কথা ছিল না যা শিষ্যরা শুনেছিল এবং তারপর ভুলে গিয়েছিল। ঈসার অনুগামীরা তাদের চিঠিতে স্পষ্ট করে দিয়েছিলেন, যেগুলি নতুন নিয়মে উল্লিখিত আছে, যে এই নীতিগুলি তাদের বড় পরীক্ষা এবং বিরোধিতার মুখেও পরিচালিত করেছিলঃ

> এখনকার এই দণ্ড পর্যন্ত আমরা ক্ষুধার্ত, তৃষ্ণার্ত ও বস্ত্রহীন রয়েছি, আর বেত্রাঘাতে আহত হচ্ছি, ও গৃহহীন হয়েছি; ... নিন্দিত হতে হতে দোয়া করছি, তাড়িত হতে হতে সহ্য

> করছি, অপবাদের পাত্র হতে হতে বিনয় করছি; অদ্য পর্যন্ত আমরা যেন দুনিয়ার আবর্জনা, সকল বস্তুর জঞ্জাল হয়ে রয়েছি। (১ করিন্থীয় ৪:১১-১৩; আরও দেখুন ১ পিতর ৩:১০; তীত ৩:১-২; রোমীয় ১২:১৪-২১)

প্রেরিতরা বিশ্বাসীদেরকে স্বয়ং ঈসার উদাহরণ দেখিয়েছিলেন (১ পিতর ২:২১-২৫)। এটা এতটাই প্রভাবশালী ছিল যে প্রাথমিক জামাতের লেখাগুলিতে মথি ৫:৪৪-এর "নিজের শত্রুকে ভালবাস" আয়াতটি বাইবেলের সবচেয়ে ঘন ঘন উদ্ধৃত অংশ হয়ে উঠেছে।

নির্যাতনের জন্য নিজেকে প্রস্তুত কর

ঈসা তাঁর অনুসরণকারীদের শিখিয়েছিলেন যে তাড়না অনিবার্যঃ তাদের চাবুক মারা হবে, ঘৃণা করা হবে, বিশ্বাসঘাতকতা করা হবে এবং মৃত্যুদণ্ড দেওয়া হবে (মার্ক ১৩:৯-১৩; লুক ২১:১২-১৯; মথি ১০:১৭-২৩)।

তিনি তাঁর শিষ্যদের সতর্ক করেছিলেন, যখন তাদের প্রশিক্ষণ দিয়েছিলেন কীভাবে তাঁর বার্তা অন্যদের কাছে নিয়ে যেতে হবে, এবং তারা প্রত্যাখ্যানের অভিজ্ঞতার সম্মুখীন হবে। মুহাম্মদের উদাহরণ এবং শিক্ষার তীক্ষ্ণ বিপরীতে, যা মুসলমানদের হিংসা এবং এমনকি হত্যার মাধ্যমে দুঃখকষ্টের প্রতিক্রিয়া জানাতে উৎসাহিত করেছিল, ঈসা তাঁর শিষ্যদের কেবল শিখিয়েছিলেন "তোমরা চলে যাবার সময়ে তোমাদের পায়ের ধুলো ঝেড়ে ফেল"। অন্য কথায়, তাদের কেবল এগিয়ে যাওয়া উচিত, তাদের যেন তাদের মন্দ অভিজ্ঞতা থেকে কোন মন্দ বা নাপাক কিছু না নিয়ে যায় (মার্ক ৬:১১; মথি ১০:১৪)। এর অর্থ তারা যেন তিক্ততায় কোন স্থান ত্যাগ না করে, যেন তাদের শান্তি তাদের কাছেই "ফেরে" (মথি ১০:১৩-১৪)।

ঈসা নিজেই এই আদর্শ তৈরি করেছিলেন যখন একটা শমরীয় গ্রাম তাকে স্বাগত জানাতে অস্বীকার করেছিল। তাঁর শিষ্যরা তাঁকে জিজ্ঞাসা করেছিলেন যে তিনি কি চান যেন শমরীয়দের উপর জান্নাত থেকে আগুন নেমে আসুক, কিন্তু ঈসা তাঁর শিষ্যদের তিরস্কার করলেন এবং কেবল এগিয়ে গেলেন (লুক ৯:৫৪-৫৬)।

ঈসা তাঁর শিষ্যদের শিখিয়েছিলেন যে নির্যাতিত হলে তাদের অন্য জায়গায় পালিয়ে যেতে হবে (মথি ১০:২৩। তাদের চিন্তিত হওয়া উচিত নয়, কারণ পাক রূহ তাদের সাহায্য করবে যে তাদের কি বলতে হবে (মথি ১০:১৯-২০; লূক ১২:১১-১২, ২১:১৪-১৫), এবং তাদের ভয় করারও প্রয়োজন নেই (মথি ১০:২৬, ৩১)।

ঈসার একটা স্বতন্ত্র শিক্ষা ছিল যে তাঁর অনুসরণকারীরা যখন নির্যাতিত হয় তখন তাদের আনন্দ করা উচিত, কারণ তাদেরকে নবীদের সাথে চিহ্নিত করা হবেঃ

> ধন্য তোমরা, যখন লোকে ইবনুল-ইনসানের জন্য তোমাদেরকে হিংসা করে, আর যখন তোমাদেরকে পৃথক করে দেয় ও নিন্দা করে এবং তোমাদের নাম মন্দ বলে দূর করে দেয়। সেদিন আনন্দ করো ও নৃত্য করো, কেননা দেখ, বেহেশতে তোমাদের পুরস্কার প্রচুর; কেননা তাদের পূর্বপুরুষেরা নবীদের প্রতি তা-ই করতো। (লূক ৬:২২-২৩; মথি ৫:১১-১২ আয়াত দেখুন)

খ্রীষ্টের প্রতি তাদের ভক্তির অংশ হিসাবে এই বার্তাটি প্রাথমিক জামাত আন্তরিকভাবে গ্রহণ করেছি এবং এর প্রচুর প্রমাণ রয়েছেঃ

> কিন্তু যদিও তোমরা ঈমানদারতার জন্য দুঃখভোগ কর, তবুও তোমরা ধন্য... (১ পিতর ৩:১৪; আরো দেখুন ২ করিন্থীয় ১:৫; ফিলিপীয় ২:১৭-১৮; ১ পিতর ৪:১২-১৪)।

ঈসা তাঁর শিষ্যদের এই আশার সাথেও উৎসাহিত করেছিলেন যে, নির্যাতনের পাশাপাশি, তারা অনন্ত জীবনের উপহার পাবে, কিন্তু পরবর্তী জীবনে এই প্রতিজ্ঞা লাভ করতে তাদের এই জীবনে বিশ্বস্ত থাকতে হবে (মার্ক ১০:২৯-৩০, ১৩:১৩)।

পুনর্মিলন

খ্রীষ্টীয় চিন্তাধারা অনুযায়ী, মানুষের সবথেকে বড় সমস্যা হল গুনাহ, যা মানবতাকে আল্লাহ্ এবং একে অপরের থেকে বিচ্ছিন্ন করে। গুনাহর সমস্যা শুধু অবাধ্যতার সমস্যা নয়। এটা আল্লাহ্‌র সাথে সম্পর্কের লঙ্ঘন। যখন আদম এবং হবা আল্লাহ্‌র অবাধ্য হয়েছিল তখন তারা তাঁর কাছ থেকে দূরে সরে গিয়েছিল। তারা আল্লাহ্‌কে বিশ্বাস না করে সাপের কথা শোনাকে বেছে নিয়েছিল। তারা আল্লাহ্‌র দিক থেকে মুখ ফিরিয়ে নিয়েছিল, তাঁকে প্রত্যাখ্যান করেছিল এবং তাঁর সাথে সম্পর্ক প্রত্যাখ্যান করেছিল। ফলস্বরূপ, আল্লাহ্ তাদের প্রত্যাখ্যান করেছিলেন এবং তাদেরকে তাঁর উপস্থিতি থেকে বিতাড়িত করেছিলেন। এর ফলে তারা পতনের অভিশাপের অধীন হয়ে পড়ে।

ইস্রায়েলের ইতিহাসে, আল্লাহ্ এবং মানবজাতির মধ্যে সঠিক সম্পর্ক পুনঃপ্রতিষ্ঠিত করার জন্য মোশির মাধ্যমে আল্লাহ্ একটা চুক্তি প্রদান করেছিলেন, কিন্তু তার লোকেরা হুকুম অমান্য করেছিল এবং তাদের নিজস্ব পথে চলেছিল। তাদের অবাধ্যতায়, তারা আল্লাহ্‌র সাথে সম্পর্ককে প্রত্যাখ্যান করেছিল এবং আল্লাহ্‌র বিচারের আওতায় চলে এসেছিল। কিন্তু আল্লাহ্ তাদের সম্পূর্ণরূপে প্রত্যাখ্যান করেননি: তাদের পুনরুদ্ধারের জন্য তাঁর একটা পরিকল্পনা ছিল। তাদের পরিত্রাণের জন্য এবং বিশ্বের পরিত্রাণের জন্য তার একটা পরিকল্পনা ছিল।

যদিও লোকেরা আল্লাহ্‌কে প্রত্যাখ্যান করেছিল, তিনি শেষ পর্যন্ত তাদের প্রত্যাখ্যান করেননি। তিনি যে মানুষকে তৈরি করেছিলেন তাদের জন্য তার হৃদয় আকুল ছিল এবং তাদের সঙ্গে পুনর্মিলনের জন্য তার একটা পরিকল্পনা ছিল। ঈসা মশীহের অবতার এবং ক্রুশ আল্লাহ্‌র সাথে সুস্থ সম্পর্কের মধ্যে সমস্ত মানবতার পুনরুদ্ধারের জন্য এই পরিকল্পনার পরিপূর্ণতা ছিল।

ক্রুশ হল মানুষের আল্লাহ্‌কে প্রত্যাখ্যানের গভীর সমস্যা এবং এই সমস্যা যে বিচার নিয়ে আসে তা থেকে উদ্ধার পাবার মূল চাবিকাঠি। ক্রুশের মাধ্যমে প্রত্যাখ্যানের প্রতি ঈসার সমর্পণ, বাস্তবে প্রত্যাখ্যানকে জয় করার চাবিকাঠি প্রদান করে। প্রত্যাখ্যানের শক্তি এমন প্রতিক্রিয়াগুলির মধ্যে রয়েছে যা সব জায়গার মানুষের হৃদয়কে উৎসাহিত করে। তার আক্রমণকারীদের ঘৃণাকে শোষণ করে, এবং বিশ্বের গুনাহর জন্য তার জীবন উৎসর্গ করে, ঈসা প্রত্যাখ্যানের শক্তিকেই পরাজিত করেছিলেন, প্রত্যাখ্যানকেই ভালবাসা দিয়ে আচ্ছন্ন করেছিলেন। এই মহব্বত যা ঈসা দেখিয়েছিলেন তা আল্লাহ্‌র প্রতি ভালবাসা ছাড়া আর কিছুই নয় যা তিনি তৈরি করেছিলেন:

> কারণ আল্লাহ্ দুনিয়াকে এমন মহব্বত করলেন যে, তাঁর এক জাত পুত্রকে দান করলেন, যেন যে কেউ তাঁতে ঈমান আনে সে বিনষ্ট না হয়, কিন্তু অনন্ত জীবন পায়। (ইউহোন্না ৩:১৬)

ক্রুশে তাঁর মৃত্যুতে, ঈসা আল্লাহ্‌কে প্রত্যাখ্যান করার জন্য মানবতার প্রাপ্য শাস্তি নিজের উপর নিয়েছিলেন। এই শাস্তি ছিল মৃত্যু, এবং খ্রীষ্ট এটা বহন করেছিলেন যাতে সমস্ত লোক যারা তাকে বিশ্বাস করে তারা ক্ষমা এবং অনন্ত জীবন পায়। এইভাবে ঈসাও প্রত্যাখ্যানের শক্তির উপরে বিজয়লাভ করলেন, প্রত্যাখ্যানের শাস্তিও গ্রহণ করলেন।

তোরাহতে এটা ছিল কোরবানির পশুর রক্তপাত যার দ্বারা গুনাহর প্রায়শ্চিত্ত করা হত। ক্রুশে ঈসার মৃত্যুর অর্থ বোঝার জন্য খ্রীষ্টানরা এই প্রতীক প্রয়োগ করে। এটা ক্লেশভোগী দাসের ইশাইয়ার গানে প্রকাশ করা হয়েছে:

> ...আমাদের শান্তিজনক শাস্তি তাঁর উপরে বর্তিল এবং তাঁর ক্ষতগুলো দ্বারা আমাদের আরোগ্য হল।... তবুও তাঁকে চূর্ণ করতে মাবুদেরই মনোবাসনা ছিল; তিনি তাঁকে যাতনাগ্রস্ত করলেন, তাঁর প্রাণ যখন দোষ-কোরবানী করবে, তখন তিনি আপন বংশ দেখবেন, দীর্ঘায়ু হবেন... তিনি মৃত্যুর জন্য তাঁর প্রাণ ঢেলে দিলেন, তিনি অধর্মীদের সঙ্গে গণিত হলেন; আর তিনিই অনেকের গুনাহের ভার তুলে নিয়েছেন এবং অধর্মীদের জন্য অনুরোধ করছেন। (ইশাইয়া ৫৩:৫, ১০, ১২)

রোমানদের কাছে তার চিঠির একটা শক্তিশালী অনুচ্ছেদে, পৌল ব্যাখ্যা করেছেন কীভাবে খ্রীষ্টের কোরবানি আমাদেরকে এর বিপরীত, পুনর্মিলন প্রদান করে প্রত্যাখ্যানের অবসান ঘটায়:

> কেননা যখন আমরা আল্লাহ্‌র দুশমন ছিলাম, তখন আল্লাহ্‌র সঙ্গে তাঁর পুত্রের মৃত্যুর মধ্য দিয়ে সম্মিলিত হলাম। এভাবে সম্মিলিত হয়েছি বলে এটা কত বেশি নিশ্চয় যে, তাঁর জীবনের মধ্য দিয়ে নাজাত পাব। কেবল তা নয়, কিন্তু আমাদের প্রভু ঈসা মসীহ্‌ দ্বারা আল্লাহ্‌কে নিয়ে গর্ব বোধ করে থাকি, যাঁর মাধ্যমে এখন আমরা সেই সম্মিলন লাভ করেছি। (রোমীয় ৫:১০-১১)

এই পুনর্মিলন দোষারোপের সমস্ত অধিকারকেও অতিক্রম করে যা তৃতীয় পক্ষের দ্বারা উত্থাপিত হতে পারে, যার মধ্যে মানুষ, ফেরেশতা বা দিয়াবল রয়েছে (রোমীয় ৮:৩৮):

> আল্লাহ্‌র মনোনীতদের বিপক্ষে কে অভিযোগ করবে? আল্লাহ্‌ তো তাদেরকে ঈমানদার করেন; কে দোষী করবে? ... কিছুই আমাদের প্রভু মসীহ্‌ ঈসাতে অবস্থিত আল্লাহ্‌র মহব্বত থেকে আমাদেরকে পৃথক করতে পারবে না। (রোমীয় ৮:৩৩-৩৯)

শুধু তাই নয়, খ্রীষ্টবিশ্বাসীদের পুনর্মিলনের পরিচর্যা কাজের দায়িত্ব দেওয়া হয়েছে, অন্যদের কাছে পুনর্মিলনের সুযোগ পৌঁছে দেওয়ার মাধ্যমে এবং ক্রুশের বার্তা ও ক্রুশের দ্বারা প্রত্যাখ্যানকে ধ্বংস করার ক্ষমতা ঘোষণা করার মাধ্যমেঃ

> সব কিছুই আল্লাহ্‌ থেকেই হয়েছে; তিনি মসীহ্‌ দ্বারা নিজের সঙ্গে আমাদের সম্মিলন করেছেন এবং সম্মিলনের পরিচর্যা-পদ আমাদের দিয়েছেন; বস্তুতঃ আল্লাহ্‌ মসীহে নিজের সঙ্গে দুনিয়ার সম্মিলন করিয়ে দিচ্ছিলেন, তাদের অপরাধ সকল তাদের বলে গণনা করলেন না; এবং সেই সম্মিলনের বার্তা আমাদের জানিয়েছেন। অতএব মসীহের পক্ষেই আমরা রাজ-দূতের কর্ম করছি; আল্লাহ্‌ যেন আমাদের মাধ্যমেই নিবেদন করছেন; আমরা মসীহের পক্ষে এই ফরিয়াদ করছি, তোমরা আল্লাহ্‌র সঙ্গে সম্মিলিত হও। (২ করিন্থীয় ৫:১৮-২০)

পুনরুত্থান

মুহাম্মদের 'উদ্ঘাটন' এবং তার অনেক বিবৃতির বিভিন্ন বিষয়বস্তুগুলোর মধ্যে একটা ছিল সত্যকে প্রমাণ করা বা আত্ম-প্রমাণিত হওয়ার আকাঙ্ক্ষা। সে নিজের জন্য এটা অর্জন করেছিল তার শত্রুদেরকে তার ধর্মের কাছে বশ্যতা স্বীকার করতে বাধ্য করে, যাতে তারা নিজেদেরকে তার নির্দেশনা ও কর্তৃত্বের অধীনে রাখে, অন্যথায় তাদের *ধিম্মিত্ব* গ্রহণে বাধ্য করে। তাদের তৃতীয় বিকল্প ছিল মৃত্যু।

খ্রীষ্টের উদ্দেশ্যের বিষয়ে খ্রীষ্টবিশ্বাসীদের মধ্যে, প্রমাণ আছে, কিন্তু সেটা শুধু খ্রীষ্টের দ্বারা নিজের জন্য অর্জিত হয় না। ক্লেশভোগী মশীহের ভূমিকা ছিল নিজেকে নম্র করা, প্রত্যাখ্যানকে আলিঙ্গন করা। খ্রীষ্টের পুনরুত্থান এবং স্বর্গারোহণের মাধ্যমে নতুন সূচনা এসেছিল, যার মাধ্যমে মৃত্যু এবং তার সমস্ত শক্তি পরাজিত হয়েছিল:

> ...তাঁকে পাতালে পরিত্যাগও করা হয় নি, তাঁর দেহ ক্ষয়ও হয় নি। এই ঈসাকেই আল্লাহ্‌ উঠিয়েছেন, আমরা সকলেই এই বিষয়ের সাক্ষী। অতএব আল্লাহ্‌র ডান পাশে বসবার গৌরব তাঁকেই দান করা হয়েছে এবং পিতার কাছ থেকে ওয়াদা করা পাক-রূহ্‌ পেয়েছেন, আর এখন তোমরা যা দেখছো ও শুনছো, ...আল্লাহ্‌ সেই ঈসাকেই প্রভু ও মসীহ্‌ উভয়ই করেছেন। (প্রেরিত ২:৩১-৩৬)

ফিলিপীয়দের কাছে পৌলের চিঠির একটা বিখ্যাত অংশ বর্ণনা করে যে কীভাবে ঈসা "নিজেকে নত করেছিলেন", স্বেচ্ছায় একজন দাসের ভূমিকা গ্রহণ করেছিলেন। তাঁর আনুগত্য মৃত্যু পর্যন্ত বিস্তৃত হয়েছিল। কিন্তু আল্লাহ্‌ তাকে সর্বোচ্চ কর্তৃত্বের আধ্যাত্মিক অবস্থানে উন্নীত করেছিলেন। এই বিজয়

খ্রীষ্টের নিজের প্রচেষ্টার কারণে নয় বরং ক্রুশে খ্রীষ্টের সর্বোচ্চ বলিদানে আল্লাহ্‌র ন্যায়বিচারের কারণে হয়েছিলঃ

> ...মসীহ্ ঈসার মধ্যে যে মনোভাব ছিল তা তোমাদের মধ্যেও থাকুক। যিনি আল্লাহ্‌র স্বরূপবিশিষ্ট থাকলেও, আল্লাহ্‌র সঙ্গে সমান থাকা ধরে নেবার বিষয় জ্ঞান করলেন না, কিন্তু নিজেকে শূন্য করলেন, গোলামের রূপ ধারণ করলেন, মানুষের সাদৃশ্যে জন্মগ্রহণ করলেন,
>
> আকার প্রকারে মানুষ হলেন, তিনি নিজেকে অবনত করলেন, মৃত্যু পর্যন্ত, এমন কি, ক্রুশীয় মৃত্যু পর্যন্ত বাধ্য হলেন।
>
> এই কারণে আল্লাহ্ তাঁকে সবচেয়ে উঁচু পদ দান করলেন এবং তাঁকে সেই নাম দান করলেন যা সমুদয় নামের চেয়ে শ্রেষ্ঠ; যেন বেহেশতে, দুনিয়ায় ও পাতালে, প্রত্যেকেই ঈসার নামে হাঁটু পাতে··· (ফিলিপীয় ২:৪-১০)

ক্রুশের শিষ্যত্ব

খ্রীষ্টানদের জন্য, খ্রীষ্টকে অনুসরণ করার অর্থ হল তাঁর মৃত্যু এবং পুনরুত্থানের সাথে চিহ্নিত হওয়া। ঈসা এবং তাঁর অনুগামীরা উভয়ই বারবার খ্রীষ্টের সাথে "মৃত্যু" বরন করার প্রয়োজনীয়তার কথা উল্লেখ করেছেন-অর্থাৎ, পুরানো জীবনযাত্রাকে মৃত্যুর দিকে ঠেলে দেওয়া-এবং নতুন জন্ম লাভ করা, খ্রীষ্টের মহব্বত ও পুনর্মিলনের পদ্ধতি অনুসারে নতুন জীবনে উত্থিত হওয়া, নিজেদের জন্য বেঁচে থাকা নয়, কিন্তু আল্লাহ্‌র জন্য। খ্রীষ্টানরা দুঃখভোগের অভিজ্ঞতাকে খ্রীষ্টের দুঃখ-কষ্টে ভাগ করে নেওয়ার উপায় হিসাবে বিবেচনা করে। এটা অনন্ত জীবনের পথ হিসাবে তারা যে পরীক্ষার মধ্য দিয়ে যায় তার অর্থকে সংজ্ঞায়িত করে, এবং এটা পরাজয়ের নয়, ভবিষ্যতের বিজয়ের চিহ্ন। এটা আল্লাহ্ যিনি বিশ্বস্ত ঈমানদারদের ন্যায়বিচার করবেন, এই বিশ্বের নৃশংস মন্দ শক্তি নয়ঃ

> পরে তিনি তাঁর সাহাবীদের সঙ্গে লোকদেরকেও ডেকে বললেন, কেউ যদি আমাকে অনুসরণ করতে ইচ্ছা করে, সে নিজেকে অস্বীকার করুক, আপন ক্রুশ তুলে নিক এবং আমার পিছনে আসুক। কেননা যে কেউ আপন প্রাণ রক্ষা করতে ইচ্ছা করে, সে তা হারাবে; কিন্তু যে কেউ আমার এবং ইঞ্জিলের জন্য আপন প্রাণ হারায়, সে তা রক্ষা করবে। (মার্ক ৮:৩৪-৩৫; ১ ইউহোন্না ৩:১৪; ২ করিন্থীয় ৫:১৪-১৫; ইব্রীয় ১২:১-২ দেখুন)

ক্রুশের বিরুদ্ধে মুহাম্মদ

আমরা যা শিখেছি তার আলোকে, এবং আমরা যেহেতু একটা আধ্যাত্মিক জগতে বাস করি, তাই এটা জেনে আমাদের অবাক হওয়া উচিত নয় যে মুহাম্মদ ক্রুশকে ঘৃণা করতেন। একটা হাদিসে বলা হয়েছে যে মুহাম্মদ যদি কখনও তার বাড়িতে একটা ক্রুশের চিহ্নযুক্ত কোন বস্তু দেখতে পান তবে তিনি সেটা ধ্বংস করে দিতেন।[11]

আমরা পাঠ ৩-এ যেমন দেখেছি, ক্রুশের প্রতি মুহাম্মদের ঘৃণা এমনকি এই শিক্ষার জন্যও প্রসারিত হয়েছিল যে ঈসা, ইসলামিক ঈসা, পৃথিবীর মুখ থেকে খ্রীষ্টধর্মকে নির্মূল করার জন্য ইসলামের ক্রুশ-ধ্বংসকারী নবী হিসাবে পৃথিবীতে ফিরে আসবেন।

আজ ক্রুশের প্রতি মুহাম্মদের শত্রুতা অনেক মুসলমান নিজেদের জীবনে বয়ে বেড়াচ্ছে। বিশ্বের অনেক জায়গায় আজ খ্রীষ্টান ক্রুশগুলিকে ঘৃণা করা হয়, নিষিদ্ধ করা হয় এবং মুসলমানদের দ্বারা ধ্বংস করা হয়।

---

11 ডব্লিউ মুইর, *দ্যা লাইফ অফ্ মুহাম্মদ,* বিভাগ ৩, পৃঃ ৬১, নোট ৪৭.

এমনকি এর কারণে ক্যান্টারবারির আর্চবিশপ জর্জ কেরি ১৯৯৫ সালে সৌদি আরবে যখন তার বিমানকে জোরপূর্বক থামাতে হয়েছিল তখন তার ঘাড় থেকে ক্রুশটিকে সরাতে সম্মত হতে বাধ্য হতে হয়েছিল। ঘটনাটি ডেভিড স্কিডমোর এপিস্কোপাল নিউজ সার্ভিসে বর্ণনা করা হয়েছিল:

> সুদানের যাত্রাকারী কায়রো থেকে কেরির বিমান মাঝপথে সৌদি আরবে থামাতে বাধ্য করা হয়েছিল। সৌদি আরবের লোহিত সাগরের উপকূলীয় শহর জিদ্দার কাছে যাওয়ার সময়, কেরিকে তার ক্লারিক্যাল কলার এবং পেক্টোরাল ক্রুশ সহ সমস্ত ধর্মীয় চিহ্ন অপসারণ করতে বলা হয়েছিল।

যদিও ক্রুশ মুসলমানদের দ্বারা প্রত্যাখ্যান করা হয়, খ্রীষ্টানদের জন্য, এটা আমাদের স্বাধীনতার পক্ষে দাঁড়িয়ে আছে।

এই বিভাগগুলিতে আমরা ঈসা খ্রীষ্টকে অনুসরণ করার প্রতিশ্রুতির দুয়া, স্বাধীনতার কিছু সাক্ষ্য এবং ইসলামের শক্তি এবং *শাহাদার* চুক্তি থেকে মুক্ত হওয়ার দুয়া আলোচনা করব। এই দুয়াগুলি বিশেষভাবে এমন লোকদের জন্য যারা নাসরথের ঈসাকে অনুসরণ করার জন্য ইসলাম ত্যাগ করাকে বেছে নিয়েছেন, সেইসাথে যারা ইতিমধ্যেই ঈসাকে অনুসরণ করছেন এবং ইসলামের সমস্ত নীতি ও ক্ষমতা থেকে তাদের স্বাধীনতা দাবি করতে চান তাদের জন্য।

ঈসাকে অনুসরণ করা

এই দুয়াটি উচ্চস্বরে পড়ার মাধ্যমে খ্রীষ্টকে অনুসরণ করার জন্য আপনার প্রতিজ্ঞাকে নিশ্চিত করার জন্য আপনাকে আমন্ত্রণ জানানো হয়েছে। আপনি এটা পড়ার আগে এটা মনোযোগ সহকারে পর্যালোচনা করুন, যাতে আপনি যা বলছেন তা সম্পর্কে নিশ্চিত হতে পারেন।

আপনি এই দুয়াটি বিবেচনা করার সময়, দয়া করে মনে রাখবেন যে এতে নিম্নলিখিত বিষয়গুলো অন্তর্ভুক্ত রয়েছে:

১) দুটি স্বীকারোক্তি:
   - আমি একজন গুনাহগার এবং আমি নিজেকে উদ্ধার করতে পারব না।
   - একমাত্র আল্লাহ্ আছেন, যিনি সৃষ্টিকর্তা, যিনি তাঁর পুত্র ঈসাকে আমার গুনাহর জন্য মরতে পাঠিয়েছেন।

২) আমার গুনাহ এবং মন্দ যা কিছু আছে সেগুলো থেকে *মন ফেরানো* (তওবা করা)।

৩) ক্ষমা, স্বাধীনতা, অনন্ত জীবন এবং পাক রূহের জন্য *অনুরোধ* করা।

৪) আমার জীবনের মালিক হিসাবে খ্রীষ্টের প্রতি আনুগত্য *স্থানান্তর* করা।

৫) আমার জীবনের *প্রতিজ্ঞা এবং পবিত্রতা* খ্রীষ্টের কাছে সমর্পিত হওয়ার জন্য এবং তাঁর সেবা করার জন্য।

৬) খ্রীষ্টেতে আমার পরিচয় ঘোষণা করা।

ঈসা খ্রীষ্টকে অনুসরণ করার অঙ্গীকারের ঘোষণা এবং দুয়া

আমি এক আল্লাহ্‌তে বিশ্বাস করি, সৃষ্টিকর্তা, সর্বশক্তিমান পিতা।

আমি অন্য সমস্ত তথাকথিত 'দেবতাদের' পরিত্যাগ করছি।

আমি স্বীকার করি যে আমি আল্লাহ্‌র বিরুদ্ধে এবং অন্যান্য মানুষের বিরুদ্ধে গুনাহ করেছি। এতে আমি আল্লাহ্‌র অবাধ্য হয়েছি এবং তাঁর ও তাঁর ব্যবস্থার বিরুদ্ধে বিদ্রোহ করেছি।

আমি আমার গুনাহ থেকে নিজেকে উদ্ধার করতে পারি না।

আমি বিশ্বাস করি ঈসা হলেন খ্রীষ্ট, আল্লাহ্‌র পুনরুত্থিত পুত্র। তিনি আমার জায়গায় ক্রুশে মারা গিয়েছিলেন এবং আমার গুনাহর বিচার নিজের উপর নিয়েছিলেন। তিনি আমার জন্য মৃতদের মধ্য থেকে পুনরুত্থিত হয়েছেন।

আমি আমার গুনাহ থেকে মন ফিরিয়ে নিই।

আমি খ্রীষ্টের ক্ষমার উপহার চাই, যা ক্রুশেতে জয় করা হয়েছে।

আমি এখন ক্ষমার এই উপহার গ্রহণ করেছি।

আমি আল্লাহ্‌কে আমার পিতা হিসাবে গ্রহণ করার সিদ্ধান্ত নিয়েছি এবং আমি তাঁর হতে চাই।

আমি অনন্ত জীবনের উপহার চাই।

আমি খ্রীষ্টের কাছে আমার জীবনের অধিকার হস্তান্তর করেছি এবং আজ থেকে তাকে আমার জীবনের প্রভু হিসাবে শাসন করার জন্য আমন্ত্রণ জানাচ্ছি।

আমি অন্যান্য সমস্ত আধ্যাত্মিক আনুগত্য পরিত্যাগ করি। আমি বিশেষভাবে শাহাদা এবং আমার উপর শাহাদার সমস্ত দাবি পরিত্যাগ করছি।

আমি শয়তান এবং সমস্ত মন্দকে প্রত্যাখ্যান করি। আমি মন্দ রূহ বা মন্দ নীতির সাথে করা সমস্ত অধার্মিক চুক্তি ভঙ্গ করি।

আমি অন্যদের সাথে সমস্ত অধার্মিক সম্পর্ক ত্যাগ করি যারা আমার উপর অধার্মিক কর্তৃত্ব প্রয়োগ করেছে।

আমি আমার পক্ষ থেকে আমার পূর্বপুরুষদের দ্বারা করা সমস্ত অধার্মিক চুক্তি পরিত্যাগ করছি, যেগুলি আমার উপর যে কোনও উপায়ে প্রভাব ফেলেছে।

ঈসা মশীহের মাধ্যমে আল্লাহ্‌র কাছ থেকে আসে না এরকম সমস্ত মানসিক বা আধ্যাত্মিক ক্ষমতা আমি পরিত্যাগ করি।

আমি প্রতিশ্রুত পাক রূহের উপহার যাচ্ঞা করি।

আব্বা খুদা, দয়া করে আমাকে মুক্ত করুন এবং রূপান্তরিত করুন যাতে আমি আপনার এবং কেবল আপনার গৌরব করতে পারি।

আমার মধ্যে পাক রূহের ফল প্রকাশ করুন যাতে আমি আপনাকে সম্মান করতে পারি এবং অন্যদের ভালবাসতে পারি।

আমি মানব সাক্ষীদের সামনে এবং সমস্ত আধ্যাত্মিক কর্তৃপক্ষের সামনে ঘোষণা করছি যে আমি ঈসা মশীহের মাধ্যমে নিজেকে আল্লাহ্‌র কাছে পাক ও আবদ্ধ করি।

আমি ঘোষণা করছি যে আমি জান্নাতের নাগরিক। আল্লাহ্‌ আমার রক্ষাকর্তা। পাক রূহের সাহায্যে আমি ঈসা খ্রীষ্টকে এবং আমার সমস্ত দিন প্রভু হিসাবে কেবলমাত্র তাঁকে অনুসরণ করতে এবং তাঁর কাছে নিজেকে সমর্পণ করার সিদ্ধান্ত নিয়েছি।

আমীন।

স্বাধীনতার সাক্ষ্য

এখানে কিছু লোকেদের সাক্ষ্য দেওয়া হল যারা এই পাঠে উল্লিখিত দুয়া ব্যবহার করে নিজেদের জীবনে স্বাধীনতা লাভ করেছে।

একটা শিষ্যত্বের কোর্স

উত্তর আমেরিকার একটা পরিচর্যা কার্য মুসলিম পটভূমির লোকদের জন্য নিয়মিত সুদৃঢ় প্রশিক্ষণ চালাচ্ছিল যারা খ্রীষ্টকে তাদের প্রভু এবং ত্রাণকর্তা হিসাবে গ্রহণ করেছিল। কোর্স সমন্বয়কারীরা দেখতে পান যে অংশগ্রহণকারীরা ক্রমাগত বিভিন্ন ধরনের শিষ্যত্বের অসুবিধার সম্মুখীন হচ্ছে। তারা *শাহাদা* ত্যাগ করার জন্য এই বইয়ের দুয়া সম্পর্কে সচেতন হয়ে ওঠে এবং সমস্ত কোর্স অংশগ্রহণকারীদের একসাথে ইসলাম পরিত্যাগ করার জন্য এই দুয়াগুলো ব্যবহার করার জন্য আমন্ত্রণ জানানোর সিদ্ধান্ত নেয়। অংশগ্রহণকারীদের প্রতিক্রিয়া একটা মহান স্বস্তি এবং আনন্দপূর্ণ ছিল। তারা জিজ্ঞেস করল, "কেউ কেন বুঝিয়ে দিল না যে আমাদের ইসলাম ত্যাগ করতে হবে? আমাদের অনেক আগেই এটা করা উচিত ছিল!" এর পর থেকে ইসলাম ত্যাগ তাদের প্রশিক্ষণ কোর্সের অপরিহার্য একটা অংশ হয়ে ওঠে।

মধ্যপ্রাচ্যের খ্রীষ্টানরা যারা শাহাদা ত্যাগ করেছিল

শাহাদা ত্যাগ করার পর মধ্যপ্রাচ্যে মুসলিম ধর্মান্তরিতদের দুটি সাক্ষ্য এখানে দেওয়া হল:

> আমি সত্যিই মুক্ত বোধ করছি, যেন আমার গলায় বাঁধা জোয়ালটি আলগা হয়ে ভেঙে গেছে। এই দুয়াটি আশ্চর্যের চেয়েও বেশি। আমি খাঁচাবন্দী প্রাণীর মতো অনুভব করছিলাম যাকে এখন মুক্ত করা হয়েছে। আমি স্বাধীনতা অনুভব করছি।

> এটা গভীরভাবে আমার প্রয়োজন ছিল এবং আপনি যেন আগে থেকেই জানতেন আমার মনে কি চলছিল … আমি যখন দুয়াটি বারবার বলছিলাম তখন আমি একটা অদ্ভুত সান্ত্বনা অনুভব করছিলাম যা বাক্যে বোঝানো অসম্ভব; মনে হচ্ছিল যেন একটা ভারী বোঝা সরানো হয়েছে এবং আমি সম্পূর্ণ মুক্ত হয়েছি। কি অদ্ভুত একটা নাজাতের অনুভূতি!

সত্যের মুখোমুখি হওয়া

শাহাদা (বা ধিম্মা) পরিত্যাগ করার জন্য নিজেকে প্রস্তুত করার প্রথম ধাপ হল আল্লাহ্‌র কালামের কিছু আয়াত বিবেচনা করা। আমরা এটা একটা গুরুত্বপূর্ণ সত্য নিশ্চিত করার জন্য করি, যা আমাদের দুয়ার উপর ভিত্তি করে। এটাকে বলা যেতে পারে 'সত্যের মুখোমুখি হওয়া'।

১ ইউহোন্না এবং ইউহোন্নার ইঞ্জিলের এই আয়াতগুলি কোন শাস্ত্রীয় সত্যে আমাদের ঈমান রাখতে এবং দুয়া করতে শেখায়?

> আর আল্লাহ্‌র যে মহব্বত আমাদের মধ্যে আছে, তা আমরা জানি ও বিশ্বাস করেছি। আল্লাহ্‌ মহব্বত; আর মহব্বতে যে থাকে, সে আল্লাহ্‌র মধ্যে থাকে এবং আল্লাহ্‌ তার মধ্যে থাকেন। (১ ইউহোন্না ৪:১৬)

> কারণ আল্লাহ্‌ দুনিয়াকে এমন মহব্বত করলেন যে, তাঁর এক জাত পুত্রকে দান করলেন, যেন যে কেউ তাঁতে ঈমান আনে সে বিনষ্ট না হয়, কিন্তু অনন্ত জীবন পায়। (ইউহোন্না ৩:১৬)

এই আয়াতগুলো আমাদের শেখায় যে আল্লাহার মহব্বত যেকোন প্রত্যাখ্যানকে জয় করে।

কোন ঐশ্বরিক সত্যকে এই দুটি আয়াত আমাদের আলিঙ্গন করতে এবং দুয়া করতে শেখায়?

কেননা আল্লাহ্ আমাদেরকে ভীরুতার রূহ্ দেন নি, কিন্তু শক্তির, মহব্বতের ও সুবুদ্ধির রূহ্ দিয়েছেন। (২ তিমথীয় ১:৭)

বস্তুত তোমরা গোলামীর রূহ্ পাও নি যার জন্য ভয় করবে; কিন্তু দত্তক পুত্রের রূহ্ পেয়েছ, যে রূহে আমরা আল্লাহ্‌কে আব্বা, পিতা, বলে ডাকি। পাক-রূহ্ নিজেও আমাদের রূহের সঙ্গে এই সাক্ষ্য দিচ্ছেন যে, আমরা আল্লাহ্‌র সন্তান। আর যখন সন্তান, তখন উত্তরাধিকারী, আল্লাহ্‌র উত্তরাধিকারী ও মসীহের সহ-উত্তরাধিকারী— যদি বাস্তবিক আমরা তাঁর সঙ্গে দুঃখভোগ করি তবে তাঁর সঙ্গে মহিমান্বিতও হব। (রোমীয় ৮:১৫-১৭)

এই আয়াতগুলো আমাদের শেখায় যে আমাদের উত্তরাধিকার ভয় দেখানো নয়: আমাদের উত্তরাধিকার আল্লাহ্‌র মধ্যে রয়েছে।

এই দুটি আয়াত আমাদের বিশ্বাস করতে এবং দুয়া করতে শেখায় কোন সত্য?

আর তোমরা সেই সত্য জানবে এবং সেই সত্য তোমাদেরকে স্বাধীন করবে। (ইউহোন্না ৮:৩২)

বাধীনতার উদ্দেশ্যেই মসীহ্ আমাদের স্বাধীন করেছেন; অতএব তোমরা স্থির থাক এবং গোলামীর জোয়ালিতে আর আবদ্ধ হয়ো না। (গালাতীয় ৫:১)

এই দুটি আয়াত আমাদের শেখায় যে আমাদেরকে স্বাধীনতায় জীবন যাপন করতে আহ্বান করা হয়েছে।

এই দুটি আয়াত কোন সত্য আমাদের ঈমান রাখতে এবং দুয়া করতে শেখায়?

অথবা তোমরা কি জান যে, তোমাদের দেহ পাক-রূহের থাকবার ঘর, যিনি তোমাদের অন্তরে থাকেন, যাঁকে তোমরা আল্লাহ্‌র কাছ থেকে পেয়েছ? আর তোমরা নিজের নও, কারণ মূল্য দ্বারা তোমাদের ক্রয় করা হয়েছে। অতএব তোমাদের দেহে আল্লাহ্‌র গৌরব কর। (১ করিন্থীয় ৬:১৯-২০)

আর মেষশাবকের রক্ত দ্বারা এবং নিজ নিজ সাক্ষ্য দ্বারা, তারা তাকে জয় করেছে; (প্রকাশিত কালাম ১২:১১)

এই আয়াতগুলো আমাদের শেখায় যে আমাদের দেহ আল্লাহ্‌র এবং এই দেহ হতাশার জন্য নয়: আমাদের রক্তের মূল্য ইতিমধ্যেই পরিশোধ করা হয়েছে।

এই আয়াতটি বাইবেলের কোন সত্যকে আমাদেরকে দাবি করতে এবং দুয়া করতে শেখায়?

ইহুদী বা গ্রীক, গোলাম বা স্বাধীন, নর ও নারীর মধ্যে আর কোন পার্থক্য নেই, কেননা মসীহ্ ঈসাতে তোমরা সকলেই এক হয়েছ। (গালাতীয় ৩:২৮)

এটা আমাদের শিক্ষা দেয় যে আল্লাহ্‌র সামনে পুরুষ ও নারী সমান, এবং এক দল অন্যের চেয়ে শ্রেষ্ঠ নয়।

কোন ঐশ্বরিক সত্য এই তিনটি অংশ আমাদের বিশ্বাস করতে এবং দুয়া করতে শেখায়?

আর আল্লাহ্‌র শুকরিয়া হোক যে, তিনি সর্বদা আমাদের নিয়ে মসীহে বিজয়-যাত্রা করেন এবং তাঁর সম্বন্ধীয় জ্ঞানের সুগন্ধ আমাদের দ্বারা সমস্ত জায়গায় প্রকাশ করেন; কারণ যারা নাজাত পাচ্ছে ও যাদের বিনাশ হচ্ছে, উভয়ের কাছে আমরা আল্লাহ্‌র পক্ষে মসীহের সুগন্ধস্বরূপ। (২ করিন্থীয় ২:১৪-১৫)

আর তুমি আমাকে যে মহিমা দিয়েছ, তা আমি তাদেরকে দিয়েছি; যেন তারাও এক হয়, যেমন আমরা এক; আমি তাদের মধ্যে ও তুমি আমার মধ্যে, যেন তারা সিদ্ধ হয়ে এক হয়; যেন দুনিয়া জানতে পারে যে, তুমি আমাকে প্রেরণ করেছ এবং আমাকে যেমন মহব্বত করেছ, তাদেরকেও মহব্বত করেছ। (ইউহোন্না ১৭:২২-২৩)

আর তিনি সকলকে বললেন, কেউ যদি আমার পিছনে আসতে ইচ্ছা করে, তবে সে নিজেকে অস্বীকার করুক, প্রতিদিন আপন ক্রুশ তুলে নিক এবং আমার পিছনে আসুক। (লূক ৯:২৩)

এই আয়াতগুলো আমাদের শেখায় যে আমাদের স্বতন্ত্র বৈশিষ্ট্যগুলি অপমান বা হীনমন্যতা নয়, কিন্তু খ্রীষ্টের বিজয়, খ্রীষ্টের প্রেমে একতা এবং ক্রুশ।

আল্লাহ্‌র কোন সত্যকে এই আয়াতগুলো আমাদের আলিঙ্গন করতে এবং দুয়া করার জন্য শেখায়?

(ঈসা বলেছেনঃ) তবুও আমি তোমাদেরকে সত্যি বলছি, আমার যাওয়া তোমাদের পক্ষে ভাল, কারণ আমি না গেলে সেই সহায় তোমাদের কাছে আসবেন না; কিন্তু আমি যদি যাই, তবে তোমাদের কাছে তাঁকে পাঠিয়ে দেব। ৪আর তিনি এসে গুনাহ্‌র সম্বন্ধে, ঈমানদারতার সম্বন্ধে ও বিচারের সম্বন্ধে, জগৎকে দোষী করবেন। (ইউহোন্না ১৬:৭-৮)

(ঈসা বলেছেনঃ) যখন তিনি, সত্যের রূহ্‌ আসবেন তখন পথ দেখিয়ে তোমাদেরকে পূর্ণ সত্যে নিয়ে যাবেন; কারণ তিনি নিজের থেকে কিছু বলবেন না, কিন্তু যা যা শোনেন, তা-ই বলবেন এবং আগামী ঘটনাও তোমাদেরকে জানাবেন। (ইউহোন্না ১৬:১৩)

এই আয়াতগুলো আমাদের শেখায় যে আমাদের কাছে সত্য প্রকাশ করার জন্য পাক্‌ রূহের শক্তি রয়েছে।

এই আয়াতটি আমাদের কোন সত্যে ঈমান রাখতে এবং দুয়া করতে শেখায়?

ঈমানের আদিকর্তা ও সিদ্ধিকর্তা ঈসার প্রতি দৃষ্টি রাখি; তিনিই তাঁর সম্মুখস্থ আনন্দের জন্য ক্রুশীয় মৃত্যু সহ্য করলেন, অপমান তুচ্ছ করলেন এবং আল্লাহ্‌র সিংহাসনের ডান পাশে উপবিষ্ট হয়েছেন। (ইবরানী ১২:২)

এই আয়াত আমাদের শেখায় যে আমাদের ক্ষমতা আছে লজ্জাকে অতিক্রম করে খ্রীষ্টকে অনুসরণ করার।

এই আয়াতটি আমাদের কোন সত্যে ঈমান রাখতে এবং দুয়া করতে শেখায়?

কিন্তু তুমি নিজের বিষয়ে সাবধান, তোমার প্রাণের বিষয়ে অতি সাবধান থাক; পাছে তুমি যেসব ব্যাপার স্বচক্ষে দেখেছো, তা ভুলে যাও; আর পাছে জীবন থাকতে তোমার অন্তর থেকে তা মুছে যায়; তুমি তোমার পুত্র পৌত্রদেরকে তা শিক্ষা দাও। (২ বিবরণ ৪:৯)

এই আয়াত আমাদের শেখায় যে আমাদের নিজেদের এবং আমাদের সন্তানদের আধ্যাত্মিক বিষয়ে শিক্ষিত করার অধিকার এবং দায়িত্ব আমাদের দেওয়া হয়েছে।

কি শাস্ত্রীয় সত্য এই আয়াত আমাদের আলিঙ্গন করার জন্য এবং দুয়া করার জন্য শেখায়?

মরণ ও জীবন জিহ্বার অধীন; যারা তা ভালবাসে, তারা তার ফল ভোগ করবে। (মেসাল ১৮:২১)

আর এখন, হে প্রভু, ওদের ভয় প্রদর্শনের প্রতি দৃষ্টিপাত কর; এবং তোমার এই গোলামদেরকে সমপূর্ণ সাহসের সঙ্গে তোমার কালাম বলবার ক্ষমতা দাও। (প্রেরিত ৪:২৯)

অধার্মিকতায় আনন্দ করে না, কিন্তু সত্যের সঙ্গে আনন্দ করে; (১ করিন্থীয় ১৩:৬)

যে কেউ স্বীকার করবে যে, ঈসা আল্লাহ্‌র পুত্র, আল্লাহ্‌ তার মধ্যে থাকেন এবং সেও আল্লাহ্‌র মধ্যে থাকে। (১ ইউহোন্না ৪:১৫)

অতএব তোমাদের সেই সাহস ত্যাগ করো না, যা মহা পুরস্কারযুক্ত। (ইবরানী ১০:৩৫)

এই আয়াতগুলো আমাদের শেখায় যে খ্রীষ্টে আমাদের সত্য কথা বলার কর্তৃত্ব আছে প্রেমে এবং সাহসের সাথে।

কোন বাইবেলের সত্যগুলোকে এই আয়াতগুলি আমাদের ঈমান রাখতে এবং দুয়া করতে শেখায়?

...তবে আল্লাহ্‌র সাক্ষ্য তার চেয়েও বড়; ফলত আল্লাহ্‌র সাক্ষ্য এই যে, তিনি আপন পুত্রের বিষয়ে সাক্ষ্য দিয়েছেন। (১ ইউহোন্না ৫:৯)

...নিজ নিজ সাক্ষ্য দ্বারা, তারা তাকে জয় করেছে; …(প্রকাশিত কালাম ১২:১১)

এই আয়াতগুলো আমাদের শিক্ষা দেয় যে আমরা সত্যের কালামে সম্পূর্ণ আস্থা রাখতে পারি।

কোন ঐশ্বরিক সত্যের জন্য এই আয়াতগুলি আমাদের দাবি করতে বলে এবং দুয়া করতে শেখায়?

শেষ কথা এই, তোমরা প্রভুতে ও তাঁর শক্তির পরাক্রমে বলবান হও। আল্লাহ্‌র সমস্ত যুদ্ধের সাজ-পোশাক পর যেন শয়তানের নানা রকম চাতুরীর সম্মুখে দাঁড়াতে পার। (ইফিষীয় ৬:১০-১১)

অবশ্য আমরা দুনিয়াতে চলছি বটে, কিন্তু দুনিয়ার বশে যুদ্ধযাত্রা করছি না; কারণ আমাদের যুদ্ধের অস্ত্রশস্ত্র দুনিয়াবী নয়, কিন্তু দুর্গসমূহ ভেঙ্গে ফেলবার জন্য আল্লাহ্‌র সাক্ষাতে পরাক্রমী। আমরা লোকদের বাজে বিতর্ক সকল ধ্বংস করছি, এবং আল্লাহ্‌-জ্ঞানের বিরুদ্ধে উত্থাপিত সমস্ত গর্বজনক বাধা ভেঙ্গে ফেলছি এবং সমুদয় চিন্তাকে বন্দী করে মসীহের বাধ্য করছি; (২ করিন্থীয় ১০:৩-৫)

এই আয়াতগুলো আমাদের শেখায় যে আমরা প্রতিরক্ষাহীন বা অস্ত্রহীন নই, কিন্তু খ্রীষ্টে আধ্যাত্মিকভাবে সশস্ত্র।

এই আয়াতটি আমাদেরকে কিসের উপরে আস্থা রাখতে এবং দুয়া করতে শিক্ষা দেয়?

হে আমার ভাইয়েরা, তোমরা যখন নানা রকম পরীক্ষায় পড় তখন তা সর্বতোভাবে আনন্দের বিষয় বলে মনে করো; (ইয়াকুব ১:২; আরো দেখুন ফিলিপীয় ১:২৯)

এটা আমাদের শেখায় যে খ্রীষ্টের নামে দুঃখভোগ করাকে আমাদের আনন্দ হিসেবে বিবেচনা করা উচিত।

কি শাস্ত্রীয় সত্যকে এই আয়াত আমাদের আলিঙ্গন করতে এবং দুয়া করতে শেখায়?

[ঈসা বলেছেন] ...এখন এই দুনিয়ার অধিপতি বাইরে নিক্ষিপ্ত হবে। আর আমাকে যখন ভূতল থেকে উঁচুতে তোলা হবে তখন সকলকে আমার কাছ আকর্ষণ করবো। (ইউহোন্না ১২:৩১-৩২)

এই আয়াতগুলো আমাদের শেখায় যে ক্রুশ শয়তানের শক্তিকে ধ্বংস করে এবং খ্রীষ্টের স্বাধীনতার দিকে আমাদের আকর্ষণ করে।

কোন বাইবেলের সত্য এই আয়াত দাবি করে এবং দুয়া করার জন্য আমাদের শেখায়?

আর তোমরা অপরাধে ও খৎনা না করার দরুন মৃত ছিলে, কিন্তু আল্লাহ্‌ তোমাদেরকে মসীহের সঙ্গে জীবিত করেছেন এবং আমাদের সমস্ত অপরাধ মাফ করেছেন; যে আইনগত দাবী-দাওয়া আমাদের প্রতিকূলে দাঁড়িয়ে ছিল তা মুছে ফেলেছেন। তিনি সেই দাবী-দাওয়া প্রেক দিয়ে ক্রুশে লটকিয়ে দূর করে দিয়েছেন। আর তিনি আধিপত্য ও কর্তৃত্ব সকলের ক্ষমতা নষ্ট করে দিয়ে ক্রুশেই সেই সমস্তের উপরে বিজয়-যাত্রা করে তাদেরকে স্পষ্টভাবে দেখিয়ে দিলেন। (কলসীয় ২:১৩-১৫)

এগুলি আমাদের শেখায় যে ক্রুশ অধার্মিক চুক্তি বাতিল করে এবং তাদের সমস্ত শক্তিকে ধ্বংস করে।

দুয়া করার আগে, আমাদের বুঝতে হবে যে আমাদের দুয়া এবং ঘোষণাগুলি শক্তিশালী এবং কার্যকর। আল্লাহ্‌র সাথে একমত হওয়াকে বেছে নিন যে আপনাকে সম্পূর্ণ স্বাধীনতার মধ্যে নিয়ে আসাই তাঁর ইচ্ছা। খ্রীষ্ট আপনাকে গ্রহণ করেছেন সেই সত্যকে গ্রহণ করতে আপনার রূহয় সম্মত হন এবং তিনি

আপনাকে মন্দের সমস্ত ফাঁদ থেকে মুক্ত করতে চান। ইসলামের মিথ্যা চুক্তির মোকাবিলা ও প্রত্যাখ্যান করার সংকল্প নিন।

এটা *শাহাদা* পরিত্যাগ করার একটা দুয়া। এই দুয়াটি দাঁড়িয়ে পাঠ করা ভালো।

শাহাদা পরিত্যাগ এবং শাহাদার শক্তি ভঙ্গ করার ঘোষণা এবং দুয়া

আমি মুহাম্মদের শেখানো এবং প্রদর্শিত হিসাবে মিথ্যা সমর্পণকে পরিত্যাগ করি।

আমি এই বিশ্বাসকে ত্যাগ করি এবং প্রত্যাখ্যান করি যে মুহাম্মদ আল্লাহ্‌র একজন রসূল।

আমি এই দাবি প্রত্যাখ্যান করি যে কোরান আল্লাহ্‌র কালাম।

আমি শাহাদা এবং এর প্রতিটি তেলাওয়াত প্রত্যাখ্যান ও পরিত্যাগ করি।

আমি আল-ফাতিহা বলা ত্যাগ করছি। আমি এর দাবি পরিত্যাগ করছি যে ইহুদিরা আল্লাহ্‌র ক্রোধের অধীন এবং খ্রীষ্টানরা বিপথগামী হয়েছে।

আমি ইহুদিদের প্রতি ঘৃণা পরিত্যাগ করছি। আমি এই দাবি প্রত্যাখ্যান করছি যে তারা বাইবেলকে কলুষিত করেছে।

আমি এই দাবি প্রত্যাখ্যান করি যে আল্লাহ্‌ ইহুদিদের প্রত্যাখ্যান করেছেন এবং এই দাবিকে মিথ্যা বলে ঘোষণা করছি।

আমি কোরান তিলাওয়াত পরিত্যাগ করি এবং আমার জীবনের উপর এর কর্তৃত্ব প্রত্যাখ্যান করি।

আমি মুহাম্মদের উদাহরণের ভিত্তিতে সমস্ত মিথ্যা ইবাদত পরিত্যাগ করি।

আমি আল্লাহ্‌ সম্পর্কে সমস্ত মিথ্যা শিক্ষা পরিত্যাগ করি যা মুহাম্মদ এনেছিলেন, এবং এই দাবিটি পরিত্যাগ করি যা কোরানে চিত্রিত করা হয়েছে আল্লাহ হলেন আল্লাহ্‌।

[শিয়া পটভূমির লোকদের জন্য: আমি আলী এবং বারো খলিফার সাথে সমস্ত সম্পর্ক প্রত্যাখ্যান এবং ত্যাগ করছি। আমি হোসেন ও ইসলামী শহীদদের পক্ষ থেকে সমস্ত শোক ত্যাগ করছি।]

আমি যখন জন্মগ্রহণ করেছি তখন থেকে ইসলামের প্রতি আমার সমস্ত সমর্পণ এবং আমার পূর্বপুরুষদের সমর্পণ পরিত্যাগ করি।

আমি বিশেষভাবে মুহাম্মদের উদাহরণ প্রত্যাখ্যান এবং পরিত্যাগ করি। আমি হিংসা, ভীতি প্রদর্শন, ঘৃণা, অপরাধের মনোভাব, প্রতারণা, শ্রেষ্ঠত্ব, ধর্ষণ, নারী নির্যাতন, চুরি এবং মুহাম্মাদ যে সমস্ত গুনাহ করেছেন তা পরিত্যাগ করছি।

আমি সমস্ত লজ্জা প্রত্যাখ্যান এবং পরিত্যাগ করি। আমি ঘোষণা করছি যে খ্রীষ্ট ঈসাতে কোন দোষারোপ নেই এবং খ্রীষ্টের রক্ত আমাকে সমস্ত লজ্জা থেকে শুচি করে।

আমি ইসলামের দ্বারা প্ররোচিত সমস্ত ভয়কে প্রত্যাখ্যান ও পরিত্যাগ করি। আমি ইসলামের কারণে ভয় পাবার জন্য আল্লাহ্‌র কাছে ক্ষমা দুয়া করি এবং আমার প্রভু ঈসা মশীহের আল্লাহ্‌ এবং আব্বার উপর সমস্ত কিছুতে ঈমান রাখা বেছে নিয়েছি।

আমি অন্যদের অভিশাপ প্রত্যাখ্যান এবং পরিত্যাগ করি। আমি নেয়ামতের একজন ব্যক্তি হতে হওয়াকে বেছে নিচ্ছি।

আমি জিনদের সাথে সমস্ত সম্পর্ক প্রত্যাখ্যান ও পরিত্যাগ করছি। আমি ক্বারিন সম্পর্কে ইসলামী শিক্ষাকে প্রত্যাখ্যান করি এবং শয়তানের সাথে সমস্ত সম্পর্ক ছিন্ন করি।

আমি আমার পথের জন্য একটা আলো হিসাবে আল্লাহ্‌র কালামের সাথে রূহের দ্বারা চলাচল করা বেছে নিয়েছি।

মুহাম্মদকে আল্লাহর রসূল হিসাবে অনুসরণ করার কারণে আমি যে কোনও এবং সমস্ত অধার্মিক কাজের জন্য আল্লাহ্‌র কাছে ক্ষমা দুয়া করছি।

আমি এই নিন্দাজনক দাবি প্রত্যাখ্যান করছি যে ঈসা যখন ফিরে আসবেন তখন তিনি পৃথিবীর সমস্ত মানুষকে মুহাম্মদের শরিয়া অনুসরণ করতে বাধ্য করবেন।

আমি খ্রীষ্ট এবং কেবলমাত্র তাঁকে অনুসরণ করার সিদ্ধান্ত নিই।

আমি স্বীকার করি যে খ্রীষ্ট আল্লাহ্‌র পুত্র, তিনি আমার গুনাহর জন্য ক্রুশে মারা গিয়েছিলেন এবং আমার পরিত্রাণের জন্য মৃতদের মধ্য থেকে জীবিত হয়েছিলেন। আমি খ্রীষ্টের ক্রুশের জন্য আল্লাহ্‌র প্রশংসা করি এবং আমি ক্রুশ তুলে নেওয়া এবং তাঁকে অনুসরণ করার সিদ্ধান্ত নিয়েছি।

আমি স্বীকার করি যে খ্রীষ্ট সকলের মালিক। তিনি জান্নাত ও পৃথিবীর উপর রাজত্ব করেন। তিনি আমার জীবনের মালিক। আমি স্বীকার করি যে তিনি জীবিত এবং মৃতদের বিচার করতে আবার আসবেন। আমি খ্রীষ্টকে আঁকড়ে ধরে আছি এবং ঘোষণা করছি যে স্বর্গে বা পৃথিবীতে অন্য কোন নাম নেই যার দ্বারা আমাকে উদ্ধার লাভ করতে হবে।

আমি আমার আব্বা খুদাকে আমন্ত্রণ জানাই আমাকে একটা নতুন হৃদয়, খ্রীষ্টের হৃদয় দেবার জন্য, আমাকে পরিচালনা করার জন্য এবং আমি যা বলি এবং করি তাতে আমাকে নেয়ামত করুন।

আমি সমস্ত মিথ্যা ইবাদত প্রত্যাখ্যান করি, এবং জীবন্ত আল্লাহ্‌, পিতা, পুত্র এবং পাক রূহের উপাসনায় আমার দেহ উৎসর্গ করি।

আমীন।

অধ্যয়নের নির্দেশিকা

পাঠ ৫

যেহেতু এই পাঠের শিক্ষার লক্ষ্য হল ঈসা এবং বাইবেল, তাই এখানে কোন কোরানের ব্যবহার উল্লেখ নেই, কোন নতুন শব্দভান্ডার এবং কোন নতুন নাম নেই।

বাইবেলের আয়াতগুলো পরবর্তী প্রশ্নগুলোর মধ্যে অন্তর্ভুক্ত করা হয়েছে।

পাঠের প্রশ্নাবলী ৫

- কেস স্টাডির আলোচনা

একটা কঠিন আরম্ভ

১) ঈসা এবং মুহাম্মাদের জীবনে সাধারণ বা একই বিষয় কি কি ছিল?

২) কোন চারটি উপায়ে ঈসার জীবনের প্রথম দিক দুঃখপূর্ণ ছিল?

১)

২)

৩)

৪)

ঈসাকে প্রশ্ন করা হয়

৩) ফরিশীরা ঈসাকে কোন কোন প্রশ্ন দিয়ে আক্রমণ করেছিলেন?

- মার্ক ৩:২, ইত্যাদি প্রশ্ন করে...

- মার্ক ১১:২৮, ইত্যাদি প্রশ্ন করে...
- মার্ক ১০:২, ইত্যাদি প্রশ্ন করে...
- মার্ক ১২:১৫, ইত্যাদি প্রশ্ন করে...
- মথি ২২:৩৬, ইত্যাদি প্রশ্ন করে...
- মথি ২২:৪২, ইত্যাদি প্রশ্ন করে...
- ইউহোন্না ৮:১৯, ইত্যাদি প্রশ্ন করে...
- মথি ২২:২৩-২৮, ইত্যাদি প্রশ্ন করে...
- মার্ক ৮:১১, ইত্যাদি প্রশ্ন করে...
- মার্ক ৩:২২, ইত্যাদি প্রশ্ন করে...
- মথি ১২:২, ইত্যাদি প্রশ্ন করে...
- ইউহোন্না ৮:১৩, ইত্যাদি প্রশ্ন করে...

প্রত্যাখ্যানকারীরা

৪) ঈসা কি ধরনের প্রত্যাখ্যানের অভিজ্ঞতা করেছিলেন?

- মথি ২:১৬ ...
- মার্ক ৬:৩, ইত্যাদি ...
- মার্ক ৩:২১ ...
- ইউহোন্না ৬:৬৬ ...
- ইউহোন্না ১০:৩১ ...
- ইউহোন্না ১১:৫০ ...
- মার্ক ১৪:৪৩-৪৫, ইত্যাদি ...
- মার্ক ১৪:৬৬-৭২, ইত্যাদি ...
- মার্ক ১৫:১২-১৫, ইত্যাদি ...
- মার্ক ১৪:৬৫, ইত্যাদি ...
- মার্ক ১৫:১৬-২০, ইত্যাদি ...
- মার্ক ১৪:৫৩-৬৫, ইত্যাদি ...
- দ্বিতীয় বিবরণ ২১:২৩ ...
- মার্ক ১৫:২১-৩২, ইত্যাদি ...

প্রত্যাখ্যানের প্রতি ঈসার প্রতিক্রিয়া

৫) ঈসা যেভাবে প্রত্যাখ্যানের প্রতি প্রতিক্রিয়া জানিয়েছিলেন সেই সম্পর্কে লেখক দুরির লেখা ছয়টি বিষয় কি কি ছিল? (মথি ২৭:১৪; ইশাইয়া ৫৩:৭; মথি ২১:২৪; মথি ২২:১৫-২০, মথি ১২:১৯-২০; ইশাইয়া ৪২:১-৪; লূক ৪:৩০ আয়াতগুলির উপরে ভিত্তি করে)

১)

২)

৩)

৪)

৫)

৬)

৬) প্রত্যাখ্যানের দ্বারা প্রলোভিত হলে ঈসা কিভাবে এক অনন্য উপায়ে প্রতিক্রিয়া দেখিয়েছিলেন? (ইব্রীয় ৪:১৫ আয়াতের উপরে ভিত্তি করে)

৭) কেন ঈসা তাঁর বিরুদ্ধে যারা এসেছিল তাদের আক্রমণ বা ধ্বংস করার প্রয়োজন অনুভব করেননি?

প্রত্যাখ্যানকে আলিঙ্গন

৮) আল্লাহ্‌র পরিকল্পনা দ্বারা, আল্লাহ্‌র মশীহ হিসাবে ঈসার কাজের একটা অপরিহার্য অংশ কি ছিল? (মার্ক ১২:১০, ইত্যাদি এবং ইশাইয়া ৫২:৩-৫ এর উপরে ভিত্তি করে)

৯) আল্লাহ্‌র পরিকল্পনার একটা কেন্দ্রীয় বিষয় কি ছিল? (মার্ক ৮:৩১-৩২ ইত্যাদির উপরে ভিত্তি করে)

হিংসা প্রত্যাখ্যান

১০) মথি ২৬:৫২ এবং ইউহোন্না ১৮:৩৬ অনুযায়ী, ঈসা কি প্রত্যাখ্যান করেন?

১১) লেখক দুরি কিভাবে মথি ১০:৩৪ থেকে "তরবারি আনা" বিষয়টি উপলব্ধি করেছেন?

১২) কোন দৃষ্টিভঙ্গী, ঈসার কিছু কিছু শিষ্যদের হতাশ করেছিল, মশীহ সম্পর্কে যে দৃষ্টিভঙ্গী ঈসা প্রত্যাখ্যান করেছিলেন? (মথি ২২:২১; লূক ১৭:২১; মথি ২০:১৬; মার্ক ১০:৪৩; মথি ২০:২৬-২৭ এর উপরে ভিত্তি করে উত্তর দিন)

১৩) কিভাবে প্রাথমিক জামাত এই শিক্ষাকে সেই সমস্ত খ্রীষ্টানদের উপরে প্রয়োগ করেছিল যারা সৈনিক হয়েছিল?

আপন শত্রুকে ভালবাস

১৪) অন্যদের সাথে কিভাবে আচরণ করতে হবে সেই বিষয়ে ঈসা কি শিক্ষা দিয়েছিলেন?

১) মথি ৫:৩৮-৪২, মন্দের প্রতিশোধের বিষয়ে...

২) মথি ৭:১-৫, অন্যদের বিচার করার বিষয়ে...

৩) মথি ৫:৪৪, শত্রুদের সাথে আচরণের বিষয়ে...

৪) মথি ৫:৫, নম্রতা সম্পর্কে...

৫) মথি ৫:৯, শান্তিস্থাপনকারীদের বিষয়ে...

৬) ১ করিন্থীয় ৪:১১, ইত্যাদি, তাড়নার বিষয়ে...

৭) ১ পিতর ২:২১-২৫, আমাদের উদাহরণের সম্পর্কে...

তাড়নার বিষয়ে নিজেকে প্রস্তুত করা

১৫) এমন কি বিষয় যা অনিবার্য হবে সে সম্পর্কে ঈসা তাঁর অনুসরণকারীদের কি শিক্ষা দিয়েছিলেন? (মার্ক ১৩:৯-১৩, ইত্যাদির উপরে ভিত্তি করে)

১৬) যখন মুহাম্মাদ তার অনুসরণকারীদের হিংসার মাধ্যমে দুঃখকষ্টের প্রতিশোধ নিতে শিখিয়েছিলেন, সেখানে ঈসা কিভাবে তার অনুসরণকারীদের নির্দেশ দিয়েছিলেন? (মার্ক ৬:১১; মথি ১০:১৩-১৪ আয়াতের উপরে ভিত্তি করে)

১৭) ঈসা কখন তিক্ত না হয়ে এগিয়ে যাওয়ার প্রয়োজনীয়তার আদর্শ দেখিয়েছিলেন? (লূক ৯:৫৪-৫৬ আয়াতের উপরে ভিত্তি করে)

১৮) হিংসাত্বকভাবে তাড়িত হবার সময় ঈসা তাঁর শিষ্যদেরকে কোন তিনটি বিষয় করতে শিখিয়েছিলেন? (মথি ১০:১৯-২০, ইত্যাদির উপরে ভিত্তি করে)

১)

২)

৩)

১৯) তাড়নার সম্মুখীন হওয়ার ক্ষেত্রে ঈসার শিষ্যদের কাছে তাঁর চতুর্থ স্বতন্ত্র শিক্ষা কি ছিল? (লূক ৬:২২-২৩ ইত্যাদির উপরে ভিত্তি করে)

২০) নির্যাতিত শিষ্যদের শেখানো পঞ্চম সত্যটি কি ছিল? (১ পিতর ৩:১৪, ইত্যাদির উপরে ভিত্তি করে)

পুনর্মিলন

২১) দুরি উল্লেখ করেছেন যে আদম এবং ইভের গুনাহর তিনটি ফলাফল মানবজাতির উপরে এসেছিল। সেগুলো কি কি ছিল?

২২) মানবজাতির পুনরুদ্ধার এবং আল্লাহ্-মানুষের সম্পর্ককে সুস্থ করার জন্য আল্লাহ্র পরিকল্পনার পরিপূর্ণতা কি?

২৩) প্রত্যাখ্যানের উপরে জয়লাভ করার চাবিকাঠি কি প্রদান করে?

২৪) কিভাবে ঈসা প্রত্যাখ্যানের শক্তিকে পরাজিত করেছিলেন? (ইউহোন্না ৩:১৬ আয়াতের উপরে ভিত্তি করে)

২৫) ক্রুশেতে ঈসার মৃত্যু কোন পুরাতন নিয়মের প্রতীক এবং ভবিষ্যদ্বাণীর দিকে নির্দেশ করে?

২৬) প্রত্যাখ্যানের অবসান ঘটিয়ে, খ্রীষ্টের কোরবানি আমাদের কি প্রদান করেছে?

২৭) রোমীয় ৮ অধ্যায় অনুযায়ী, পুনর্মিলন আর কি কি অতিক্রম করতে পারে?

২৮) ২ করিন্থীয় ৫ অনুযায়ী, আল্লাহ্ আমাদেরকে কোন পরিচর্যা অর্পণ করেছেন যাতে আমরা প্রত্যাখ্যানের শক্তিকে ধ্বংস করতে পারি?

পুনরুত্থান

২৯) মুহাম্মাদ তাঁর শত্রুদের সঙ্গে কি করতে চেয়েছিলেন?

৩০) প্রেরিত ২:৩১-৩৬ অনুযায়ী, খ্রীষ্ট কিভাবে ন্যায়বিচার অর্জন করেছিলেন?

৩১) ফিলিপীয় ২:৪-১০ থেকে লেখক দুরির অন্তর্দৃষ্টি অনুযায়ী, নিজেকে নত করা এবং ক্রুশে নিজেকে উৎসর্গ করার জন্য আল্লাহ্ খ্রীষ্টকে কি অনুমতি দিয়েছেন?

ক্রুশের শিষ্যত্ব

৩২) যখন খ্রীষ্টের শিষ্যেরা 'তাদের ক্রুশ তুলে নেয়' তখন তারা কিভাবে তাদের ক্লেশের অভিজ্ঞতাকে ব্যাখ্যা করে? (মার্ক ৮:৩৪-৩৫ আয়াতের উপরে ভিত্তি করে)

ক্রুশের বিরুদ্ধে মুহাম্মাদ

৩৩) মুহাম্মাদ ক্রুশকে কতটা ঘৃণা করতেন?

৩৪) ইসলাম অনুযায়ী, ঈসা (ইসলামী ঈসা) পৃথিবীতে ফিরে আসার পর কোন সিদ্ধান্তটি অদৃশ্য হয়ে যাবে?

৩৫) ইংরেজ আর্চবিশপ জর্জ কেরি যখন উড়োজাহাজে সৌদি আরবে এসেছিলেন তখন তার কাছে কি অপমানজনক দাবি করা হয়েছিল?

দুয়ার বিভাগের জন্য, অনুগ্রহ করে নিম্নলিখিত পদক্ষেপগুলি অনুসরণ করুন:

১) প্রথমে সমস্ত অংশগ্রহণকারী একসাথে 'ঈসা খ্রীষ্টকে অনুসরণ করার অঙ্গীকারের ঘোষণা এবং দুয়া' আবৃত্তি করে।

২) তারপর সমস্ত অংশগ্রহণকারীদের সাক্ষ্য এবং 'সত্যের মুখোমুখি হওয়ার' আয়াতগুলি পাঠ করা হয়।

৩) এর পরে, সমস্ত অংশগ্রহণকারীরা একসাথে দাঁড়িয়ে "*শাহাদা* পরিত্যাগ এবং *শাহাদার* শক্তি ভাঙার ঘোষণা এবং দুয়া" পাঠ করে।

৪) আরও বিস্তারিত নির্দেশের জন্য, নেতাদের জন্য নির্দেশিকা দেখুন।

৬

ধিম্মা থেকে স্বাধীনতা

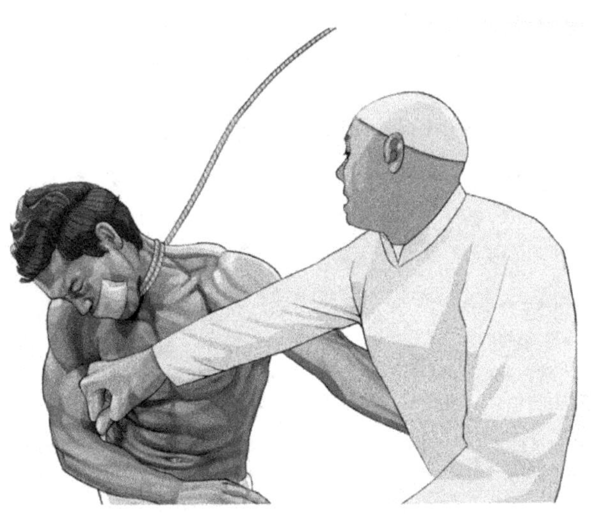

"নতুন নিয়মের মধ্যস্থ ঈসা এবং ছিটানো রক্ত,
যা হাবিলের রক্ত থেকেও উত্তম কথা বলে।"
ইবরাণী ১২:২৪

পাঠের উদ্দেশ্যসমূহ

ক) বিজিত জনগণের উপর মুসলমানদের দ্বারা আরোপিত *যিম্মা* চুক্তির ধর্মতাত্ত্বিক ভিত্তি উপলব্ধি করা।

খ) পরাধীন লোকদের জন্য মুসলমানদের কাছে যে তিনটি বিকল্প রয়েছে এবং "তৃতীয় বিকল্পের" প্রভাব বোঝা।

গ) অমুসলিমদের জন্য *যিম্মা* চুক্তির তাৎপর্য ব্যাখ্যা করা।

ঘ) ইসলামী সাহিত্য এবং প্রত্যক্ষদর্শীদের কাছ থেকে *যিম্মার* পরাধীনতার উদাহরণ বিবেচনা করা।

ঙ) শিরচ্ছেদের মত বার্ষিক আচার-অনুষ্ঠানের মনস্তাত্ত্বিক এবং আধ্যাত্মিক প্রভাব উপলব্ধি করা।

চ) আজ পশ্চিমের দেশগুলোতে কীভাবে *যিম্মার* ধারণা ফিরে আসছে তার উদাহরণগুলি বিবেচনা করা।।

ছ) উপলব্ধি করা কেন কিছু লোককে *যিম্মা* চুক্তি পরিত্যাগ করতে হবে।

জ) ঈসা এবং মুহাম্মাদের মধ্যে প্রত্যাখ্যানের প্রতিক্রিয়া কতটা ভিন্ন ছিল তা সংক্ষেপে পর্যালোচনা করা।

ঝ) উপলব্ধি করা কেন কিছু খ্রীষ্টানদের জন্য *যিম্মা* চুক্তি পরিত্যাগের দুয়ার প্রয়োজন আছে।

ঞ) সংক্ষেপে *যিম্মার* ধারণার নেতিবাচক আধ্যাত্মিক প্রভাব তালিকাভুক্ত করা।

ট) আপনি *শাহাদা* পরিত্যাগ করার জন্য প্রস্তুত হওয়ার সময় ১৫টি নির্দিষ্ট সত্য ঘোষণাকারী আল্লাহ্‌র কালামের আয়াতগুলি নিয়ে আলোচনা করুন (যদি পূর্বের পাঠে ইতিমধ্যেই তা করে না থাকেন)।

ঠ) স্বীকারোক্তির দুয়া এবং ৩৫টি অনন্য ঘোষণা এবং ত্যাগ সহ ত্যাগের দুয়া পাঠ করে *যিম্মা* থেকে আধ্যাত্মিক নাজাতর দাবি করা।

কেস স্টাডিঃ আপনি কি করবেন?

আপনি এবং আপনার বন্ধুদের একটা রিট্রিট সেন্টারে একটা দুয়া সম্মেলনে যোগদানের জন্য আমন্ত্রণ জানানো হয়েছে। আপনি যেতে আগ্রহী এবং আপনি যখন অন্যান্য লোকদের সাথে দেখা করছেন, আপনি মুসলিম পটভূমি থেকে অনেক খ্রীষ্টবিশ্বাসীকে দেখে খুব উত্তেজিত ও আনন্দিত বোধ করছেন।

প্রথম সান্ধ্য অধিবেশনের শেষে, আপনাকে ১০-১২ জনের দলে যোগদান করার জন্য এবং ৩০ মিনিটের জন্য দুয়া করার জন্য নির্দেশ দেওয়া হয়। আপনার দলে অনেক মুসলিম পটভূমির বিশ্বাসী আছে। তাদের মধ্যে বেশ কয়েকজন খোলামেলা এবং তারা বলেছে যে তারা অন্যান্য খ্রীষ্টানদের সাথে যোগদান করতে পেরে কতটা খুশি। যদিও, দলের কিছু খ্রীষ্টানরা বলতে শুরু করে যে তারা কতটা আঘাত, ভয়, লজ্জা এবং এমনকি ঘৃণার শিকার হয়েছে এমন মুসলিমদের কাছ থেকে যারা তাদের নিকৃষ্ট এবং কাফের বলে তাদের সঙ্গে অপব্যবহার করেছে এবং তাদের গ্রামে তাদের একঘরে করে দিয়েছে। প্রাক্তন মুসলিমরা উত্তর দেয়, "আচ্ছা, আমরা এটা শুনে দুঃখিত কিন্তু দয়া করে তাদের ক্ষমা করে দিন; কারণ এই মুসলিমরা সম্ভবত জানত না যে তারা কি করছে"।

আপনি দেখতে পাচ্ছেন যে এই উত্তরটি তাদের কষ্ট দিয়েছে যারা তাদের ব্যথার বিষয়ে ব্যক্ত করেছে। তারা আপনার এবং দলের অন্যদের দিকে ফিরে জিজ্ঞাসা করে, "এটা কি সত্য নয় যে শুধু 'আমি তোমাকে ক্ষমা করছি' বলার চেয়েও এটা অনেক গভীর বিষয়? আমরা তাদের ক্ষমা করে দিয়েছি, কিন্তু আমরা এখনও খুব অস্বস্তি বোধ করি, এমনকি যে কোনো মুসলমানকে দেখে ভয় পাই।" আপনি দেখতে পাচ্ছেন যে এই শেষ কথাগুলি এখন প্রাক্তন মুসলমানদের খুব বিরক্ত করে তুলছে।

এই পরিস্থিতিতে আপনি কি বলবেন আর করবেন?

এই পাঠে আমরা ইসলামী শাসনের অধীনে আসা অমুসলিমদের প্রতি ইসলামের নীতি এবং আচরণ সম্পর্কে বিবেচনা করব। খ্রীষ্টান এবং ইহুদি সহ এই লোকেরা ইসলামে *ধিম্মি* নামে পরিচিত।

ধিম্মা চুক্তি

২০০৬ সালে, যখন পোপ বেনেডিক্ট তার বিখ্যাত রেজেনসবার্গ বক্তৃতা দেন, তখন তিনি বাইজেন্টাইন সম্রাট দ্বিতীয় ম্যানুয়েল প্যালেওলোগাসকে উদ্ধৃত করেন, যিনি মুহাম্মদের "তলোয়ার দ্বারা প্রচারিত বিশ্বাসের প্রচারের হুকুম" সম্পর্কে বলেছিলেন।

পোপের মন্তব্যে মুসলমানদের মধ্যে ক্ষুব্ধ প্রতিক্রিয়া দেখা দিয়েছে। এই ভাষণের পর সারা বিশ্বে দাঙ্গায় প্রায় শতাধিক মানুষ নিহত হয়। সবচেয়ে আকর্ষণীয় প্রতিক্রিয়াগুলির মধ্যে একটা ছিল সৌদি আরবের মহান মুফতি শেখ আব্দুল আজিজ আল-শেখ, যিনি একটা সংবাদ সম্মেলন জারি করেছেন যে ইসলাম হিংসার মাধ্যমে ছড়িয়ে পড়েনি। তিনি যুক্তি দিয়েছিলেন যে ইসলামকে এর জন্য অভিযুক্ত করা ভুল, কারণ কাফেরদের একটা তৃতীয় পছন্দ ছিল। প্রথম বিকল্পটি ছিল ইসলাম, দ্বিতীয়টি ছিল তরবারি এবং তৃতীয়টি ছিল "আত্মসমর্পণ করা এবং কর প্রদান করা, এবং তাদেরকে মুসলমানদের সুরক্ষায় নিজেদের ধর্ম পালন করে তাদের দেশে থাকতে দেওয়া হবে"।

মহান মুফতি তার পাঠকদের কাছে মুহাম্মদের উদাহরণ উল্লেখ করেছেন। তিনি বলেন, 'যারা কোরান এবং *সুন্নাহ* পড়েন তারাই ঘটনাটা বুঝতে পারবেন।

মুফতি যে তিনটি বিকল্পের কথা বলেছেন:

১) ইসলাম গ্রহণ;

২) তলোয়ার – হত্যা করা বা নিজে হত্যা হওয়া; অথবা

৩) ইসলামের শক্তির কাছে আত্মসমর্পণ।

প্রথম দুটি বিকল্প মুহাম্মদের কাছে ফিরে যায়, যে বলেছিল:

> আমাকে (আল্লাহর পক্ষ থেকে) লোকদের বিরুদ্ধে যুদ্ধ করার নির্দেশ দেওয়া হয়েছে যতক্ষণ না তারা সাক্ষ্য দেয় যে, আল্লাহ ছাড়া আর কারো উপাসনা করার অধিকার নেই এবং মুহাম্মদ আল্লাহর রসূল ··· তাই যদি তারা তা পালন করে তবে তারা আমার থেকে তাদের জান ও মাল রক্ষা করবে ···

যদিও, এই বিষয়টা অন্যান্য বিবৃতি দ্বারা নিয়ন্ত্রিত হয়েছিল যেখানে মুহাম্মদ ইসলাম বা তলোয়ার ছাড়াও একটা তৃতীয় বিকল্প দিয়েছিলেন, যা ছিল আত্মসমর্পণ করা এবং *জিজিয়া* কর প্রদান করাঃ

> আল্লাহর নামে ও আল্লাহর পথে যুদ্ধ কর। যারা আল্লাহকে অবিশ্বাস করে তাদের বিরুদ্ধে যুদ্ধ কর। একটা পাক যুদ্ধ শুরু কর ...
> তুমি যখন তোমার শত্রুদের সাথে দেখা কর যারা সহযোগী, তাদের তিনটি কাজের জন্য আমন্ত্রণ জানাও।
> যদি তারা এগুলোর যেকোনো একটাতে সাড়া দেয়, তুমি তা মেনে নাও এবং তাদের কোনো ক্ষতি করা থেকে নিজেকে বিরত রাখবে।
> তাদেরকে ইসলামের দাওয়াত দাও; যদি তারা এতে সাড়া দেয়, তবে তাদের কাছ থেকে তা গ্রহণ কর এবং তাদের বিরুদ্ধে যুদ্ধ করা থেকে বিরত থাক...
> তারা ইসলাম গ্রহণ করতে অস্বীকার করলে তাদের কাছ থেকে *জিজিয়া* দাবি কর।
> যদি তারা অর্থ দিতে রাজি হয় তবে তাদের কাছ থেকে তা গ্রহণ কর এবং নিজের হাত বিরত রাখ।
> যদি তারা কর দিতে অস্বীকার করে তবে আল্লাহর সাহায্যের জন্য দুয়া কর এবং তাদের সাথে যুদ্ধ কর।

জিজিয়া প্রদানের প্রয়োজনীয়তাও কোরানের একটা আয়াতের উপর ভিত্তি করে:

> তোমরা যুদ্ধ কর আহলে-কিতাবের ঐ লোকদের সাথে, যারা আল্লাহ ও রোজ হাশরে ঈমান রাখে না, আল্লাহ ও তাঁর রসূল যা হারাম করে দিয়েছেন তা হারাম করে না এবং গ্রহণ করে না সত্য ধর্ম, যতক্ষণ না করজোড়ে তারা জিযিয়া প্রদান করে। (Q ৯:২৯)

যে সম্প্রদায়গুলি ইসলামী শাসনের কাছে আত্মসমর্পণ করেছে তারা ইসলামিক আইন দ্বারা একটা *ধিম্মা* চুক্তি গ্রহণ করেছে বলে বিবেচিত হয়, যা আত্মসমর্পণের একটা চুক্তি যেখানে অমুসলিম সম্প্রদায় দুটি বিষয়ে সম্মত হয়: ১) মুসলমানদের বার্ষিক *জিজিয়া* প্রদান, এবং ২) অপমানিত হওয়া বা নিজেদেরকে 'ছোট করা', পরাজিত ও নম্রতার মনোভাব গ্রহণ করা।

মুসলিম ভাষ্যকার ইবনে কাথির তার Q ৯:২৯ -এর ভাষ্যে বলেছেন যে "মুসলিমদেরকে *ধিম্মার* লোকদের সম্মান করার বা তাদের মুসলমানদের উপরে উন্নীত করার অনুমতি দেওয়া হয় না, কারণ তারা দুঃখী, অপমানিত এবং মর্যাদাহীন"। তিনি বলেছেন, এই অধঃপতন অবস্থা, "তাদের ক্রমাগত অবমাননা, অবক্ষয় এবং অসম্মানের" নিশ্চয়তা *শরিয়া* আইন দ্বারা নিশ্চিত করা হবে।

ধিম্মা চুক্তিতে সম্মত হওয়ার বিনিময়ে, *শরিয়া* অমুসলিমদেরকে তাদের পরাজিত করার আগে যে ধর্মটি ছিল তা রাখার অনুমতি দেয়। অমুসলিমরা যারা এই অবস্থার মধ্যে বসবাস করে তারা *ধিম্মি* নামে পরিচিত।

ধিম্মা ব্যবস্থা হল কোরানের দুটি ধর্মতাত্ত্বিক নীতির একটা রাজনৈতিক প্রকাশ:

১) ইসলামের অন্যান্য ধর্মের উপর বিজয়ী হওয়া উচিত:

> তিনিই তাঁর রসূলকে হেদায়েত ও সত্য ধর্মসহ প্রেরণ করেছেন, যাতে একে অন্য সমস্ত ধর্মের উপর জয়যুক্ত করেন। সত্য প্রতিষ্ঠাতারূপে আল্লাহ যথেষ্ট। (Q ৪৮:২৮)

২) মুসলমানদেরকে অবশ্যই সঠিক ও ভুল বিষয়ে ইসলামের শিক্ষা কার্যকর করার ক্ষমতা দেওয়া থাকবেঃ

> তোমরাই হলে সর্বোত্তম উম্মত, মানবজাতির কল্যানের জন্যেই তোমাদের উদ্ভব ঘটানো হয়েছে। তোমরা সৎকাজের নির্দেশ দান করবে ও অন্যায় কাজে বাধা দেবে এবং আল্লাহর প্রতি ঈমান আনবে। ... (Q ৩:১১০)

জিজিয়া

ইসলামি *শরিয়া* আইনে *ধিম্মা* চুক্তি অমুসলিমদেরকে এমন লোক হিসাবে বিবেচনা করে যাদের জীবন নষ্ট হয়ে যেত যদি মুসলমানরা তাদের রেহাই না দিত। এটা একটা প্রাক-ইসলামিক ধারণার দিকে ফিরে যায় যে আপনি যদি কাউকে জয় করেন এবং তাদের বাঁচতে দেন তবে আপনি তাদের মস্তক দাবি করতে পারেন। এই কারণে, ইসলামিক রাষ্ট্রে প্রাপ্তবয়স্ক *ধিম্মি* পুরুষদের দ্বারা দেওয়া বার্ষিক *জিজিয়া* মস্তকের কর, ইসলামিক সূত্রে বর্ণনা করা হয়েছে যে এই কর তারা তাদের রক্তের বিনিময়ে নিজেদের উদ্ধার করার জন্য মুসলমানদের দিত। *জিজিয়া* শব্দের অর্থ 'প্রতিদান', 'ক্ষতিপূরণ' বা 'শ্রদ্ধাঞ্জলি'। মুসলিম অভিধানবিদরা এর অর্থ নিম্নরূপ সংজ্ঞায়িত করেছেন:

> ... যে কর একটা মুসলিম সরকারের মুক্ত অমুসলিমদের কাছ থেকে নেওয়া হয় যার মাধ্যমে তারা অখণ্ডভাবে [*ধিম্মা*/চুক্তি] অনুমোদন করে যা তাদের সুরক্ষা নিশ্চিত করবে, এবং এই কর এটা তাদের হত্যা না করার জন্য একটা ক্ষতিপূরণ।[12]

---

12 এডওয়ার্ড ডব্লুই লেন, *অ্যারাবিক-ইংলিশ লেক্সিকন।*

উনবিংশ শতাব্দীর আলজেরীয় ভাষ্যকার মুহাম্মদ ইবনে ইউসুফ আতফায়িশ Q ৯:২৯-এর উপরে তার ভাষ্যটিতে এই নীতিটি ব্যাখ্যা করেছেন:

> বলা হয় যে: এই কর *[জিজিয়া]* তাদের রক্তের জন্য সন্তুষ্টি। বলা হয় যে তাদের নিহত না হওয়ার জন্য ক্ষতিপূরণ দেওয়ার জন্য এটা যথেষ্ট। এর উদ্দেশ্য হল হত্যা এবং দাসত্বের দায়িত্ব (*ওয়াজিব*) প্রতিস্থাপন করা ... এটা মুসলমানদের সুবিধার জন্য।

অথবা, যেমন উইলিয়াম ইটন ১৭৯৮ সালে প্রকাশিত *তুর্কি সাম্রাজ্যের সমীক্ষায়* এক শতাব্দীরও বেশি আগে ব্যাখ্যা করেছিলেন:

> খ্রীষ্টান প্রজাদের মাথাপিছু কর *[জিজিয়া]*, হিসাবে, যে অর্থের পরিমাণ নেওয়া হয়েছিল, তা এই বিষয়ের ক্ষতিপূরণ হিসাবে দেওয়া হয়েছিল যেন খ্রীষ্টানরা সেই বছর তাদের মাথা নিজেদের শরীরে রাখার অনুমতি লাভ করে।

অসম্মতির জন্য জরিমানা

ইসলামি আইনে, *ধিম্মা* চুক্তির সাথে অসম্মতির কারণে একটা কঠোর শাস্তি প্রয়োগ করা হয়েছে। যদি কোন *ধিম্মা জিজিয়া* কর দিতে বাদ পড়েন, বা *ধিম্মিদের* উপর আরোপিত বিধান মানতে ব্যর্থ হন, তাহলে তার শাস্তি হল যে তার জন্য *জিহাদ* আবার শুরু হয়ে যাবে। এর অর্থ ছিল যুদ্ধের অবস্থা: *ধিম্মিদের* সম্পত্তি লুট করা হবে, নারীদের দাসী করা হবে এবং ধর্ষণ করা হবে এবং পুরুষদের হত্যা করা হবে (বা গলায় তরবারি রেখে ধর্মান্তরিত করা হবে)।

একটা সুনির্দিষ্ট *ধিম্মা* চুক্তির একটা বিখ্যাত উদাহরণ, যা উমরের চুক্তি নামে পরিচিত। এখানে একটা ধারা অন্তর্ভুক্ত যেখানে সিরিয়ার খ্রীষ্টানরা নিজেদের উপর *জিহাদের* এই শাস্তির আহ্বান জানিয়েছেঃ

> নিরাপত্তা এবং সুরক্ষার বিনিময়ে আমরা নিজেদের এবং আমাদের ধর্মের অনুসরণকারীদের বিরুদ্ধে এই শর্তগুলি স্থাপন করি। যদি আমরা এই প্রতিশ্রুতিগুলির মধ্যে কোনটি ভঙ্গ করি যা আমরা আমাদের নিজেদের বিরুদ্ধে আপনার সুবিধার জন্য স্থাপন করি, তবে আমাদের *ধিম্মা* ভঙ্গ হবে এবং আপনি আমাদের সাথে তাই করতে পারবেন যা আপনাকে অমান্যকারী এবং বিদ্রোহের লোকদের সঙ্গেও করতে অনুমতি দেওয়া হয়েছে।

ইবনে কুদামাও একই কথা বলেছেন যে, যদি কোন অমুসলিম *ধিম্মি ধিম্মার* চুক্তির শর্তাবলী মেনে না চলে তবে তারা তাদের জীবন ও সম্পদ হারিয়ে ফেলেঃ

> একজন সুরক্ষিত ব্যক্তি যে তার সুরক্ষা চুক্তি লঙ্ঘন করে, তার মাথার কর *[জিজিয়া]* দিতে অস্বীকার করে বা সম্প্রদায়ের আইনের কাছে নিজেকে সমর্পণ করে… তার ব্যক্তি এবং তার পণ্যগুলিকে হালাল করে তোলে ['বৈধ' – মুসলিমদের জন্য অবাধে হত্যা বা বন্দী করার জন্য উপলব্ধ।]

অনেক *ধিম্মি* সম্প্রদায়ের ইতিহাস গণহত্যা, ধর্ষণ এবং লুটপাটের মত বিষয়ের সাথে জড়িত মর্মান্তিক ঐতিহাসিক ঘটনা দ্বারা চিহ্নিত করা হয়েছে। এগুলি অমুসলিমদের চিরকালের ভীতির মধ্যে রাখে এবং সমগ্র সম্প্রদায়ের উপর *ধিম্মার* মানসিক ও আধ্যাত্মিক বন্ধনকে শক্তিশালী করে। এর দুটি উদাহরণ হলঃ

- ১০৬৬ সালে গ্রানাডার ইহুদীদের সংখ্যা প্রায় ৩,০০০ ছিল, যাদেরকে মুসলমানদের দ্বারা গণহত্যা করা হয়েছিল। পটভূমি ছিল যে স্যামুয়েল হা-নাগিদ নামে একজন ইহুদি, গ্রানাডার প্রধান উজির ছিলেন, যিনি মুসলিম সুলতানের সেবা করতেন। একই অফিসে তার সঙ্গে কাজ করতেন তার ছেলে জোসেফ হা-নাগিদ। এই ইহুদিদের সাফল্যকে *ধিম্মা* শর্তের লঙ্ঘন হিসাবে বিবেচনা করা হয়েছিল, যা অমুসলিমদের মুসলমানদের উপর কর্তৃত্ব প্রয়োগ করতে নিষেধ করে। ইহুদীদের বিরুদ্ধে ধর্মীয় উস্কানিমূলক প্রচারণা শুরু হয়, যেখানে *ধিম্মার* বিধান প্রয়োগের জন্য আপীল করা হয়, যা এই বিষয়টিকে

গণহত্যার দিকে পরিচালিত করে। উত্তর আফ্রিকার আইনবিদ আল-মাঘিলি পরে লিখেছিলেন যে যখনই ইহুদীরা সুলতানের দায়িত্ব পালন করে একটা বিশিষ্ট পদে অধিষ্ঠিত হয়, তখন তারা "তাদের *[ধিম্মি]* মর্যাদার বিরুদ্ধে স্থায়ী বিদ্রোহের অবস্থায় জীবন যাপন করে, যা তারপর থেকে তাদের আর রক্ষা করে না"। অন্য কথায় বললে, তাদের রক্ত ছিল হালাল।

- ১৮৬০ সালে দম্মেশকে ৫০০০ এরও বেশি খ্রীষ্টানকে গণহত্যা করা হয়েছিল। পটভূমি ছিল যে অটোমানরা আনুষ্ঠানিকভাবে *ধিম্মা* আইন বাতিল করেছিল। ইউরোপীয় শক্তির রাজনৈতিক চাপে এটা করা সম্ভব হয়েছিল। দম্মেশকের মুসলিম প্রচারকরা খ্রীষ্টানদের এই উন্নত মর্যাদা দেখে অসন্তুষ্ট হয়েছিল এবং ঘোষণা করেছিল যে খ্রীষ্টানরা আর *ধিম্মি* অনুযায়ী বশ্যতামূলক আচরণ করছে না তাই তাদের সুরক্ষিত মর্যাদা বাজেয়াপ্ত করা হল। এই ফলস্বরূপ গণহত্যাটি জিহাদের যুদ্ধে পরিণত হয়ঃ পুরুষদের হত্যা করা হয়েছিল, নারী ও শিশুদের ক্রীতদাস করা হয়েছিল, বন্দী নারীদের ধর্ষণ করা হয়েছিল এবং সম্পত্তি লুট করা হয়েছিল। কেউ কেউ ইসলামে ধর্মান্তরিত হয়ে নিজেদের প্রাণ বাঁচিয়েছিল।

একটা বিরক্তিকর আচার-অনুষ্ঠান

প্রতিটি প্রাপ্তবয়স্ক পুরুষকে প্রতি বছর *জিজিয়া* কর দিতে হত এবং একটা বিশেষ আচার-অনুষ্ঠান পালন করতে হত। বিংশ শতাব্দী পর্যন্ত সমস্ত মুসলিম বিশ্বে *ধিম্মা* পুরুষদের এই আচার পালন করতে হত।

জিজিয়া কর প্রদানের আচারের মধ্যে একটা শক্তিশালী প্রতীকীতা অন্তর্ভুক্ত ছিল যেখানে একজন মুসলিম একজন *ধিম্মির* ঘাড়ে আঘাত করবে এবং কিছু কিছু সংস্করণ থেকে জানা যায় গলায় দড়ি বেঁধে *ধিম্মিকে* টেনে নিয়ে যাওয়া হবে। এই আচার-অনুষ্ঠানগুলি বোঝায় যে মৃত্যু বা দাসত্ব থেকে পালানোর জন্য *ধিম্মিকে* এই কর দিয়ে তার জীবনের জন্য অর্থ প্রদান করতে হত। আচারটি ছিল শিরশ্ছেদ করে মৃত্যুর একটা আইন যার জন্য *জিজিয়া* প্রদান করে তাদের একটা বার্ষিক প্রতিকার করতে হত যেন তাদের শিরশ্ছেদ না করা হয়।

মুসলিম এবং অমুসলিম উভয় সূত্রই মরক্কো থেকে বুখারা, নবম শতাব্দী থেকে বিংশ শতাব্দী পর্যন্ত এই আচারের বিষয়ে অনেক কিছু উল্লেখ করেছে, । ইয়েমেন এবং আফগানিস্তানের মতো কিছু মুসলিম দেশে ১৯৪০-এর দশকের শেষের দিকে এবং ১৯৫০-এর দশকের গোড়ার দিকে ইহুদীদের ইসরায়েলে চলে যাওয়ার আগে পর্যন্ত এই রীতি চালু ছিল এবং সাম্প্রতিক বছরগুলিতে উগ্র মুসলিমদের দ্বারা এটাকে ফিরিয়ে আনার জন্য অনেক আহ্বান জানানো হয়েছে।

একটা প্রতীকী শিরচ্ছেদ হিসাবে, *জিজিয়া* প্রদানের রীতিকে একটা 'রক্ত চুক্তি' বা 'রক্তের শপথ' (*পাঠ* ২- এ আলোচনা করা হয়েছে) হিসাবে বিবেচনা করা যেতে পারে, যে রীতিতে অংশগ্রহণকারী তাদের মৃত্যুদন্ড কার্যকর করার পদ্ধতিকে অনুকরণ করে নিজের বিরুদ্ধে মৃত্যুকে আহ্বান করে, সেই মৃত্যুদণ্ড তাদের দেওয়া হবে যখন তারা তাদের চুক্তির শর্ত রাখতে ব্যর্থ হবে। এই ধরনের শপথগুলি বহু শতাব্দী ধরে গোপন সমাজ এবং গুপ্ত গোষ্ঠীগুলির দ্বারা মুসলিম দীক্ষা অনুষ্ঠানগুলিতে ব্যবহৃত হয়ে আসছে এবং এই অনুষ্ঠানগুলিতে অংশগ্রহণকারী ব্যক্তিদের বশ্যতা ও আনুগত্যের সাথে আবদ্ধ করার জন্য এই রীতির মধ্যে মানসিক-আধ্যাত্মিক শক্তি রয়েছে।

জিজিয়া প্রথাটি প্রতীকীভাবে *ধিম্মির* সম্মতি দাবি করে যে এতে অংশগ্রহণকারী যদি *ধিম্মা* চুক্তির কোনো শর্ত লঙ্ঘন করে, তাহলে সে নিজের শিরশ্ছেদ করতে সম্মত থাকবে। এটা একটা আত্ম-অভিশাপের কাজ, যা কার্যকরভাবে বলে "আমি যদি আমার চুক্তির কোনো শর্ত ভঙ্গ করি তবে আপনি আমার মাথা কেটে ফেলতে পারেন"। পরবর্তী সময়ে, যদি কোনো *ধিম্মি* তার চুক্তি লঙ্ঘন করে, তাহলে সে ইতিমধ্যেই এই জনসাধারণের আচার-অনুষ্ঠানের মধ্য দিয়ে নিজের বিরুদ্ধে মৃত্যুদণ্ড ঘোষণা করেছে, এবং যদি তাকে হত্যা করা হয় তবে তা তার নিজের পূর্বানুমতি দ্বারা করা হবে।

এই বিভাগে আমরা অমুসলিমদের উপর *ধিম্মা* ব্যবস্থার মানসিক প্রভাব নিয়ে বিবেচনা করব।

বিনম্র কৃতজ্ঞতা

মোটকথা, অমুসলিমদেরকে ইসলামী আইনে এমন মানুষ হিসাবে গণ্য করা হয় যারা মুসলিম বিজয়ীদের কাছ থেকে তাদের জীবন ঋণ হিসাবে পেয়েছে। তাদের থেকে আশা করা হয় যে তারা কৃতজ্ঞতা এবং নম্র হীনমন্যতার মনোভাব গ্রহণ করবে। ইসলামি ভাষ্যকারগণ এই বিষয়ে তাদের লেখাতে স্পষ্টভাবে লিখেছেন।

অনেক *শরিয়া* বিধান অমুসলিমদের উপর হীনমন্যতা এবং দুর্বলতা আরোপ করার জন্য বানানো হয়েছিল। উদাহরণস্বরূপঃ

- শরিয়া আদালতে ধিম্মিদের সাক্ষ্য গ্রহণ করা হতনাঃ এটা তাদের সব ধরনের নির্যাতনের সামনে অসহায় করে তুলেছিল।
- *ধিম্মিদের* বাড়িগুলো মুসলমানদের বাড়ির চেয়ে নিচু করে বানাতে হত।
- *ধিম্মিদের* ঘোড়ায় চড়তে বা মুসলিমদের উপরে মাথা উঠানোর কোন অনুমতি ছিল না।
- *ধিম্মিদেরকে* জনসাধারণের রাস্তায় মুসলমানদের পথ থেকে বের হয়ে যেতে হতো, রাস্তার পাশে চলে যেতে হতো।
- *ধিম্মিদের* আত্মরক্ষার কোনো উপায়ের অনুমতি দেওয়া হয়নি, যা তাদেরকে মুসলমানদের পক্ষে থেকে আসা হিংসার সামনে অসহায় করে তুলেছিল।
- অমুসলিমদের ধর্মীয় প্রতীক বা আচার-অনুষ্ঠান প্রকাশ্যে প্রদর্শন করার কোন অনুমতি ছিল না।
- কোনো নতুন জামাত নির্মাণ করা যেত না এবং ক্ষতিগ্রস্ত জামাতগুলো মেরামত করা যেত না।
- ইসলামের বিষয়ে কোনো সমালোচনা সহ্য করা হত না।
- *ধিম্মিদেরকে* আলাদা পোশাক পরতে হতো, তাদের একটা নির্দিষ্ট ধরনের পোশাক বা নির্দিষ্ট রঙের পোশাক পরতে হত।
- মুসলিম পুরুষরা *ধিম্মি* নারীদের বিয়ে করতে পারত এবং যে কোনো সন্তানকে মুসলমান হিসেবে বড় করতে পারত; যদিও, একজন মুসলিম নারীর জন্য একজন ধিম্মি পুরুষকে বিয়ে করা নিষিদ্ধ ছিল।
- এছাড়াও আরও অনেক আইন ছিল যা অমুসলিম সম্প্রদায়ের উপর অবমাননা এবং বিচ্ছিন্নতা প্রয়োগ করেছিল।

এই ধরনের আইনগুলিকে অমুসলিমদের "ছোট করার" একটা সামাজিক এবং আইনী অভিব্যক্তি হিসাবে প্রকাশ করা হয়েছিল, যেমন কোরানে হুকুম করা হয়েছিল (Q ৯:২৯)।

ধিম্মা প্রথাটি অমুসলিম সম্প্রদায়ের আধিপত্যকে হ্রাস ও হেয় করার জন্য তৈরি করা হয়েছিল। অষ্টাদশ শতাব্দীর মরক্কোর ভাষ্যকার ইবনে আজিবাহ এর উদ্দেশ্যকে রূহের হত্যা হিসাবে বর্ণনা করেছেনঃ

> *[ধিম্মিকে]* তার রূহ, সৌভাগ্য এবং আকাঙ্ক্ষাকে মেরে ফেলতে হুকুম করা হয়েছে। সর্বোপরি তাকে তার প্রাণ, নেতৃত্ব ও সম্মানের ভালোবাসাকে হত্যা করা উচিত। *[ধিম্মিকে]* তার রূহের আকাঙ্ক্ষাকে বদলে দিতে হবে, সম্পূর্ণরূপে বশীভূত হতে হবে। এরপর আর কিছুই তার জন্য

> অসহনীয় হবে না। পরাধীনতা বা পরাক্রমের ব্যাপারে সে সম্পূর্ন উদাসীন হবে। তার কাছে দারিদ্র্য ও সম্পদ একই রকম হবে; প্রশংসা এবং অপমান একই হবে; প্রতিরোধ এবং উৎপাদন একই হবে; হারিয়ে যাওয়া এবং খুঁজে পাওয়া একই হবে। তারপর, যখন সমস্ত জিনিস তার কাছে একই রকম হবে, তখন তার রূহ বশীভূত হবে এবং স্বেচ্ছায় যা দিতে হবে তা দেবে।

হীনমন্যতার মনোবিজ্ঞান

'ধিম্মিত্ব' শব্দটি একটা *ধিম্মা* চুক্তির দ্বারা উৎপন্ন অবস্থার সম্পূর্ণতা বর্ণনা করতে ব্যবহৃত হয়। লিঙ্গবাদ এবং বর্ণবাদের মতো, ধিম্মিত্ব শুধুমাত্র আইনী এবং সামাজিক কাঠামোতে প্রকাশ করা হয় না, তবে কৃতজ্ঞ হীনমন্যতার মনোবিজ্ঞানে এবং সেবা করার ইচ্ছার মধ্যে প্রকাশিত হয়, যা পরাজিত সম্প্রদায় আত্ম-সংরক্ষণের প্রচেষ্টায় গ্রহণ করে।

মহান মধ্যযুগীয় ইবেরিয়ান ইহুদি পণ্ডিত মাইমোনাইডস যেমন বলেছেন, "আমরা বৃদ্ধ এবং যুবক উভয়েই নিজেদেরকে অপমানিত করতে সম্মত হয়েছি ..."; এবং বিংশ শতাব্দীর গোড়ার দিকে, সার্বিয়ান ভূগোলবিদ জোভান সিভিজিক বর্ণনা করেছেন যে কীভাবে ক্ষমতাসীন তুর্কি এবং মুসলিম আলবেনিয়ানদের হাতে হিংসার আন্তঃপ্রজন্মের ভয় বলকান অঞ্চলের খ্রীষ্টান জনগোষ্ঠীকে মনস্তাত্ত্বিকভাবে পরিবর্তন করেছিলঃ

> [তারা] একটা নিকৃষ্ট, দাস শ্রেণী হিসাবে অভ্যস্ত হয়েছিল, যাদের দায়িত্ব হল নিজেদেরকে প্রভুর কাছে গ্রহণযোগ্য করে তোলা, তার সামনে নিজেদের নত করা এবং তাকে খুশি করা। এই মানুষগুলো হয়ে ওঠে ঘনিষ্ঠ, গোপন, ধূর্ত; তারা অন্যদের উপর সমস্ত আস্থা হারায়; তারা ভণ্ডামি এবং হীনমন্যতায় অভ্যস্ত হয়ে ওঠে কারণ তাদের বেঁচে থাকার জন্য এবং হিংসাত্মক শাস্তি এড়ানোর জন্য এগুলো প্রয়োজনীয় ছিল।
>
> তাড়না এবং হিংসার প্রত্যক্ষ প্রভাব প্রায় সমস্ত খ্রীষ্টবিশ্বাসীদের মধ্যে ভয় এবং আতঙ্কের অনুভূতি হিসাবে প্রকাশিত হয় ... মাকিদনীয়ায় আমি লোকেদের বলতে শুনেছিঃ "এমনকি আমাদের স্বপ্নেও আমরা তুর্কি এবং আলবেনীয়দের কাছ থেকে পালিয়ে যাই"।

ধিম্মার নিকৃষ্টতার সাথে সমকক্ষ হওয়াই হল মুসলমানের শ্রেষ্ঠত্ব, যে মুসলমান মনে করে যে ধিম্মিকে বাঁচতে দেওয়া এবং তার সম্পত্তি গ্রহণ করা থেকে বিরত থাকাই হল তাদের উদারতা। খ্রীষ্টান ধর্মে ধর্মান্তরিত একজন ইরানী আমাকে বলেছিলেন, "খ্রীষ্টধর্মকে এখনও নিকৃষ্ট শ্রেণীর মানুষের ধর্ম হিসাবে দেখা হয়। ইসলাম হল মালিক ও শাসকদের ধর্ম; খ্রীষ্টধর্ম দাসদের ধর্ম"।

ধিম্মিত্বের এই বিশ্বদৃষ্টি মুসলমানদের জন্য যতটা ক্ষতিকর, ততটাই অমুসলিমদের জন্য অপমানজনক। মুসলিমরা নিজেদের ক্ষতি করে যখন তারা এমন পরিস্থিতি তৈরি করে যেখানে তাদের সমানভাবে প্রতিদ্বন্দ্বিতা করতে শেখার কোন সম্ভাবনা নেই। অর্থনৈতিক সুরক্ষাবাদের নীতি একটা জাতির অর্থনীতির অবনতি ঘটাতে পারে; একইভাবে *ধিম্মার* ধর্মীয় সুরক্ষাবাদের অর্থ হল মুসলমানরা শ্রেষ্ঠত্বের মিথ্যা অনুভূতির উপর নির্ভর করতে এসেছিল, যা শেষ পর্যন্ত তাদের দুর্বল করে দিয়েছিল এবং তাদের নিজেদের এবং তাদের চারপাশের বিশ্ব সম্পর্কে সঠিক উপলব্ধি অর্জনের ক্ষমতাকে ক্ষতিগ্রস্ত করেছিল।

ধিম্মিত্বের এই পদ্ধতি প্রজন্ম থেকে প্রজন্মে উভয় পক্ষের জীবনে গভীরভাবে অন্তর্নিহিত মনোভাবের একটা ধারণা তৈরি করে। জাতি-ভিত্তিক দাসপ্রথা বিলুপ্ত হওয়ার বহু বছর পরেও যেমন জাতিভেদে বর্ণবাদ চলতে পারে, তেমনি *জিজিয়া* কর একটা দূর অতীতের স্মৃতি হলেও, মুসলিম ও অন্যদের মধ্যে সম্পর্ককে এটা আজও প্রভাবিত করে, এমনকি আধিপত্যও বিস্তার করে।

ধিম্মিত্বের মনস্তত্ত্ব এমনকি সেই সমাজকেও প্রভাবিত করতে পারে যেগুলি কখনও *শরিয়া* শাসনের অধীনে পড়েনি। এটা শিক্ষাগত তদন্তকে পঙ্গু করে দিতে পারে এবং রাজনৈতিক আলোচনার ক্ষতি করতে পারে। উদাহরণস্বরূপ, পশ্চিমা রাজনীতিবিদদের একটা দীর্ঘ তালিকা রয়েছে যারা ইসলামের প্রশংসা করেছে, একে শান্তির ধর্ম বলে ঘোষণা করেছে, একই সাথে কৃতজ্ঞতা প্রকাশ করেছে। প্রশংসা এবং কৃতজ্ঞতার এই ধরনের অভিব্যক্তি হল ইসলামী শাসনের বৈশিষ্ট্যগত *ধিম্মি* প্রতিক্রিয়া।

ধর্মীয় তাড়না এবং *ধিম্মার* প্রত্যাবর্তন

ঊনবিংশ ও বিংশ শতাব্দীতে ইউরোপীয় শক্তিগুলো মুসলিম বিশ্বকে বাধ্য করেছিল *ধিম্মা* ব্যবস্থার অবনমন করতে বা ভেঙে দিতে। যদিও, গত শতাব্দীতে বিশ্বব্যাপী *শরিয়া* আইনের উদ্দীপনা দেখা গেছে। সেই উদ্দীপনার অংশ হিসেবে, *ধিম্মার* আইন ও বিশ্বদৃষ্টি সমগ্র মুসলিম বিশ্বে ফিরে আসছে এবং এর সাথে খ্রীষ্টান এবং অন্যান্য অমুসলিমদের বিরুদ্ধে কুসংস্কার, ভীতি প্রদর্শন এবং বৈষম্যের একটা ক্রমবর্ধমান পরিবেশ তৈরি হয়েছে। একটা উদাহরণ হল পাকিস্তান, যেটি একটা ধর্মনিরপেক্ষ সংবিধানের সাথে একটা জাতি হিসাবে প্রতিষ্ঠিত হয়েছিল, কিন্তু যেটি পরে নিজেকে একটা ইসলামিক রাষ্ট্র হিসাবে ঘোষণা করে, এখানে *শরিয়া* আদালত পুনঃপ্রবর্তিত হয়েছিল এবং একটা ধর্মনিন্দার আইন আনা হয়েছিল যা অমুসলিমদের বিরুদ্ধে বৈষম্য তৈরি করে। *শরিয়া* পুনরুজ্জীবিত করার এই প্রবণতা পাকিস্তানি খ্রীষ্টবিশ্বাসীদের ক্রমবর্ধমান তাড়নাকে পরিচালিত করছে।

আজকের পৃথিবীতে, যেখানেই *শরিয়া* পুনরুজ্জীবিত হয়েছে, সেখানে খ্রীষ্টান এবং অন্যান্য অমুসলিমদের জীবন আরও খারাপ হয়ে গেছে। আজ, পাঁচটি দেশের মধ্যে চারটি দেশ যেখানে খ্রীষ্টানরা নির্যাতিত হয় সেই চারটি দেশই হল মুসলিম দেশ, এবং এই জায়গাগুলিতে খ্রীষ্টানদের নিপীড়নের বিশেষ নিদর্শন, যেমন উপাসনার স্থান নির্মাণের উপর বিধিনিষেধ, যা বৃহত্তর ধর্মের অংশ হিসাবে *ধিম্মার* আইনের উদ্দীপনার দ্বারা সমর্থিত, অর্থ্যাৎ *শরিয়ার* উদ্দীপনার দ্বারা।

এই বিভাগে আমরা *ধিম্মা* চুক্তি পরিত্যাগ করার কারণ এবং এর ক্ষতিকর আধ্যাত্মিক প্রভাব সম্পর্কে বিবেচনা করব।

একটা আধ্যাত্মিক সমাধান

মুহাম্মদের জীবন প্রত্যাখ্যানের গভীর অভিজ্ঞতার দিয়ে গঠিত হয়েছিল, যা একটা আহত রূহ, অপরাধের চেতনা, ভুক্তভোগী হবার মানসিকতা, হিংস্র মনোভাব এবং অন্যদের উপর কর্তৃত্ব করার ইচ্ছার দিকে তাকে পরিচালিত করেছিল। জিহাদের 'প্রচেষ্টা' করার জন্য তাঁর আহ্বান পরিচালিত হয়েছিল তার নিপীড়িত আধ্যাত্মিক অবস্থার কারণে, যা অন্যদের অধঃপতনের মাধ্যমে নাজাত লাভ করতে চেয়েছিল। এর ফল হল অধঃপতনের *ধিম্মা* পদ্ধতি।

উল্টোদিকে, খ্রীষ্টকে প্রত্যাখ্যান করা হয়েছিল, কিন্তু তিনি অপরাধ করতে অস্বীকার করেছিলেন, হিংসা গ্রহণ করতে অস্বীকার করেছিলেন, অন্যদের উপর কর্তৃত্ব করতে অস্বীকার করেছিলেন এবং একটা আহত রূহের জীবন গ্রহণ করতে অস্বীকার করেছিলেন। তার ক্রুশ এবং পুনরুত্থান প্রত্যাখ্যান এবং অন্ধকারের শক্তিকে পরাজিত করেছিল। সেকারণেই খ্রীষ্টানরা *ধিম্মার* উত্তরাধিকার থেকে নাজাত পেতে ক্রুশের দিকে যেতে পারে।

ধিম্মা থেকে নাজাতের সাক্ষ্য

এখানে এমন কিছু লোকের সাক্ষ্য দেওয়া হল যারা *ধিম্মা* চুক্তি পরিত্যাগ করে দুয়া করেছিলেন এবং স্বাধীনতা পেয়েছিলেন।

আন্তঃপ্রজন্মের ভীতি

একজন মহিলা যার সাথে আমি দুয়া করেছি তার জীবনের বিভিন্ন ক্ষেত্রে তিনি ভয়ের কারণে ক্লেশভোগ করেছেন। তার পূর্বপুরুষরা একশ বছর আগে সিরিয়ার দম্মেশকে *ধিম্মি* হিসাবে বসবাস করেছিলেন, যেখানে ১৮৬০ সালে একটা বিখ্যাত খ্রীষ্টান গণহত্যা সংঘটিত হয়েছিল। যখন আমি

তাকে *ধিম্মা* চুক্তি ত্যাগ করে দুয়া করতে উত্সাহিত করি, তখন তার ভয়ের শক্তি ভেঙে যায় এবং তিনি তার দৈনন্দিন জীবনের ভয় থেকে তাৎপর্যপূর্ণভাবে স্বস্তি লাভ করেন।

গণহত্যার উত্তরাধিকার থেকে নাজাত

আর্মেনিয়ান পটভূমির একজন ব্যক্তির পূর্বপুরুষ ছিল যারা গ্রীক নাম গ্রহণ করে এবং স্মরণা হয়ে মিশরে পালিয়ে গিয়ে গণহত্যা থেকে বেঁচে যান। এক শতাব্দীর পরে, এই উদ্বাস্তুদের মধ্যে একজনের ছেলে প্রতিদিন তাড়নামূলক ভয়ের কারণে ভুগছিল। সে সব দরজা-জানালা বন্ধ করে রেখেছেন কিনা তা নিয়ে প্রচণ্ড দুশ্চিন্তা না করে বাড়ি থেকে বেরোতে পারত না। যাইহোক, যখন সে অতীতের গণহত্যার আঘাতের সাথে যুক্ত আন্তঃপ্রজন্মীয় ভয় ত্যাগ করেছিল এবং সে তার নাজাতের জন্য দুয়া করেছিল, তখন সে উল্লেখযোগ্যভাবে আধ্যাত্মিক নিরাময় এবং স্বাধীনতার অভিজ্ঞতা লাভ করেছিল।

মুসলমানদের প্রতি পরিচর্যা কাজে বৃহত্তর কার্যকারিতা

নিউজিল্যান্ডের একজন মহিলা আমাকে জানিয়েছিলেন যে কীভাবে তার মুসলিমদের জন্য পরিচর্যার ধরন রুপান্তরিত হয়েছিল যখন তিনি ধিম্মিত্ব এবং *ধিম্মা* ত্যাগ করেছিলেনঃ

> আমি ব্যক্তিগত সম্পর্কের ক্ষেত্রে ভয় ও আশঙ্কা থেকে শক্তিশালীভাবে মুক্ত হয়েছি এবং আপনার সেমিনারে ধিম্মিত্ব ত্যাগের দুয়া করার পর থেকে আমি মুসলমানদের মধ্যে খুশির খবর প্রচারে অনেক বেশি কার্যকারিতা লাভ করেছি। আমি ১৯৮৯ সাল থেকে মুসলমানদের কাছে খুশির খবর প্রচার করছি … দলের অন্য একজন সদস্য যিনি আপনার সেমিনারে ছিলেন তিনিও ধিম্মিত্ব ত্যাগ করার পরে মধ্যপ্রাচ্যের মহিলাদের কাছে খুশির খবর পৌঁছে দিতে অনেক বেশি কার্যকারিতা খুঁজে পেয়েছেন।

ভয় থেকে সাহসিকতাঃ খুশির খবর প্রচারের প্রশিক্ষণ

আরব-ভাষী খ্রীষ্টানদের একটা দল এই বইটিতে প্রদত্ত দুয়াগুলিকে তাদের প্রস্তুতির অংশ হিসাবে মুসলিমদের কাছে একটা প্রচারের অংশ হিসাবে ব্যবহার করেছিল যারা পর্যটক হিসাবে একটা ইউরোপীয় দেশে সফরে এসেছিল। যদিও এই খ্রীষ্টানরা একটা স্বাধীন দেশে ছিল, তারা স্বীকার করেছিল যে তারা তাদের বিশ্বাস ভাগ করে নেওয়ার সময়ে ভয় অনুভব করেছিল। ধিম্মিত্বের আলোচনা ভয় থেকে নিরাময়ের প্রয়োজনীয়তার জন্য তাদের হৃদয় উন্মুক্ত করেছিল। একজন নেতা ব্যাখ্যা করেছিলেন, “আপনার পক্ষে করা চুক্তির কারণে ভয় আপনার ভিতরে বাস করে”। *ধিম্মা* চুক্তির ব্যাখ্যা নিয়ে আলোচনা করার পর, লোকেরা স্বাধীনতার জন্য দুয়া করেছিল এবং একসাথে *ধিম্মা* চুক্তি ত্যাগ করেছিল। এই অনুষ্ঠানের শেষ দিনে, তাদের মধ্যে একজন এইভাবে মূল্যায়ন লিখেছেন:

> ফলাফল আশ্চর্যজনক ছিল। কোন ব্যতিক্রম ছাড়াই যারা উপস্থিত ছিলেন তারা সকলেই শক্তিশালীভাবে প্রকাশ করেছিলেন যে এটা একটা অপরিহার্য প্রশিক্ষণের বিষয় পরিচর্যার ক্ষেত্রে এবং গভীর নেয়ামত এবং সত্যিকারের স্বাধীনতার একটা কারণ, বিশেষ করে প্রত্যেকেরই *ধিম্মা* চুক্তি পরিত্যাগ করার এবং ঈসার রক্তের মাধ্যমে তাদের চুক্তি ঘোষণা করার সুযোগ ছিল। আল্লাহ্‌র প্রশংসা হোক কারণ এই চুক্তি থেকে ঈসার রক্তে, দুয়ার মাধ্যমে স্বাধীনতা লাভ করা যায়।

একজন কপ্টিক খ্রীষ্টান মুসলমানদের মধ্যে খুশির খবর প্রচারের জন্য স্বাধীনতা ও ক্ষমতা লাভ করেছিল

একজন কপ্টিক খ্রীষ্টান আইনজীবী এই সাক্ষ্য শেয়ার করেছিলেনঃ

> আমি একটা ইসলামী দেশে আমার আইনি ডিগ্রির অর্জনের অংশ হিসাবে চার বছর প্রধান বিষয় হিসাবে *শরিয়া* অধ্যয়ন করেছি। আমি *শরিয়া* আইনের অধীনে খ্রীষ্টানদের অধঃপতন সম্বন্ধে

বিশদভাবে অধ্যয়ন করেছি, *ধিম্মার* বিধান সহ সমস্তকিছু, কিন্তু কিছু একটা বিষয় আমার চরিত্রের উপর এই জাতীয় শিক্ষার ব্যক্তিগত প্রভাব সম্পর্কে আমার বোঝার ক্ষমতার ক্ষেত্রে বাধা সৃষ্টি করছিল। আমি একজন প্রকৃত খ্রীষ্টবিশ্বাসী ছিলাম এবং প্রভু ঈসা খ্রীষ্টকে ভালবাসতাম, কিন্তু আমি আমার মুসলিম বন্ধুদের সামনে তাকে আমার প্রভু হিসাবে ঘোষণা করতে ব্যর্থ হয়েছি, কারণ আমি ভয় পেতাম যে আমি যদি তাদের অনুভূতিতে আঘাত করে ফেলি।

যখন আমি ধিমিত্বের ধারণার একটা উপস্থাপনায় অংশ নিয়েছিলাম তখন আমি অনুভব করেছিলাম যে আমার আধ্যাত্মিক অবস্থা আলোর মধ্যে আনা হচ্ছে, এবং আমার রূহের গভীর হতাশা প্রকাশ করা হচ্ছে। আমি অনেক পরিস্থিতির কথা মনে করছিলাম যখন আমি আনন্দের সাথে মেনে নিয়েছিলাম এবং এমনকি তাদের বিজিত ভূখণ্ডে, আমার পূর্বপুরুষদের ভূমিতে মুসলমানদের শ্রেষ্ঠত্বকে স্বীকার করে নিয়েছিলাম। আমি নিজে দোষী সাব্যস্ত হয়েছি যে বহু বছর ধরে আমি *ধিম্মি* হওয়ার অধঃপতনকে মেনে নিয়েছি এবং জীবন যাপন করেছি। আমি স্বাধীন হবার দুয়া করেছিলাম, এবং অবিলম্বে খ্রীষ্টেতে মহান স্বাধীনতার অভিজ্ঞতা লাভ করেছিলাম।

সেই রাতেই আমি বাড়ি ফিরে এক ঘনিষ্ঠ মুসলিম বন্ধুকে ডাকলাম। আমি তাকে বলেছিলাম যে ঈসা খ্রীষ্ট তাকে ভালবাসেন এবং তিনি তার জন্য ক্রুশে মারা গিয়েছিলেন। তখন থেকে মুসলমানদের প্রতি আমার পরিচর্য্যা কাজ অত্যন্ত কার্যকরী হয়ে উঠেছে এবং আমি তাদের অনেককেই খ্রীষ্টকে তাদের প্রভু এবং ত্রাণকর্তা হিসাবে ঘোষণা করতে দেখেছি।

ধিম্মা চুক্তি পরিত্যাগের কারণ

আপনি বিভিন্ন কারণে এই পাঠে উল্লিখিত বিভিন্ন ঘোষণা এবং দুয়াগুলো ব্যবহার করতে চাইতে পারেন, কিছু পরিস্থিতি নিম্নরূপ হতে পারেঃ

- আপনি বা আপনার পূর্বপুরুষরা ইসলামী শাসনের অধীনে অমুসলিম হিসাবে হয়ত বসবাস করেছেন, এবং একটা *ধিম্মা চুক্তি* গ্রহণ করেছেন, অথবা *জিহাদ* এবং ধিম্মিত্বের নীতি দ্বারা প্রভাবিত পরিস্থিতিতে বসবাস করেছেন।
- আপনার ব্যক্তিগত বা পারিবারিক ইতিহাস মানসিক আঘাতজনিত ঘটনা দ্বারা গভীরভাবে প্রভাবিত হতে পারে, যেমন জিহাদের সাথে সম্পর্কিত হিংসার অভিজ্ঞতা বা অন্যান্য অপব্যবহারের অভিজ্ঞতা যা *ধিম্মা* অবস্থার অধীনে ঘটতে পারে। আপনি হয়তো এই ধরনের ঘটনার কথা শোনেননি, কিন্তু সন্দেহ করতে পারেন যে সেগুলি আপনার পারিবারিক ইতিহাসের একটা অংশ।
- আপনি বা আপনার পূর্বপুরুষরা ইসলামিক *জিহাদের* দ্বারা আশঙ্কার সম্মুখীন হতে পারেন, এবং যদিও প্রকৃতপক্ষে ইসলামের অধীনে বসবাস করার কোনো পারিবারিক ইতিহাস নেই, তবুও যদি আপনি ইসলামের ভয় ও ভীতি থেকে মুক্ত থাকতে চান।
- আপনি বা আপনার পূর্বপুরুষরা হয়ত মুসলমান হিসেবে জীবনযাপন করেছেন এবং আপনি ধিম্মা চুক্তি থেকে এবং এর সমস্ত পরিণতিকে পরিত্যাগ করতে চান।

এই দুয়াগুলি ধিম্মা চুক্তি এবং এর সমস্ত আধ্যাত্মিক পরিণতি বাতিল করার জন্য তৈরি করা হয়েছে, যাতে এটা আপনার জীবনের উপর কোন কর্তৃত্ব না রাখে। এই দুয়াগুলো এই জন্যেও বানানো হয়েছে যেন একটা ইসলামিক রাষ্ট্রে বসবাসকারী একজন *ধিম্মি* হওয়ার কারণে আপনার বা আপনার পূর্বপুরুষদের বিরুদ্ধে করা সমস্ত অভিশাপকে প্রতিরোধ করা যায় ও ভাঙা যায়। আপনি অতীতের জ্ঞানের অভাবের কারণে দুঃখের অনুভূতির সাথেও এই দুয়াগুলি বলতে পারেন এবং আল্লাহ্‌র বাক্যের সত্যের উপরে দৃঢ়ভাবে দাঁড়াতে পারেন। এই দুয়া ধিমিত্বের সমস্ত নেতিবাচক আধ্যাত্মিক প্রভাব থেকে নাজাত দাবি করার জন্য তৈরি করা হয়েছে, যেমনঃ

- আঘাত

- ভয়
- ভয় দেখানো
- লজ্জা
- অপরাধবোধের অনুভূতি
- হীনমন্যতার অনুভূতি
- আত্ম-ঘৃণা এবং আত্ম-প্রত্যাখ্যান
- অন্যদের প্রতি ঘৃণা
- হতাশা
- প্রতারণা
- অপমান
- প্রত্যাহার এবং বিচ্ছিন্নতা
- নীরবতা

আমরা এখন *ধিম্মা* চুক্তি পরিত্যাগ করার জন্য একটা দুয়া সম্পর্কে বিবেচনা করব। এই দুয়াটি খ্রীষ্টানদের মুক্ত করার জন্য তৈরি করা হয়েছে যারা আজ ইসলামিক আধিপত্যের অধীনে বসবাস করছেন, বা যাদের পূর্বপুরুষরা ইসলামিক শাসনের অধীনে বসবাস করেছেন।

সত্যের মুখোমুখি

আপনি যদি আগের পাঠে এটা না করে থাকেন, *ধিম্মা* পরিত্যাগ করার দুয়া পাঠ করার আগে, পাঠ ৫-এর 'সত্যের মুখোমুখি' আয়াতগুলি উচ্চস্বরে পড়ুন।

ধিম্মা ত্যাগ করার এই দুয়াটি সকল অংশগ্রহণকারীদের একসাথে দাঁড়িয়ে উচ্চস্বরে পড়তে হবে।

ধিম্মা পরিত্যাগ এবং এর শক্তি ভাঙার ঘোষণা এবং দুয়া

স্বীকারোক্তির দুয়া

মহব্বতের আল্লাহ্, আমি স্বীকার করি যে আমি গুনাহ করেছি এবং আপনার কাছ থেকে দূরে সরে গেছি। আমি অনুতপ্ত হই এবং আমার পরিত্রাতা এবং প্রভু হিসাবে খ্রীষ্টের কাছে ফিরে যাই। রহমত করে আমাকে বিশেষভাবে মাফ করুন যে কোনো সময় যখন আমি অন্যদের ভয় দেখিয়েছি, এবং অন্যদের উপর হীনমন্যতা বা অপমান আরোপ করতে চেয়েছি। আমার অহংকারের জন্য আমাকে মাফ করুন। যখন আমি অন্যদের গালাগালি করেছি বা আধিপত্য দেখিয়েছি তখন সেই সমস্ত সময়ের জন্য আমাকে মাফ করুন। আমি ঈসার নামে এই সমস্ত জিনিস ত্যাগ করছি।

আমাদের প্রভু ঈসা মশীহের আল্লাহ্ এবং আব্বা, আমি ক্রুশে খ্রীষ্টের দ্বারা জয় করা ক্ষমার উপহারের জন্য আপনার প্রশংসা করি। আমি স্বীকার করছি যে আপনি আমাকে গ্রহণ করেছেন। আমি আপনাকে ধন্যবাদ জানাই যে ক্রুশের মাধ্যমে আমরা আপনার এবং একে অপরের সাথে মিলিত হয়েছি। আমি আজ ঘোষণা করছি যে আমি আপনার সন্তান এবং আল্লাহ্‌র রাজ্যের উত্তরাধিকারী।

ঘোষণা এবং ত্যাগ

আল্লাহ্, আমি আপনার সাথে একমত যে আমি ভয়ের অধীন নই, কিন্তু আপনার মহব্বতের সন্তান। আমি মুহাম্মদের শেখানো ইসলামের দাবি প্রত্যাখ্যান এবং পরিত্যাগ করি। আমি "কোরানের আল্লাহ্‌র" কাছে সকল প্রকার আত্মসমর্পণ ত্যাগ করি এবং ঘোষণা করি যে আমি একমাত্র আমাদের প্রভু ঈসা মশীহের আল্লাহ্‌র ইবাদত করি।

আমি আমার পূর্বপুরুষদের গুনাহর জন্য অনুতপ্ত হয়ে ধিম্মা চুক্তি এবং এর নীতির কাছে আত্মসমর্পণ করছি এবং তাদের গুনাহর জন্য আপনার কাছে মাফি দুয়া করছি।

আমি ইসলামের সম্প্রদায় এবং নীতির কাছে নিজের বা আমার পূর্বপুরুষদের দ্বারা করা সমস্ত আত্মসমর্পণের চুক্তি ত্যাগ ও প্রত্যাহার করছি।

আমি ধিম্মা এবং এর প্রতিটি শর্ত সম্পূর্ণভাবে প্রত্যাখ্যান করি। আমি জিজিয়া কর প্রদানের রীতিতে এবং এর সমস্তকিছুতে ঘাড়ের উপর আঘাত করাকে পরিত্যাগ করছি। আমি বিশেষভাবে এই আচারের প্রতীক শিরচ্ছেদ এবং মৃত্যুর অভিশাপ পরিত্যাগ করছি।

আমি ঘোষণা করছি যে ধিম্মা চুক্তিকে খ্রীষ্টেতে ক্রুশে পেরেক দিয়ে বিদ্ধ করা হয়েছে। ধিম্মা জনসাধারণের প্রদর্শনী হিসাবে প্রকাশ করা হয়েছে, এবং আমার উপর তার কোন ক্ষমতা বা অধিকার নেই। আমি ঘোষণা করছি যে ধিম্মা চুক্তির আধ্যাত্মিক নীতিগুলি খ্রীষ্টের ক্রুশের মাধ্যমে উন্মোচিত, নিরস্ত্র, পরাজিত এবং অপমানিত হয়েছে।

আমি ইসলামের প্রতি কৃতজ্ঞতার মিথ্যা অনুভূতি পরিত্যাগ করছি।

আমি অপরাধবোধের মিথ্যা অনুভূতি পরিত্যাগ করি।

আমি প্রতারণা এবং মিথ্যা পরিত্যাগ করি।

আমি খ্রীষ্টে আমার বিশ্বাস সম্পর্কে নীরব থাকার জন্য সমস্ত চুক্তি পরিত্যাগ করছি।

আমি ধিম্মা বা ইসলাম সম্পর্কে নীরব থাকার জন্য সমস্ত চুক্তি পরিত্যাগ করছি।

আমি কথা বলব এবং আমি চুপ থাকব না।

আমি ঘোষণা করি যে "সত্য আমাকে মুক্ত করবে"[13] এবং আমি খ্রীষ্ট ঈসাতে আমি একজন মুক্ত ব্যক্তি হিসাবে জীবনযাপন করতে পছন্দ করি।

আমি ইসলামের নামে আমার এবং আমার পরিবারের বিরুদ্ধে উচ্চারিত সমস্ত অভিশাপ পরিত্যাগ ও বাতিল করছি। আমি আমার পূর্বপুরুষদের বিরুদ্ধে উচ্চারিত সমস্ত অভিশাপ পরিত্যাগ ও বাতিল করছি।

আমি বিশেষ করে মৃত্যুর অভিশাপকে ভাঙ্গি এবং পরিত্যাগ করি। মৃত্যু, আমার উপরে তোমার কোন ক্ষমতা নেই!

আমি ঘোষণা করছি যে এই অভিশাপের কোন ক্ষমতা আমার উপর নেই।

আমি খ্রীষ্টের নেয়ামতকে আমার আধ্যাত্মিক উত্তরাধিকার হিসাবে দাবি করি।

আমি ভয় দেখানো পরিত্যাগ করছি। আমি খ্রীষ্ট ঈসাতে সাহসী হওয়াকে নির্বাচন করি।

আমি সমস্ত কারসাজি এবং নিয়ন্ত্রণ পরিত্যাগ করি।

আমি সমস্ত অপব্যবহার এবং সহিংসতা পরিত্যাগ করি।

---

13 ইউহোন্না ৮:৩২

আমি ভয় ত্যাগ করি। আমি প্রত্যাখ্যাত হওয়ার ভয় পরিত্যাগ করি। আমি আমার সম্পত্তি এবং সম্পত্তি হারানোর ভয় পরিত্যাগ করি। আমি দারিদ্রতার ভয় পরিত্যাগ করি। আমি দাসত্বের ভয় ত্যাগ করি। আমি ধর্ষণের ভয় ত্যাগ করি। আমি বিচ্ছিন্ন হওয়ার ভয় পরিত্যাগ করি। আমি আমার পরিবার হারানোর ভয় পরিত্যাগ করি। আমি হত্যার ভয় এবং মৃত্যুর ভয় পরিত্যাগ করছি।

আমি ইসলামের ভয় ত্যাগ করছি। আমি মুসলমানদের ভয় ত্যাগ করছি।

আমি জনসাধারণের বা রাজনৈতিক কার্যকলাপে জড়িত হওয়ার ভয়কে পরিত্যাগ করি।

আমি ঘোষণা করছি যে ঈসা খ্রীষ্ট সকলের মালিক।

আমি আমার জীবনের প্রতিটি ক্ষেত্রের প্রভু হিসাবে সমস্তকিছু ঈসার কাছে সমর্পণ করি। ঈসা খ্রীষ্ট আমার বাড়ির মালিক। ঈসা খ্রীষ্ট আমার শহরের মালিক। ঈসা খ্রীষ্ট আমার জাতির মালিক। ঈসা খ্রীষ্ট এই দেশের সমস্ত মানুষের মালিক। আমি আমার মালিক হিসাবে ঈসা মশীহের কাছে সমর্পিত হই।

আমি অপমান পরিত্যাগ করি। আমি ঘোষণা করছি যে খ্রীষ্ট আমাকে গ্রহণ করেছেন। আমি তাকে এবং তারই সেবা করি।

আমি লজ্জা ত্যাগ করি। আমি ঘোষণা করছি যে ক্রুশের মাধ্যমে আমি সমস্ত গুনাহ থেকে শুচি হয়েছি। আমার উপর লজ্জার কোন অধিকার নেই এবং আমি গৌরবে খ্রীষ্টের সাথে রাজত্ব করব।

মালিক, মুসলমানদের প্রতি সমস্ত ঘৃণার জন্য আমাকে এবং আমার পূর্বপুরুষদের মাফ করুন। আমি মুসলমানদের এবং অন্য সকলের প্রতি ঘৃণা পরিত্যাগ করি এবং মুসলমানদের এবং এই পৃথিবীর অন্যান্য সমস্ত মানুষের জন্য খ্রীষ্টের ভালবাসা ঘোষণা করি।

আমি জামাতের গুনাহর জন্য এবং জামাতের নেতাদের ভুল সমর্পণের জন্য অনুতপ্ত হই।

আমি বিচ্ছিন্নতাবাদ পরিত্যাগ করি। আমি ঘোষণা করছি যে আমি খ্রীষ্টের মাধ্যমে আল্লাহ্‌র দ্বারা ক্ষমাপ্রাপ্ত এবং গৃহীত। আমি আল্লাহ্‌র সাথে পুনঃমিলিত হয়েছি। জান্নাত বা পৃথিবীর কোন শক্তিই আল্লহার সিংহাসনের সামনে আমার বিরুদ্ধে কোন অভিযোগ আনতে পারবে না।

আমি আমাদের আব্বা এবং আল্লাহ্‌, খ্রীষ্ট যিনি আমার একমাত্র ত্রাণকর্তা, এবং পাক রূহকে যিনি একা আমাকে জীবন দেন, তাদের আমার প্রশংসা ও ধন্যবাদ জানাই।

আমি প্রভু হিসাবে ঈসা মশীহের একটা জীবন্ত সাক্ষী হতে নিজের কাছে প্রতিজ্ঞাবদ্ধ। আমি তার ক্রুশ সম্পর্কে লজ্জিত নই। আমি তার পুনরুত্থানের জন্য লজ্জিত নই।

আমি ঘোষণা করছি যে আমি জীবন্ত আল্লাহ্‌র সন্তান, আব্রাহাম, ইসহাক এবং যাকোবের আল্লাহ্‌র সন্তান।

আমি আল্লাহ্‌র এবং তাঁর মশীহের বিজয় ঘোষণা করছি। আমি ঘোষণা করছি যে আল্লাহ্‌র মহিমার জন্য প্রতিটি হাঁটু নত হবে এবং প্রতিটি জিহ্বা স্বীকার করবে যে ঈসা মশীহ হলেন মালিক।

আমি ধিম্মিত্বের পদ্ধতিতে অংশগ্রহণের জন্য মুসলমানদের প্রতি মাফি ঘোষণা করছি।

আব্বা খুদা, দয়া করে আমাকে ধিম্মা, ধীম্মিত্বের রূহ এবং ধিম্মা চুক্তির সাথে সংযুক্ত প্রতিটি অধার্মিক নীতি থেকে মুক্ত করুন।

আমি এখন দুয়া করি যে আপনি আমাকে আপনার পাক্ রূহে পূর্ণ করুন এবং ঈসা মশীহের রাজ্যের সমস্ত নেয়ামত আমার উপর ঢেলে দিন। আমাকে আপনার কথার সত্যতা পরিষ্কারভাবে বুঝতে এবং আমার জীবনের প্রতিটি ক্ষেত্রে এটা প্রয়োগ করার রহমত দান করুন। আমাকে আশা এবং জীবনের কথা দিন, যেমন আপনি প্রতিজ্ঞা দিয়েছিলেন, এবং আমার ঠোঁটকে নেয়ামত করুন যাতে আমি ঈসার নামে কর্তৃত্ব ও শক্তির সাথে অন্যদের সাথে কথা বলতে পারি। আমাকে খ্রীষ্টের বিশ্বস্ত সাক্ষী হতে সাহস দিন। আমাকে মুসলিম জনগণের প্রতি গভীর ভালবাসা এবং তাদের সাথে খ্রীষ্টের ভালবাসা ভাগ করে নেওয়ার আবেগ দিন।

আমি আমার মালিক এবং নাজাতদাতা ঈসা মসীহের নামে এই বিষয়গুলি ঘোষণা করি এবং দুয়া করি। আমীন।

অধ্যয়নের নির্দেশিকা

পাঠ ৬

শব্দভাণ্ডার

ধিম্মা
ধিম্মি
রেজেন্সবার্গের বক্তৃতা
'তিনটি বিকল্প'
মহান মুফতি
জিজিয়া
ওয়াজিব
জিহাদ
উমরের চুক্তি
হালাল
ধিমিত্ব
শিরশ্ছেদের রীতি
সত্যের মুখোমুখি

নতুন নাম

- পোপ ষোড়শ বেনেডিক্ট (জন্ম ১৯২৭): জার্মানিতে জন্মগ্রহণকারী জোসেফ রেটজিঙ্গার, পোপ ২০০৫ – ২০১৩
- বাইজেন্টাইন সম্রাট দ্বিতীয় ম্যানুয়েল প্যালিওলোগাস (১৩৫০ - ১৪২৫; শাসন করেছিলেন ১৩৯৫ - ১৪২৫)
- শেখ আব্দুল আজিজ আল-শেখ: ১৯৯৯ সাল থেকে সৌদি আরবে মহান মুফতি (জন্ম ১৯৪৩)
- ইবনে কাথির: সিরিয়ার ঐতিহাসিক ও পণ্ডিত (১৩০১ – ১৩৭৩)
- মুহাম্মদ ইবনে ইউসুফ আতফায়িশ: আলজেরিয়ান মুসলিম পণ্ডিত (১৮১৮ – ১৯১৪)
- উইলিয়াম ইটন: তুরস্ক এবং রাশিয়ার ব্রিটিশ গবেষক, ১৭৯৮ সালে তুর্কি সাম্রাজ্যের সমীক্ষা প্রকাশ করেন
- ইবনে কুদামা: ফিলিস্তিনি সুন্নি পণ্ডিত এবং সুফি রহস্যবাদী (১১৪৭ – ১২২৩)
- স্যামুয়েল হা-নাগিদ (৯৯৩-১০৫৫/৫৬) এবং জোসেফ হা-নাগিদ (১০৩৫ – ১০৬৬): গ্রানাডার ইহুদি মহান উজির।
- মুহাম্মাদ আল-মাঘিলি: আলজেরিয়ান পণ্ডিত (আনুমানিক ১৪০০ -১৫০৫)
- ইবনে আজিবাহ: মরক্কোর সুন্নি সুফি পন্ডিত (১৭৪৭ – ১৮০৯)
- মাইমোনাইডস: আইবেরিয়ান সেফার্ডিক ইহুদি পণ্ডিত (১১৩৮ – ১২০৪)
- জোভান সিভিজিক: সার্বিয়ান ভূগোলবিদ এবং নৃতাত্ত্বিকবিদ (১৮৬৫ – ১৯২৭)

এই পাঠে কোরানের যে অংশ ব্যবহৃত হয়েছে

Q ৯:২৯
Q ৪৮:২৮
Q ৩:১১০

পাঠের প্রশ্নাবলি ৬

- কেস স্টাডির আলোচনা।

ধিম্মা চুক্তি

১) বাইজান্টাইন সম্রাট **দ্বিতীয় ম্যানুয়েল প্যালেওলোগস** কোন বিখ্যাত কথাগুলো ঘোষণা করেছিলেন যা **পোপ ষোড়শ বেনেডিক্ট** তার বিখ্যাত ২০০৬ **রেজেন্সবার্গ বক্তৃতায়** উদ্ধৃত করেছিলেন এবং যে কথাগুলির ফলে মুসলিমরা সারা পৃথিবীতে দাঙ্গা শুরু করেছিল, যার ফলে প্রায় ১০০ জনের প্রাণ নিহত হয়েছিল?

২) **মহান মুফতি শেখ আব্দুল আজিজ আল-শেখ** পোপ বেনেডিক্টকে কি সংশোধন দিয়েছিলেন?

৩) অমুসলিমদের জয় করার পরে মুসলিমরা তাদের কোন **তিনটি বিকল্প** প্রদান করত?

৪) লেখক দুরি *সহীহ আল-বুখারি* থেকে একত্বই *হাদিস* উদ্ধৃত করেছেন ("আমাকে হুকুম করা হয়েছে...")। এই উদ্ধৃতি অনুযায়ী আল্লাহর হুকুম কি ছিল?

৫) এরপরে *সহীহ মুসলিম* থেকে লেখক দুরি আরো একটা *হাদিস* অংশ উদ্ধৃত করেনঃ "আল্লাহ্‌র নামে এবং আল্লাহ্‌র পথে লড়াই কর। কাফেরদের বিরুদ্ধে যুদ্ধ কর..." ইসলামে পরাজিত কাফেরদের কোন তিনটি বিকল্প থেকে একটা বেছে নেবার আমন্ত্রণ জানানো হয়েছে?

৬) বিজিত অমুসলিমদের থেকে Q ৯:২৯ কোন দুটি বিষয় দাবি করে?

৭) আত্মসমর্পণের যে চুক্তি ছিল, সেই চুক্তির নাম কি?

৮) সেই সমস্ত অমুসলিমদের কি বলা হয় যারা এই চুক্তির অধীনে জীবন যাপন করতে সম্মত হয়?

৯) কোরানের কোন দুটি নীতি ***ধিম্মার*** ব্যবস্থাকে সমর্থন করে?

জিজিয়া

১০) কেন মুসলিম পণ্ডিতরা ***ধিম্মিদের*** উপর চাপানো বার্ষিক ***জিজিয়া*** করকে তাদের রক্তপাত থেকে উদ্ধার হিসাবে উল্লেখ করে?

১১) ইমাম **আতফায়িশ** বলেছেন, হত্যা এবং দাসত্বের পরিবর্তে ***জিজিয়া*** কর, কার সুবিধার জন্য?

১২) **উইলিয়াম ইটনের** মতে, ***জিজিয়া কর*** কিসের জন্য একটা ক্ষতিপূরণ?

অসম্মতির জন্য জরিমানা

১৩) **উইলিয়াম ইটনের** মতে, ***জিজিয়া কর*** কিসের ক্ষতিপূরণ হিসাবে প্রদান করা হয়?

১৪) ***উমরের চুক্তিতে*** কিসের জন্য ***ধিম্মিদের*** নিজেদের প্রতি আহ্বান জানানোর প্রয়োজন ছিল?

১৫) ইমাম **ইবনে কুদামা** অবাধ্য ***ধিম্মি*** ব্যক্তি এবং দ্রব্যসামগ্রী ***হালাল*** 'জায়েজ' হিসাবে উল্লেখ করে কি বলতে চেয়েছিলেন?

১৬) ***ধিম্মি*** সম্প্রদায়ের ইতিহাসে কোন মর্মান্তিক ঘটনা ঘটেছে?

১৭) কেন ১০৬৬ সালে গ্রানাডার ইহুদীদের হত্যা করা হয়েছিল?

১৮) কেন ১৮৬০ সালে দম্মেশকে খ্রীষ্টানদের গণহত্যা করা হয়েছিল? এই গণহত্যা থেকে বাঁচার জন্য কেউ কেউ কোন পথ অবলম্বন করেছিল?

একটা বিরক্তিকর রীতি

১৯) এই রীতি কি ছিল যে বিষয়ে দুরি বলেছিলেন যা মরোক্কো থেকে বুখারা পর্যন্ত এক হাজার বছরেরও বেশি সময় ধরে ছড়িয়ে পড়েছিল?

২০) এই রীতিটির কি ধরনের অর্থ প্রকাশ করার উদ্দেশ্য ছিল?

২১) এই রীতির মধ্যে দিয়ে যাওয়ার সময় একজন ***ধিম্মি*** কি অভিশাপ দিয়েছিলেন?

২২) এই রীতিতে অংশগ্রহণকারীরা যখন ***জিজিয়া*** কর প্রদান করে তখন তারা নিজেদের বিরুদ্ধে কি আহ্বান করে?

২৩) জিজিয়া কর প্রদানের সময় ***ধিম্মি*** নিজের বিরুদ্ধে কি উচ্চারণ করে?

বিনম্র কৃতজ্ঞতা

২৪) লেখক দুরির মতে, মুসলিমদের প্রতি অমুসলিমদের কোন দুটো মনোভাব গ্রহণ করা উচিত?

২৫) অমুসলিমদের উপরে *শরিয়ার* বিধান দ্বারা আরোপিত নিকৃষ্টতার উদাহরনগুলো লক্ষ্য করুনঃ

- *ধিম্মিদের* সাক্ষ্য
- *ধিম্মিদের* বাড়ি
- *ধিম্মিদের* ঘোড়া

- *ধিম্মিদের* সাধারণ রাস্তায় হাঁটা
- *ধিম্মিদের* আত্মরক্ষা
- *ধিম্মিদের* ধর্মীয় চিহ্ন
- *ধিম্মিদের* জামাতঘর
- *ধিম্মিদের* ইসলাম ধর্মের আলোচনা
- *ধিম্মিদের* পোষাক
- *ধিম্মিদের* বিবাহ

২৬) মুসলিম শাসনের অধীনে বসবাসরত অমুসলিমদের Q ৯:২৯ কি হুকুম করে?

২৭) **ইবনে আজিবাহ** কিভাবে 'তৃতীয় বিকল্পকে' বর্ণনা করেছেন?

হীনমন্যতার মনস্তত্ত্ব

২৮) '**ধিম্মিত্ব**' শব্দটি কি বর্ণনা করে?

২৯) মধ্যযুগীয় আইবেরিয়ান ইহুদী পণ্ডিত, মাইমোনাইদিসের মতে, **ধিম্মিত্ব** *ধিম্মিদের* কি করতে বলে?

৩০) সার্বিয়ান ভূগোলবিদ **জোভান সিভিজিকের** মতে, বলকানের জনসংখ্যার উপর তূর্কীদের দ্বারা চাপিয়ে দেওয়া হিংসাত্বক **ধিম্মিত্ব** মানসিকভাবে কি তৈরি করেছিল?

৩১) খ্রীষ্টান ধর্মে ধর্মান্তরিত একজন ইরানী যিনি মার্ক দুরির সাথে কথা বলেছিলেন তার মতে, খ্রীষ্টান ধর্মের সাথে তুলনায় মুসলমানরা তাদের নিজস্ব ধর্মকে কীভাবে উপলব্ধি করে?

৩২) কেন এই **ধিম্মিত্ব** মুসলিমদেরও ক্ষতি করে?

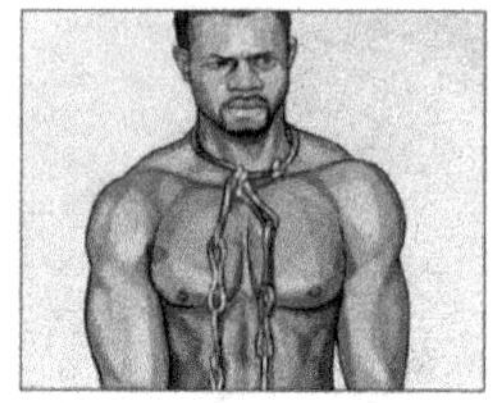

৩৩) লেখক দুরি আমেরিকা যুক্তরাষ্ট্রের কোন ঐতিহাসিক পরিস্থিতির সাথে **ধিম্মিত্বের** তুলনা করেছেন?

৩৪) দুরির মতে, শিক্ষাগত অনুসন্ধান এবং রাজনৈতিক বক্তৃতাকে কোন বিষয় পঙ্গু করে দিয়েছে?

ধর্মীয় তাড়না এবং *ধিম্মার* প্রত্যাবর্তন

৩৫) উনবিংশ এবং বিংশ শতাব্দীতে মুসলিম পৃথিবীকে ***ধিম্মা*** ব্যবস্থা ভেঙ্গে ফেলার জন্য কোন বিষয়টা বাধ্য করেছিল?

৩৬) লেখক দুরির মতে, পাকিস্তানে এবং অন্যান্য আরো অনেক দেশে খ্রিষ্টানদের উপরে ক্রমবর্ধমান অত্যাচারের কারণ কি?

একটা আত্মিক সমাধান

৩৭) মুহাম্মদের প্রত্যাখ্যানের গভীর অভিজ্ঞতার কোন পাঁচটি আত্মিক পরিণতি, লেখক দুরি তালিকাভুক্ত করেছেন?

৩৮) ***জিহাদের*** জন্য মুহাম্মাদের আহ্বানের কোন মূল বিষয়টা পরিচালিত করেছিল?

৩৯) খ্রীষ্ট যখন প্রত্যাখ্যাত হয়েছিলেন তখন তিনি কোন চারটি বিষয় করতে অস্বীকার করেছিলেন?

ধিম্মা থেকে নাজাতর সাক্ষ্য

৪০) দুরি যে পাঁচটি সাক্ষ্য শেয়ার করেছেন এগুলির মধ্যে কোন বিষয়টা একই ধরনের?

ধিম্মা চুক্তি পরিত্যাগের কারণ

৪১) এমন একজন ব্যক্তি যদি দুয়া করতে চায় যে **ধিম্মিত্বের** অধীনে বাস করে বা তার পূর্বপুরুষরা যদি **ধিম্মিত্বের** অধীনে বাস করে তাহলে কোন তিনটি প্রভাব সেই ব্যক্তিকে প্রভাবিত করতে পারে?

৪২) **ধিম্মিত্ব** সম্পর্কে দুয়াটি কোন দুটি বিষয় করার জন্য তৈরি করা হয়েছে?

৪৩) **ধিম্মিত্বের** ১৩টি নেতিবাচক আধ্যাত্মিক প্রভাবের তালিকাটি দেখুন। আল্লাহ্‌র কালামের সত্যের উপরে ভিত্তি করে প্রস্তুত এই দুয়া এই প্রভাবগুলোকে কি করতে পারে?

দুয়ার বিভাগের জন্য, অনুগ্রহ করে নিম্নলিখিত পদক্ষেপগুলি অনুসরণ করুন:

১) পাঠ ৫-এ **সত্যের মুখোমুখি** অংশের আয়াতগুলি সমস্ত অংশগ্রহণকারীদের কাছে উচ্চস্বরে পড়া হয়, যদি তারা সেই পঞ্চম পাঠটি করার সময় আয়াতগুলো ইতিমধ্যে না পড়ে থাকে।

২) এর পরে, সমস্ত অংশগ্রহণকারীরা একসাথে দাঁড়িয়ে '*ধিম্মা* ত্যাগ করার এবং এর শক্তি ভাঙার ঘোষণা এবং দুয়া' পাঠ করে।

৩) আরও বিস্তারিত নির্দেশাবলীর জন্য, নেতাদের জন্য নির্দেশিকা দেখুন।

৭

মিথ্যা, ভ্রান্ত শ্রেষ্ঠত্ব এবং অভিশাপ

"মরণ ও জীবন জিহ্বার অধীন; যারা তা ভালবাসে,
তারা তার ফল ভোগ করবে।"
মেসাল ১৮:২১

পাঠের উদ্দেশ্যসমূহ

ক) অন্যকে মিথ্যা বলার এবং প্রতারণা করার ইসলামের অনুমতি বিবেচনা করা এবং প্রত্যাখ্যান করা।

খ) আপনার ইসলামিক প্রতারণা পরিত্যাগ করার জন্য প্রস্তুত হওয়ার সময় ২০টি নির্দিষ্ট সত্য ঘোষণাকারী শাস্ত্রীয় আয়াতগুলি বিবেচনা করা।

গ) আটটি অনন্য ঘোষণা এবং ত্যাগ সহ ত্যাগের দুয়া পাঠ করে প্রতারণা থেকে আধ্যাত্মিক নাজাত দাবি করা।

ঘ) এক ব্যক্তির উপর অন্য ব্যক্তির শ্রেষ্ঠত্বের জন্য ইসলামের ইচ্ছাকে বিবেচনা করা এবং প্রত্যাখ্যান করা।

ঙ) আপনার ইসলামী শ্রেষ্ঠত্ব পরিত্যাগ করার জন্য প্রস্তুতি নেবার সময় নির্দিষ্ট সত্য ঘোষণাকারী শাস্ত্রীয় আয়াতগুলি বিবেচনা করা।

চ) ১১টি অনন্য ঘোষণা এবং ত্যাগ সহ ত্যাগের দুয়া পাঠ করে মিথ্যা শ্রেষ্ঠত্ব থেকে আধ্যাত্মিক নাজাত দাবি করা।

ছ) মসজিদে একসাথে কাফেরদের অভিশাপ দেওয়ার বিপুল সংখ্যক উপাসকদের ইসলামিক আচার-অনুষ্ঠান বিবেচনা করা।

জ) ইসলামে অভিশাপের বিভিন্ন মনোভাবগুলোকে লক্ষ্য করা।

ঝ) সংবেদনশীল সংযোগ এবং 'অভিযোগ' লক্ষ্য করুন যা রীতিনীতির-অভিশাপে অংশগ্রহণকারীরা অনুভব করতে পারে।

ঞ) আপনার ধর্মীয় অভিশাপ পরিত্যাগ করার জন্য প্রস্তুত হওয়ার সাথে সাথে ছয়টি নির্দিষ্ট সত্য ঘোষণাকারী শাস্ত্রীয় আয়াতগুলি বিবেচনা করা।

ট) ১৯টি অনন্য ঘোষণা এবং ত্যাগ সহ ত্যাগের দুয়া পাঠ করে অভিশাপের রীতি থেকে আধ্যাত্মিক স্বাধীনতা দাবি করা।

কেস স্টাডি: আপনি কি করবেন?

আপনি আলেকজান্ডার, স্যামুয়েল এবং পিয়ের নামে তিন খ্রীষ্টান সহকর্মীর সাথে একটা জামাতের মিনিবাসে ভ্রমণ করছেন। আপনি মুসলমানদের মধ্যে সাহাবীত্ব প্রসঙ্গে একটা সম্মেলনের জন্য যাত্রা করছেন। জামাত, পরিবার এবং রাজনীতি সম্পর্কে বিভিন্ন বিষয় শেয়ার করে নেওয়ার পরে, পিয়ের প্রশ্ন করেন যে অনেক মুসলমানরা খ্রীষ্টের বিষয়ে স্বপ্ন দেখছে এবং ইসলামের মধ্যে জঙ্গিদের উত্থান সম্পর্কে অন্যরা কী ভাবছে। এর মানে কি আমরা শেষ সময়ে আছি? যেমন ইহুদিরা যারা ঈসাকে মশীহ হিসাবে অনুসরণ করে তাদের মত ধর্মান্তরিত মুসলমানদের কি সাহাবীত্বের একটা বিশেষ বা পৃথক পথ জানা উচিত?

আলেকজান্ডার কটূক্তি করে বলেন, "কি যে বল!, ধর্মান্তরিত মুসলমানদের কেন ইহুদি বা বৌদ্ধদের থেকে আলাদা কোনো সাহাবীত্বের প্রয়োজন হবে? কখনও কি ঐতিহাসিক জামাত বিভিন্ন ধর্মীয় পটভূমির জন্য বিভিন্ন সাহাবীত্বের প্রস্তাব দিয়েছে? আমরা সবাই কি একই বাইবেল ব্যবহার করি না এবং একই বিশ্বাসসূত্র অনুসরণ করি না? কি প্রমাণ আছে যে মুসলমানরা অন্য কোন ভাবে 'নতুন জন্ম' লাভ করেছে এবং তাদের বিশেষ বাপ্তিস্মমূলক শিক্ষা বা সাহাবীত্বের প্রয়োজন আছে?

স্যামুয়েল এর উত্তরে বলে, "ঈসা প্রতিজ্ঞা করেছিলেন যে প্রত্যেক জানু নত হবে, এবং আমি বিশ্বাস করি তাদের মধ্যে লক্ষ লক্ষ মুসলমান খ্রীষ্টের কাছে আসছে, এবং আমাদের অবশ্যই তাদের বিশেষ মনোযোগের সাথে স্বাগত জানাতে হবে, বিশেষ পারিবারিক জামাতগুলিতে, যেমন আমরা ইহুদিদের সাথে করে থাকি। পৌল এবং পিতর উভয়েই খুশির খবর প্রচারের ক্ষেত্রে ইহুদিদের এবং অইহুদীদের সঙ্গে বিভিন্ন ধরনের পন্থা ব্যবহার করেছিলেন। আমাদের উচিত মুসলমানদের সঙ্গে 'ইহুদি ভাইদের' মতো আচরণ করা এবং তাদের আধ্যাত্মিক চাহিদা পূরণের জন্য একটা বিশেষ সাহাবীত্বের পথ থাকা উচিত।"

পিয়ের তারপর যোগ করেন, "কিন্তু স্যামুয়েল, সমস্ত প্রেরিতরা নতুন নিয়মে উল্লিখিত জামাতগুলোকে সাহাবী তৈরি করার জন্য একই মতবাদ ব্যবহার করেছিলেন। সমস্ত প্রেরিতদের পত্র কি ইহুদী এবং অইহুদীদের উদ্দেশ্যে লেখা নয়? খ্রীষ্টের কাছে আসা মুসলমানদের কেবল সেই বিষয়গুলোই প্রয়োজন যেগুলো অন্য সকলের প্রয়োজনঃ একটা বাপ্তিস্মের কোর্স, বাইবেল থেকে প্রচার, সানডে স্কুলে শিক্ষাদান এবং বাইবেল অধ্যয়ন। প্রকৃতপক্ষে, তাদের বিশেষ যত্ন নেওয়া তাদেরকে আমাদের পূর্ববিদ্যমান গীর্জাগুলিতে একীভূত হতে বাধা দিতে পারে।"

স্যামুয়েল পরবর্তীতে আপনাকে বলেন, "প্রাক্তন মুসলমানদের সাহাবীত্বের বিষয়টাকে আপনি কীভাবে দেখেন?"

আপনি কিভাবে উত্তর দেবেন?

মিথ্যা বলা থেকে স্বাধীনতা

এই বিভাগগুলিতে আমরা মিথ্যার বিষয়ে ইসলামের শিক্ষাকে বিবেচনা করব এবং আমরা মিথ্যাকে পরিত্যাগ করব।

সত্য মহামূল্যবান

যাজক দামানিক, যিনি ইসলামিক *জিহাদের* বিরুদ্ধে কথা বলার জন্য ইন্দোনেশিয়ায় মিথ্যা কারণে বন্দী ছিলেন, তিনি সত্য সম্পর্কে এই কথা বলেছিলেন:

> … যদিও সত্য কঠিন এবং অত্যন্ত ব্যয়বহুল, কিন্তু আমাদের কাছে এর কোন বিকল্প নেই। আমাদেরকে ব্যয়বহুল মূল্য দিতে ইচ্ছুক হতে হবে। এর বিকল্প মানেই সত্যকে বিদায় জানানো। একজন সত্য প্রেমিককে লৌহের মত দৃঢ় ইচ্ছার অধিকারী হতে হবে এবং একই সাথে শুদ্ধ ও স্বচ্ছ হৃদয়ের (কাঁচের মতো) একজন ব্যক্তি হতে হবে এবং অতিরিক্ত কঠিন লড়াই করতে হবে। লোহার ইচ্ছাশক্তি শক্তিশালী; এটা বাঁকানো যাবে না। এটা সত্যের প্রতি তার প্রতিশ্রুতিতে অটল … কাচের হৃদয় এমন একটা ধারণা যা নিজের লুকানো স্বার্থ এবং ব্যক্তিগত স্বার্থসিদ্ধি থেকে পরিষ্কার। কাঁচের মতো, সত্য প্রেমিক সংবেদনশীল এবং এই পৃথিবীর অন্যায় ও মিথ্যার উপর সহজেই ভেঙে পড়ে। এই ভগ্ন-হৃদয় দুর্বলতার লক্ষণ নয়, বরং এটা শক্তি ও সামর্থ্যের লক্ষণ। সে দৃঢ় ইচ্ছাশক্তিসম্পন্ন এবং তার তীক্ষ্ণ মুখ অসত্য এবং তার চারপাশের মিথ্যার মুখের উপরে কথা বলতে সক্ষম। তার হৃদয় স্থির বা শান্ত হতে পারে না। তার হৃদয় সর্বদা অন্যায়ের বিরুদ্ধে লড়াইয়ে পূর্ণ।

আল্লাহ্ যে সত্যবাদী – এটা আমাদের জন্য তাঁর সাথে সম্পর্ক স্থাপনের জন্য মৌলিক একটা বিষয়। আল্লাহ্ সম্পর্কযুক্তঃ তিনি নিজেকে মানবতার সাথে সম্পর্কের মধ্যে আবদ্ধ করেন।

শরিয়া সংস্কৃতি

কোরান এবং ইসলামের শিক্ষা অনুসারে, কিছু নির্দিষ্ট পরিস্থিতিতে মিথ্যা বলা অনুমোদিত। আমরা পাঠ ৩- এ দেখেছি যে ইসলামে মিথ্যা বলা অনুমোদিত এবং কখনও কখনও বাধ্যতামূলক।

এমনকি কোরানে আল্লাহকে প্রতারক বলা হয়েছে, যে মানুষকে বিপথে নিয়ে যাচ্ছেঃ

> অতঃপর আল্লাহ যাকে ইচ্ছা, পথঃভ্রষ্ট করেন এবং যাকে ইচ্ছা সৎপথ প্রদর্শন করেন। তিনি পরাক্রান্ত, প্রজ্ঞাময়। (Q ১৪:৪)

শরিয়া আইন অনুমোদন করে এমন মিথ্যার প্রকারগুলির মধ্যে রয়েছেঃ

- যুদ্ধের সময়ে মিথ্যা বলা
- স্বামীর স্ত্রীকে মিথ্যা বলা
- কাউকে রক্ষা করার জন্য মিথ্যা বলা
- *উম্মাহকে* রক্ষা করার জন্য মিথ্যা বলা
- আত্মরক্ষামূলক মিথ্যা *(তাকিয়া)* যখন মুসলমানরা বিশ্বাস করে যে তারা বিপদে আছেঃ এই ক্ষেত্রে একজন মুসলমানকে তাদের বিশ্বাসকে অস্বীকার করার অনুমতি দেওয়া হয় (Q ১৬:১০৬)।

এই ধর্মীয় মূল্যবোধগুলো গভীরভাবে ইসলামী সংস্কৃতিকে প্রভাবিত করেছে।

সত্যের মুখোমুখি

ইসলামের বিপরীতে, একজন খ্রীষ্টবিশ্বাসীর তার বিশ্বাস অস্বীকার করার অনুমতি নেইঃ

> অতএব যে কেহ মনুষ্যদের সাক্ষাতে আমাকে স্বীকার করে, আমিও আপন জান্নাতস্থ পিতার সাক্ষাতে তাহাকে স্বীকার করিব। কিন্তু যে কেহ মনুষ্যদের সাক্ষাতে আমাকে অস্বীকার করে, আমিও আপন জান্নাতস্থ পিতার সাক্ষাতে তাহাকে অস্বীকার করিব। (মথি ১০:৩২-৩৩)

ঈসা বলেছিলেন, “আপনাকে শুধু বলতে হবে ‘হ্যাঁ’ বা ‘না’…” (মথি ৫:৩৭)

পয়দাদেশ ১৭ অধ্যায় অনুসারে, আল্লাহ্ ইব্রাহিমের সাথে কী স্থাপন করেন?

আমি তোমার সঙ্গে ও পুরুষানুক্রমে তোমার ভাবী বংশের সঙ্গে যে নিয়ম স্থাপন করবো তা চিরকালের নিয়ম হবে; ফলত আমি তোমার আল্লাহ্ ও তোমার ভাবী বংশের আল্লাহ্ হবো। তুমি এই যে কেনান দেশে প্রবাস করছো, এর সমস্তটাই আমি তোমাকে ও তোমার ভাবী বংশকে চিরস্থায়ী অধিকারের জন্য দেব, আর আমি তাদের আল্লাহ্ হবো। (পয়দাদেশ ১৭:৭-৮)

জবুর শরীফ ৮৯ অধ্যায় অনুসারে, আল্লাহ্ দায়ুদের সাথে কী স্থাপন করেন?

তুমি বলেছ, 'আমি নিজের মনোনীত লোকের সঙ্গে নিয়ম করেছি, নিজের গোলাম দাউদের কাছে এই শপথ করেছি; আমি তোমার বংশকে চিরতরে সংস্থাপিত করবো, বংশ পরম্পরায় তোমার সিংহাসন গাঁথব।' [সেলা।] (জবুর শরীফ ৮৯:৩-৪)

এই দুটি অংশ যা আপনি এইমাত্র পড়েছেন তা দেখায় যে আল্লাহ্ তাঁর লোকেদের সাথে বিশ্বস্ত চুক্তি স্থাপন করেন।

আপনি এই পরবর্তী বাইবেলের অংশগুলো থেকে আল্লাহ্‌র কোন দুটি চারিত্রিক বৈশিষ্ট্য বুঝতে পারেন?

আল্লাহ্ মানুষ নন যে, মিথ্যা বলবেন; তিনি মানুষের-সন্তান নন যে, অনুশোচনা করবেন; তিনি যা বলেছেন তা কি করবেন না? তিনি যে প্রতিশ্রুতি দিয়েছেন, তা কি সিদ্ধ করবেন না? (শুমারি ২৩:১৯)

তোমরা মাবুদের শুকরিয়া কর, কেননা তিনি মঙ্গলময়; —তাঁর অটল মহব্বত অনন্তকালস্থায়ী— (জবুর শরীফ ১৩৬:১)

(যিহুদীদের বিষয়ে বলার সময়ে বলা হয়েছে)...কিন্তু নির্বাচনের সম্বন্ধে পূর্বপুরুষদের জন্য তারা আল্লাহ্‌র প্রিয়পাত্র। কেননা আল্লাহ্ তাঁর দানগুলো সম্বন্ধে ও তাঁর আহ্বান সম্বন্ধে মন পরিবর্তন করেন না। (রোমীয় ১১:২৮-২৯)

...যারা আল্লাহ্‌র মনোনীত তাদের ঈমানের পথে নিয়ে আসতে পারি এবং সত্যের তত্ত্বজ্ঞান দিতে পারি, যে সত্য তাদের আল্লাহ্‌ভক্তির পথে চালিত করে, যে সত্য সেই অনন্ত জীবনের আশাযুক্ত, যিনি কখনও মিথ্যা বলেন না, সেই আল্লাহ্ অনেক কাল আগে যা ওয়াদা করেছিলেন (তীত ১:১-২)

একইভাবে, আল্লাহ্ যখন প্রতিশ্রুত উত্তরাধিকারীদেরকে নিজের অপরিবর্তনীয় উদ্দেশ্য অধিকতর সপষ্টভাবে দেখাবার বাসনা করলেন এবং শপথের দ্বারা তা দৃঢ় করলেন। আল্লাহ্ এরকম করলেন যেন এমন দু'টি অপরিবর্তনীয় ব্যাপার, যে ব্যাপারে মিথ্যা কথা বলা আল্লাহ্‌র পক্ষে অসম্ভব, তা দ্বারা আমরা যারা আশ্রয় পাবার জন্য পালিয়ে গিয়েছি— সেই আমাদের সম্মুখে যে প্রত্যাশা আছে তা অবলম্বন করার জন্য প্রচুর উৎসাহ লাভ করি। (ইবরানী ৬:১৭-১৯)

বরং আল্লাহ্ যেমন বিশ্বাস্য, তেমনি তোমাদের প্রতি আমাদের কথা 'হাঁ' আবার 'না' হয় না। ফলত ইবনুল্লাহ্ ঈসা মসীহ্··· তিনি 'হাঁ' আবার 'না' হন নি, কিন্তু তাঁতেই সবসময় 'হাঁ' হয়েছে; ··· (২ করিন্থীয় ১:১৮-২০)

আল্লাহ্ তার চারিত্রিক বৈশিষ্ট্যের ক্ষেত্রে অপরিবর্তনীয় এবং বিশ্বস্ত। তিনি সবসময় তাঁর কথা রাখেন।

লেবীয় অনুসারে, আল্লাহ্ মানুষের কাছে কী চান?

আর মাবুদ মূসাকে বললেন, তুমি বনি-ইসরাইলদের সমস্ত দলকে বল, তোমরা পাক হও, কেননা আমি মাবুদ তোমাদের আল্লাহ্ পাক। (লেবীয় ১৯:১-২)

বাইবেলের প্রকৃত আল্লাহ্ চান আমরা যেন তাঁর মতো পাক্ হই।

এই পরের তিনটি আয়াত অনুসারে, আমরা কীভাবে আমাদের জীবনে আল্লাহ্‌র পাক্ চরিত্র দেখাব?

কেননা তোমার অটল মহব্বত আমার নয়ন গোচর; আমি তোমার বিশ্বস্ততায় চলে আসছি।[14] (জবুর শরীফ ২৬:৩)

আমি তোমার হাতে আমার রূহ্ তুলে দিই; হে মাবুদ, সত্যের আল্লাহ্, তুমি আমাকে মুক্ত করেছ। (জবুর শরীফ ৩১:৫)

হে মাবুদ, তুমিও আমা থেকে তোমার করুণা রুদ্ধ করো না; তোমার অটল মহব্বত ও তোমার বিশ্বস্ততা সতত আমাকে রক্ষা করুক। (জবুর শরীফ ৪০:১১)

আমরা সত্যবাদী হয়ে এবং সত্যে জীবনযাপন করে আল্লাহার পাক চরিত্রকে অন্যদের সামনে দেখাতে পারি, কারণ আল্লাহ্ সত্য এবং তাঁর কালামের প্রতি বিশ্বস্ত। যদিও ইবলিশ আমাদের হৃদয়ে মিথ্যা ঢুকিয়ে দিতে ভালোবাসে, কিন্তু আল্লাহ্‌র সত্য আমাদের রক্ষা করে।

দায়ুদের এই গীত অনুসারে সত্য আমাদের জীবনে কি করে?

দেখ, জন্মাবধি আমি অপরাধী, মাতার গর্ভে জাত হবার কাল হতেই আমি গুনাহ্‌গার। দেখ, তুমি আন্তরিক সত্যে প্রীত, তুমি
গূঢ় স্থানে আমাকে প্রজ্ঞা শিক্ষা দেবে।
এসব দ্বারা আমাকে গুনাহ্ মুক্ত কর, তাতে আমি পাক হব; আমাকে ধুয়ে ফেল,
তাতে আমি হিমের চেয়ে সাদা হব। (জবুর শরীফ ৫১:৫-৭)

এই জবুর শরীফ আমাদের বলে যে সত্য আমাদের পাক করে।

এই আয়াত অনুসারে, ঈসার জীবন কিসে পরিপূর্ণ ছিল?

…আর আমরা তাঁর মহিমা দেখলাম, যেমন পিতা থেকে আগত একজাতের মহিমা; তিনি রহমতে ও সত্যে পূর্ণ। (ইউহোন্না ১:১৪)

ঈসা সত্যে পূর্ণ ছিলেন।

কিসে আমাদেরকে জীবন যাপন করতে বলা হয়েছে?

কিন্তু যে যা সত্যি তা পালন করে, সে নূরের কাছে আসে, যেন তার কাজগুলো আল্লাহ্‌র ইচ্ছামত সাধিত বলে প্রকাশ পায়। (ইউহোন্না ৩:২১)

আমাদেরকে সত্যে জীবন যাপন করতে বলা হয়েছে।

এই পরের দুটি আয়াত অনুসারে, একমাত্র কিসের মাধ্যমে আমরা আল্লাহ্‌কে জানতে পারি?

আল্লাহ্ রূহ্; আর যারা তাঁর এবাদত করে, তাদেরকে রূহে ও সত্যে এবাদত করতে হবে। (ইউহোন্না ৪:২৪)

ঈসা তাকে বললেন, আমিই পথ ও সত্য ও জীবন; আমার মধ্য দিয়ে না আসলে কেউ পিতার কাছে আসতে পারে না। (ইউহোন্না ১৪:৬)

ঈসা আমাদের বলছেন যে আমরা কেবল সত্যের মাধ্যমে আল্লাহ্‌র কাছে আসতে পারি। (ইঞ্জিলে, ঈসা ৭৮ বার "আমি তোমাকে সত্য বলছি" বলেছেন।)

পৌলের লেখা এই অংশে উল্লেখ করা হয়েছে যে খ্রীষ্টকে অনুসরণ করার সাথে কোন বিষয়টা বেমানান?

---

14 এখানে যে শব্দটিকে "বিশ্বস্ততা" বলে অনুবাদ করা হয়েছে তার অর্থ "সত্য"ও হতে পারে।

> আমরা এটা বুঝি যে, শরীয়ত সৎ লোকের জন্য দেওয়া হয় নি, কিন্তু যারা আইন অমান্যকারী ও অবাধ্য, আল্লাহ্‌বিহীন ও গুনাহ্‌গার, নাপাক ও ভক্তিহীন, পিতৃহন্তা ও মাতৃহন্তা, নরহন্তা, জেনাকারী, পুঙ্গামী, গোলাম ব্যবসায়ী, মিথ্যাবাদী, মিথ্যা শপথকারী, তাদের জন্য শরীয়ত দেওয়া হয়েছ; আর যা কিছু নিরাময় শিক্ষার বিপরীত, তার জন্যও শরীয়ত দেওয়া হয়েছে। সেই শিক্ষা পরম ধন্য আল্লাহ্‌র সেই গৌরবের ইঞ্জিল অনুসারে, যা আমার হাতে ন্যস্ত করা হয়েছে। (১ম তিমথীয় ১:৯-১১)

পৌল ব্যাখ্যা করছেন যে মিথ্যা বলা খ্রীষ্টকে অনুসরণ করার সাথে সামঞ্জস্যপূর্ণ নয়।

প্রতারণা পরিত্যাগ করার এই দুয়াটি সকল অংশগ্রহণকারীদের একসাথে দাঁড়িয়ে উচ্চস্বরে পড়তে হবে।

প্রতারণা পরিত্যাগ করার ঘোষণা এবং দুয়া

আমি আপনাকে ধন্যবাদ দিই আব্বা যে আপনি সত্যের আল্লাহ্‌, যে আপনি অন্ধকার রাতে আপনার আলো জ্বালিয়েছেন। আজ আমি অন্ধকারে বাঁচতে নয়, আপনার আলোতে বাস করাকে বেছে নিয়েছি।

আমি যে সমস্ত মিথ্যা কথা বলেছি তার জন্য দয়া করে আমাকে মাফ করুন। আমি তাই প্রায়ই স্বাচ্ছন্দ্যের পথ বেছে নিয়েছি এবং সহজ পথটি বেছে নিয়েছি, সঠিক পথকে আমি অবজ্ঞা করেছি। আমি দুয়া করি আমার ঠোঁটকে সমস্ত অধার্মিকতা থেকে পাক করুন। আমাকে এমন একটা হৃদয় দিন যা সত্য শুনতে আনন্দিত হয় এবং আমার মুখ যেন অন্যদের কাছে সত্য জানাতে প্রস্তুত থাকে।

আমাকে সত্যে সান্ত্বনা লাভ করতে এবং মিথ্যাকে প্রত্যাখ্যান করার সাহস দিন।

আজ আমি আমার দৈনন্দিন জীবনে মিথ্যার ব্যবহার প্রত্যাখ্যান এবং পরিত্যাগ করছি।

আমি ইসলামের সকল শিক্ষাকে প্রত্যাখ্যান করি যা মিথ্যা বলাকে সমর্থন করার জন্য ব্যবহৃত হয়, আমি তাকিয়াও প্রত্যাখ্যান করি। আমি সমস্ত মিথ্যা এবং প্রতারণা থেকে দূরে সরে যাওয়াকে বেছে নিলাম। আমি সত্যে জীবন যাপন করার সিদ্ধান্ত নিলাম।

আমি ঘোষণা করছি যে ঈসা খ্রীষ্ট হলেন পথ, সত্য এবং জীবন। আমি তার সত্যের সুরক্ষায় জীবন যাপন করার সিদ্ধান্ত নিয়েছি।

আমি ঘোষণা করছি যে আমার নিরাপত্তা আপনার মধ্যে রয়েছে এবং সত্য আমাকে মুক্ত করবে।

দয়া করে আমাকে দেখান, স্বর্গীয় আব্বা, কীভাবে আপনার সত্যের আলোতে চলতে হয়। আমাকে কথা বলার বাক্য, এবং আপনার সত্যের উপর ভিত্তি করে চলার পথ দেখান।

আমীন।

ভ্রান্ত শ্রেষ্ঠত্ব থেকে নাজাত

এই বিভাগে আমরা ইসলামের সেই শিক্ষাগুলি বিবেচনা করব যেখানে কিছু মানুষদেরকে অন্যদের চেয়ে শ্রেষ্ঠ বলা হয় এবং আমরা এটাকে বাইবেলের শিক্ষার সাথে তুলনা করব। তারপরে আমরা ভ্রান্ত শ্রেষ্ঠত্বের অনুভূতি ত্যাগ করাকে নির্বাচন করব।

ইসলামের শ্রেষ্ঠত্বের দাবি

ইসলামে শ্রেষ্ঠত্বের ওপর অনেক জোর দেওয়া হয়েছে; কে 'সেরা'। কোরান বলে যে মুসলমানরা খ্রীষ্টান এবং ইহুদীদের চেয়ে ভালঃ

> তোমরাই হলে সর্বোত্তম উম্মত, মানবজাতির কল্যানের জন্যেই তোমাদের উদ্ভব ঘটানো হয়েছে। তোমরা সৎকাজের নির্দেশ দান করবে ও অন্যায় কাজে বাধা দেবে এবং আল্লাহর প্রতি ঈমান আনবে। আর আহলে-কিতাবরা যদি ঈমান আনতো, তাহলে তা তাদের জন্য মঙ্গলকর হতো। তাদের মধ্যে কিছু তো রয়েছে মুমিন আর অধিকাংশই হলো পাপাচারী। (Q ৩:১১০)

এবং কোরান শিক্ষা দেয় ইসলাম অন্যান্য ধর্মের উপর শাসন করবেঃ

> তিনিই তাঁর রসূলকে হেদায়েত ও সত্য ধর্মসহ প্রেরণ করেছেন, যাতে একে অন্য সমস্ত ধর্মের উপর জয়যুক্ত করেন। সত্য প্রতিষ্ঠাতারূপে আল্লাহ যথেষ্ট। (Q ৪৮:২৮)

ইসলামে নিজেকে নিকৃষ্ট মনে করা লজ্জাজনক। মুহাম্মদের অনেক হাদিস আছে যেগুলো শ্রেষ্ঠত্বের উপর অনেক জোর দিয়েছে। উদাহরণ স্বরূপ, মুহাম্মাদ আল-তিমিরধি কর্তৃক বর্ণিত একটা হাদিসে মহাম্মাদ ঘোষণা করেছে যে সে অন্য সকল মানুষের চেয়ে শ্রেষ্ঠ ছিলঃ

> কিয়ামতের দিন আমি আদমের সন্তানদের প্রভু হব এবং আমি অহংকার করছি না। প্রশংসার পতাকা আমার হাতে থাকবে এবং আমি গর্ব করছি না। সেদিন আদমসহ প্রত্যেক নবী আমার পতাকাতলে থাকবেন। আর আমিই প্রথম যার জন্য পৃথিবী উন্মুক্ত করা হবে [অর্থাৎ প্রথম যে পুনরুত্থিত হবে] এবং আমি গর্ব করছি না।

ইসলাম ধর্ম আরবি সংস্কৃতির উপর গভীর প্রভাব ফেলেছে, এটা এক হাজার বছরেরও বেশি সময় ধরে এই সংস্কৃতিকে গঠন করেছে। আরবি সংস্কৃতিতে, সম্মান এবং লজ্জার ধারণাগুলি অত্যন্ত গুরুত্বপূর্ণ, তাই লোকেরা নিজেদের নিকৃষ্ট মনে করাকে ঘৃণা করে। লোকেরা যখন দ্বন্দ্বে থাকে তারা একে অপরকে অপমান করার চেষ্টা করতে পারে এবং তাদের মধ্যে এক অপরাধের অনুভূতি থেকে কাজ করবে।

যখন কেউ ইসলাম ত্যাগ করে এবং খ্রীষ্টকে অনুসরণ করার সিদ্ধান্ত নেয়, তখন তাদের অবশ্যই সেই মানসিক বিশ্বদৃষ্টি ত্যাগ করতে হবে যেখানে একজন ব্যক্তিকে তার চারপাশের লোকদের থেকে উচ্চতর অনুভব করতে হবে, উচ্চতর অনুভূতি থেকে সন্তুষ্টি অর্জন করা এবং লজ্জিত হওয়ার ভয়কে পরিত্যাগ করতে হবে।

সত্যের মুখোমুখি হওয়া

এদনের বাগানে, সাপটি হবাকে এই বলে প্রলুব্ধ করেছিল যে সে "আল্লাহ্‌র মতো" হয়ে উঠতে পারে এবং এর ভিত্তিতে হবা তাই করেছিল যা সাপ চেয়েছিল। এর ফলে আদম ও হবার পতন ঘটে। শ্রেষ্ঠ হওয়ার আকাঙ্ক্ষার বিপদ সম্বন্ধে এই অংশ থেকে আমরা কী শিখতে পারি?

> নারী সাপকে বললেন, আমরা এই বাগানের সমস্ত গাছের ফল খেতে পারি; কেবল বাগানের মাঝখানে যে গাছটি আছে তার ফলের বিষয় আল্লাহ্‌ বলেছেন, তোমরা তা ভোজন করো না, স্পর্শও করো না, করলে মরবে।
>
> তখন সাপ নারীকে বললো, কোনক্রমে মরবে না; কেননা আল্লাহ্‌ জানেন, যেদিন তোমরা তা খাবে সেদিন তোমাদের চোখ খুলে যাবে, তাতে তোমরা আল্লাহ্‌র মত হয়ে নেকী-বদীর জ্ঞান লাভ করবে। (পয়দাদেশ ৩:২-৫)

উচ্চতর হওয়ার আকাঙ্ক্ষা মানুষের জন্য একটা ফাঁদ: অন্যদের থেকে উচ্চতর হতে চায় এমন লোকেরা এই পৃথিবীতে প্রচুর সমস্যা এবং যন্ত্রণার কারণ হতে পারে।

সময়ে সময়ে ঈসার সাহাবীদের মধ্যে একটা প্রশ্ন উঠেছিল যে তাদের মধ্যে কে সেরা ছিল বা কে সেরা হবে। ইয়াকুব এবং ইউহোন্না জানতে চেয়েছিলেন যে ঈসার রাজ্যে কে সম্মানের স্থান পাবে। ইয়াকুব এবং ইউহোন্নার মতো, সারা বিশ্বের মানুষ সেরা আসন বা সর্বশ্রেষ্ঠ সম্মানের স্থান খোঁজে। এই বিষয়ে ঈসা কি বলেছিলেন?

> পরে সিবদিয়ের দুই পুত্র, ইয়াকুব ও ইউহোন্না, তাঁর কাছে এসে বললেন, হুজুর, আমাদের বাসনা এই, আমরা আপনার কাছে যা যাচ্ঞা করবো, আপনি তা আমাদের জন্য করুন।
>
> তিনি তাঁদেরকে বললেন, তোমাদের বাসনা কি? তোমাদের জন্য আমি কি করবো?
>
> তাঁরা বললেন, আমাদেরকে এই বর দান করুন, যেন আপনি যখন মহিমা লাভ করবেন তখন আমরা এক জন আপনার ডান পাশে, আর এক জন বাম পাশে বসতে পারি।...
>
> এই কথা শুনে অন্য দশ জন ইয়াকুব ও ইউহোন্নার প্রতি বিরক্ত হতে লাগলেন। কিন্তু ঈসা তাঁদেরকে কাছে ডেকে বললেন, তোমরা জান, জাতিদের[15] মধ্যে যারা শাসনকর্তা বলে গণ্য, তারা তাদের উপরে প্রভুত্ব করে এবং তাদের মধ্যে যারা মহান, তারা তাদের উপরে কর্তৃত্ব করে। তোমাদের মধ্যে সেরকম হওয়া উচিত নয়; কিন্তু তোমাদের মধ্যে যে কেউ মহান হতে চায়, সে তোমাদের পরিচারক হবে; এবং তোমাদের মধ্যে যে কেউ প্রধান হতে চায়, সে সকলের গোলাম হবে। কারণ বাস্তবিক ইবনুল-ইনসানও পরিচর্যা পেতে আসেন নি, কিন্তু পরিচর্যা করতে এবং অনেকের পরিবর্তে আপন প্রাণ নাজাতর মূল্যরূপে দিতে এসেছেন। (মার্ক ১০:৩৫-৪৫)

ঈসা এই আকাঙ্ক্ষার জবাব দেন এবং ব্যাখ্যা করে বলেন যে তাঁর সাহাবীরা যদি সত্যিই তাঁকে অনুসরণ করতে চায়, তাহলে তাদের শিখতে হবে কীভাবে অন্যদের সেবা করতে হয়।

নিজেকে উৎকৃষ্ট মনে করার বিপদও অপব্যয়ী পুত্রের গল্প থেকে বেরিয়ে আসে (লুক ১৫:১১-৩২)। 'ভাল' পুত্র নিজেকে উচ্চতর বলে মনে করেছিল এবং দীর্ঘ সময়ে হারিয়ে যাওয়া পুত্রের জন্য উৎসবে সে তার পিতার দলে যোগ দিতে অক্ষম ছিল। এ জন্য তাকে তার বাবা তিরস্কার করেছিল। আল্লাহ্‌র দৃষ্টিতে, প্রকৃত সাফল্যের পথ, অন্যদের সেবা করার চেষ্টা করা, তাদের অবজ্ঞা করা বা তাদের উপর কর্তৃত্ব করা নয়।

ফিলিপীয় ২ অধ্যায়ের এই সুন্দর অনুচ্ছেদে, কিছু মানুষের উপরে কিছু মানুষের শ্রেষ্ঠত্বের পরিপ্রেক্ষিতে এই জগতকে দেখার তাড়না থেকে মুক্ত হওয়ার চাবিকাঠি কী?

> অতএব মসীহে যদি কোন উৎসাহ, মহব্বতের কোন সান্ত্বনা, রূহের কোন সহভাগিতা, কোন স্নেহ ও করুণা থাকে, তবে তোমরা আমার আনন্দ পূর্ণ কর— একই বিষয় ভাব, এক মহব্বতে মহব্বত কর, এক প্রাণ ও এক ভাববিশিষ্ট হও। স্বার্থপর উচ্চাকাঙ্খা কিংবা অহংকারের বশে কিছুই করো না, বরং নম্রভাবে প্রত্যেকে নিজের চেয়ে অন্যকে শ্রেষ্ঠ জ্ঞান কর; এবং প্রত্যেক জন নিজের স্বার্থের দিকে নয় কিন্তু পরের স্বার্থের দিকে লক্ষ্য রাখ।
>
> মসীহ্ ঈসার মধ্যে যে মনোভাব ছিল তা তোমাদের মধ্যেও থাকুক। যিনি আল্লাহ্‌র স্বরূপবিশিষ্ট থাকলেও, আল্লাহ্‌র সঙ্গে সমান থাকা ধরে নেবার বিষয় জ্ঞান করলেন না,কিন্তু নিজেকে শূন্য করলেন, গোলামের রূপ ধারণ করলেন, মানুষের সাদৃশ্যে জন্মগ্রহণ করলেন,

---

15 যীশু এখানে পরজাতীয়দের বিষয়ে উল্লেখ করে সমস্ত পৃথিবীর সমস্ত জাতিগনকে উল্লেখ করতে চেয়েছেনঃ নিজেকে গুরুত্বপূর্ণ বোধ করতে চাওয়া মানুষের একটা সার্বজনীন বৈশিষ্ট্য।

আকার প্রকারে মানুষ হলেন, তিনি নিজেকে অবনত করলেন, মৃত্যু পর্যন্ত, এমন কি, ক্রুশীয় মৃত্যু পর্যন্ত বাধ্য হলেন।

এই কারণে আল্লাহ্ তাঁকে সবচেয়ে উঁচু পদ দান করলেন এবং তাঁকে সেই নাম দান করলেন যা সমুদয় নামের চেয়ে শ্রেষ্ঠ; যেন বেহেশতে, দুনিয়ায় ও পাতালে, প্রত্যেকেই ঈসার নামে হাঁটু পাতে, এবং সমস্ত জিহ্বা যেন স্বীকার করে যে, ঈসা মসীহ্ই প্রভু, এভাবে পিতা আল্লাহ্ যেন মহিমান্বিত হন। (ফিলিপীয় ২:১-১১)

শ্রেষ্ঠত্বের অত্যাচারী বিশ্বদর্শন থেকে নাজাত পাওয়ার চাবিকাঠি হল ঈসা মশীহের উদাহরণ অনুসরণ করা।

ঈসার হৃদয় একেবারে আলাদা। তিনি আধিপত্য করতে নয়, সেবা করাকে বেছে নিয়েছেন। তিনি হত্যা করেননি, তবে অন্যদের জন্য নিজের জীবন দিয়েছেন। খুব ব্যবহারিক উপায়ে, ঈসা দেখিয়েছিলেন নিজেকে নম্র করার অর্থ কীঃ তিনি "নিজেকে শূন্য করলেন" (ফিলিপীয় ২:৭), এমনকি তিনি নিজেকে ক্রুশবিদ্ধ করতে সম্মত হলেন, যা তার সময়ে মানুষের কাছে পরিচিত সবচেয়ে লজ্জাজনক মৃত্যু ছিল।

খ্রীষ্টের প্রকৃত অনুসরণকারীরাও তাই করে। তারা নিজেদেরকে উচ্চতর মনে করে আনন্দ লাভ করে না। সত্যিকারের খ্রীষ্টের অনুসরণকারীরা লজ্জা বা অন্য লোকেরা তাদের বিষয়ে কী ভাবেন তা নিয়ে ভয় পান না, কারণ তারা তাদের ন্যায়বিচার এবং রক্ষা করার জন্য আল্লাহ্র উপর নির্ভর করে।

শ্রেষ্ঠত্বের মিথ্যা অনুভূতিকে পরিত্যাগ করার জন্য এই দুয়াটি সমস্ত অংশগ্রহণকারীদের একসাথে দাঁড়িয়ে উচ্চস্বরে পড়তে হবে।

শ্রেষ্ঠত্ব ত্যাগ করার ঘোষণা এবং দুয়া

আব্বা, আমি আপনার ইবাদত করি, কারণ আমি আশ্চর্যজনকভাবে সৃষ্টি হয়েছি, কারণ আপনিই আমাকে তৈরি করেছেন। আপনাকে ধন্যবাদ যে আপনি আমাকে ভালবাসেন এবং আমাকে আপনার নিজের বলে আহ্বান করেছেন। ঈসা খ্রীষ্টকে অনুসরণ করার বিশেষাধিকার দেওয়ার জন্য আপনাকে ধন্যবাদ।

নিজেকে শ্রেষ্ঠ মনে করার ইচ্ছার জন্য দয়া করে আমাকে মাফ করুন। আমি এই ধরনের ইচ্ছা পরিত্যাগ করি এবং সম্পূর্ণরূপে প্রত্যাখ্যান করি। আমি অন্যদের চেয়ে ভালো বোধ করে নিজে সান্ত্বনা পেতে অস্বীকার করি। আমি স্বীকার করি যে অন্য সবার মতো, আমি একজন গুনাহগার, এবং আমি আপনাকে ছাড়া কিছুই করতে পারব না।

আমি অনুতপ্ত হই এবং একটা শ্রেষ্ঠ সম্প্রদায় বা পটভূমির অন্তর্গত হবার অনুভূতি ত্যাগ করি। আমি স্বীকার করি যে আপনার দৃষ্টিতে সমস্ত মানুষ সমান।

আমি অন্যের প্রতি অবজ্ঞার শব্দ উচ্চারণ করার জন্য এবং অন্যদের প্রত্যাখ্যান করার জন্য অনুতপ্ত, এবং এই সমস্ত শব্দের জন্য আমি আপনার থেকে ক্ষমা চাই।

আমি কারোর জাতি, তাদের লিঙ্গ, তাদের সম্পদ, বা তাদের শিক্ষার কারণে কোন মানুষকে কম ভাবার চিন্তাকে প্রত্যাখ্যান করি।

আমি স্বীকার করি যে এটা শুধুমাত্র আল্লাহ্র দয়ায় আমি আপনার উপস্থিতিতে দাঁড়াতে পারি। আমি সমস্ত জাগতিক বিচার থেকে নিজেকে আলাদা করি, এবং আমাকে উদ্ধার করার জন্য কেবল আপনার দিকে দৃষ্টিপাত করি।

আমি বিশেষভাবে ইসলামের শিক্ষাকে পরিত্যাগ করি যে ঈমানদাররা শ্রেষ্ঠ, ইসলাম মানুষকে সফল করে এবং মুসলমানরা অমুসলিমদের থেকে শ্রেষ্ঠ।

আমি এই দাবি প্রত্যাখ্যান করি এবং ত্যাগ করি যে পুরুষরা মহিলাদের চেয়ে শ্রেষ্ঠ।

আসমানি খুদা, আমি শ্রেষ্ঠত্বের প্রতিটি মিথ্যা অনুভূতি থেকে দূরে সরে যাই এবং পরিবর্তে আমি আপনার সেবা করার সিদ্ধান্ত গ্রহণ করি।

মালিক, আমি অন্যদের সাফল্যেও আনন্দ করার সিদ্ধান্ত গ্রহণ করি। আমি অন্যদের সমস্ত হিংসা ও ঈর্ষা প্রত্যাখ্যান এবং পরিত্যাগ করি।

মালিক, দয়া করে আপনার মধ্যে আমার পরিচয় কি সেই সম্পর্কে আমাকে একটা সঠিক এবং দৃষ্টিভঙ্গী দিন। আপনি আমাকে কিভাবে দেখেন সেই সত্য আমাকে শেখান। আপনি যেভাবে আমাকে তৈরি করেছেন সেভাবেই সন্তুষ্ট থাকতে আমাকে সাহায্য করুন।

আমীন।

অভিশাপ থেকে নাজাত

এই বিভাগগুলিতে আমরা ইসলামে অন্যদের অভিশাপ দেওয়ার অভ্যাসগুলো বিবেচনা করব, এই অভ্যাসটিকে ত্যাগ করার সিদ্ধান্ত গ্রহণ করি এবং আমাদের বিরুদ্ধে করা যে কোনও অভিশাপকে ভেঙে ফেলি।

ইসলামে অভিশাপ

পাঠ ২-এর বিষয়গুলোকে ব্যবহার করে, মুমিনরা দুয়া করার কৌশলগুলি তৈরি করতে পারে যাতে লোকেরা বিভিন্ন ধরণের বন্ধন থেকে মুক্ত হতে পারে, সেই বন্ধন ইসলাম বা অন্য যেকোন উৎস থেকে হোক না কেন। 'নেতাদের জন্য নির্দেশিকা' বিভাগে এই ধরনের দুয়ার কিছু উদাহরণ রয়েছে।

এই বিভাগে আমরা একটা নির্দিষ্ট ইসলামিক আচার-অনুষ্ঠান নিয়ে বিবেচনা করব এবং এটা পরিত্যাগ করার জন্য একটা দুয়া এখানে দেওয়া হবে। এই দুয়াটি তৈরি করা হয়েছিল কারণ একজন মুসলিম পটভূমির খ্রীষ্টবিশ্বাসী আমাকে বলেছিলেন যে এই রীতিটি একজন মুসলিম হিসাবে তার ধর্মীয় অভিজ্ঞতার একটা উল্লেখযোগ্য অংশ ছিল এবং এটা এমন একটা বিষয় ছিল যার মধ্যে তিনি আধ্যাত্মিক শক্তি অনুভব করেছিলেন।

কোরান খ্রীষ্টানদের অভিশাপ দেবার জন্য প্ররোচনা করে যারা খ্রীষ্টকে খুদা হিসাবে স্বীকার করেঃ "এস আমরা বিনীতভাবে দুয়া করি এবং মিথ্যাবাদীদের উপর আল্লাহর অভিশাপ দুয়া করি" (Q ৩:৬১)। তবে *হাদিস*-গুলোতে অভিশাপ সম্পর্কে পরস্পরবিরোধী বক্তব্য রয়েছে। একদিকে, বেশ কয়েকটি *হাদিস* বলে মুহম্মদ ইহুদি বা খ্রিস্টান এবং বিপরীত লিঙ্গের অনুকরণকারী পুরুষ বা মহিলাদের সহ বিভিন্ন শ্রেণীর লোকেদের অভিশাপ দিয়েছেন। অন্যদিকে, এমন *হাদিস* রয়েছে যা অভিশাপ দেওয়ার বিপদের বিরুদ্ধে সতর্ক করে এবং বলে যে মুসলমানদের কখনই একজন সহ মুসলিমকে অভিশাপ দেওয়া উচিত নয়।

এই পরস্পরবিরোধী বিবরণের কারণে, মুসলমানদের জন্য অন্যদের অভিশাপ দেওয়া বৈধ কিনা, তারা কাকে অভিশাপ দিতে পারে এবং এটা করার ইসলামি উপায় কী তা নিয়ে মুসলিম পণ্ডিতদের মধ্যেও ভিন্ন মত রয়েছে। তবুও অমুসলিমদের অভিশাপ ইসলামী সংস্কৃতিতে খুবই সাধারণ বিষয়। ১৮৩৬ সালে এডওয়ার্ড লেন লিখেছিলেন যে মিশরে মুসলিম স্কুল শিশুদেরকে খ্রীষ্টান, ইহুদি এবং অন্যান্য অবিশ্বাসীদের বিরুদ্ধে অভিশাপ পাঠ করা শেখানো হয়।[16]

16 এডওয়ার্ড ডব্লিউ লেন, *অ্যান অ্যাকাউন্ট অফ্ দয়া ম্যানার্স অ্যান্ড কাস্টমস্ অফ্ দয়া মডার্ন ইজিপশিয়ান,* পৃঃ ২৭৬.

রীতির অভিশাপ

আমি বিভিন্ন দেশের প্রাক্তন মুসলমানদের সাথে কথা বলেছি যারা বলেছিল যে মসজিদে লোকদের অভিশাপ দেওয়ার অনুষ্ঠানে যোগ দেওয়ার রীতি তাদের ছিল।

এক বন্ধু এই ঘটনাগুলি বর্ণনা করেছেন, যা মসজিদের ইমামের নেতৃত্বে ঘটেছিল, যিনি জুম্মার নামাজের নেতৃত্ব দিতেন। পুরুষরা "কাঁধে কাঁধ মিলিয়ে" একটা লাইনে দাঁড়াত। ইমামকে অনুসরণ করে, এবং সম্পূর্ণভাবে তেলাওয়াত করত, এবং তারা যাদেরকে ইসলামের শত্রু মনে করত তাদের অভিশাপ দিত। অভিশাপ দেওয়া তাদের রীতি ছিল এবং এগুলোর পুনরাবৃত্তি করা হত। এই বন্ধুটি বলেছিলেন যে অভিশাপকারীরা একটা আবেগপূর্ণ উচ্চ, ঘৃণা এবং উত্তেজনার একটা খুব শক্তিশালী অনুভূতি, একটা তীব্র আধ্যাত্মিক "আক্রমণ" (তাদের দেহের মধ্য দিয়ে প্রবাহিত শক্তির অনুভূতি) অনুভব করত। তার অভিজ্ঞতায়, এই অভ্যাস, পিতা থেকে পুত্রের কাছে হস্তান্তরিত হত এবং এটা এইভাবে তাদের একত্রে বন্ধন করে রাখত। এটা তাকে তার পিতার সাথে এবং তার মাধ্যমে তার পিতামহের সাথে এবং তার আগে অন্যান্য পূর্বপুরুষদের সাথে সংযুক্ত বোধ করাতঃ তারা সবাই ইসলামের জন্য অন্যদের অভিশাপ দেওয়ার জন্য "কাঁধে কাঁধ মিলিয়ে" দাঁড়িয়ে থাকত।

সৌদি আরবের আরেক বন্ধু, এখন একজন খ্রীষ্টান, রোজার মাসে রমজানের একটা নির্দিষ্ট দিনের অপেক্ষায় থাকতেন, যখন হাজার হাজার পুরুষ একসঙ্গে নামাজ পড়ার জন্য মক্কার গ্রেট মসজিদে জড়ো হবে। তিনি সর্বদা উত্তেজনার সাথে সেই মুহূর্তটির জন্য অপেক্ষা করতেন যখন অমুসলিমরা মুসলিম জনতার দ্বারা অভিশাপিত হবে। তিনিও সেই আধ্যাত্মিক "আক্রমণ" অনুভব করেছিলেন যখন তিনি সেই অভিশাপে যোগ দিয়েছিলেন। কাফেরদের অভিশাপ দেওয়ার সময় ইমাম কাঁদতে থাকবেন, এবং উপস্থিত প্রত্যেকে তাদের শক্তি এবং ঘৃণাকে সেই মুহূর্তে কেন্দ্রীভূত করবে, ইমামের অভিশাপের বাক্যকে সমর্থন করবে।

এই ধরনের ঘটনা ঈসার শিক্ষার সাথে সাংঘাতিক ভাবে বিপরীত কারণ ঈসার শিক্ষা অনুযায়ী অভিশাপ দেওয়া নিষিদ্ধ (লুক ৬:২৮): খ্রীষ্টানদের শেখানো হয় অন্যদের অভিশাপ দিতে নয়, কিন্তু অভিশাপের বদলে নেয়ামত ফিরিয়ে দিতে। মুসলিমদের এই ধরনের আচার-অনুষ্ঠান একজন উপাসক এবং ইমামের মধ্যে, সেইসাথে পিতা ও পুত্রের মধ্যে একটা অধার্মিক 'রূহের বন্ধন' স্থাপন করে যখন তারা একসাথে অন্যদের অভিশাপ দেয়। ঈসাকে জানার আগে, অভিশাপ দেওয়ার এই অভিজ্ঞতাগুলি আমার বন্ধুর উপর বড় প্রভাব ফেলেছিল যখন সে ছোট ছিল।

'রূহের বন্ধন' অভিব্যক্তিটির অর্থ কী? এর অর্থ এক ব্যক্তির রূহ অন্যের সাথে সংযুক্ত: তারা একে অপরের থেকে মুক্ত নয়। রূহের বন্ধন হল এমন এক ধরনের খোলা দরজা বা পা রাখার জায়গা, যা আমরা পাঠ ২-এ আলোচনা করিনি। সারমর্মে বলা যেতে পারে, একটা রূহের বন্ধন হল একটা চুক্তি যা দুই ব্যক্তিকে একত্রে আবদ্ধ করে যাতে কোন আধ্যাত্মিক প্রভাব একজন থেকে অন্যের কাছে যেতে পারে। কিছু রূহের এই সম্পর্ক ভালও হতে পারে এবং প্রকৃতপক্ষে নেয়ামতের উৎস হতে পারে, যেমন পিতামাতা এবং সন্তানের মধ্যে একটা ঈশ্বরীয় রূহের বন্ধন, কিন্তু অন্য ধরনের রূহের বন্ধন ক্ষতির উৎস হতে পারে।

যখন কারোর জীবনে একটা অধার্মিক রূহের বন্ধন থাকে, তখন রূহের বন্ধন কাটার জন্য ক্ষমা করা গুরুত্বপূর্ণ। যতক্ষণ পর্যন্ত কেউ অন্য কারও বিরুদ্ধে ক্ষমা না করার মনোভাব ধরে রাখে, ততক্ষণ তাদের মধ্যে একটা অধার্মিক বন্ধন বা লিঙ্ক রয়েছে—এটা একটা মন্দ রূহের বন্ধন।

রূহের বন্ধন অধার্মিকও হতে পারে। সৌভাগ্যবশত, খ্রীষ্টানরা অধার্মিক রূহের বন্ধন কাটতে বা ভাঙতে পারে, পাঠ ২-এ বর্ণিত পাঁচ-পদক্ষেপের প্রক্রিয়া ব্যবহার করে এই বন্ধনকে অপসারণ করা যেতে পারে: স্বীকারোক্তি, পরিত্যাগ, ভেঙ্গে ফেলা, নিক্ষেপ করা (যখন প্রয়োজন হয়), এবং অবশেষে নেয়ামত করা।

কিভাবে একটা অভিশাপ ভাঙ্গতে হয়

আমি একটা কনফারেন্সে পড়াচ্ছিলাম তখন একজন যুবক আমার কাছে সাহায্য চাইতে এসেছিল। সে এবং তার পরিবার মধ্যপ্রাচ্যের একটা দেশে চলে গিয়েছিল যেখানে তাকে একজন খুশির খবর প্রচারক হিসেবে সেবা করার জন্য প্রশিক্ষণ দেওয়া হচ্ছিল। কিন্তু পরিবারটি সেখানে দুর্ঘটনা ও অসুস্থতাসহ নানা অসুবিধার সম্মুখীন হচ্ছিল। পরিস্থিতি এতটাই খারাপ হয়ে গিয়েছিল যে তারা হাল ছেড়ে বাড়ি যাওয়ার কথা ভাবছিল। যুবকটি ভাবছিল যে তাদের বাসস্থানটা অভিশপ্ত হতে পারে, কিন্তু সে সম্পর্কে কী করা উচিত তা সে জানত না। আমি তার সাথে শেয়ার করলাম কিভাবে একটা অভিশাপ ভাঙ্গা যায়। তারপরে সে আমার পরামর্শটি গ্রহণ করে বাড়ি ফিরে যায় এবং তার বাসস্থানে সমস্ত অভিশাপ ভেঙে ফেলার জন্য দুয়া করার কর্তৃত্ব গ্রহণ করে। এর পরে, তার পরিবারের অসুবিধাগুলি চলে গেল এবং তারা শান্তিতে তাদের বাসস্থানে বাস করাকে উপভোগ করতে সক্ষম হয়েছিল।

মুসলিম পটভূমির বিশ্বাসী সহ মুসলমানদের মধ্যে পরিচর্যা কাজে যুক্ত অনেকেই মুসলমানদের দ্বারা অভিশাপের শিকার হয়েছেন। এগুলো আল্লাহর নামে বা জাদুবিদ্যা ব্যবহার করে করা অভিশাপ হতে পারে।

আপনি যদি বিশ্বাস করেন যে আপনি বা আপনার ঘনিষ্ট কেউ অভিশপ্ত হয়ে থাকতে পারে, তাহলে অভিশাপ থেকে মুক্ত হওয়ার জন্য এখানে নয়টি পদক্ষেপ দেওয়া হলঃ

- প্রথমত, স্বীকার করুন এবং সমস্ত গুনাহর অনুতাপ করুন এবং আপনার জীবনের উপর ঈসার রক্তের আবরণ ঘোষণা করুন।
- তারপরে আপনার বাড়ি থেকে সমস্ত রকমের অধার্মিক বা উত্সর্গীকৃত জিনিস সরিয়ে ফেলুন।
- এরপরে, নিজেকে সহ যে কেউ সেই অভিশাপ দিয়েছে, তাকে ক্ষমা করুন, তা গুনাহ দ্বারা হোক বা কারো ইচ্ছাকৃত অভিশাপ দ্বারা হোক, প্রত্যেককে ক্ষমা করুন।।
- খ্রীষ্টেতে আপনার মধ্যে যে কর্তৃত্ব আছে তা স্বীকার করুন এবং দাবি করুন।
- ‘‘আমি ঈসার নামে এই অভিশাপ ত্যাগ করি এবং ভঙ্গ করি’’ বলে অভিশাপ ত্যাগ করুন এবং ভঙ্গ করুন, তাঁর ক্রুশ দ্বারা অন্ধকারের প্রতিটি কাজের উপর ঈসা মশীহের সার্বভৌম ক্ষমতা এবং কর্তৃত্ব দাবি করুন।
- ক্রুশেতে খ্রীষ্টের সমাপ্ত কাজের কারণে, খ্রীষ্টেতে থেকে সমস্ত মন্দ থেকে নিজের জন্য স্বাধীনতা ঘোষণা করুন।
- অভিশাপের সাথে যুক্ত যেকোন এবং প্রতিটি মন্দ শক্তিকে হুকুম করুন আপনাকে, আপনার পরিবার এবং আপনার বাড়ি ছেড়ে চলে যেতে।
- তারপর আপনার, আপনার পরিবার এবং আপনার বাড়ির উপর নেয়ামত ঘোষণা করুন, যেখানে উপযুক্ত সেখানে বাইবেলের এই আয়াতগুলো ব্যবহার করুন, যে কোন অভিশাপের বিপরীতে, যেমন, ‘‘আমি মরব না কিন্তু বেঁচে থাকব, এবং প্রভু যা করেছেন তা ঘোষণা করব’’। (জবুর শরীফ ১১৮:১৭)
- তাঁর ভালবাসা, শক্তি এবং অনুগ্রহের জন্য আল্লাহ্‌র প্রশংসা করুন।

সত্যের মুখোমুখি হওয়া

আমরা কিভাবে অভিশাপ থেকে মুক্ত হতে পারি সেই সম্পর্কে এই আয়াত কি বলে?

তাঁর মধ্যে আমরা তাঁর রক্ত দ্বারা নাজাত পেয়েছি, অর্থাৎ আমাদের সকল অপরাধের মাফ হয়েছে; এসব তাঁর সেই মেহেরবানীরূপ ধন অনুসারে হয়েছে··· (ইফিষীয় ১:৭)

আমরা অভিশাপ থেকে মুক্ত হয়েছি কারণ আমরা খ্রীষ্টের রক্তের দ্বারা নাজাত পেয়েছি।

মন্দ শক্তির উপর একজন খ্রীষ্টবিশ্বাসীর কী কর্তৃত্ব আছে?

আমি তোমাদেরকে সাপ ও বৃশ্চিক পদতলে দলিত করার এবং দুশমনের সমস্ত শক্তির উপরে কর্তৃত্ব করার ক্ষমতা দিয়েছি। কিছুতেই কোন মতে তোমাদের ক্ষতি করবে না; (লূক ১০:১৯)

আমাদের অবশ্যই স্বীকার করতে হবে যে খ্রীষ্টে আমরা সমস্ত অভিশাপ এবং শত্রুর সমস্ত শক্তির উপর কর্তৃত্ব লাভ করতে পারি।

এই পরের আয়াতটি অনুসারে ঈসা কেন এই পৃথিবীতে এসেছিলেন?

যে গুনাহ্ করতেই থাকে, সে শয়তানের সন্তান; কেননা ইবলিশ আদি থেকে গুনাহ্ করছে, আল্লাহ্‌র পুত্র এজন্যই প্রকাশিত হলেন, যেন শয়তানের কাজগুলো লোপ করেন। (১ ইউহোন্না ৩:৮)

ঈসা সমস্ত মন্দ অভিশাপ সহ শয়তানের সমস্ত শক্তিকে ধ্বংস করতে এসেছিলেন।

কীভাবে ঈসার ক্রুশবিদ্ধকরণ দ্বিতীয় বিবরণ ২১:২৩ আয়াতের ব্যবস্থাকে পূরণ করেছিল?

মসীহ্‌ই মূল্য দিয়ে আমাদের শরীয়তের বদদোয়া থেকে মুক্ত করেছেন, কারণ তিনি আমাদের জন্য শাপস্বরূপ হলেন; কেননা লেখা আছে, "যাকে গাছে টাঙ্গানো হয়, সে বদদোয়া-গ্রস্ত"; যেন ইব্রাহিম যে দোয়া লাভ করেছিলেন সেই দোয়া মসীহ্ ঈসাতে অ-ইহুদীদের প্রতি বর্তে, আর যেন আমরা ঈমান দ্বারা অঙ্গীকৃত পাক-রূহ্‌কে লাভ করি। (গালাতীয় ৩:১৩-১৪)

দ্বিতীয় বিবরণ ২১:২৩ আয়াতে বলা হয়েছে যে যে কেউ যদি খুঁটিতে বা গাছে ঝুলে থাকে সে অভিশপ্ত। ঈসা মশীহকে এইভাবে অভিশপ্ত করা হয়েছিল, ক্রুশে হত্যা করা হয়েছিল, যাতে আমরা অভিশাপ থেকে মুক্ত হতে পারি। তিনি আমাদের জন্য অভিশাপ বহন করেছেন, যাতে আমরা নেয়ামত পেতে পারি।

এই আয়াতটি একটা অযোগ্য অভিশাপ সম্পর্কে কী বলে?

যেমন চড়াই পাখি ভ্রমণ করে, খঞ্জন পাখি উড়তে থাকে, তেমনি অকারণে দেওয়া বদদোয়া কাছে আসে না। (মেসাল ২৬:২)

এই আয়াতটি আমাদের মনে করিয়ে দেয় যে আমরা যখন রক্তের সুরক্ষা এবং ক্রুশের স্বাধীনতা দাবি করি এবং সেগুলিকে আমাদের জীবনের পরিস্থিতিতে প্রয়োগ করি তখন আমরা সুরক্ষিত হই এবং অভিশাপ থেকে মুক্ত হই।

এই পরবর্তী আয়াতটি অভিশাপের উপর রক্তের শক্তি সম্পর্কে কি বলে?

নতুন নিয়মের মধ্যস্থ ঈসা এবং ছিটানো রক্ত, যা হাবিলের রক্ত থেকেও উত্তম কথা বলে। (ইবরানী ১২:২৪)

ঈসার রক্ত আবেলের পাতিত রক্ত, কাইনের অভিশাপের চেয়ে ভাল কথা বলে। আমরা যে অভিশাপের অধীনে আছি তার থেকেও অধিক কথা বলে রক্ত।

লূক ৬ অধ্যায় এবং পৌলের চিঠিতে খ্রীষ্টবিশ্বাসীদের কোন ইতিবাচক হুকুম এবং উদাহরণ দেওয়া হয়েছে?

কিন্তু তোমরা যে শুনছো, আমি তোমাদেরকে বলি, তোমরা নিজ নিজ দুশমনদেরকে মহব্বত করো; যারা তোমাদেরকে হিংসা করে, তাদের মঙ্গল করো; যারা তোমাদেরকে বদদোয়া দেয়,

তাদেরকে দোয়া করো; যারা তোমাদেরকে নিন্দা করে, তাদের জন্য দুয়া করো। (লুক ৬:২৭-২৮)

যারা নির্যাতন করে তাদেরকে দোয়া কর, হ্যাঁ, দোয়া কর, বদদোয়া দিও না। (রোমীয় ১২:১৪)

এবং স্বহস্তে কাজ করে পরিশ্রম করছি; নিন্দিত হতে হতে দোয়া করছি, তাড়িত হতে হতে সহ্য করছি (১ করিন্থীয় ৪:১২)

খ্রীষ্টানদের নেয়ামতের ব্যক্তি হতে আহ্বান করা হয়েছে, সেটা বন্ধুদের জন্য হোক বা শত্রুদের জন্য।

অভিশাপের আচার-অনুষ্ঠানে অংশগ্রহণের প্রভাব থেকে মুক্ত হওয়ার জন্য এবং অন্যদের দ্বারা প্রেরিত অভিশাপ থেকেও মুক্ত হওয়ার জন্য এটা একটা দুয়া। এর মধ্যে পাঠ ২-এ বিকশিত নীতিগুলি প্রয়োগ করা যায়।

অভিশাপ ত্যাগ করার ঘোষণা এবং দুয়া

আমি আমার পূর্বপুরুষ ও আমার পিতা-মাতার গুনাহ এবং ইসলামের কারণে অন্যকে অভিশাপ দেওয়ার আমার নিজের গুনাহর কথা স্বীকার করছি।

আমি আমার পূর্বপুরুষদের, আমার পিতাকে, ইমামদেরকে ক্ষমা করি যারা আমাকে এই অভিশাপের মধ্যে নেতৃত্ব দিয়েছিল এবং অন্য সকলকে ক্ষমা করছি যারা এই গুনাহ করতে আমাকে প্রভাবিত করেছে।

যারা আমাকে বা আমার পরিবারকে অভিশাপ দিয়েছে আমি তাদের সবাইকে ক্ষমা করার সিদ্ধান্ত নিচ্ছি।

প্রভু, আমি অন্যদের অভিশাপ দেওয়ার জন্য এবং সেই রীতিতে অংশগ্রহণ করার জন্য ক্ষমা চাইছি।

আমি এখন আপনার ক্ষমা পেয়েছি।

আপনার ক্ষমার ভিত্তিতে, প্রভু, আমি অন্যদের অভিশাপ দেওয়ার জন্য নিজেকে ক্ষমা করার সিদ্ধান্ত নিয়েছি।

আমি অভিশাপ দেওয়ার গুনাহ এবং এই গুনাহর ফলে আসা যে কোনও অভিশাপ পরিত্যাগ করছি।

আমি অন্যের ঘৃণাকে পরিত্যাগ করছি।

আমি অন্যদের অভিশাপ দেবার রীতিতে অংশগ্রহণের তীব্র আবেগ পরিত্যাগ করছি।

আমি আমার জীবন থেকে (এবং আমার বংশধরদের জীবন থেকে) এই শক্তিগুলিকে ক্রুশে খ্রীষ্টের নাজাতর কাজের মাধ্যমে ভেঙে দিই।

আমি দুয়া করি, প্রভু, আমি যে সমস্ত অভিশাপগুলিতে অংশ নিয়েছি তা ভেঙে দিতে এবং আমি যাদের অভিশাপ দিয়েছি তাদের আল্লাহ্‌র রাজ্যের সমস্ত নেয়ামত দিয়ে নেয়ামত করছি।

ঈসার নামে, আমি আমার বিরুদ্ধে করা সমস্ত অভিশাপ পরিত্যাগ করি এবং ভঙ্গ করি।

আমি ঘৃণা ও অভিশাপের সমস্ত মন্দশক্তিকে প্রত্যাখ্যান করি এবং ত্যাগ করি এবং তাদেরকে ঈসার নামে এখনই আমাকে ছেড়ে যেতে হুকুম করি।

আমি আমার এবং আমার পরিবারের বিরুদ্ধে সমস্ত অভিশাপ থেকে আল্লাহ্‌র নাজাত পেয়েছি। আমি শান্তি, মৃদুতা পেয়েছি এবং অন্যদের নেয়ামত করার কর্তৃত্ব পেয়েছি।

আমি আমার সমস্ত দিন প্রশংসা এবং নেয়ামতের বাক্য বলার জন্য আমার ওষ্ঠকে পাক রাখব।

ঈসার নামে, আমি জীবন, সুস্বাস্থ্য এবং আনন্দ সহ আমার এবং আমার পরিবারের উপর আল্লাহ্‌র রাজ্যের সম্পূর্ণ নেয়ামত ঘোষণা করছি।

আমি স্বীকার করি এবং সমস্ত অধার্মিক সংযোগ, রূহের বন্ধন, এবং ইমাম এবং অন্যান্য মুসলিম নেতাদের সাথে সংযুক্তি ত্যাগ করি যারা আমাকে অন্যদের অভিশাপ সহ ইসলামিক আচার-অনুষ্ঠানে নেতৃত্ব দিয়েছেন।

আমি এই নেতাদের আমাকে অধার্মিক রূহের সঙ্গে সম্পর্ক স্থাপন করতে বা সম্পর্ক বজায় রাখতে তাদের ভূমিকার জন্য ক্ষমা করছি।

আমি যে সমস্ত মুসলিমদের নেতৃত্বের কাছে আত্মসমর্পণ করেছি তাদের সাথে এই অধার্মিক রূহের সম্পর্ক বজায় রাখার জন্য আমি নিজেকে ক্ষমা করছি।

আমি আপনার কাছে দুয়া করি প্রভু, এই রূহের সম্পর্ক স্থাপন বা এই সম্পর্ক বজায় রাখার সাথে যুক্ত প্রতিটি গুনাহর জন্য আমাকে ক্ষমা করুন, বিশেষ করে অন্যকে অভিশাপ দেওয়া এবং অন্যদের ঘৃণা করার গুনাহ থেকে ক্ষমা করুন।

আমি এখন মুসলিম নেতাদের সাথে সমস্ত অধার্মিক রূহের বন্ধন এবং সংযুক্তি ছিন্ন করি [বিশেষভাবে মনে আসে যে কোনও বিশেষ ব্যক্তির নাম] *এবং তাদের* [বা নাম] *থেকে এবং তাদেরকে* [বা নাম] *আমার কাছ থেকে নাজাত দিই।*

প্রভু, দয়া করে আমার মনকে অধার্মিক মিলনের সমস্ত স্মৃতি থেকে পাক করুন যাতে আমি আপনার কাছে নিজেকে মুক্ত ভাবে সমর্পণ করতে পারি।

আমি এই অধার্মিক রূহের বন্ধন বজায় রাখার চেষ্টা করে এমন সমস্ত মন্দশক্তির কাজ ত্যাগ ও বাতিল করি এবং তাদেরকে ঈসার নামে এখন আমাকে ছেড়ে চলে যেতে হুকুম করি।

আমি নিজেকে খ্রীষ্ট ঈসার সাথে আবদ্ধ করি এবং শুধুমাত্র তাকে অনুসরণ করার সিদ্ধান্ত গ্রহণ করি।

আমীন।

পাঠের নির্দেশিকা

পাঠ ৭

শব্দভাণ্ডার

তাকিয়া *ইমাম* রূহের বন্ধন

নতুন নাম

- রিনাল্ডি ডামানিকঃ ইন্দোনেশীয় পালক (জন্ম ১৯৫৭)

এই পাঠে ব্যবহৃত বাইবেলের অংশসমূহ

মথি ১০:৩২-৩৩
মথি ৫:৩৭
পয়দাদেশ ১৭:৭-৮
জবুর শরীফ ৮৯:৩-৪
শুমারী ২৩:১৯
জবুর শরীফ ১৩৬:১
রোমীয় ১১:২৮-২৯
তীত ১:১-২
ইবরাণী ৬:১৭-১৯
২ করিন্থীয় ১:১৮-১৯
লেবীয় ১৯:১-২
জবুর শরীফ ২৬:৩
জবুর শরীফ ৩১:৫
জবুর শরীফ ৪০:১১
জবুর শরীফ ৫১:৫-৭
ইউহোন্না ১:১৪
ইউহোন্না ৩:২১
ইউহোন্না ৪:২৪
ইউহোন্না ১৪:৬
১ তিমথীয় ১:৯-১১
পয়দাদেশ ৩:২-৫
মার্ক ১০:৩৫-৪৫
লূক ১৫:১১-৩২
ফিলিপীয় ২:১-১১
লূক ৬:২৮
জবুর শরীফ ১১৮:১৭
ইফিষীয় ১:৭
১ ইউহোন্না ৩:৮
দ্বিতীয় বিবরণ ২১:২৩
গালাতীয় ৩:১৩-১৪
মেসাল ২৬:২
লূক ৬:২৭-২৮
রোমীয় ১২:১৪
১ করিন্থীয় ৪:১২

এই পাঠে ব্যবহৃত কোরানের অংশসমূহ

Q ১৪:৪ Q ১৬:১০৬ Q ৩:১১০ Q ৪৮:২৮ Q ৩:৬১

পাঠের প্রশ্নাবলী ৭

- কেস স্টাডির আলোচনা

মিথ্যা বলা থেকে স্বাধীনতা

সত্য মহামূল্যবান

১) কোন আত্মিক প্রত্যয়ের জন্য পালক ডামানিক কারাগারে যেতেও প্রস্তুত ছিলেন?

২) কেন আল্লাহ্ নিজেকে মানবজাতির সঙ্গে সম্পর্কে আবদ্ধ করেন?

শরিয়া সংস্কৃতি

৩) কোরানে এমন কোন বিষয়ের অনুমতি দেওয়া হয়েছে যা লেখক দুরি নির্দেশ করেছেন?

৪) Q ১৪:৪ অনুসারে, আল্লাহ্ কিভাবে লোকেদের পরিচালনা করে?

৫) *শরিয়া* আইনে অনুমোদিত বিভিন্ন ধরনের মিথ্যাগুলো কি কি?

৬) Q ১৬:১০৬ এ এমন কি বিষয় আছে যা কোরানে অনুমোদন করা হয় কিন্তু (মথি ১০:২৮-৩৩ অনুসারে) খ্রীষ্টানদের জন্য সেটা অনুমোদিত নয়?

সত্যের মুখোমুখি হওয়া

'সত্যের মুখোমুখি হওয়া' অংশের সমস্ত আয়াতগুলো অংশগ্রহণকারীদের সামনে পাঠ করা হবে।

দুয়া

'সত্যের মুখোমুখি হওয়া' অংশের সমস্ত আয়াতগুলো সমস্ত দলের সামনে পাঠ করার পরে, সমস্ত অংশগ্রহণকারীরা উঠে দাঁড়ায় এবং 'প্রতারণা পরিত্যাগের ঘোষনা ও দুয়াটি' বলবে।

ভ্রান্ত শ্রেষ্ঠত্ব থেকে স্বাধীনতা

ইসলামের শ্রেষ্ঠত্বের দাবি

৭) Q ৩:১১০ এবং Q ৪৮:২৮ অনুসারে কোরানে মুসলিমদের জন্য কি প্রতিজ্ঞা করা হয়েছে?

৮) কে নিজেকে সর্বকালের সেরা ব্যক্তি বলে দাবি করেছে?

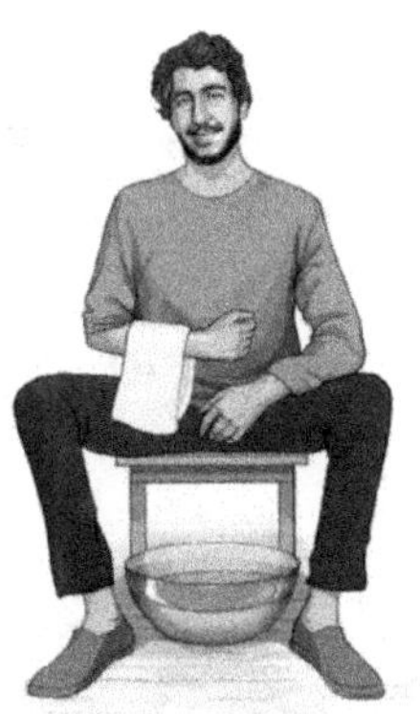

৯) আরব সংস্কৃতিতে কোন ধারণাগুলো খুব গুরুত্বপূর্ণ?

১০) কেউ যদি ইসলাম ত্যাগ করে তাহলে তাকে আর কি পরিত্যাগ করতে হবে?

সত্যের মুখোমুখি হওয়া

'সত্যের মুখোমুখি হওয়া' অংশের আয়াতগুলো অংশগ্রহণকারীদের সামনে পাঠ করা হবে।

দুয়া

'সত্যের মুখোমুখি হওয়া' অংশের সমস্ত আয়াতগুলো সমস্ত দলের সামনে পাঠ করার পরে, সমস্ত অংশগ্রহণকারীরা উঠে দাঁড়ায় এবং 'শ্রেষ্ঠত্ব পরিত্যাগের ঘোষনা ও দুয়াটি' বলবে।

অভিশাপ থেকে নাজাত

ইসলামে অভিশাপ

১১) কেন ইসলামে অভিশাপের ধারণা সম্পর্কে মুসলিম পণ্ডিতদের ভিন্ন ভিন্ন মত আছে?

১২) এডওয়ার্ড লেনের মতে, ১৮৩৬ সালে মিশরের মুসলিম স্কুলে শিশুদের কি করতে শেখানো হত?

অভিশাপের রীতি

১৩) লেখক দুরি এমন একটা রীতির উল্লেখ করেছেন যেটিতে একজন মুসলিম পটভূমির একজন খ্রীষ্টান অংশ নিতেন। এই রীতিতে অংশ নেওয়ার ফলে তার কি ধরনের অনুভূতি হত?

১৪) লেখক দুরি **রূহের বন্ধনকে** কিভাবে সংজ্ঞায়িত করেছেন?

১৫) **রূহের বন্ধনের** মোকাবিলা করার জন্য ক্ষমা করা কিভাবে গুরুত্বপূর্ণ?

১৬) 'অভিশাপ পরিত্যাগ করার ঘোষণা এবং দুয়া'টি বিবেচনা করুন। আপনি কি এই দুয়ার পয়েন্টগুলো চিহ্নিত করতে পারছেন যে পাঁচটি ধাপ এখানে ব্যবহার করা হয়েছেঃ স্বীকারোক্তি, পরিত্যাগ করা, ভেঙ্গে ফেলা, নিক্ষেপ করা, এবং নেয়ামত করা? (পাঠ ২ দেখুন)

১৭) এই দুয়াতে কি কি বিষয় ভাঙ্গা হয় এবং পরিত্যাগ করা হয়?

১৮) অভিশাপের বদলে কোন নেয়ামত দাবি করা হয়? কেন এই বিশেষ নেয়ামত দাবি করা হয়?

১৯) এই দুয়ায় কাকে ক্ষমা করা হয়?

কিভাবে একটা অভিশাপকে ভাঙ্গতে হয়

২০) যে যুবক লেখক মার্ক দুরির সাথে কথা বলেছিল সে তার পরিবারের সমস্যার কারণ হিসাবে কি বলেছিল?

২১) কেন সে নিজে এই সমস্যার সমাধান করতে পারে নি?

২২) শান্তিতে জীবন যাপন করার আগে যুবককে কি করতে হয়েছিল?

২৩) মুসলিমদের পরিচর্যায় জড়িত এমন অনেক লোকেদের জীবনে কোন অসুবিধা ছিল?

২৪) একটা অভিশাপ ভাঙ্গার জন্য লেখক দুরি কোন নয়টি পদক্ষেপের পরামর্শ দিয়েছেন?

সত্যের মুখোমুখি হওয়া

'সত্যের মুখোমুখি হওয়া' অংশের আয়াতগুলো অংশগ্রহণকারীদের সামনে পাঠ করা হবে।

দুয়া

'সত্যের মুখোমুখি হওয়া' অংশের সমস্ত আয়াতগুলো সমস্ত দলের সামনে পাঠ করার পরে, সমস্ত অংশগ্রহণকারীরা একত্রে উঠে দাঁড়ায় এবং 'অভিশাপ পরিত্যাগের ঘোষনা ও দুয়াটি' বলবে।

৮

একটা স্বাধীন মণ্ডলী

"যে আমার মধ্যে থাকে এবং যাতে আমি থাকি, সেই ব্যক্তি প্রচুর ফলে ফলবান হয়;"

ইউহোন্না ১৫:৫

পাঠের উদ্দেশ্যসমূহ

ক) একটা পরিপক্ক ঈমানের সাথে পরিপক্ক সাহাবী হওয়ার জন্য একটা মুসলিম পটভূমি থেকে আসা ঈমানদারেরা যে বিভিন্ন ধরণের সমস্যার সম্মুখীন হয় সেগুলোকে উপলব্ধি করা।

খ) বুঝতে হবে যে কাউকে খ্রীষ্টের দিকে নিয়ে যাওয়াই যথেষ্ট নয়: তাদেরকে খ্রিস্টীয় পরিপক্কতার দিকে নিয়ে যাওয়া দরকার।

গ) সুস্থ সাহাবী গঠনে একটা সুস্থ মন্ডলীর গুরুত্ব বিবেচনা করা।

ঘ) উপলব্ধি করা যে মুক্ত থাকার জন্য, মুমিনকে অবশ্যই শত্রুর সমস্ত দরজা বন্ধ করতে হবে এবং ঈসা মশীহের উত্তম বিষয় দিয়ে পূর্ণ হতে হবে।

ঙ) বিশ্বাসীদের এই কাজ করতে সাহায্য করার জন্য জামাতেরভূমিকা উপলব্ধি করা।

চ) শুধু ইসলামের কারণে ক্ষতিগ্রস্ত ক্ষেত্রে নয়, কিন্তু সমস্ত ক্ষেত্রে স্বাধীনতার পরিচর্যার গুরুত্ব বোঝা।

ছ) বিশেষ করে যেসব ক্ষেত্রে ইসলাম দুর্বলতা সৃষ্টি করেছে সেই ক্ষেত্রগুলোতে সাহাবীদের শক্তিশালী করার জন্য শিক্ষা গ্রহণ করতে হবে।

জ) খ্রীষ্টিয় জীবনের একটা শক্তিশালী সূচনাকে মূল্য দিতে হবে, যার মধ্যে ইসলামের সাথে চুক্তি ত্যাগ করা এবং প্রভু হিসাবে খ্রীষ্টের প্রতি আনুগত্যের সম্পূর্ণ স্থানান্তর অন্তর্ভুক্ত।

ঝ) একজন বিশ্বাসীর দুয়ার মূল্য বিবেচনা করা।

ঞ) ইসলাম থেকে ধর্মান্তরিত নেতাদের পরামর্শদানের গুরুত্বকে উপলব্ধি করা।

ট) নেতা তৈরি করার কিছু মূল দিকগুলোকে বিবেচনা করা।

কেস স্টাডি: আপনি কি করবেন?

আপনি একজন অভিজ্ঞ পালক যিনি বেশ কয়েকটি সফল জামাতেরনেতৃত্ব দিয়েছেন এবং আপনি অন্যান্য পালকদের জ্ঞানপূর্ণ পরামর্শ দেওয়ার জন্য সুপরিচিত। আপনি অন্য শহরে একজন আত্মীয়ের সাথে দেখা করতে যাচ্ছেন এবং আপনি সেখানে থাকাকালীন কেউ আপনাকে তার প্রিয় বন্ধু রেজার সাথে যোগাযোগ করতে বলেন, যিনি একজন ইরানী জামাতের একজন নেতা। রেজা একটা জামাতেরনেতৃত্ব দেন যেখানে ইসলাম থেকে প্রায় ১০০ ইরানী ধর্মান্তরিতরা যোগ দেয়। কিন্তু আপনাকে বলা হয় যে তার জামাত কিছু সমস্যায় রয়েছে: সেখানে অনেক দ্বন্দ্ব রয়েছে, জামাতেরকিছু প্রধান সদস্য সম্প্রতি তাকে একজন স্বৈরশাসকের মতো আচরণ করার অভিযোগ করে জামাত ছেড়ে চলে গেছে, মণ্ডলীতে দানের পরিমাণ কমে যাচ্ছে, এবং জামাত আর যাজকের বেতন দিতে পারছে না। আপনি যাজক রেজার সাথে যোগাযোগ করেন, আপনার পরিচিতির শুভেচ্ছা জানান এবং কিছুক্ষণ কফি খেতে খেতে তার সাথে কথা বলার পরে, আপনি তাকে জিজ্ঞাসা করেন তার জামাতয় কেমন চলছে। তিনি বলেন, "চমৎকার! সবকিছু চমৎকার, আল্লাহ্‌র প্রশংসা হোক"।

আপনি কিভাবে আপনার প্রতিক্রিয়া দেবেন?

এই পাঠটি পরামর্শ প্রদান করে কীভাবে একটা স্বাস্থ্যকর সাহাবীত্বের পথ প্রস্তুত করা যায় এবং একটা মুসলিম পটভূমি (BMBs) থেকে আসা মুমিনদের জন্য একটা সুস্থ জামাতেরপরিবেশ তৈরি করার পরামর্শ দেয়: সেই সমস্ত মুমিনরা যারা খ্রীষ্টকে অনুসরণ করার জন্য ইসলাম ত্যাগ করা বেছে নিয়েছে। প্রতিটি সাহাবীর জীবনে এটা ভাল যেন তারা আল্লাহ্‌র বিশেষ উদ্দেশ্যগুলি পূরণ করার জন্য প্রস্তুত থাকে এবং আকাঙ্ক্ষা করে (২ তিমথীয় ২:২০-২১) কিন্তু এটা অর্জন করার জন্য, প্রত্যেকেরই একটা সুস্থ জামাতের পরিবেশ প্রয়োজন যা তাদের বৃদ্ধিকে সমর্থন করতে পারে। কীভাবে এটা অর্জন করা যায় তা বিবেচনা করার আগে, আমরা প্রথমে ধর্মান্তরিতদের মুখোমুখি হওয়া তিনটি চ্যালেঞ্জ নিয়ে বিবেচনা করব: ইসলামে ফিরে যাওয়ার জন্য দূরে সরে যাওয়া, ফলহীন সাহাবীত্ব এবং অস্বাস্থ্যকর জামাত।

দূরে সরে যাওয়া

কিছু লোক যারা খ্রীষ্টকে অনুসরণ করার জন্য ইসলাম ত্যাগ করে, তারা পরিশেষে পুনরায় ইসলামে ফিরে যায়। এর অনেক কারণ আছে। একটা কারণ হতে পারে মুসলিম সম্প্রদায়ের ক্ষতির বেদনা, যখন মুসলিম পরিবার এবং বন্ধুরা খ্রিস্টান ধর্ম গ্রহণকারীকে প্রত্যাখ্যান করে। আরেকটি কারণ হল ইসলাম তাদের পথে অনেক বাধা ও প্রতিবন্ধকতা সৃষ্টি করে, যারা ইসলাম ত্যাগ করে। আরেকটি হল সরাসরি তাড়না।

তবুও আরেকটি কারণ হতে পারে খ্রীষ্টানদের এবং জামাতের প্রতি হতাশা। যারা ইসলাম ত্যাগ করার চেষ্টা করছেন তারা যখন দিকনির্দেশনা এবং সাহায্যের জন্য কাছাকাছি কোন খ্রীষ্টানদের কাছে যান, তারা খ্রীষ্টান সম্প্রদায়ের মধ্যে সম্পূর্ণ গ্রহণযোগ্যতা জন্য পান না এবং কিছু ক্ষেত্রে অপ্রত্যাশিত বাধাও অনুভব করতে পারেন। এমনকি অনেককে জামাত থেকেও ফিরিয়ে দেওয়া হয়েছে। এটা ভয়ের কারণে, যা ইসলামের দাবির কারণে সৃষ্ট হয় যে *ধিম্মিরা* যেন কাউকে ইসলাম ত্যাগ করতে সাহায্য না করে। কাউকে ইসলাম ত্যাগ করতে সাহায্য করা খ্রীষ্টান সম্প্রদায়কে ঝুঁকির মধ্যে ফেলে কারণ এটা অমুসলিমদের দেওয়া 'সুরক্ষা'কে অপসারণ করে দেয়।

খ্রীষ্টানদের দ্বারা এই মুসলিম ধর্মান্তরিতদের প্রত্যাখ্যানের এই ধরনটিকে পরিবর্তন করতে সক্ষম হওয়ার জন্য, জামাতকে *ধিম্মা* চুক্তি এবং এই চুক্তির যে বোঝা চাপানো হয়েছে তা বুঝতে হবে এবং প্রত্যাখ্যান করতে হবে। যতক্ষণ পর্যন্ত জামাত এবং ব্যক্তিগতভাবে খ্রীষ্টানরা আধ্যাত্মিকভাবে

ধিম্মার প্রভাবে আবদ্ধ থাকবে, তারা ইসলাম ত্যাগকারীদের সাহায্য না করার জন্য গভীর আধ্যাত্মিক চাপ অনুভব করবে। এই সমস্যা সমাধানের জন্য জামাতকে *ধিম্মা* ব্যবস্থাকে প্রতিরোধ, পরিত্যাগ এবং প্রত্যাখ্যান করতে হবে।

লোকেদের দূরে সরে যাওয়ার আরেকটি কারণ হল যে তাদের রূহের উপর ইসলামের প্রভাব অব্যাহত থাকে, তারা যেভাবে চিন্তা করে এবং অন্যদের সাথে সম্পর্ক করে তা গঠন করে, সমস্ত কিছুর উপরে ইসলামের প্রভাব কাজ করতে থাকে। এই মত অবস্থায় একজন খ্রীষ্টান হিসাবে জীবন চালিয়ে যাওয়ার চেয়ে ইসলামে ফিরে আসা সহজ করতে পারে। এটা একটা নতুন জুতা পাওয়ার মতোঃ কখনও কখনও পুরানো জুতাগুলি খুব সহজে ফিট হয়ে যায় এবং আরও আরামদায়ক অনুভূতি তৈরি করে।

ফলহীন সাহাবীত্ব

দ্বিতীয় সমস্যা ফলহীন সাহাবীত্ব হতে পারে। মুসলিম পটভূমির লোকেরা শক্তিশালী মানসিক এবং আধ্যাত্মিক বাধা ও নিয়ন্ত্রণ অনুভব করতে পারে যা তাদের আধ্যাত্মিক বৃদ্ধিকে বাধা দেয়। সাধারণ সমস্যাগুলির মধ্যে রয়েছে ভয়, নিরাপত্তাহীনতার অনুভূতি এবং অর্থের প্রতি ভালবাসা, প্রত্যাখ্যানের অনুভূতি, ভুক্তভোগী হবার অনুভূতি, অপরাধ গ্রহণ করা, অন্যকে বিশ্বাস করতে অক্ষমতা, মানসিক ব্যথা, যৌন গুনাহ, পরনিন্দা করা এবং মিথ্যা বলা। এই সবকিছু মানুষের বেড়ে ওঠাকে বন্ধ করতে পারে।

এই ধরনের সমস্যার একটা অন্তর্নিহিত কারণ হল ইসলামের ক্রমাগত নিয়ন্ত্রণকারী প্রভাব। উদাহরণস্বরূপ, ইসলামে অন্যদের থেকে নিজেদের শ্রেষ্ঠ হওয়ার উপর জোর দেওয়া হয়েছে এবং মুসলমানদেরকে অমুসলিমদের থেকে শ্রেষ্ঠ বলে মনে করা হয়। শ্রেষ্ঠত্বের সংস্কৃতিতে, লোকেরা অন্যদের চেয়ে নিজেদের উচ্চতর বোধ করে সান্ত্বনা লাভ করে। একটা জামাতয় এটা একটা প্রতিযোগিতার কারণ হয়ে উঠতে পারে। উদাহরণস্বরূপ, যদি একজন ব্যক্তিকে নেতা হিসাবে নিযুক্ত করা হয়, অন্যরা ক্ষুব্ধ হবে কারণ তাদের সে পদে নিয়োগ করা হয়নি। উচ্চতর বোধ করার প্রয়োজনীয়তা পরনিন্দার সংস্কৃতিকেও আলোড়িত করে, যা অন্য লোকেদের নিচে নামানোর একটা উপায় হিসাবে কাজ করে। লোকেরা পরনিন্দা-পরচর্চা করতে পারে কারণ তারা নিজেদেরকে যাদের সম্পর্কে পরনিন্দা করা হচ্ছে তাদের চেয়ে ভাল মনে করতে পারে। আরেকটি সমস্যা হতে পারে অপরাধের মনোভাব, যা মুহাম্মদ যেভাবে প্রত্যাখ্যানের প্রতিক্রিয়া দেখিয়েছিল তার দ্বারা শক্তিযুক্ত হয়ে ওঠে।

ইরাক থেকে একজন যুবক যিনি খ্রীষ্টান হয়েছিলেন এবং কানাডায় আশ্রয় লাভ করেছিলেন। তিনি একটা জামাতে যোগদান করার চেষ্টা করেছিলেন, কিন্তু প্রতিবার যখনই তিনি একটা নতুন জামাতয় যোগদান করতেন তখনই তার কিছু না কিছু খারাপ লাগত এবং সে জামাতের অন্যান্য লোকেদের ভণ্ড হিসাবে সমালোচনা করতেন। এই লোকটি অন্যদের থেকে খুব বিচ্ছিন্ন, একাকী জীবনযাপন করত, সে কিন্তু এখনও একজন খ্রীষ্টান তবুও সে খ্রীষ্টান সম্প্রদায় থেকে সম্পূর্ণ বিচ্ছিন্ন। এর অর্থ হল সাহাবী হিসাবে তার বৃদ্ধি সম্পূর্ণভাবে বন্ধ হয়ে গিয়েছিলঃ সে পরিপক্কতায় বৃদ্ধি পেতে অক্ষম ছিল। সে ফলপ্রসূ হতে পারেনি।

অস্বাস্থ্যকর জামাত

নতুন বিশ্বাসীদের জন্য একটা বড় চ্যালেঞ্জ হল একটা সুস্থ জামাত খুঁজে পাওয়া। জামাত ঈমানদারদের জন্য একটা অবলম্বন নয়, কিন্তু গুনাহগারদের জন্য একটা হাসপাতাল - অথবা হাসপাতাল হওয়াই উচিত। গুনাহগাররাও জামাতের অন্তর্গত, কিন্তু মানুষ যেমন একটা হাসপাতালে অসুস্থ হতে পারে, তেমনি যখন একটা জামাতের সদস্যরা খ্রিস্টীয় পরিপক্কতায় বৃদ্ধি পাচ্ছে না, তাদের গুনাহ এবং সমস্যাগুলি অন্যদের জীবনে প্রসারিত হতে পারে এবং সমগ্র সম্প্রদায়ের ক্ষতি করতে পারে। এই সমস্যা জামাতগুলোকে বিচ্ছিন্ন করে দিতে পারে এবং জামাতের উদ্দেশ্য ব্যর্থ

হতে পারে। অস্বাস্থ্যকর খ্রীষ্টানরা যেমন অস্বাস্থ্যকর জামাত তৈরি করতে পারে, তেমনি অস্বাস্থ্যকর জামাতগুলি তাদের সদস্যদের সুস্থ পরিপক্কতায় বৃদ্ধি হওয়াকে কঠিন করে তুলতে পারে।

যদি জামাতের সদস্যরা তাদের পালকের সম্পর্কে নিন্দা করে, শেষ পর্যন্ত তারা একজন ক্ষতিগ্রস্ত পালক লাভ করবে, বা তাদের কোন পালকই থাকবে না। সবাই কষ্ট পাবে। এটা জামাতের লোকেদের মধ্যে বিভাজন এবং ভাঙ্গনের কারণও হবে, এবং খুব কম লোকই এই জাতীয় জামাতের নেতা হিসাবে নিযুক্ত করতে কাজ করতে চাইবে। আরেকটি উদাহরণ হিসাবে, যদি জামাতের সদস্যরা প্রতিযোগিতামূলক ভাবে চিন্তা করে, অন্যদের থেকে উচ্চতর হতে চায়, তাহলে একই শহরের মণ্ডলীগুলো একে অপরের সমালোচনা করতে শুরু করবে, প্রত্যেকে দাবি করবে যে তাদের জামাতই সবচেয়ে ভাল জামাত। এই জামাতগুলি একসাথে কাজ করার মহান নেয়ামত লাভ অনুভব করার পরিবর্তে, সুসমাচারের অংশীদার হবার পরিবর্তে একে অপরের জন্য আশঙ্কাজনক হয়ে উঠবে।

স্বাধীন থাকার প্রয়োজন

পাঠ ২ থেকে স্মরণ করুন যে শয়তান একজন দোষারোপকারী, এবং তার মূল কৌশল হল খ্রীষ্টান মুমিনদের দোষারোপ করা। মুমিনদের অভিযুক্ত করার জন্য সে তাদের বিরুদ্ধে তার যে কোনও 'বৈধ অধিকার' ব্যবহার করবে, যেমন অস্বীকৃত গুনাহ, ক্ষমাহীনতা, এমন কথা যা আমাদের আবদ্ধ করে রাখে (শপথ, প্রতিজ্ঞা এবং চুক্তি ইত্যাদি), রূহের ক্ষত এবং প্রজন্মগত অভিশাপ। মুক্ত হওয়ার জন্য, খ্রীষ্টের সাহাবীদের এই 'বৈধ অধিকার' বাতিল করতে হবে, যেকোন পা ফেলার ফাঁদ থেকে নাজাত পেতে হবে এবং খোলা দরজা বন্ধ করতে হবে।

মথি ১২:৪৩-৪৫ আয়াতে, ঈসা একটা দৃষ্টান্ত বলেছেন, যখন একজন ব্যক্তির কাছ থেকে একটা মন্দ রূহকে বহিষ্কার করা হয়, তখন এটা আবার সেই ব্যক্তিকে দখল করতে ফিরে আসতে পারে, নিজের থেকে আরও খারাপ আরও সাতটি রূহ নিয়ে সে আসে, তাই সেই ব্যক্তির অবস্থা প্রথমবার মন্দ রূহকে তাড়ানোর চেয়ে শেষ বারে বেশি খারাপ হবে। এই দৃষ্টান্তে ঈসা যে চিত্রটি ব্যবহার করেছেন তা একটা বাড়ির, যে বাড়িটা পরিষ্কার এবং খালি, এবং এই বাড়ি পুনরায় দখল করার মত অবস্থায় প্রস্তুত। কিভাবে রূহ এই বাড়ি পুনরায় দখল করতে পারবে? প্রথমত, যদি এই বাড়ির একটা দরজা অবশ্যই খোলা রাখা হয়েছে; এবং দ্বিতীয়ত, ঘরটি যদি "খালি" থাকে (মথি ১২:৪৪)।

সুতরাং এখানে দুটি সমস্যা আছে:

১) একটা দরজা খোলা রাখা হয়েছে।

২) বাড়িটি খালি আছে।

একটা সুস্থ জামাত নির্মাণের জন্য, আমাদের সুস্থ খ্রীষ্টান মুমিনদের প্রয়োজন। এবং সুস্থ হতে গেলে একজন খ্রীষ্টানকে মুক্ত হতে হবে। এর অর্থ হল সেই ব্যক্তিকে অবশ্যই সমস্ত খোলা দরজা বন্ধ করতে হবে যা শয়তান ব্যবহার করতে পারে, এবং তাদের রূহ অবশ্যই ভাল জিনিস দিয়ে পূর্ণ হতে হবে যার দ্বারা মন্দ বিষয়গুলো বের করে দেওয়া হবে।

সমস্ত দরজা বন্ধ করতে হবে। প্রত্যেকটা দরজা! আধ্যাত্মিক স্বাধীনতা সম্পর্কে গুরুত্বপূর্ণ বিষয় হল যে শুধুমাত্র একটা খোলা দরজা বন্ধ করাই যথেষ্ট নয়। সব খোলা দরজা বন্ধ করা প্রয়োজন। বাড়ির পিছনের দরজায় বিশ্বের সেরা তালা লাগিয়েও লাভ নেই যদি সামনের দরজাটি খোলা থাকে। যদি আমরা একটা বৈধ অধিকার অস্বীকার করি যা শয়তান একজন ব্যক্তির বিরুদ্ধে ব্যবহার করছে, কিন্তু অন্যান্য অধিকারগুলোর সাথে মোকাবিলা না করি, তবে সেই ব্যক্তি এখনও মুক্ত নয়।

স্বাধীন হওয়া এক বিষয়। ক্রমাগত স্বাধীন থাকা একটা ভিন্ন বিষয়। দরজা বন্ধ করার মতো সমান গুরুত্বপূর্ণ বিষয় হল ঘরটি ভালো বিষয় দ্বারা পূরণ করা এবং এটা খালি না রাখা। এর মধ্যে রয়েছে একজন ব্যক্তির পাক রূহয দিয়ে নিজেকে পূর্ণ করার জন্য দুয়া করা। এর অর্থ হল একটা ঈশ্বরীয় জীবনযাপনের উপায় গড়ে তোলা, যা একজন ব্যক্তির রূহ ভাল জিনিস দিয়ে পূর্ণ করে।

ধরুন একজন ব্যক্তির দাসত্ব শুরু হয়েছে কারণ সে কোন মিথ্যাকে বিশ্বাস করেছে এবং সেই মিথ্যা অনুযায়ী কথা বলেছে। এখন তাকে সেই মিথ্যা ত্যাগ করতে হবে, এবং উপরন্তু, সেই ব্যক্তিকে সত্যকে আলিঙ্গন করতে হবে, ধ্যান করতে হবে এবং সত্যে আনন্দিত হতে হবে। মিথ্যা থেকে বের হয়ে, সত্যে প্রবেশ করতে হবে!

একটা ভিন্ন পরিস্থিতি বিবেচনা করুনঃ একজন ব্যক্তি যিনি ঘৃণা করার মন্দ শক্তি দ্বারা পীড়িত হয়েছেন, যা অন্য লোকেদের বিরুদ্ধে উচ্চারিত অনেক ঘৃণ্য অভিশাপ সহ খারাপ কর্মের দিকে তাকে পরিচালিত করেছে। যখন ঘৃণার এই মন্দশক্তিকে তাড়িয়ে দেওয়া হয়, তখন সেই ব্যক্তির কেবলমাত্র ঘৃণা ত্যাগ করা এবং প্রত্যাখ্যান করা নয়, বরং অন্যকে ভালবাসা এবং নেয়ামত করার একটা জীবনধারা গড়ে তুলতে হবে, ঘৃণাকে ভেঙে ফেলার পরিবর্তে নিজের রূহকে ভালবাসায় গড়ে তুলতে হবে। তাদের অভ্যাস এবং তাদের সম্পূর্ণ চিন্তাধারা পরিবর্তন করতে হবে। একজন ব্যক্তিকে মুক্ত থাকতে সাহায্য করার জন্য জামাতের সম্প্রদায় বা লোকেরা একটা অপরিহার্য ভূমিকা পালন করে। তারা একজন ব্যক্তিকে তাদের রূহকে পুননবীকরণ এবং পুনর্নির্মাণ করতে, তাকে একজন রূপান্তরিত ব্যক্তি হতে সাহায্য করতে পারে।

পৌল প্রায়ই তার চিঠিতে এই প্রক্রিয়া সম্পর্কে লিখেছেন। তিনি অবিরত দুয়া করেছেন এবং মুমিনদের সত্য ও ভালবাসায় গড়ে তোলার জন্য পরিশ্রম করেছেন। তিনি সর্বদা স্মরণ করেছেন যে মুমিনরা একসময় কী ছিল এবং কখনও কখনও তিনি মানুষকে এটা মনে করিয়ে দিয়ে, তাদেরকে বৃদ্ধি পেতে উৎসাহ দিয়ে থাকেনঃ

> কেননা আগে আমরাও নির্বোধ, অবাধ্য, ভ্রান্ত, নানা রকম অভিলাষের ও সুখভোগের গোলাম, হিংসা ও বিদ্বেষে কালক্ষেপকারী, ঘৃণার ও পরস্পর দ্বেষকারী ছিলাম। (তীত ৩:৩)

কিন্তু খ্রীষ্টের সাহাবীদের আর এভাবে জীবন যাপন করা উচিত নয়। আমরা পরিবর্তিত হয়েছি, এবং আরও বেশি করে সে ঈসার মতো হয়ে ওঠার জন্য পরিবর্তিত হতে যাচ্ছি, যিনি নির্দোষ ছিলেন, যার উপরে কোন অধিকার শয়তানকে দেওয়া হয়নি। তাই পৌল ফিলিপীয়দের কাছে লিখেছেন:

> … আর আমি দুয়া করি তোমাদের মহব্বত যেন তত্ত্বজ্ঞানে ও গভীর অন্তর্দৃষ্টিতে উত্তরোত্তর উপচে পড়ে; এভাবে তোমরা যেন যা যা উত্তম তা বেছে নিতে পার এবং মসীহের আসার দিন পর্যন্ত যেন তোমরা খাঁটি ও নিখুঁত থাকতে পার, যেন ঈমানদারতার সেই ফলে পূর্ণ হও, যা ঈসা মসীহের মধ্য দিয়ে পাওয়া যায়, এভাবে যেন আল্লাহ্র গৌরব ও প্রশংসা হয়। (ফিলিপীয় ১:৯-১১)

একজন সুস্থ সাহাবীর কী সুন্দর চিত্র, যে প্রেমে, জ্ঞানে ও প্রজ্ঞায়; বিশুদ্ধ এবং নির্দোষ হয়ে বেড়ে ওঠে; এবং ভাল ফল বহন করে যে ফল আল্লাহ্র প্রশংসা করে! এই ব্যক্তিকে কেবল মুক্ত করা হয়নি, তবে তাদের রূহের ঘরটি, বিপজ্জনকভাবে “অনিয়োজিত” বা খালি থাকার পরিবর্তে তা ঈসা মশীহের ভাল জিনিস দিয়ে পূর্ণ হচ্ছে।

জামাতের এবং পালকের একটা মূল ভূমিকা হল সাহাবীদের এইভাবে জীবন যাপন করতে সাহায্য করাঃ শয়তানের সমস্ত খোলা দরজা বন্ধ করা এবং বিশ্বাসীদেরকে খ্রীষ্টের সমস্ত ভাল জিনিস দিয়ে পরিপূর্ণ হতে সাহায্য করা।

সাহাবী তৈরি করা একটা মহান আহ্বান এবং এটা সম্পর্কে অনেক কিছু শেখার আছে। এখানে আমরা বিবেচনা করব কিভাবে ইসলামের দাসত্ব থেকে মুক্ত সাহাবীদের সুস্থ বিকাশে সহায়তা করা যায়।

নিরাময় এবং নাজাত

আমরা সব দরজা বন্ধ করার এবং পা রাখার ফাঁদ সরিয়ে নেওয়ার ওপর জোর দিয়েছি। যেকোনো সাহাবীর জীবনে এর মধ্যে কিছু কিছু বিষয় সরাসরি ইসলামের প্রভাবের কারণে হতে পারে এবং এখানে প্রদত্ত দুয়ার বিষয়গুলো ইসলামের দরজা বন্ধ করতে ব্যবহার করা যেতে পারে।

যদিও, খ্রীষ্টের একজন সাহাবীর জীবনে সরাসরি ইসলামের কারণ ছাড়াও অন্যান্য বন্ধনও থাকতে পারে। এগুলি পাঠ ২-এ বর্ণিত যে কোনও ক্ষেত্রের কারণে হতে পারে: অস্বীকৃত গুনাহ, ক্ষমাহীনতা, রূহের ক্ষত, কোন বাক্য এবং সংশ্লিষ্ট আচার-অনুষ্ঠান, মিথ্যা এবং প্রজন্মের অভিশাপ। প্রাক্তন মুসলমানদের জীবনে অনেকেই নিম্নোক্ত বিষয়ের ক্ষতিকর প্রভাবগুলি লক্ষ্য করতে পারে:

- ক্ষমা
- যে আব্বা তার সন্তানদের সঙ্গে অপব্যবহার করে
- পারিবারিক ভাঙ্গন (বিচ্ছেদ, বহুবিবাহ)
- মাদকাসক্তি
- জাদুবিদ্যা এবং মন্ত্রতন্ত্র
- যৌন আঘাত (হামলা, ধর্ষণ, অজাচারের কারণে)
- হিংসা
- প্রজন্মগত অভিশাপ
- রাগ
- প্রত্যাখ্যান এবং আত্ম-প্রত্যাখ্যান
- নারীদের অবিশ্বাস ও পুরুষদের ঘৃণা করা
- পুরুষদের নারীর প্রতি অবজ্ঞা

এই ক্ষেত্রগুলির মধ্যে অনেকগুলি সংস্কৃতি এবং পারিবারিক জীবনে ইসলামের প্রভাব দ্বারা প্রভাবিত হতে পারে, তবে মানুষের নিজস্ব ব্যক্তিগত আধ্যাত্মিক বিষয়ও রয়েছে, যা তাদের সমগ্র জীবনকাল ধরে জমা হয়। খ্রীষ্টিয় পরিপক্কতার দিকে অগ্রসর হওয়ার জন্য আমাদেরকে কেবল ইসলাম থেকে নয়, এই সমস্ত বিষয় থেকেই মুক্ত হতে হবে।

একজন যুবক এমন একটা পারিবারিক অবস্থায় ভুগছিলেন যার কারণে তার গুরুতর পেটের সমস্যা সৃষ্টি হয়েছিল: তার বেশিরভাগ আত্মীয় পেটের ক্যান্সারে মারা গিয়েছিল। ইরান এবং অস্ট্রেলিয়ার ডাক্তাররা তাকে বলেছিলেন যে তার পেটে একটা প্রাক-ক্যান্সার রোগ রয়েছে যার জন্য তাকে নিয়মিত ওষুধ খেতে হবে। এক পর্যায়ে তিনি বুঝতে পেরেছিলেন যে এটা তার পরিবারের অভিশাপের কারণে হতে পারে। কিন্তু তিনি এই প্রজন্মের অভিশাপ পরিত্যাগ করেছেন এবং ভেঙে দিয়েছেন এবং নিজেকে নতুন করে আল্লাহ্‌র কাছে উৎসর্গ করেছেন। তিনি সম্পূর্ণ সুস্থ হয়েছিলেন এবং সমস্ত ওষুধ খাওয়া বন্ধ করে দিয়েছিলেন। যা উল্লেখযোগ্য ছিল তা হল যে একই সময়ে তিনি সহজেই চাপ এবং উদ্বেগে ভোগার প্রবণতা থেকে নিরাময় লাভ করেছিলেন। তিনি তার জীবনের পরিস্থিতিতে অনেক শান্ত এবং আল্লাহ্‌র প্রতি আস্থাশীল হয়ে ওঠেন। এই নিরাময় এবং পরিত্রাণ তাকে একজন পালক হিসাবে সেবা করার চাপ সহ্য করার জন্য প্রস্তুত করতে সাহায্য করেছিল।

একটা সুস্থ জামাতের পালকদের পরিচর্যা হওয়া দরকার যারা সমস্ত খোলা দরজা এবং পা রাখার সব ধরনের ফাঁদের সঙ্গে মোকাবিলা করে। মনে রাখবেন, একটা ঘর সুরক্ষিত করার সময়, শুধুমাত্র একটা

দরজা বা ইসলামের চুক্তির দরজা বন্ধ করাই যথেষ্ট নয়: ঘরের সমস্ত খোলা দরজা বন্ধ করে দিতে হবে।

প্রয়োজন অনুযায়ী শিক্ষা দেওয়া

একটা পুরানো, ধ্বংসপ্রাপ্ত বাড়ির কল্পনা করুন। ছাদ ফুটো; এমনকি আপনি এটা দিয়ে আকাশ দেখতে পারেন। জানালাগুলো, যেগুলো একসময় কাঁচের ছিল, সেগুলো ভেঙে গেছে এবং সেগুলো দিয়ে অবাধে বাতাস বয়ে যাচ্ছে। দরজাগুলো তাদের কব্জাগুলো ছিঁড়ে বাইরে মাটিতে পড়ে আছে। ভিতরে, দেয়াল ভাঙ্গা, তাদের মধ্যে ছিদ্র হয়ে গেছে, মেঝে পচে গেছে। বাড়িটির মূল ভিত্তিতে ফাটল এবং সেগুলো ভাঙ্গা। এবং বাড়ির মধ্যে এমন কেউ ঢুকে আছে যারা এই বাড়ির মালিক নয়। তাদের সেখানে থাকা উচিত নয় এবং তারা আসলে বাড়িটি ধ্বংস করছে।

এই বাড়িটি পুনরুদ্ধার করতে গেলে অনেক কাজ করতে হবে। প্রথম ধাপ হল ঘরকে সুরক্ষিত করাঃ ছাদ ঠিক করা এবং তালা দিয়ে নতুন জানালা এবং শক্ত দরজা লাগানো, যাতে আর কোন ছিনতাইকারী সেখানে অবাধে ঢুকতে না পারে। স্বাধীনতার পরিচর্যা কাজের এটাই প্রথম ধাপঃ সব খোলা দরজা বন্ধ করতে হবে। এটা প্রথমে করা দরকার কারণ যদি সমস্ত দরজা বন্ধ না করা হয় তবে বহিরাগতরা (মন্দ শক্তি) কেবল একটা খোলা দরজা দিয়েও ফিরে আসতে পারে।

একবার বাড়িটি সুরক্ষিত হয়ে গেলে, অন্যান্য কাজ শুরু করা যেতে পারেঃ মূলভিত্তি পুনরুদ্ধার করা, দেয়াল মেরামত করা এবং বাড়িটিকে সুন্দর এবং বসবাসের জন্য আরামদায়ক করে তোলা।

যখন প্রাক্তন মুসলমানরা খ্রীষ্টের কাছে আসে, তখন তারা তাদের রূহের ক্ষতি সঙ্গে করে আনতে পারে, যা ইসলাম এবং ইসলামী সংস্কৃতির কারণে তাদের জীবনে ঘটে, যা থেকে তাদের পুনরুদ্ধার করা দরকার।

একজন মুমিনের রূহ একটা বালতির মতো। আমাদের উদ্দেশ্য বিশুদ্ধ, মিষ্টি জল ধরে রাখাঃ জীবনের জল যা ঈসা মশীহের কাছ থেকে আসে। আমাদের জীবনের অর্থ এটাই হওয়া উচিত। কিন্তু যদি বালতিটির পাশে একটা ছিদ্র বা ফাঁক থাকে - যেমন আমাদের চরিত্রের দুর্বলতা - তাহলে বালতিটি এত জল ধরে রাখতে পারে না। বালতিটি কেবল তার পাশের সর্বনিম্ন গর্ত বা ফাঁক পর্যন্ত জল ধরে রাখতে পারে। এই বালতিটি আরও জল ধরে রাখার ক্ষমতার জন্য, আমাদের সেই ফাঁকগুলো পূরণ করতে হবে।

সারা পৃথিবীতে, ইসলাম যেখানে শিকড় গেড়েছে সেখানেই এই রূহের ক্ষতির একটা ধরণ দেখতে পাওয়া। ডন লিটল যেমন উল্লেখ করেছেন, "বিভিন্ন পরিবেশে ইসলামের প্রভাব খ্রীষ্টের জন্য বাঁচতে চাওয়া লোকেদের জন্য একই রকম বাধা সৃষ্টি করে"।[17]

এই সম্পর্কে চিন্তা করার আরেকটি উপায় হল তখন কী ঘটে যখন কারো জীবনে একটা খারাপ দুর্ঘটনা ঘটে এবং সে সুস্থ হয়ে উঠতে অনেক সময় নেয় তা বিবেচনা করা। সাধারণত তাদের কিছু পেশী দুর্বল হয়ে যাবে এবং এমনকি সেই পেশিগুলো ব্যবহারের অভাবে নষ্ট হয়ে যাবে। সম্পূর্ণরূপে পুনরুদ্ধার করার জন্য, এই ধরনের ব্যক্তিকে দুর্বল পেশীগুলিকে শক্তিশালী করার জন্য নির্দিষ্টভাবে ব্যায়াম করতে হবে (ফিজিওথেরাপি)। এই ব্যায়ামগুলি ব্যবহার করতে দীর্ঘ সময় লাগতে পারে এবং বেশ বেদনাদায়ক হতে পারে, তবে পুরো শরীরকে আবার কাজ করতে সক্ষম করার জন্য এগুলি প্রয়োজনীয়। আপনি শুধুমাত্র ততটুকুই করতে পারবেন যতটা আপনার দুর্বলতম পেশী আপনাকে করতে দেবে।

এর অর্থ হল মুসলিম পটভূমি থেকে আসা মুমিনদের একটা জামাতের প্রয়োজন যেখানে এই মুমিনদের শিক্ষাদানের প্রোগ্রামটি সাবধানে এবং পদ্ধতিগতভাবে বানাতে হবে যা তাদের পুরাতন

---

17 ডন লিট্ল, *এফেকটিভ ডিসাইপ্লিং ইন মুসলিম কমিউনিটিস,* পৃঃ ১৭০

ক্ষতির সমাধান করতে পারে। আমরা একে বলি 'প্রয়োজন অনুযায়ী শিক্ষা দেওয়া': বাইবেলের সত্য কথা বলা সেই সমস্ত ক্ষেত্রগুলোতে যেখানে আগে মিথ্যার শাসন ছিল। অনেকগুলি ক্ষেত্র তাদের জীবনে থাকে যেগুলোর সুরাহা করা দরকার।

মুহাম্মাদের অন্যতম গুরুত্ব ছিল এক ব্যক্তির উপর অন্য ব্যক্তির শ্রেষ্ঠত্ব; উদাহরণস্বরূপ, অমুসলিমদের উপর মুসলমানদের শ্রেষ্ঠত্ব। সে নিজেকে অন্যজনের নিকৃষ্ট বা নিম্নমানের হওয়াকে লজ্জাজনক মনে করত। ইসলামী সমাজে এটা সাধারণত সাংস্কৃতিক সংবেদনশীল দৃষ্টিভঙ্গির একটা অংশ যেখানে একজন মুসলিম অন্য মানুষের চেয়ে ভালো হতে চায়। একজন খ্রীষ্টান ঘোষণা করেছেন যে ইরানী সংস্কৃতিতে, লোকেরা খুশি হয় যখন তারা অন্য একজনকে রাস্তায় পড়ে যেতে দেখে বা তারা শুনতে পায় যে কেউ পরীক্ষায় ফেল করেছে। তারা খুশি কারণ তারা নিজেরা পড়ে যায়নি বা ব্যর্থ হয় নি, তাই তারা নিজেদের শ্রেষ্ঠ বোধ করে।

একজন ব্যক্তির যোগ্যতা নির্ধারণ করার এই উপায় মণ্ডলীতে অনেক সমস্যা সৃষ্টি করতে পারে। উদাহরণস্বরূপ, কোন একটা জামাতের লোকেরা দাবি করতে পারে যে তাদের জামাত অন্যান্য জামাতের চেয়ে শ্রেষ্ঠ। এই মনোভাব অপরাধের কারণ হয়ে উঠবে, যার কারণে একটা এলাকার জামাতগুলো একসাথে কাজ করতে অস্বীকার করবে। যদি এই ধরনের মনোভাবসম্পন্ন কোন ব্যক্তিকে নেতৃত্বের ভূমিকায় নিযুক্ত করা হয়, তখন অন্য একজন ব্যক্তি নিজেকে প্রত্যাখ্যাত মনে করবে এবং ঈর্ষান্বিত হয়ে জিজ্ঞাসা করবে, "তারা আমাকে কেন নির্বাচন করেনি? তারা কি মনে করে আমি ভালো না?" এই সমস্যাটি এতটাই খারাপ হতে পারে যে লোকেরা নেতৃত্বের ভূমিকার জন্য নিজেকে উপলব্ধ করতে অস্বীকার করবে কারণ তারা ভয় পাবে যে জামাতের অন্যান্য লোকেরা তাকে আক্রমণ করবে ও তার সমালোচনা করবে।

এই মনোভাবের সাথে, লোকেরা জামাতের উন্নতি করার জন্য নম্রভাবে কীভাবে গঠনমূলক প্রতিক্রিয়া দিতে হয় তা জানবে না। পরিবর্তে তারা এমনভাবে কথা বলবে যেন তারা এক একজন বিশেষজ্ঞ, তারা গর্বের সাথে কথা বলবে এবং অসংবেদনশীল উপায়ে অন্য লোকেদের সংশোধন করবে।

এই ধরনের মনোভাব পরনিন্দা-পরচর্চাকেও প্ররোচিত করে, কারণ লোকেরা অন্যকে খারাপ হলে আনন্দ লাভ করবে।

এই গভীর সমস্যাটির মোকাবেলা করার জন্য একজন দাসের হৃদয় গড়ে তোলার বিষয়ে শিক্ষা দেওয়া অপরিহার্যঃ লোকেদের শিখতে হবে কেন ঈসা তার সাহাবীদের পা ধুয়েছিলেন এবং তাদেরকে সেই একই কাজ করার জন্য তাঁর হুকুম শুনতে হবে। মানুষের উচিত খ্রীষ্টের মধ্যে তাদের পরিচয় খুঁজে পেতে শেখা, এবং তারা যা করে বা অন্য লোকেরা তাদের সম্পর্কে যা বলে বা চিন্তা করে সেগুলোকে উপেক্ষা করা দরকার। তাদেরকে নিজেদের দুর্বলতা নিয়ে "অহংকার" করতে এবং "আনন্দ" করতে শেখানো দরকার (২ করিন্থীয় ১২:৯-১০)। তাদের শিখতে হবে যে অন্যদের ভালবাসার অর্থ হল অন্য লোকেদের সাফল্যে আনন্দ করা এবং তারা যখন কষ্ট বা দুঃখে থাকে তখন শোক করা (রোমীয় ১২:১৫; ১ করিন্থীয় ১২:২৬)। ভালবাসার সাথে কিভাবে সত্য কথা বলতে হয় সে সম্পর্কেও মানুষকে শেখানো দরকার। বিশ্বাসীদেরও পরচর্চার ধ্বংসাত্মক প্রভাব সম্পর্কে শেখানো দরকার, এবং কোনও ভাই বা বোনের বিরুদ্ধে অভিযোগ থাকলেও কিভাবে ভাল প্রতিক্রিয়া জানাতে হয় তা শিখতে হবে।

ইসলাম থেকে খ্রীষ্টের কাছে আসা লোকেদের আরেকটি সমস্যা হল সত্য কথা বলতে শেখা। ইসলামিক সংস্কৃতিতে, লজ্জা এড়িয়ে চলার জন্য লোকেদের স্বচ্ছ এবং খোলামেলা না হওয়ার জন্য প্রশিক্ষণ দেওয়া হতে পারে (প্রতারণার বিষয়ে লেখা পাঠ ৭ দেখুন)। উদাহরণস্বরূপ, ধরুন আপনি আপনার জামাতে একজন সহ-মুমিনকে দেখেন এবং অনুভব করেন যে তার কিছু নিয়ে হয়ত সমস্যা চলছে, তাই আপনি জিজ্ঞাসা করেন "কেমন আছ? তুমি ঠিক আছ?" বাস্তবেই তার একটা সমস্যা আছে, এবং সেই ব্যক্তির জীবন ঠিক নেই, কিন্তু সে আপনাকে বলে, "আমি ভালো আছি ধন্যবাদ। সবকিছুই ভালো আছে"। এইভাবে, তারা তাদের মুখোশ পরে রাখে। ইসলাম ত্যাগ করা লোকদের মধ্যে নিজের সমস্যা লুকানোর প্রবণতা সাধারণ বিষয়। শয়তান এটা ব্যবহার করে সাহাবীদের বেড়ে

উঠতে বাধা দিতে, এইভাবে শয়তান একজন ব্যক্তিকে তাদের সমস্যার জন্য সাহায্য চাওয়া থেকে বাধা দেয়।

এই সমস্যাটি মোকাবেলা করার জন্য, সাহাবীদের একে অপরের সাথে সত্য কথা বলার গুরুত্ব এবং ব্যক্তিগত বৃদ্ধি এবং স্বাধীনতার বিষয়ে শেখার দরকার এবং আরো শেখা দরকার যে এই বিষয়ে বারবার শেখা কেন এত গুরুত্বপূর্ণ।

ইসলামিক সংস্কৃতির আরও অনেক ক্ষেত্র রয়েছে যেখানে 'প্রয়োজন অনুযায়ী শিক্ষা দেওয়া' দরকার, যেমন:

- ক্ষমা করার প্রয়োজন এবং এটা কীভাবে প্রয়োগ করতে হয় তা জানা
- সহজেই নিজেকে বঞ্চিত মনে করার এবং অন্যদের উপর দোষ দেওয়ার প্রবণতা কাটিয়ে ওঠা
- এমনভাবে পরিচর্যা করতে শেখা যা মানুষের মধ্যে আস্থা তৈরি করে
- জাদুবিদ্যার অনুশীলন ত্যাগ করা
- নারী এবং পুরুষ একে অপরকে সম্মান করতে শেখা, এবং মহব্বত ও নম্র উপায়ে, অহংকার ছাড়াই তাদের সম্পর্কের মধ্যে সত্য কথা বলতে শেখা
- অভিভাবকরা তাদের সন্তানদের অভিশাপ দেওয়ার পরিবর্তে নেয়ামত করতে শেখা

(পাঠ ৪ এর শেষে ইসলামের কারণে সৃষ্ট সমস্যার তালিকা দেখুন এবং এরপরে মুহাম্মদের উদাহরণগুলো দেখুন।)

এটা জোর দেওয়া খুবই গুরুত্বপূর্ণ যে নিয়মতান্ত্রিক এবং পুঙ্খানুপুঙ্খভাবে, 'প্রয়োজন অনুযায়ী শিক্ষা দেওয়া,' বিষয়গুলির গভীরে যাওয়া যাতে লোকেরা তাদের সম্পূর্ণ মানসিক এবং ধর্মতাত্ত্বিক বিশ্বদর্শন পুনর্নির্মাণ করতে পারে।

এই বিভাগে আমরা মুমিন এবং নেতা কিভাবে গঠন করতে হয় তা বিবেচনা করব।

ভালো করে শুরু করো

ডন লিটল উত্তর আফ্রিকার মুসলমানদের মধ্যে কাজ করা দুই মিশনারীর বিপরীত কাজ করার ধরন তুলে ধরেছেন। দু'জনেই আফ্রিকাতে বহু বছর ধরে কাজ করছিলেন।[18]

স্টিভ খুব দ্রুত মুসলমানদেরকে খ্রীষ্টের প্রতি অঙ্গীকার করার জন্য পরিচালনা দিতে পারে, কখনও কখনও তাদের সাথে তার প্রথম কথোপকথনের মধ্যেই সে এটা করতে পারে। যদিও, এই ধর্মান্তরিতদের প্রায় প্রত্যেকেই ঈসাকে অনুসরণ করার সিদ্ধান্ত নেওয়ার কয়েক সপ্তাহের মধ্যেই আবার মুসলিম ধর্মে ফিরে যায়। এদের মধ্যে কয়েকজন এক বছরের বেশি স্থায়ী হয়েছিল। স্টিভের কৌশলটি ছিল লোকেদেরকে দ্রুত খ্রীষ্টে বিশ্বাসের দিকে নিয়ে যাওয়া এবং তাদের বেড়ে উঠতে এবং খ্রীষ্টবিশ্বাস সম্পর্কে আরও জানতে সাহায্য করার জন্য পাক রূহের উপর আস্থা রাখা।

অন্যজন ছিল চেরি, তার পদ্ধতি এবং সাফল্যের হার ছিল বিপরীত। লোকেদের খ্রীষ্টের দিকে নিয়ে যেতে তিনি অনেক সময় নিতেন, কখনও কখনও কয়েক বছর। তিনি কেবলমাত্র সেই নারীদের সাহাবী হবার আমন্ত্রণ জানিয়েছিলেন যাদের সঙ্গে তিনি কর্মরত ছিলেন এবং যখন তিনি নিশ্চিত

---

18 ডন লিট্‌ল, *এফেকটিভ ডিসাইপ্লিং ইন মুসলিম কমিউনিটিস,* পৃঃ ২৬-২৭

ছিলেন যে তারা সম্পূর্ণরূপে বুঝতে পেরেছিলেন যে খ্রীষ্টে ধর্মান্তরিত হওয়ার অর্থ কী, এর দলে তাদের স্বামীদের দ্বারা নিপীড়ন এবং বিবাহবিচ্ছেদের সম্ভাবনা রয়েছে। খ্রীষ্টের দিকে পরিচালিত প্রতিটি মহিলা একজন দৃঢ় প্রতিশ্রুতিবদ্ধ বিশ্বাসী হয়ে ওঠেন, যাদের বিশ্বাস চেরিকে উত্তর আফ্রিকা থেকে বহিষ্কার করার পরেও অব্যাহত ছিল।

মুসলমানদের খ্রীষ্টের দিকে পরিচালিত করার সময় এবং তাদের অনুশাসন করার সময় এটা অপরিহার্য যেন তাদের এই বিশ্বাসের প্রক্রিয়াটি সম্পূর্ণ হয়। পাঠ ৫ থেকে খ্রীষ্টকে অনুসরণ করার ছয়টি ধাপ স্মরণ করুন:

১) দুটি স্বীকারোক্তি:
   - আমি একজন গুনাহগার এবং আমি নিজেকে বাঁচাতে পারি না।
   - একমাত্র আল্লাহ্, সৃষ্টিকর্তা, যিনি তাঁর পুত্র ঈসাকে আমার গুনাহর জন্য মরতে পাঠিয়েছেন।

২) আমার গুনাহ এবং মন্দ যা কিছু আছে সেগুলো থেকে দূরে সরে যাওয়া (তওবা করা)।

৩) ক্ষমা লাভ, স্বাধীনতা, অনন্ত জীবন এবং পাক রূহের জন্য অনুরোধ করা।

৪) আমার জীবনের প্রভু হিসাবে খ্রীষ্টের প্রতি আমার আনুগত্য স্থানান্তর করা।

৫) খ্রীষ্টের কাছে সমর্পণ এবং খ্রীষ্টের সেবা করার জন্য আমার জীবনের প্রতিশ্রুতি এবং পাকতা বজায় রাখা।

৬) খ্রীষ্টেতে আমার পরিচয়ের ঘোষণা করা।

মনে হয় যে স্টিভ ১-২ ধাপের মধ্যে দিয়ে নতুন ধর্মান্তরিতদের নিয়ে যাচ্ছিলেন, এবং সম্ভবত তৃতীয় ধাপের মধ্যে দিয়েও যাচ্ছিলেন, কিন্তু ৪-৬ ধাপের মাধ্যমে তাদের সুরক্ষিত করছিলেন না। একজন প্রাক্তন মুসলিমের আনুগত্যের একটা সম্পূর্ণ স্থানান্তরের (ধাপ ৪) জন্য ইসলামের সাথে সম্পর্ক ছিন্ন করা এবং তাকে ঈসার প্রতি সম্পূর্ণ আনুগত্যের সাথে প্রতিস্থাপন করা প্রয়োজন। প্রতিজ্ঞা এবং পাকতার (ধাপ ৫) সঙ্গে একটা শর্তও থাকে – সেটা হল তাড়না এবং এর জন্য বাইবেলের নীতিশাস্ত্র বোঝারও প্রয়োজনঃ তা হল নিজেকে সঠিক করার জন্য আপনাকে বুঝতে হবে যে কী ধরণের জীবনযাপনের জন্য আপানকে পাক করা হয়েছে। শুধুমাত্র আল্লাহর কাছে “সমর্পণকারী” না হয়ে একটা নতুন পরিচয় ঘোষণার জন্য (ধাপ ৬) খ্রীষ্টেতে পরিচয় সম্পর্কে বোঝার প্রয়োজন এবং ঈসা মশীহের মাধ্যমে আল্লাহ্‌র সন্তান হওয়ার অর্থ কী তা বোঝার প্রয়োজন। এর অর্থ হল *উম্মাহ* থেকে বেরিয়ে আসার মাধ্যমে আপনার পুরানো পরিচয় হারানোর অর্থ কী তা বোঝা, এর মধ্যে অন্তর্গত থাকতে পারে বন্ধুবান্ধব এবং পরিবারের কাছ থেকে সম্ভাব্য বিচ্ছিন্নতাও।

এর সংযোজনে, ধাপ ৩ এর জন্য প্রয়োজন একটা পরিপক্ক উপলব্ধি যে খ্রীষ্টেতে মুক্ত হওয়ার অর্থ কী, অন্যদের ক্ষমা করার অর্থ কী এবং পাক রূহ দ্বারা জীবন যাপনের প্রকৃত অর্থ কি!

এই পদক্ষেপগুলিতে গভীরভাবে প্রতিশ্রুতিবদ্ধ হওয়ার জন্য সাহাবীত্বের একটা প্রক্রিয়ার সঠিক উপলব্ধি থাকা প্রয়োজন। এই প্রক্রিয়ার মাধ্যমে কেউ যত্ন সহকারে এবং চিন্তাভাবনার মাধ্যমে ইসলামিক দৃষ্টিভঙ্গিকে একপাশে সরিয়ে বাইবেলের দৃষ্টিভঙ্গী ব্যবহার করা শিখতে পারে।

যখন কেউ খ্রীষ্টের দিকে মন ফিরায় এবং তাকে অনুসরণ করার প্রতিশ্রুতি দেয়, তারা কার্যত শয়তানের বিরুদ্ধে যুদ্ধ ঘোষণা করে। তারা শয়তানের অধিকার লুণ্ঠন করতে এবং তাদের জীবনের সমস্ত অধিকার ঈসা মশীহের হাতে তুলে দিতে প্রতিশ্রুতিবদ্ধ। এটা একটা সরল বা ভাসা-ভাসা সিদ্ধান্ত নয়। এটা একজন ব্যক্তির সম্পূর্ণ উপলব্ধি এবং ইচ্ছার দ্বারা সমর্থিত হতে হবে।

এই কারণগুলির জন্য, সুসমাচারের পরিচর্যাকারীদের কাউকে বাপ্তিস্ম দেবার আগে যথেষ্ট অপেক্ষা করতে হবে এবং ঈসাকে অনুসরণের প্রতিজ্ঞা করার দুয়া করানোর আগেও যথেষ্ট অপেক্ষা করতে হবে। তাদের কেবল তখনই এই বিষয়গুলো করা উচিত যখন সেই ব্যক্তি সম্পূর্ণরূপে বুঝতে পারবে

যে তাদের জন্য এই সিদ্ধান্তের অর্থ কি হবে এবং তাদের এই সিদ্ধান্তের প্রভাব তাদের ভালবাসার লোকেদের জীবনে কিভাবে আসবে!

সম্পূর্ণ উপলব্ধি এবং অঙ্গীকার সহকারে '*শাহাদাকে* পরিত্যাগ করার ঘোষণা এবং দুয়া' (পাঠ ৫ দেখুন) না করা পর্যন্ত কাউকে বাপ্তিস্ম না দেওয়ার পরামর্শ দেওয়া হয়। বাপ্তিস্ম দেবার আগে, এর তাৎপর্য ব্যাখ্যা করার জন্য শিক্ষা দেওয়া উচিত। এই শিক্ষা বাপ্তিস্মের কিছু সময় আগে করা উচিত। একটা ত্যাগের দুয়াকেও বাপ্তিস্মের অনুষ্ঠানের অংশ হিসেবে অন্তর্ভুক্ত করা যেতে পারে। এই ত্যাগ পদক্ষেপ ৪-এর প্রতি সম্পূর্ণ অঙ্গীকারের অনুমতি দেয়ঃ প্রভু হিসাবে ঈসা মশীহের প্রতি আনুগত্যের সম্পূর্ণ স্থানান্তর করা, যার অর্থ কোন ব্যক্তির জীবনের উপর ইসলামের সমস্ত দাবি প্রত্যাখ্যান করা।

উদীয়মান নেতাদের পরামর্শদান

বর্তমানে বিশ্বের মুসলিম পটভূমি থেকে আসা বিশ্বাসীদের মুখোমুখি হওয়া সবচেয়ে বড় প্রয়োজন হল আরও পরিপক্ক পালক পাওয়া যারা নিজেরা মুসলিম পটভূমি থেকে এসেছে। অস্বাস্থ্যকর নেতা অস্বাস্থ্যকর জামাত বৃদ্ধি করে। একটা সুস্থ জামাত থাকার জন্য, যেখানে লোকেরা পরিপক্কতা এবং স্বাধীনতায় বেড়ে ওঠে, জামাতগুলিতে সুস্থ নেতাদের প্রয়োজন। মুসলিম পটভূমির নেতাদের উপরে বিনিয়োগ করা খুবই গুরুত্বপূর্ণ যারা সুস্থ জামাতের নেতৃত্ব দিতে পারবে। এই বিনিয়োগের জন্য বছরের পর বছর যত্ন এবং সমর্থনের প্রয়োজন।

আপনি সম্ভাব্য নেতাদের উপরে বিনিয়োগ করার আগে, আপনাকে তাদের খুঁজে বের করতে হবে! এর জন্য একটা মূল নীতি হলঃ লোকেদের নেতৃত্বের পদ দেবার জন্য তাড়াহুড়ো না করা। আপনি যদি কাউকে খুব দ্রুত দায়িত্ব দিয়ে দেন তাহলে আপনাকে পরে অনুশোচনা করতে হতে পারে যদি পরবর্তী সময়ে সেই দায়িত্বপ্রাপ্তরা তাদের দায়িত্ব পালন থেকে মুখ ফিরিয়ে নেয়। ইসলামিক পটভূমির লোকেরা প্রত্যাখ্যান এবং প্রতিযোগিতার সাথে লড়াই করতে পারে, তাই আপনি কাউকে নেতা হিসাবে উত্থাপন করার আগে নিশ্চিত করুন যেঃ

- তারা আহ্বান পাবার জন্য প্রস্তুত
- নেতৃত্বের ভূমিকা নেবার জন্য তাদের মধ্যে যথেষ্ট নম্রতা আছে
- তারা শিক্ষণীয় / সহজেই তাদের শিক্ষা দেওয়া যায়
- তারা যে অনিবার্য সমালোচনার মুখোমুখি হবে তার মোকাবেলা করার মত ধৈর্য্য তার রয়েছে।

আপনি যদি একজন মুসলিম পটভূমি থেকে আসা কোন ব্যক্তি হন যিনি মনে করেন যে আপনাকে জামাতের নেতৃত্ব দেওয়ার জন্য আহ্বান করা হয়েছে, তাহলে আপনি সেই কাজের জন্য প্রস্তুত হবার দ্রুততম বা সহজতম উপায়টি বেছে নেবেন না। আপনাকে বিনীতভাবে বুঝতে হবে যে আপনার প্রস্তুত হতে সময় লাগবে। আপনাকে প্রশিক্ষণের প্রতি সমর্পিত হতে ইচ্ছুক হতে হবে। ধৈর্য্য ধরুন। শেখার জন্য প্রস্তুত থাকুন।

মুসলিম পটভূমির নেতারা খুব দ্রুত অগ্রসর হলে নষ্ট হয়ে যেতে পারেন। যদি তারা খুব দ্রুত এগিয়ে যায় তবে তারা নম্রতা শিখতে পারে না: তারা মনে করতে পারে যে তাদের যা জানা দরকার তা তারা জানে এবং তাদের আর নিজেদের গঠন করার এবং প্রশিক্ষণের প্রয়োজন নেই। সম্ভাব্য নেতাদেরকে প্রাথমিকভাবে, পরীক্ষামূলকভাবে বা প্রশিক্ষণার্থীর ভিত্তিতে কয়েকটি স্বল্পমেয়াদী দায়িত্ব প্রদান করা বুদ্ধিমানের কাজ হতে পারে এবং কেবলমাত্র ধীরে ধীরে তাদের আরও স্থায়ী নেতৃত্বের ভূমিকায় নিশ্চিত করা যেতে পারে কারণ তাহলেই তারা জামাতের কাজের জন্য তাদের আহ্বান এবং উপযুক্ততা প্রমাণ করার সময় পাবে। লোকেরা যদি খুব দ্রুত অগ্রসর হয়, তারা জামাতের চোখে নিজেদের প্রমাণ করার সুযোগ পাওয়ার আগেই, তাদের পরিস্থিতির সঙ্গে মোকাবিলা করতে প্রস্তুত হওয়ার আগেই প্রত্যাখ্যান অনুভব করতে পারেন এবং এটা তাদের গঠনকে ক্ষতিগ্রস্ত করতে পারে।

সুস্থ নেতাদের লালন-পালন করা খুবই সময়সাপেক্ষ এবং পরিণত খ্রীষ্টান নেতাদের উন্নতির জন্য দীর্ঘমেয়াদী চিন্তাধারা খুবই প্রয়োজন। যে কোনো নতুন বিশ্বাসীর জন্য যিনি একজন সম্ভাব্য নেতা প্রয়োজন, কারণ একজন ব্যক্তির খ্রীষ্টিয় পরিপক্কতায় ক্রমবর্ধমান ভাবে বৃদ্ধি পেতে বেশ কিছু বছর সময় লাগে। তাদের অনেক কিছু শেখার থাকে, কারণ ইসলামিক পটভূমি থেকে আগত লোকেদের জন্য জীবন এবং সম্পর্ক সম্পর্কে চিন্তাভাবনা এবং অনুভূতির নির্দিষ্ট উপায়গুলি তাদের সম্পূর্ণরূপে পুনর্নির্মাণ করতে হয়।

নেতাদের পরিপক্কতার দিকে নিয়ে যাওয়ার জন্য পরামর্শ দেওয়ার ১২টি মূল উপাদান এখানে দেওয়া হলঃ

১) যে ব্যক্তিকে প্রশিক্ষণ দেওয়া হচ্ছে (প্রশিক্ষনার্থী) তাকে নিয়মিত এমন একজনের সাথে সাক্ষাৎ করা উচিত যিনি তাদের প্রশিক্ষণ দিচ্ছেন (গুরু), সপ্তাহে অন্তত একবার।

২) প্রশিক্ষণার্থী নেতাদের শেখান এবং দেখান কিভাবে আল্লাহ্‌র কালাম থেকে ধর্মতাত্ত্বিক প্রতিফলন বিশ্লেষণ করতে হয়, কিভাবে জীবনের অভিজ্ঞতাকে বিশ্বাসের সাথে একীভূত করতে হয়। এটা দৈনন্দিন জীবন এবং পরিচর্যা কাজের ব্যবহারিক প্রতিকুলতাগুলিতে বাইবেলভিত্তিক এবং বিশ্বাসের সংস্থানগুলি প্রয়োগ করতে শেখায়। ইচ্ছাকৃত ধর্মতাত্ত্বিক প্রতিফলনের মাধ্যমে, একজন ব্যক্তির চরিত্র সত্যের সামনে উম্মোচিত হয় এবং আরও বেশি করে ঈসা মশীহের মত হবার জন্য সেগুলোকে ধীরে ধীরে পুনর্নির্মাণ করা যেতে পারে।

৩) স্বচ্ছতা এবং সততার মাধ্যমে প্রশিক্ষণ প্রদান করুনঃ স্বচ্ছতা এবং সততার জন্য উচ্চ প্রত্যাশা রাখুন। যে ব্যক্তি প্রশিক্ষণ নিচ্ছে সে যদি মুখোশ পরে থাকে, কেবলমাত্র সেই মুখোশই পরিপক্ক হবে! একদিন আসল ব্যক্তি হয়তো ঘর থেকে বেরিয়ে যাবে এবং মুখোশটি সে পিছনে ফেলে যাবে। তখন আপনি আবিষ্কার করবেন যে আপনি তাকে যেমন ব্যক্তি ভেবেছিলেন সে আসলে তেমন ব্যক্তি নয়।

স্বচ্ছ হওয়ার অর্থ কী তার উদাহরণ দেখানোও একজন প্রশিক্ষকের জন্য গুরুত্বপূর্ণ যদি তিনি আশা করেন যে সম্ভাব্য নেতা তাদের জীবনের সংগ্রামের বিষয়ে তার সামনে উন্মুক্ত থাকবেন খোলামেলা ভাবে নিজের জীবনের বিষয়ে আলোচনা করবেন।।

আমি যখন প্রথম একজন দম্পতিকে সাহাবী করা শুরু করি যারা প্রাক্তন মুসলমানদের নিয়ে গঠিত একটা জামাতের জন্য সম্ভাব্য পালক ছিল, আমাদের প্রথম বৈঠকে আমি জিজ্ঞাসা করি, "আপনার কি কোন সমস্যা আছে?"

তারা বলল, "না"।

পরের সপ্তাহে আমরা আবার দেখা করলাম, তাই আমি আবার জিজ্ঞাসা করলাম, "আপনার কোন সমস্যা আছে?"

উত্তর ফিরে এল: "না"।

আমরা তৃতীয় সপ্তাহের জন্য দেখা করলাম এবং আমি আরও একবার জিজ্ঞাসা করলাম, "আপনার কি কোন সমস্যা আছে?"

আবার উত্তর হল "না"।

তারপর আমি বললাম, "আমি এটা শুনে খুবই দুঃখিত। হয় আপনার সমস্যা আছে এবং আপনি এটা জানেন না, যেটা ঠিক নয়, অথবা আপনার সমস্যা আছে এবং আপনি আমাকে বলছেন না, সেটাও ঠিক নয়। কোনটা ঠিক?"

তারপর সেই দম্পতি খোলাখুলি কথা বলতে শুরু করে: তারা সমস্যা অনুভব করছিল, কিন্তু তাদের ইসলামী সাংস্কৃতিক পটভূমি তাদের শিখিয়েছিল যে অন্যদের কাছে দুর্বলতা বা অসুবিধা প্রকাশ করা লজ্জাজনক। যাইহোক, সেই দিন থেকে আমাদের সম্পর্ক পরিবর্তন হয়েছিল কারণ

তারা তাদের সামনে আসা অসুবিধা এবং চ্যালেঞ্জগুলি তারা খোলাখুলিভাবে ভাগ করে নিয়েছিল। তারপর থেকে আমি তাদের সাহায্য করতে পেরেছি। এই প্রক্রিয়ার মাধ্যমে, আমাদের মধ্যে বিশ্বাস তৈরি হয়েছিল, এবং তারা খ্রীষ্টিয় পরিপক্কতায় দ্রুত বৃদ্ধি পেয়েছিল।

৪) পরামর্শদাতা এবং সম্ভাব্য নেতা উভয়কেই কাজ চালিয়ে যাবার জন্য সমস্যাগুলি উত্থাপন করতে সক্রিয় এবং ইচ্ছাকৃত হতে হবে। প্রশিক্ষণার্থীকে বিভিন্ন বিষয়গুলি পরামর্শদাতার সঙ্গে আলোচনা করার জন্য নিয়ে আসতে উদ্বুদ্ধ করতে হবে।

৫) প্রশিক্ষণার্থী এবং তাদের পরামর্শদাতাকে জামাতের জীবনকে প্রভাবিত করে এমন মূল সমস্যা এবং সিদ্ধান্তগুলির জন্য একসাথে লড়াই করতে হবে। এইভাবে শিক্ষানবিশ নেতা শিখতে পারেন কিভাবে একজন পালক পরিচর্যার চ্যালেঞ্জিং বিষয়গুলিকে ঈশ্বরীয়, বাইবেলের উপায়ে মোকাবেলা করে থাকেন।

৬) আপনি যখন প্রশিক্ষণার্থীদের পরামর্শ দেন (মেন্টর করেন), তাদের স্বাধীনতায় চলতে সাহায্য করুন। পরিচর্য্যা কাজের জন্য তাদের প্রশিক্ষণের অংশ হিসেবে প্রায় প্রত্যেককেই কিছু না কিছু থেকে স্বাধীন করতে হবে। যদি তাদের জীবনের বন্ধনগুলির সুরাহা না করা হয় এবং ক্ষতগুলি নিরাময় না করা হয়, তাহলে নিরাময় এবং স্বাধীনতার অভাব ভবিষ্যতে একজন ব্যক্তির ফলপ্রসূতাকে সীমিত করে দেবে। যখন সমস্যাগুলি ব্যক্তিগত স্বাধীনতার অভাবের দিক থেকে আসে, তখন খ্রীষ্টে আমাদের যে সংস্থান রয়েছে তা প্রয়োগ করে সেই সমস্যাটির সমাধান করুন। এগুলি পাঠ ২-এ বর্ণনা করা হয়েছে। এছাড়াও, যে কেউ নিজে স্বাধীন হওয়ার প্রক্রিয়ার মধ্য দিয়ে গেছে সে আরও ভালভাবে বুঝতে পারবে কীভাবে অন্যদের মুক্ত হতে সাহায্য করা যায়।

৭) BMB (মুসলিম পটভূমি থেকে আসা বিশ্বাসী) প্রশিক্ষণার্থীকে স্ব-যত্নে প্রশিক্ষণ দিন। BMB নেতাদের শেখাতে হবে যে তাদের নিজেদের এবং তাদের পরিবারের জন্য যত্ন নিতে শেখাও অত্যন্ত গুরুত্বপূর্ণ। এই কঠিন পরিচর্যার কাজে অনেক চ্যালেঞ্জ রয়েছে, এবং যদি একজন পালক প্রথমে তাদের নিজের এবং তাদের পরিবারের জন্য যত্ন নেওয়াকে অগ্রাধিকার না দেন, তবে তারা পরিচর্যা কাজে দীর্ঘস্থায়ী হতে পারেন না। যদি একজন পালক তাদের নিজের পরিবারের যত্ন না নেন, তাহলে তিনি তার পরিচর্যা কাজেও বিশ্বাসযোগ্য নাও হতে পারেন। লোকেরা জিজ্ঞাসা করবে, "তারা কীভাবে জামাতের যত্ন নেবে যদি তারা তাদের নিজের পরিবারের যত্ন নিতে না পারে?"

৮) যদি আপনার নেতারা দম্পতি হয়, তবে তাদের এক ব্যক্তির দ্বারা অন্য ব্যক্তির আধিপত্য এবং নিয়ন্ত্রণের উপর ভিত্তি করে একজন দাসের হৃদয়পূর্ণ পারস্পরিক ভালবাসা এবং শ্রদ্ধার ভিত্তিতে একটা খ্রীষ্টান বিবাহের অর্থ কী তা বোঝার জন্য তাদের সমর্থনের প্রয়োজন হবে।

৯) পরিচর্যার কাজে আত্ম-সচেতনতার গুরুত্বের উপর জোর দিন। যখন লোকেরা প্রতিযোগিতামূলক হয়, তাদের জীবনে স্বচ্ছতার অভাব হয় এবং অন্যদের থেকে তারা নিজেদের শ্রেষ্ঠ মনে করতে চায়, তখন তাদের আত্ম-সচেতনতার অভাব হবে। এটা ইসলামের ক্ষতির একটা অংশ হতে পারে। পরিচর্যা কাজে বৃদ্ধি পাওয়ার জন্য, একজন ব্যক্তিকে পরামর্শ দেওয়া হচ্ছে সে যেন সমালোচনামূলক প্রতিক্রিয়াকে মূল্য দিতে শেখে কারণ সেগুলো তার জন্য মূল্যবান উপহার হিসাবে কাজ করবে। এর অর্থ হল সমস্তকিছুতে রক্ষণাত্মক না হওয়া বা প্রতিক্রিয়া গুরুত্বপূর্ণ হলে আশঙ্কিত, অসন্তুষ্ট বা প্রত্যাখ্যাত না হতে শেখা। একই সময়ে, একজন পরামর্শদাতাকে অবশ্যই একটা গ্রহণযোগ্য এবং উন্মুক্ত পদ্ধতির মডেল করতে হবে যে তারা নিজেরা কীভাবে প্রতিক্রিয়া গ্রহণ করে এবং প্রতিক্রিয়া জানাতে স্ব-সচেতনতা তৈরি করে। প্রশিক্ষণার্থীরা যদি দেখতে পান যে পরামর্শদাতা সমালোচনামূলক প্রতিক্রিয়া গ্রহণ করতে সক্ষম, তবে তারা নিজেরাই এই বিষয়গুলো গ্রহণ করতে আরও ভালভাবে সক্ষম হয়ে উঠবেন।

১০) প্রশিক্ষণার্থীকে বিশ্বাসের মাধ্যমে হতাশার মোকাবিলা করতে সাহায্য করুন যাতে তারা স্থিতিস্থাপক হয়ে উঠতে পারে বা হতাশার মধ্যেও স্বাভাবিক থাকতে পারে। প্রশিক্ষণার্থী

নেতাকে প্রস্তুত করতে যেন তারা শিখতে পারে কীভাবে বাইবেলের বিশ্বাসের উৎসগুলি প্রয়োগ করতে হয় যখন তারা অন্যদের দ্বারা হতাশ হয়, বা যখন তাদের জীবনের পরিস্থিতি অপ্রতিরোধ্য বলে মনে হয়।

১১) আধ্যাত্মিক যুদ্ধের জন্য সজ্জিত করুন। খ্রীষ্টের কাছে আসা লোকেদের পরিচর্যা করার সঙ্গে সর্বদা জড়িত থাকে মন্দের কাছ থেকে বাধা লাভ করার সম্ভাবনাঃ পরিচর্যাকারীরা কখনই এটা এড়াতে পারে না। একটা মুসলিম পটভূমি থেকে বিশ্বাসীদের শয়তান আক্রমণ করার সময় তাদের সঠিক স্থানে ধরে রাখার জন্য প্রশিক্ষণ দেওয়া প্রয়োজন।

১২) অন্যান্য খ্রীষ্টানদের সাথে বিশ্বাস এবং সহযোগিতায় জীবন যাপন করার উদাহরণ তাদেরকে দেখান, এবং অন্যান্য পরিচর্যা সংস্থার সাথে ঈশ্বরীয় অংশীদারিত্ব গড়ে তুলুন। খ্রীষ্টের দেহকে বোঝা একজন BMB-এর জন্য এটা অপরিহার্য বিষয়: এটা আল্লাহ্‌কে সম্মান করা এবং আপনার জামাতের জন্য আল্লাহ্‌র নেয়ামত পাওয়ার একটা উপায়। এটা নম্রতা শেখানোরও একটা ভাল উপায়।

অধ্যয়নের নির্দেশিকা

পাঠ ৮

এই পাঠে ব্যবহৃত বাইবেলের অংশসমূহ

২ তিমথীয় ২:২০-২১
মথি ১২:৪৩-৪৫
তীত ৩:৩
ফিলিপীয় ১:৯-১১
২ করিন্থীয় ১২:৯-১০
রোমীয় ১২:১৫
১ করিন্থীয় ১২:২৬

এই পাঠে কোন কোরানের অংশ ব্যবহার করা হয়নি, এখানে কোন নতুন শব্দ এবং নতুন নামও ব্যবহার করা হয়নি।

পাঠের প্রশ্নাবলী ৮

- কেস স্টাডি আলোচনা করুন।

দূরে সরে যাওয়া

১) ঈসাকে অনুসরণ করার সিদ্ধান্ত নেওয়ার পরেও কিছু লোক পুনরায় ইসলামে ফিরে আসে, এর কারণ হিসাবে লেখক দুরি কোন চারটি কারণ উল্লেখ করেছেন?

২) কেন কখনও কখনও জামাত মুসলিমদের দূরে সরিয়ে দেয় যখন তারা ঈসা এবং খ্রীষ্টধর্মের বিষয়ে আরো শিখতে আগ্রহ প্রকাশ করে?

৩) খ্রীষ্টের দিকে মন ফিরানো মুসলমানদের সমর্থন করতে জামাতেরকি করা উচিত?

ফলহীন সাহাবীত্ব

৪) প্রাক্তন মুসলমানরা খ্রীষ্টবিশ্বাসী হয়ে ওঠার সময় কোন সাধারণ সমস্যাগুলোর মুখোমুখি হন বলে লেখক দুরি মনে করেন?

৫) এই সমস্যাগুলির মধ্যে বেশিরভাগ সমস্যার অন্তর্নিহিত কারণ কি?

৬) জামাতয় একজন নেতা নিযুক্ত করা কিভাবে সমস্যার সৃষ্টি করতে পারে?

৭) একজন আশ্রয়প্রার্থী যে কানাডায় গিয়েছিলেন, তিনি কেন অন্যান্য খ্রীষ্টানদের থেকে নিজেকে বিচ্ছিন্ন করে রেখেছেন?

অস্বাস্থ্যকর জামাতসমূহ

৮) কিভাবে নিজেকে শ্রেষ্ঠ মনে করার আকাঙ্ক্ষা মণ্ডলীকে একসাথে কাজ করা থেকে বিরত রাখতে পারে?

মুক্ত / স্বাধীন থাকার প্রয়োজনীয়তা

৯) খালি ঘর সম্পর্কে ঈসার দৃষ্টান্ত দ্বারা কোন দুটি সমস্যাকে চিত্রিত করা হয়েছে?

১০) একটা সুস্থ জামাত তৈরি করার জন্য আপনার কি প্রয়োজন?

১১) কাউকে মুক্ত করার পরে তার মধ্যে কি পরিবর্তণ করা দরকার আছে?

১২) পৌল কেন তীতকে মনে করিয়ে দিয়েছিলেন যে দুজনেই একসময়ে কেমন ছিল?

১৩) ঈসাকে অনুসরণ করার আগে পৌলের আগের জীবন কিভাবে তার বর্ণনার সঙ্গে সামঞ্জস্যপূর্ণ?

১৪) ফিলিপীয় ১:৯-১১ পদে পৌলের লেখা অনুযায়ী, কিভাবে একজন বিশ্বাসী তাদের রূহের 'ঘর' পূর্ণ করতে পারে এবং ঘরগুলোকে খালি না রাখে?

নিরাময় এবং নাজাত

১৫) লেখক দুরি ধর্মান্তরিতদের জীবনে ১২টি নেতিবাচক প্রভাবের উল্লেখ করেছেন। আপনি এগুলির মধ্যে কতগুলিকে পর্যবেক্ষন করেছেন?

১৬) প্রাক-ক্যান্সারজনিত পেটের অবস্থা থেকে সুস্থ হওয়ার জন্য যুবকটি কি করেছিল? সে সুস্থ হওয়ার পর আর কি পরিবর্তনের অভিজ্ঞতার সম্মুখীন হয়েছিল?

১৭) একটা বাড়িকে সঠিক ভাবে সুরক্ষিত রাখার জন্য কি করা গুরুত্বপূর্ণ?

প্রয়োজন অনুযায়ী শিক্ষা দেওয়া

১৮) স্বাধীনতার পরিচর্যা কাজের জন্য প্রথম ধাপ কি এবং কেন এটাই প্রথম ধাপ?

১৯) মানুষের রূহ কিভাবে এক বালতি জলের মত হতে পারে?

২০) সমস্ত পৃথিবীর মুসলিম পটভূমির বিশ্বাসীদের মধ্যে ডন লিটিল কি মিল লক্ষ্য করেছে?

২১) কেন কিছু লোক অন্য লোকেদের কষ্টের কথা শুনে খুশী হতে পারে?

২২) জামাতের মধ্যে বিশ্বাসীরা যখন একে অপরের থেকে শ্রেষ্ঠ হতে চায় তখন সেই জামাতয় কি কি সমস্যা আসতে পারে?

২৩) লেখক দুরি কোন ছয়টি শিক্ষার পরামর্শ দেন যা মানুষের অন্যদের থেকে নিজেকে শ্রেষ্ঠ মনে করার সমস্যার সমাধানে সাহায্য করতে পারে?

২৪) সত্যিকথা না বলার কারণে কি সমস্যা হতে পারে – এই বিষয়ে লেখক দুরি কি বলেছেন?

২৫) লেখক দুরি ইসলামি সংস্কৃতির কোন ছয়টি ক্ষেত্র চিহ্নিত করেছেন যেগুলোর জন্য "প্রয়োজন অনুযায়ী শিক্ষা দেওয়া" দরকার?

২৬) কেন "প্রয়োজন অনুযায়ী শিক্ষা দেওয়া" পদ্ধতিগতভাবে এবং পুঙ্খানুপুঙ্খভাবে হওয়া উচিত?

সঠিকভাবে শুরু করা

২৭) স্টিভ এবং চেরির পদ্ধতির মধ্যে কি পার্থক্য ছিল এবং কেন চেরির পদ্ধতি বেশি সফল ছিল?

২৮) আপনি কি আপনার স্মৃতিশক্তি থেকে "ঈসাকে অনুসরণ করার জন্য অঙ্গীকারের ঘোষণা ও দুয়া"-র ছয়টি ধাপের তালিকা তৈরি করতে পারবেন? যদি তা না হয়, দলগতভাবে এই দুয়া পুনরাবৃত্তি করুন যতক্ষণ না সেগুলো সঠিক ক্রম অনুযায়ী আপনার মুখস্থ হয়।

২৯) এই ছয়টি ধাপের আলোকে, স্টিভ যখন লোকেদের খ্রীষ্টের দিকে পরিচালিত করছিলেন সেখানে কোন ধাপগুলো অনুপস্থিত ছিল বলে মনে হয়?

৩০) যখন আপনি খ্রীষ্টের দিকে মন ফেরান তখন আপনি কার বিরুদ্ধে যুদ্ধ ঘোষণা করছেন?

৩১) একজন ইসলাম ত্যাগকারী ব্যক্তি যে বাপ্তিস্ম নিতে প্রস্তুত, বাপ্তিস্ম নেবার আগে তার কি করা উচিত?

উদীয়মান নেতাদের পরামর্শদান (মেন্টরিং)

৩২) লেখক দুরির বিশ্বাস অনুযায়ী আজকের পৃথিবীতে মুসলিম পটভূমি থেকে আসা বিশ্বাসীদের সামনে একটা বড় প্রয়োজন কি? আপনি কি এর সাথে একমত?

৩৩) কেন দুরি বলেছেন যে নেতাদের ধীর গতিতে এগিয়ে নিয়ে যাওয়া উচিত?

৩৪) নেতারা খুব দ্রুত এগিয়ে গেলে কি ঘটতে পারে?

৩৫) লেখক দুরির মতে, একজন প্রশিক্ষণার্থী নেতাকে মেন্টর করার সময়ে তাদের সাথে কত ঘন ঘন দেখা করা উচিত?

৩৬) ধর্মতাত্ত্বিক প্রতিফলন কি এবং এটা কি করে লোকেদের পরিপক্কতা বৃদ্ধি পেতে সাহায্য করে?

৩৭) একজন পরামর্শদাতা যে ব্যক্তিকে পরামর্শ দিচ্ছেন তারসাথে খোলামেলা ও স্বচ্ছ হয়ে কথা বলা কেন গুরুত্বপূর্ণ?

৩৮) দুরির গল্পে, প্রশক্ষনার্থী কেন তার সমস্যার জন্য চাইতে অনিচ্ছুক ছিল?

৩৯) জামাতের গুরুত্বপূর্ণ সমস্যাগুলোর বিষয়ে সিদ্ধান্ত নেবার বিষয়ে কেন একজন মেন্টরকে তার প্রশিক্ষণার্থীকেও অন্তর্ভুক্ত করা প্রয়োজন?

৪০) একজন নেতা হওয়ার প্রশিক্ষণে সেই ব্যক্তির মধ্যে স্বাধীনতার পরিচর্যা করার সামর্থ্য থাকা কেন গুরুত্বপূর্ণ?

৪১) একজন পরিচর্যাকারীর জন্য কেন আত্ম-যত্ন করা গুরুত্বপূর্ণ?

৪২) একটা খ্রীষ্টান বিবাহ কিসের উপরে ভিত্তি করে হওয়া উচিত?

৪৩) কেন আত্ম-সচেতনতা এত গুরুত্বপূর্ণ এবং কিভাবে ইসলামের প্রভাব আত্ম-সচেতনতাকে প্রতিরোধ করতে পারে?

৪৪) কেন একজন পরামর্শদাতার জন্য সমালোচনা গ্রহণে উন্মুক্ত হওয়া প্রয়োজন?

৪৫) মুসলিম পটভূমি থেকে আসা বিশ্বাসীদের জামাতের পালককে কেন আধ্যাত্মিক যুদ্ধের জন্য প্রশিক্ষণ দেওয়া প্রয়োজন?

৪৬) কেন মুসলিম পটভূমি থেকে আসা বিশ্বাসীদের জামাতের নেতাদের জন্য অন্যান্য জামাতের সাথে সঠিকভাবে একত্রে কাজ করা এবং তাদের সম্মান করা উচিত?

অতিরিক্ত তথ্য

ইসলাম সম্পর্কে এখানে শেখানো বিষয়গুলো সম্পর্কে আরও তথ্যের জন্য, অনুগ্রহ করে মার্ক দুরির দ্বারা রচিত *দ্য থার্ড চয়েস: ইসলাম, ধীমিটিউড অ্যান্ড ফ্রিডম* দেখুন।

দুয়া সহ বিভিন্ন ভাষায় *বন্দীদের স্বাধীনতা* পুস্তকটি luke4-18.com ওয়েবসাইটে পাওয়া যাবে।

মানুষকে মন্দশক্তির হাত থেকে মুক্ত করার জন্য প্রয়োজনীয় পদক্ষেপগুলি সম্পর্কে আরও তথ্যের জন্য, মার্ক দুরির সুপারিশ করা পাবলো বোত্তারির লেখা *ফ্রি ইন ক্রাইস্ট* বইটি পাঠ করতে পারেন। এই বইটি ইংরেজি এবং স্প্যানিশ ভাষায় উপলব্ধ আছে। এছাড়াও তিনি freemin.org (ইংরেজি এবং অন্যান্য কিছু ভাষায়) থেকে প্রশিক্ষণগুলো নেবার সুপারিশ করেছেন।

মানুষকে মুক্ত করতে সাহায্য করার জন্য এখানে কিছু অতিরিক্ত দুয়া / দুয়া দেওয়া হয়েছে।

ক্ষমা করার দুয়া[19]

আব্বা, আপনি এটা স্পষ্ট করেছেন যে আপনি আমাকে ক্ষমা করতে চান। আপনি আমার জন্য নিরাময় এবং স্বাধীনতা চান যা ক্ষমার মাধ্যমে আসে।

আজ, যারা আমাকে পাপে প্রবেশ করার জন্য এগিয়ে দিয়েছে [তাদের নাম] *এবং যারা আমাকে আঘাত করেছে তাদের সবাইকে আমি ক্ষমা করার সিদ্ধান্ত নিচ্ছি। আমি তাদের প্রত্যেককে মুক্ত করার সিদ্ধান্ত নিচ্ছি,* [যে অন্যায় করেছে তার নাম]।

আমি তাদের বিরুদ্ধে সমস্ত বিচার করার ইচ্ছা পরিত্যাগ করছি, এবং আমি তাদের জন্য সমস্ত শাস্তি ছেড়ে দিয়েছি যা আমি আমার হৃদয়ে আশ্রয় নিয়েছিল। আমি [তাদের নাম] *তোমার হাতে সমর্পণ করি, কারণ তুমিই একমাত্র ন্যায়পরায়ণ বিচারক।*

প্রভু, আমার নিজের প্রতিক্রিয়া বারা অন্যদের আঘাত করতে এবং নিজেকে আঘাত করার জন্য দয়া করে আমাকে ক্ষমা করুন।

আমি এই আঘাতকে আমার মনোভাব এবং আচরণকে প্রভাবিত করার যে ভুল করেছি, আপনার ক্ষমার ভিত্তিতে আমি নিজেকে ক্ষমা করার সিদ্ধান্ত নিচ্ছি।

পাক রূহ, আমার জীবনে ক্ষমা করার এই ধারণাকে ব্যবহার করার জন্য আমি আপনাকে ধন্যবাদ জানাই, আমাকে ক্ষমা করার রহমত দেওয়ার জন্য এবং আমাকে অবিরত ক্ষমা করতে সক্ষম করার জন্য আপনাকে ধন্যবাদ।

ঈসার নামে,

আমীন।

মিথ্যা পরিত্যাগ করার জন্য একটা দুয়া (অধার্মিক বিশ্বাস)

পিতা, আমি মিথ্যাকে [মিথ্যার নাম দাও] *বিশ্বাস করার আমার গুনাহ (এবং আমার পূর্বপুরুষদের গুনাহ) স্বীকার করছি।*

---

19 এটা এবং পরবর্তী দুটি দুয়া চেস্টার এবং বেটসি কিলস্ট্রার দ্বারা রচিত *রেসটরিং দ্যা ফাউণ্ডেশন*-এ উল্লিখিত দুয়া করার উপরে ভিত্তি করে নেওয়া হয়েছে।

আমি তাদের ক্ষমা করি যারা এই অধার্মিক বিশ্বাস গঠনে অবদান রেখেছে, বিশেষ করে[তাদের নাম]।

আমি এই গুনাহর জন্য অনুতপ্ত, এবং এই অধার্মিক বিশ্বাস প্রাপ্তির জন্য, এটার উপর ভিত্তি করে আমার জীবন যাপন করার জন্য এবং এর কারণে আমি অন্যদের বিচার করেছি এমন যেকোনো ভুলের জন্য আমাকে ক্ষমা করতে প্রভুর কাছে অনুরোধ করছি। আমি এখন আপনার ক্ষমা পেয়েছি[অপেক্ষা করুন এবং আল্লাহ্‌র কাছ থেকে ক্ষমা গ্রহণ করুন]।

আপনার ক্ষমার ভিত্তিতে, প্রভু, আমি মিথ্যা বিশ্বাস করার জন্য নিজেকে ক্ষমা করার সিদ্ধান্ত নিচ্ছি।

আমি এই অধার্মিক বিশ্বাসের সাথে আমার করা সমস্ত চুক্তি পরিত্যাগ করি এবং ভঙ্গ করি। আমি অন্ধকারের রাজ্যের সাথে আমার চুক্তি বাতিল করছি। আমি মন্দশক্তির সাথে আমার করা সমস্ত সংযুক্ত চুক্তি ভঙ্গ করি।

প্রভু, এই অধার্মিক বিশ্বাস সম্পর্কে আপনি আমার কাছে কোন সত্য প্রকাশ করতে চান? [অপেক্ষা করুন এবং প্রভুর কথা শুনুন, যাতে আপনি সত্য ঘোষণা করতে পারেন যা মিথ্যাকে সংশোধন করে।]

আমি সত্য ঘোষণা করি যে[সত্যের নাম]।

ঈসার নামে,

আমীন।

বংশগত গুনাহর জন্য একটা দুয়া

আমি আমার পূর্বপুরুষদের গুনাহ, আমার পিতামাতার গুনাহ এবং [নাম গুনাহ(গুলি)] *এবং নিজের গুনাহর কথা স্বীকার করছি।*

আমি আমার পূর্বপুরুষদেরকে, সেইসাথে অন্য সকলকে যারা আমাকে প্রভাবিত করেছে, এই গুনাহ এবং ফলস্বরূপ অভিশাপের জন্য এবং আমার জীবনের পরিণতির জন্য[বিশেষভাবে তাদের নাম দিন] *তাদেরকে ক্ষমা ও মুক্ত করার সিদ্ধান্ত নিয়েছি।*

আমি আপনাকে এই গুনাহর জন্য ক্ষমা করতে অনুরোধ করছি, প্রভু, তাদের কাছে এবং অভিশাপের কাছে আত্মসমর্পণ করার জন্য আমাকে ক্ষমা করুন। আমি আপনার ক্ষমা গ্রহণ করছি।

আপনার ক্ষমার ভিত্তিতে, প্রভু, আমি এই গুনাহর মধ্যে প্রবেশ করার জন্য নিজেকে ক্ষমা করার জন্য সিদ্ধান্ত নিয়েছি।

আমি[গুনাহর নাম] *গুনাহ ও তার অভিশাপ পরিত্যাগ করছি।*

আমি আমার জীবন থেকে এবং আমার বংশধরদের জীবন থেকে এই গুনাহ এবং অভিশাপের শক্তিকে ক্রুশে খ্রীষ্টের নাজাতর কাজের মাধ্যমে ভেঙে দিই।

আমি এই গুনাহ এবং এই গুনাহর ফলস্বরূপ অভিশাপ থেকে আপনার নাজাত পেয়েছি। আমি সেই নাজাত গ্রহণ করি [বিশেষভাবে আল্লাহ্‌র নেয়ামতের নাম উচ্চারণ করুন যা আপনি, বিশ্বাসে গ্রহণ করছেন]।

ঈসার নামে,

আমীন।

উত্তরপত্র

পাঠ ১ – উত্তরসমূহ

১) রূহ্ তাকে ইসলাম ত্যাগ করতে বলেছিল।

২) সবচেয়ে জরুরী প্রয়োজনের মধ্যে একটা হল ইসলাম ত্যাগ করা।

৩) *শাহাদা* এবং *ধিম্মা*।

৪) একজন মুসলিম যিনি খ্রীষ্টকে অনুসরণ করতে বেছে নিয়েছেন।

৫) একজন অমুসলিম।

৬) ইসলাম ধর্মে ধর্মান্তরিতদের আত্মসমর্পণ এবং ইসলামী আধিপত্যের অধীনে অমুসলিমদের আত্মসমর্পণ।

৭) আল্লাহর কঠোর একেশ্বরবাদের প্রতি এবং মুহাম্মদের নবুওয়াতের প্রতি স্বীকারোক্তি।

৮) ইসলামের আইন যা খ্রীষ্টানদের আধিপত্যের মর্যাদা নির্ধারণ করে।

৯) যে খ্রীষ্টানরা যারা কখনও মুসলমান হননি তাদের *ধিম্মার* দাবি ত্যাগ করতে হবে।

১০) যে *শরিয়া* আইনের সর্বোচ্চ হওয়া উচিত এবং সমস্ত ন্যায়বিচার বা ক্ষমতার অন্যান্য সমস্ত নীতির উপর শাসন করা উচিত।

১১) খ্রীষ্টের দাবি ছাড়া তাদের রূহের উপর সমস্ত আধ্যাত্মিক দাবি।

১২) আধ্যাত্মিক অন্ধকার থেকে বেরিয়ে এবং খ্রীষ্টের শাসনের অধীনে।

১৩) রাজনৈতিক এবং সম্প্রদায়ের পদক্ষেপ, মানবাধিকারের ওকালতি, শিক্ষাগত অন্বেষণ, মিডিয়ার ব্যবহার এবং মাঝে মাঝে জাতীয় সরকারগুলির সামরিক প্রতিক্রিয়া।

১৪) ধর্মান্তর, রাজনৈতিক আত্মসমর্পণ বা তলোয়ার।

১৫) হাজার বছরেরও বেশি; প্রায় ৮০০ বছর।

১৬) তিনি তাদেরকে জান্নাতের নিশ্চয়তা দেওয়ার প্রতিশ্রুতি দিয়েছিলেন যদি তারা খ্রীষ্টিয় জগতকে রক্ষা করার জন্য তাদের জীবন দেয়।

১৭) ইসলামের মূল শক্তি আধ্যাত্মিক।

১৮) উগ্র রাজা এবং ড্যানিয়েলের ভবিষ্যদ্বাণীর চক্রান্তের মাস্টারের কাছে।

১৯) ইসলামেরঃ

- ...শ্রেষ্ঠত্ব বোধ
- ...সাফল্যের জন্য ক্ষুধা
- ...প্রতারণার ব্যবহার
- ...অন্যদের শক্তি এবং সম্পদ ব্যবহার করা
- পরাজিত দেশ... যাদের নিরাপত্তার ভ্রান্ত ধারণা আছে
- বিরোধিতা ... আল্লাহ্‌র পুত্র

- ধ্বংসাত্মক খ্রীষ্টান এবং ইহুদিদের... সংখ্যা গণনা।

২০) মানুষের শক্তি দ্বারা নয়।

২১) খ্রীষ্টের শক্তি এবং তাঁর ক্রুশ।

পাঠ ২ – উত্তরসমূহ

১) তিনি দেখতে পেলেন যে তিনি মুহাম্মদ শব্দটি বলতে পারলেন না।

২) তিনি ক্রোধ থেকে মুক্ত হয়েছিলেন এবং খুশির খবর প্রচারে ও অন্যদের অনুশাসনে কার্যকর হয়েছিলেন।

৩) প্রত্যেক খ্রীষ্টানদের জন্মগত অধিকার হল আল্লাহ্‌র সন্তানদের গৌরবময় স্বাধীনতা।

৪) নাসরথে।

৫) স্বাধীনতার প্রতিজ্ঞা।

৬) হতাশা, ক্ষুধা, অসুস্থতা, মন্দশক্তি থেকে নাজাত।

৭) একজন বন্দীকে অবশ্যই খোলা দরজা দিয়ে বের হতে হবে। আধ্যাত্মিক স্বাধীনতা এমন একটা বিষয় যা আমাদের বেছে নিতে হবে।

৮) চোর। এই বিশ্বের যুবরাজ। এই যুগের আল্লাহ্‌। আকাশের রাজ্যের শাসক। তারা আমাদের শেখায় যে এই পৃথিবীতে শয়তানের ক্ষমতা আছে।

৯) শয়তানের প্রকৃতপক্ষে ক্ষমতা আছে কিন্তু তার ক্ষমতা এবং সার্বভৌমত্ব সীমিত।

১০) ইসলামের বিশ্বদৃষ্টি এবং এর আধ্যাত্মিক শক্তি।

১১) শয়তানিক শক্তির দাসত্বে।

১২) শয়তানের শক্তি এবং অন্ধকারের শক্তি।

১৩) আমাদেরকে ঈসা মশীহের রাজ্যে আনা হয়েছে, এবং আমাদের ক্ষমা করা হয়েছে এবং মুক্ত করা হয়েছে।

১৪) তারা ঈসা মশীহের রাজ্যে স্থানান্তরিত হয়েছে।

১৫) পাঁচটি দিক: ১) শয়তান এবং সমস্ত মন্দ ত্যাগ করুন। ২) অন্য লোকেদের সাথে সমস্ত অধার্মিক সম্পর্ক ত্যাগ করুন। ৩) সমস্ত অধার্মিক চুক্তি ত্যাগ করুন। ৪) অধার্মিক ক্ষমতা ত্যাগ করুন। ৫) প্রভু হিসাবে ঈসা মশীহের কাছে আমাদের জীবন হস্তান্তর করুন।

১৬) আল্লাহ্‌ ও শয়তানের মধ্যে দ্বন্দ্ব; দুই রাজ্যের মধ্যে দ্বন্দ্ব।

১৭) জামাত একটা যুদ্ধক্ষেত্র হতে পারে, এবং এটা মন্দ শক্তি এর সুযোগ নিতে পারে।

১৮) খ্রীষ্টানরা ক্রুশের মাধ্যমে নিজেদের বিজয়ের বিষয়ে নিশ্চিত হতে পারে।

১৯) রোমান বিজয়যাত্রার সাথে তুলনা দেখায় যে মন্দশক্তি তাদের শক্তি হারিয়েছে এবং তারা অপমানিত হয়েছে।

২০) দোষারোপকারী বা প্রতিপক্ষ।

২১) খ্রীষ্টানদের সজাগ হতে সতর্ক করা হয়েছে।

২২) আমাদের গুনাহ এবং আমাদের জীবনের কিছু অংশ যা শয়তানের কাছে সমর্পণ করা হয়েছে।

২৩) গুনাহ, ক্ষমাহীনতা, মুখের বাক্য (এবং প্রতীকী ক্রিয়া), রূহের ক্ষত, অধার্মিক বিশ্বাস (মিথ্যা), এবং বংশগত গুনাহ এবং তার ফলস্বরূপ অভিশাপ।

২৪) শয়তান আমাদের বিরুদ্ধে যে দাবি করতে পারে তার নাম বলা ও সেই বিষয়কে প্রত্যাখ্যান করতে সক্ষম হওয়া।

২৫) একটা খোলা দরজা হল শয়তানকে দেওয়া একটা প্রবেশ বিন্দু। শয়তান দাবি করে যে কোন ব্যক্তির রূহের মধ্যে তার পা রাখার সুযোগ রয়েছে যা তাকে দেওয়া হয়েছে।

২৬) আইনি অধিকার; আধ্যাত্মিক স্থল যা শয়তান দখল করে রাখতে পারে।

২৭) এর মানে শয়তানের কাছে আমাদের বিরুদ্ধে দাবি করার কোন সুযোগ নেই।

২৮) শয়তান এমন কোন গুনাহ খুঁজে পায়নি যা সে ঈসার বিরুদ্ধে দাবি করার জন্য ব্যবহার করতে পারে।

২৯) ঈসার নির্দোষতা গুরুত্বপূর্ণ কারণ এর অর্থ হল শয়তান ঈসার ক্রুশবিদ্ধ হওয়াকে একটা ন্যায়সঙ্গত শাস্তি বলে দাবি করতে পারেনি।

৩০) আমাদের খোলা দরজা বন্ধ করতে হবে এবং শয়তানের পা রাখার সুযোগ সরিয়ে ফেলতে হবে।

৩১) আমাদের গুনাহর অনুতাপ করে।

৩২) আমাদের অবশ্যই প্রথমে অন্যদের ক্ষমা করতে হবে।

৩৩) সে আমাদের ক্ষমা না করাকে ব্যবহার করে আমাদের বিরুদ্ধে নিজের পা রাখার দাবি করতে পারে।

৩৪) অন্যদের ক্ষমা করা; আল্লাহ্‌র ক্ষমা গ্রহণ করা; নিজেদেরকে ক্ষমা করা।

৩৫) নাঃ ক্ষমা এবং ভুলে যাওয়া আলাদা বিষয়।

৩৬) শয়তান আমাদের জীবনে মিথ্যা প্রবেশ করানোর জন্য আমাদের আঘাত করতে পারে।

৩৭) তিনি তার বাড়ির 'অতিথি' দ্বারা নির্যাতনের আঘাতমূলক অভিজ্ঞতা থেকে নিরাময় খুঁজে পেয়েছেন। তাকে ভয় পাওয়া ত্যাগ করতে হয়েছিল।

৩৮) প্রভুর কাছে আপনার রূহ ঢেলে দিন; নিরাময়ের জন্য দুয়া করুন; ক্ষত সৃষ্টিকারী ব্যক্তিকে ক্ষমা করুন; ভয় (বা অন্যান্য ক্ষতিকারক প্রভাব) ত্যাগ করুন; স্বীকার করুন এবং যেকোনো মিথ্যা প্রত্যাখ্যান করুন।

৩৯) প্রতিটি বাক্যের জন্য আমরা কথা বলেছি।

৪০) কারণ এটা তাকে আমাদের বিরুদ্ধে আমাদের মুখের বাক্য ব্যবহার করার সুযোগ দিতে পারে।

৪১) ঈসার রক্ত।

৪২) আমি যেন এই পশুর মতো হয়ে যাইঃ যদি আমি এই চুক্তি ভঙ্গ করি তবে আমার সাথেও একই জিনিস ঘটতে পারে।

৪৩) যে ব্যক্তি চুক্তিতে সম্মত হয় তার উপর তারা মৃত্যুর অভিশাপ দেয়।

৪৪) শিরশ্ছেদ।

৪৫) শয়তান আমাদের মিথ্যা বলে।

৪৬) মিথ্যাকে চিহ্নিত করুন এবং প্রত্যাখ্যান করুন যা আগে আমরা সত্য হিসাবে গ্রহণ করেছিলাম।

৪৭) "প্রকৃত পুরুষরা কাঁদে না"।

৪৮) যে মিথ্যা শুনে সত্য মনে হয়।

৪৯) একটা সত্যের মুখোমুখি হওয়া আমাদেরকে সেই সমস্ত মিথ্যা স্বীকার করতে, প্রত্যাখ্যান করতে এবং ত্যাগ করতে সক্ষম করতে পারে যা আমরা আগে বিশ্বাস করতাম।

৫০) একটা মন্দ আধ্যাত্মিক উত্তরাধিকার।

৫১) পিতামাতার প্রভাব এবং খারাপ উদাহরণ।

৫২) নেয়ামত এবং অভিশাপের একটা পদ্ধতি।

৫৩) আদম এবং হবা বংশগত অভিশাপ মুক্ত করে দিয়েছিলেনঃ ব্যথা, আধিপত্য, ক্ষয় এবং মৃত্যু।

৫৪) এটা মশীহ যুগের জন্য একটা প্রতিজ্ঞাঃ ঈসা মশীহের রাজ্যের জন্য।

৫৫) আমাদের পূর্বপুরুষদের গুনাহ এবং আমাদের নিজেদের গুনাহ স্বীকার করুন; প্রত্যাখ্যান এবং এই গুনাহ পরিত্যাগ করুন; এই গুনাহর সঙ্গে সম্পর্কিত সমস্ত অভিশাপ ভাঙ্গুন।

৫৬) শয়তানের উপর কর্তৃত্ব।

৫৭) কারণ এটা বলে যে মূর্তি সহ সবকিছু সম্পূর্ণরূপে ধ্বংস করতে হবে।

৫৮) আমরা যে মন্দচুক্তিতে প্রবেশ করেছি। ক্রুশেতে সেই সমস্ত মন্দ চুক্তি ভঙ্গ করার ক্ষমতা রয়েছে

৫৯) যে কাজ নির্দিষ্ট।

৬০) "আমি আর কাউকে ভালবাসব না"। সুসান তিক্ত এবং শত্রুতাপূর্ণ হয়ে ওঠে। সে সেই প্রতিজ্ঞা ত্যাগ করেছিল।

৬১) পাঁচটি ধাপ: ১) স্বীকার করা এবং অনুতাপ করা। ২) ত্যাগ করা। ৩) ভাঙ্গা। ৪) বাইরে নিক্ষেপ করা। ৫) নেয়ামত করা। এবং পূরণ করা।

৬২) গুনাহ স্বীকার করা এবং সত্য ঘোষণা করা।

৬৩) তাদের জীবনে যা কষ্ট প্রদান করেছে তার বিপরীত বিষয় দিয়ে তাদের নেয়ামত করুন।

পাঠ ৩ – উত্তরসমূহ

১) সর্বশক্তিমান মালিক হিসাবে আল্লাহর কাছে আত্মসমর্পণ করা।

২) একজন মুসলিম।

৩) মুহাম্মদ, আল্লাহর শেষ রসূল।

৪) কোরানে মুহাম্মদের বাণী রয়েছে এবং *সুন্নাতে* তার শিক্ষা ও কর্মের বিষয়ে লেখা আছে।

৫) মুহাম্মদের উদাহরণ হাদিস (প্রথাগত বাণী) এবং সিরাতে (মুহাম্মদের জীবনী) লিপিবদ্ধ করা হয়েছে।

৬) মুহাম্মদ

৭) মুহম্মদ যা করেছে তা তাদের মানদণ্ড হয়ে যায়।

৮) যারা আল্লাহ ও তাঁর রাসূলের আনুগত্য করে।

৯) জাহান্নামের আগুন।

১০) যে কেউ মুহাম্মদের বাণী প্রত্যাখ্যান করে।

১১) হত্যা, নির্যাতন, ধর্ষণ, নারী নির্যাতন, দাসত্ব, চুরি, প্রতারণা এবং অমুসলিমদের বিরুদ্ধে উসকানি।

১২) আপনাকে অবশ্যই কোরানে বিশ্বাস করতে হবে ও কোরানের বাধ্য হতে হবে।

১৩) *সুন্নাহ* শরীরের মত এবং কোরান মেরুদন্ডের মত।

১৪) মুসলিমরা একজন বিশেষজ্ঞ সংখ্যালঘুর উপর নির্ভর করে।

১৫) *শরিয়া* আইন ছাড়া ইসলাম থাকতে পারে না।

১৬) *শরিয়া* পালন করা ঐশ্বরিকভাবে বাধ্যতামূলক বলে মনে করা হয়।

১৭) এটা সাফল্যের আহ্বান।

১৮) সমস্ত মানুষ বিজয়ী এবং বাকিদের মধ্যে বিভক্ত – সেই বাকিরা হল পরাজিত লোকেরা।

১৯) মুসলমানদের শেখানো হয় যে তারা অমুসলিমদের থেকে শ্রেষ্ঠ; ঈমানদার মুসলমানরা কম ধর্মপ্রাণ মুসলমানদের চেয়ে শ্রেষ্ঠ।

২০) প্রকৃত মুসলমান, মুনাফিক, মুশরিক এবং আহলে কিতাব বা কিতাবের লোকেরা।

২১) একজন *মুশরিক* 'সহযোগী'।

২২) চারটি বিষয়কে তিরস্কার করা হয়েছেঃ ১) তাদের ধর্মগ্রন্থ নষ্ট হয়ে গেছে। ২) তারা ইসলামের একটা বিকৃত সংস্করণ অনুসরণ করে। ৩) তারা পথভ্রষ্ট হয়েছে। ৪) তারা অজ্ঞ এবং মুহাম্মদের দ্বারা তাদের নাজাতর প্রয়োজন।

২৩) ইতিবাচক দিক থেকে, কোরান বলছে খ্রীষ্টান এবং ইহুদীরা বিশ্বস্ত এবং তারা সত্যিকারের বিশ্বাসী।

২৪) চারটি দাবিঃ ১) খ্রীষ্টানদের তাদের শ্রেষ্ঠত্বের অধীনে বসবাস করতে হবে। ২) মুসলমানদের নির্ধারন করা হয়েছে আমাদের উপর শাসন করার জন্য। ৩) আমাদের বিরুদ্ধে যুদ্ধ করা হবে। ৪) আমরা জাহান্নামে যাচ্ছি বলে নিন্দা করা হয়।

২৫) খ্রীষ্টানদের চেয়ে ইহুদীদের মুসলমানদের বিরুদ্ধে বেশি শত্রুতা থাকবে।

২৬) এটা কোরানের সবচেয়ে পরিচিত অধ্যায়, এবং এটা প্রতিদিন পুনরাবৃত্তি করা বাধ্যতামূলক। এটা দিনে ১৭ বার বা বছরে ৫০০০ বার পুনরাবৃত্তি করা হয়।

২৭) খ্রীষ্টানরা (পথভ্রষ্ট) এবং ইহুদীরা (আল্লাহর ক্রোধ অর্জন করেছে)।

২৮) মুহাম্মদের জীবন ও শিক্ষা।

২৯) ইসলামিকরণ।

৩০) ছয়টি সমস্যাঃ ১) মহিলাদের নিম্ন মর্যাদা দেওয়া হয়েছে। ২) *জিহাদের* শিক্ষা। ৩) নিষ্ঠুর এবং অতিরিক্ত শাস্তি। ৪) *শরিয়া* মানুষকে ভালো করতে পারে না। ৫) মিথ্যা বলার উৎসাহ। ৬) খ্রীষ্টানসহ অমুসলিমদের উপরে নিপীড়ন।

৩১) নাইজেরিয়ায় *শরিয়া* আদালত চালু করা হয়েছিল।

৩২) বিচারক মুহাম্মদের উদাহরণ অনুসরণ করেছিলেন।

৩৩) ১) এটা অত্যধিক। ২) এটা নিষ্ঠুর। ৩) যারা পাথর নিক্ষেপ করে তাদের জীবনের ক্ষতি করে। ৪) এখানে মহিলাদের লক্ষ্যবস্তু করা হয়েছে। ৫) এটা একটা শিশুকে এতিম করে তোলে। ৬) এটা ধর্ষণের সম্ভাবনাকে উপেক্ষা করে।

৩৪) তারা মিথ্যা বলতে পারে যখন তারা অমুসলিমদের থেকে বিপদে পড়ে। স্বামীরা তাদের স্ত্রীর সাথে মিথ্যা বলতে পারে। তারা মিথ্যা বলতে পারে যখন তাদের কাছে কোন গোপন বিষয় বা যুদ্ধ ইত্যাদি অর্পন করা হয়।

৩৫) মুসলমানদের নিরাপদ রাখার জন্য এটা প্রতারণার একটা অভ্যাস।

৩৬) এটা সত্যকে ধ্বংস করে এবং বিভ্রান্তি সৃষ্টি করে।

৩৭) তাদের ধর্মীয় বিশেষজ্ঞদের নির্দেশ।

৩৮) নিজের জন্য ইসলাম অধ্যয়ন করুন, এমনকি যখন ইসলামের নেতৃত্ব জনসমক্ষে অনেক কিছু উল্লেখ বা আলোচনা না করার চেষ্টা করে।

৩৯) ঈসা বা মুহাম্মদকে অনুসরণ করা।

৪০) ঈসা (ঈসা)।

৪১) পূর্ববর্তী নবীদের জীবন পদ্ধতি (*শরিয়া*)।

৪২) ঈসা (ঈসা) কে আল্লাহর দেওয়া একটা বই।

৪৩) ঈসা খ্রীষ্টান ধর্মকে ধ্বংস করবে এবং সবাইকে মুসলমান হতে বাধ্য করবে।

৪৪) মুসলমানদের শেখানো হয় যে তারা যদি মুহাম্মদকে অনুসরণ করে তবে তারা ঈসাকে অনুসরণ করছে।

৪৫) এই শিক্ষা আল্লাহ্‌র পরিত্রানের পরিকল্পনাকে গোপন করে এবং মুসলমানদেরকে সত্য ঈসাকে অনুসরণ করা থেকে বিরত রাখতে পারে।

৪৬) আমরা চারটি খুশির খবর থেকে প্রকৃত ঈসা সম্পর্কে জানতে পারি।

৪৭) শুধুমাত্র সুসমাচারের ঈসার মাধ্যমেই আমরা আধ্যাত্মিক বন্ধন থেকে নাজাত পেতে পারি।

পাঠ 8 – উত্তরসমূহ

১) তিনটি যন্ত্রণা: ১) তার পিতার মৃত্যু। ২) তার মায়ের মৃত্যু। ৩) তার চাচার জন্য রাখাল বালক হয়ে নম্রভাবে কাজ করা। (এছাড়াও তার দাদাজির মৃত্যু।)

২) মুহাম্মদের প্রতি তার অবজ্ঞা।

৩) ছয়টি দিক: ১) তিনি তার নিয়োগকর্তা ছিলেন। ২) তিনি বয়স্ক ছিলেন ৩) তিনি তাকে বিবাহের প্রস্তাব করেছিলেন। ৪) তিনি ইতিমধ্যে দুইবার বিয়ে করেছিলেন। ৫) তিনি শক্তিশালী এবং ধনী ছিলেন। ৬) মুহাম্মদকে বিয়ে করার জন্য তার বাবার অনুমোদন পাওয়ার জন্য সে তার বাবাকে মদ খাইয়ে মাতাল করেছিল।

৪) তাদের বেশিরভাগ সন্তান মারা যায়, মুহাম্মদের কোন পুরুষ উত্তরাধিকারী ছিল না।

৫) মুহাম্মদের চাচা আবু তালিব এবং তার স্ত্রী খাদিজা।

৬) তার বয়স ৪০ এবং তিনি এতটাই আশঙ্কার মধ্যে ছিলেন যে তিনি আত্মহত্যা করতে চেয়েছিলেন।

৭) মুহাম্মদ একজন নবী ছিলেন পাগল নন।

৮) মুহাম্মদ একজন প্রতারক হিসাবে প্রত্যাখ্যাত হওয়ার আশঙ্কা করেছিলেন।

৯) খাদিজা এবং আলী, মুহাম্মদের ছোট চাচাতো ভাই।

১০) মুহাম্মদ মক্কার দেবতাদের উপহাস করেছিলেন।

১১) তিনি মুহাম্মদকে ক্রোধান্বিত মক্কাবাসীদের থেকে রক্ষা করেছিলেন।

১২) সম্পূর্ণ বয়কট, দুর্বল মুসলমানদের নিপীড়ন, এবং মুহাম্মদের সঙ্গে অপব্যবহার।

১৩) ৮৩ জন মুসলিম পুরুষ তাদের পরিবারের সাথে আবিসিনিয়া (আজকের ইথিওপিয়া) পালিয়ে যায়।

১৪) আল্লাহ এবং মক্কার দেবতা উভয়ের উপাসনা করা।

১৫) আল্লাহ্‌র তিন কন্যা - আল-লাত, আল-উজ্জা এবং মানাত-এর দুয়া মঞ্জুর করা হয়েছিল।

১৬) সমস্ত সত্য নবী কখনও কখনও বিপথগামী হয়েছিল।

১৭) গর্ব করাঃ ১) তার পূর্বপুরুষদের কেউ বিবাহ বন্ধনে জন্মগ্রহণ করেননি। ২) তিনি ছিলেন সেরা মানুষ। ৩) তিনি ছিলেন শ্রেষ্ঠ বংশের (হাশিম)। ৪) তিনি ছিলেন সর্বোত্তম গোত্র (কুরায়শ) থেকে। ৫) তিনি ছিলেন সর্বোত্তম দেশ (আরব) থেকে।

১৮) যুদ্ধে সাফল্য।

১৯) খাদিজা এবং তার অভিভাবক আবু তালিব উভয়েই মারা যান। তায়েফ তাকে প্রত্যাখ্যান করার পর, মদিনার আরবীরা তাকে রক্ষা করার অঙ্গীকার করেছিল।

২০) একদল *জিন* (মন্দ রূহ) মুসলমান হয়ে গেল।

২১) যে *জিনরা* ইসলামে রূপান্তরিত হয়েছিল তাদের ধারণা, এবং কোরান ও *হাদিস* শিক্ষা দেয় যে প্রত্যেক ব্যক্তির একটা সমরূপ রূহ আছে, যা একজন *কারীন* নামে পরিচিত।

২২) প্রেরিতের সম্পূর্ণ আনুগত্যে থেকে যুদ্ধ করা।

২৩) তিনি নির্বিঘ্নে প্রচার করেছিলেন এবং বেশিরভাগ মেদিনী আরবীরা ইসলাম গ্রহণ করেছিলেন।

২৪) যারা ইসলাম প্রত্যাখ্যান করে তাদের জন্য পরকালের যন্ত্রণা রয়েছে।

২৫) বধ করা।

২৬) *ফিতনা।*

২৭) ইসলামের বিরুদ্ধে *ফিতনা।*

২৮) মানুষের ইসলামে প্রবেশ করার পথে যেকোন বাধার অস্তিত্ব।

২৯) আপনার বিরুদ্ধে যুদ্ধ করার যোগ্য এবং আপনি নিহত হওয়ার যোগ্য।

৩০) কারণ ইসলামকে প্রত্যাখ্যান করার অপরাধ মৃত্যুর চেয়েও জঘন্য।

৩১) লক্ষ লক্ষ মুসলমান মারা যাচ্ছে কিন্তু অমুসলিম মাত্র কয়েক ডজন মারা গেছে।

৩২) তিনি প্রতিশোধ এবং বিচার চেয়েছিলেন, এমনকি যারা মারা গিয়েছিল তাদের কাছ থেকেও।

৩৩) প্রত্যাখ্যাত হওয়ার প্রতি তার ঘৃণা।

৩৪) তারা স্থায়ীভাবে দোষী হিসাবে চিহ্নিত হয়ে গেল, নিকৃষ্ট হিসাবে তাদের উপরে আধিপত্য করার যোগ্য।

৩৫) *ফিতনার* প্রতি আক্রমণাত্মক প্রতিক্রিয়া।

৩৬) আল্লাহ তাকে তা মানতে নিষেধ করেছেন।

৩৭) যেখানেই পাও তাদের হত্যা কর।

৩৮) কেউ বিশ্বাস করেছিল, কেউ করেনি, কিন্তু ইসলাম তাদের নেয়ামত করবে।

৩৯) তিনি ইহুদীদের মত নামাজ ও যাকাত দানকে উৎসাহিত করেছেন; তিনি আল-শামের (সিরিয়া; অর্থাৎ জেরুজালেম) প্রতি তার নামাজকে নির্দেশ করেছিলেন; এবং তিনি বলেছিলেন যে তার শিক্ষা তাদের মতই ছিল।

৪০) তাদের বর্ধিত সমালোচনার বিরুদ্ধে আত্ম-বৈধতার জন্য।

৪১) তিনি ইহুদীদের প্রতারক বলেছেন এবং তিনি বলেছেন যে তারা তাদের ধর্মগ্রন্থগুলিকে মিথ্যা দিয়ে পূর্ণ করেছে।

৪২) ইহুদি বিরোধী বার্তা:

- Q ৪:৪৬ ইহুদীরা অভিশপ্ত ছিল।
- Q ৭:১৬৬ ইত্যাদি। ইহুদিরা ছিল বানর ও শূকর।
- Q ৫:৭০ ইহুদিরা ছিল নবী-হত্যাকারী।
- Q ৫:১৩ ইহুদীরা আল্লাহর দ্বারা কঠোর হয়েছিল।
- Q ২:২৭ ইহুদিরা ছিল পরাজিত।

৪৩) ইহুদী ধর্ম।

৪৪) তিনি তাদের হুমকি দেন এবং তারপর তাদের বহিষ্কার করেন।

৪৫) কারণ সে তাদের হত্যা করছিল এবং শুধুমাত্র ইসলাম গ্রহণ করলেই তাদের জীবন রক্ষা পেত।

৪৬) তিনি তাদের অভিযুক্ত করেন, তাদের আক্রমণ করেন, তাদের বহিষ্কার করেন এবং তাদের জিনিসপত্র লুঠের দ্রব্য হিসাবে গ্রহণ করেন।

৪৭) সে তাদের ঘেরাও করে ও তারপর পুরুষদের হত্যা করে, নারী ও শিশুদের দাস হিসাবে ব্যবহার করে।

৪৮) তিনি আক্রমণ করেছিলেন এবং তাদের জয় করেছিলেন কিন্তু তাদের 'তিনটি বিকল্প'-এর প্রস্তাব দিয়েছিলেন: *ধিম্মি* হিসাবে বসবাস করার প্রস্তাব।

৪৯) উভয় ইহুদী এবং খ্রীষ্টান।

৫০) আত্ম-প্রত্যাখ্যান থেকে রূহ-বৈধতা থেকে আগ্রাসন পর্যন্ত।

৫১) কাফেরদের পরাজয় ও অধঃপতন।

৫২) একটা আদর্শ এবং একটা সামরিক কর্মসূচি।

৫৩) শুধুমাত্র একজন 'সতর্ককারী' হওয়ার পরিবর্তে, তিনি মুমিনদের একজন সেনাপতি হয়েছিলেন, তাদের জীবন নিয়ন্ত্রণ করেছিলেন।

৫৪) আল্লাহর আনুগত্য করার পথই হল মুহাম্মদের আনুগত্য করা।

৫৫) এগুলি প্রত্যাখ্যানের প্রতি মুহাম্মদের নিজস্ব প্রতিক্রিয়ার উপর ভিত্তি করে।

৫৬) মুহাম্মদের সমস্যাগুলি *শরিয়ার* মাধ্যমে সমস্ত পৃথিবীতে প্রেরণ করা হয়েছে।

৫৭) *শাহাদার* বাণী।

৫৮) যে কোরান আল্লাহর বাণী; এবং কোরান মুহাম্মদ সম্পর্কে যা বলে।

৫৯) *শাহাদা* পাঠ করা আধ্যাত্মিক কর্তৃপক্ষ এবং ক্ষমতাকে মুসলিমদের উপর মুহাম্মদের আধ্যাত্মিক সমস্যা চাপিয়ে দেওয়ার অনুমতি দেয়।

৬০) [অংশগ্রহণকারীরা তাদের সম্মুখীন হওয়া নেতিবাচক দিকগুলিকে বৃত্তাকার দাগ দিয়ে ঘিরবে।]

৬১) তারা তা অস্বীকার করে।

৬২) তারা বলে এটা ভ্রষ্ট হয়ে গেছে।

৬৩) তাদের ধ্বংস করতে হবে।

৬৪) এই বিশ্বাস যে কোরান আল্লাহর বাণী।

৬৫) অস্থিরতা, ভয়ভীতি, দুর্বলতা এবং আত্মবিশ্বাসের অভাব।

পাঠ ৫ – উত্তরসমূহ

১) প্রত্যাখ্যান।

২) চারটি উপায়: ১) অবৈধতার লজ্জা। ২) অত্যন্ত সাধারণ জন্ম। ৩) হেরোদের তাকে হত্যা করার চেষ্টা। ৪) বাবা-মা শরণার্থীর মতো মিশরে পালিয়ে যান।

৩) ফরীশীরা নিম্নলিখিত বিষয়ে প্রশ্ন নিয়ে খ্রীষ্টকে আক্রমণ করেছিল:

- মার্ক ৩:২, ইত্যাদি। বিশ্রামবারে আইন ভঙ্গ করা।
- মার্ক ১১:২৮, ইত্যাদি। তার কর্তৃত্ব।
- মার্ক ১০:২, ইত্যাদি। বিবাহবিচ্ছেদ।
- মার্ক ১২:১৫, ইত্যাদি। সীজারকে কর প্রদান করা।
- মথি ২২:২৬, সবচেয়ে মহান আজ্ঞা।
- মথি ২২:৪২, মশীহ।
- ইউহোন্না ৮:১৯, ঈসার পিতৃত্ব।
- মথি ২২:২৩-২৮, ইত্যাদি। পুনরুত্থান।
- মার্ক ৮:১১, ইত্যাদি। অলৌকিক ঘটনা।
- মার্ক ৩:২২, ইত্যাদি। 'শয়তানের' সঙ্গে যুক্ত থাকা। শয়তানের শক্তিতে অলৌকিক কাজ করা।
- মথি ১২:২, ইত্যাদি। তাঁর সাহাবীদের আচরণের বিষয়ে।
- ইউহোন্না ৮:১৩, অবৈধ সাক্ষ্য প্রদান।

৪) ঈসা যে সমস্ত প্রত্যাখ্যানের মুখোমুখি হয়েছিলেনঃ

- মথি ২:১৬। হেরোদ তাকে হত্যা করার চেষ্টা করেছিলেন।
- মার্ক ৬:৩, ইত্যাদি। নাসরতীয়রা তাকে হত্যা করার চেষ্টা করেছিল।
- মার্ক ৩:২১। তাঁর পরিবার তাকে অপমান করেছে।
- ইউহোন্না ৬:৬৬। অনেক অনুসরণকারী তাঁকে ত্যাগ করেছিল।

- ইউহোন্না ১০:৩১। জনতা তাকে পাথর ছুড়ে মারার চেষ্টা করে।
- ইউহোন্না ১১:৫০। ইহুদী নেতারা তাকে হত্যার ষড়যন্ত্র করে।
- মার্ক ১৪:৪৩-৪৫, ইত্যাদি। যিহুদার দ্বারা বিশ্বাসঘাতকতা।
- মার্ক ১৪:৬৬-৭২, ইত্যাদি। পিতর তাঁকে অস্বীকার করেছিল।
- মার্ক ১৫:১২-১৫, ইত্যাদি। ভিড় তাঁর মৃত্যু দাবি করেছিল।
- মার্ক ১৪:৬৫, ইত্যাদি। ইহুদি নেতারা তাঁকে উপহাস করেছি।
- মার্ক ১৫:১৬-২০, ইত্যাদি সৈন্যরা তাঁর উপরে নির্যাতন করেছিল।
- মার্ক ১৪:৫৩-৬৫., ইত্যাদি। মিথ্যাভাবে তাঁকে মৃত্যুদণ্ড দেওয়া হয়েছিল।
- দ্বিতীয় বিবরণ ২১:২৩। ক্রুশবিদ্ধ হয়ে অভিশপ্ত হওয়া।
- মার্ক ১৫:২১-৩২, ইত্যাদি। চোরের সাথে যন্ত্রণাদায়ক মৃত্যু।

৫) ছয়টি প্রতিক্রিয়াঃ ঈসা ১) আক্রমণাত্মক বা ২) হিংস্র ছিলেন না; ৩) প্রতিহিংসাপরায়ণ ছিলেন না; ৪) কোলাহলপূর্ণ ঝগড়া করেননি। ৫) তিনি অভিযোগের অধীনে নীরব ছিলেন; এবং ৬) তিনি এমন জায়গা ছেড়ে চলে যেতেন যেখানে তারা তাঁকে হত্যা করতে চেয়েছিল।

৬) তিনি প্রলোভনকে জয় করলেন এবং প্রত্যাখ্যানের কাছে নতিস্বীকার করলেন না।

৭) কারণ তিনি খুব নিরাপদ এবং নিজের সাথে স্বাচ্ছন্দ্যে ছিলেন।

৮) যিশাইয়ের ক্লেশভোগী দাস হিসাবে প্রত্যাখ্যাত হওয়া।

৯) ক্রুশবিদ্ধ হয়ে তাঁর মৃত্যু।

১০) তার লক্ষ্য অর্জনের জন্য শক্তির ব্যবহার।

১১) প্রতীকী হিসাবে, পরিবারের মধ্যে বিভাজন নিয়ে আসা এবং সম্ভবত নিপীড়ন নিয়ে আসা।

১২) তিনি এই ধারণা প্রত্যাখ্যান করেন যে মশীহ হিংস্রতা, সামরিক শক্তি বা রাজনৈতিক বিকল্পগুলি ব্যবহার করেছিলেন — তাঁর রাজ্য ছিল শারীরিক।

১৩) যে তাদের হত্যা করা নিষিদ্ধ ছিল।

১৪) অন্যদের সাথে কীভাবে আচরণ করা যায় সে সম্পর্কে খ্রীষ্ট নিম্নলিখিত শিক্ষা দিয়েছেনঃ

- মথি ৫:৩৮-৪২, মন্দের সম্পর্কে: বিনিময়ে ভালো কর।
- মথি ৭:১-৫, বিচার সংক্রান্ত বিষয়েঃ অন্যদের বিচার কোরো না।
- মথি ৫:৪৩, শত্রুদের বিষয়েঃ তাদের ভালবাস।
- মথি ৫:৫, নম্রতা সম্পর্কেঃ নম্রতা বিজয়ী হবে।
- মথি ৫:৯, শান্তি স্থাপনকারীদের বিষয়েঃ তাদেরকে আল্লাহ্‌র সন্তান বলে অভিহিত করা হবে।
- ১ করিন্থীয় ৪:১১-১৩, ইত্যাদি, তাড়নার বিষয়েঃ খ্রীষ্টানদের অবশ্যই মহান পরীক্ষা সহ্য করতে হবে এবং তারা কখনই প্রতিশোধ নেবে না।
- ১ পিতর ২:২১-২৫, আমাদের উদাহরণ সম্পর্কেঃ অন্যদের ভালবাসার জন্য ঈসা আমাদের উদাহরণ।

১৫) যে তারা বেত্রাঘাত, ঘৃণা, বিশ্বাসঘাতকতা এবং মৃত্যু অনুভব করবে।

১৬) তিক্ততা ছাড়া এগিয়ে যাওয়া।

১৭) যখন একটা শমরীয় গ্রাম তাকে স্বাগত জানাতে অস্বীকার করেছিল।

১৮) যখন হিংস্রভাবে নির্যাতিত হয়: ১) অন্য জায়গায় পালিয়ে যাওয়া। ২) চিন্তা না করা কিন্তু রূহের উপর নির্ভর করা। ৩) ভয় না পাওয়া।

১৯) নির্যাতিত হলে আনন্দ করা।

২০) অনন্ত জীবনের আশা।

২১) তিনটি ফলাফল: ১) মানুষ আল্লাহ্ থেকে এবং একে অপরের থেকে বিচ্ছিন্ন। ২) মানুষ আল্লাহ্র উপস্থিতি থেকে বঞ্চিত। ৩) মানুষ পতনের অভিশাপের শিকার।

২২) ঈসা মশীহের মানবরূপে জন্ম এবং ক্রুশ।

২৩) ক্রুশের কাছে ঈসার বশ্যতা।

২৪) তিনি তার আক্রমণকারীদের ঘৃণাকে গ্রহণ করেছিলেন এবং এই পৃথিবীর গুনাহর জন্য তার জীবন উৎসর্গ করেছিলেন।

২৫) গুনাহর প্রায়শ্চিত্তের জন্য প্রতীকী রক্তপাতের জন্য; এবং ইশাইয়া ৫৩ অধ্যায়ে ক্লেশভোগী দাসের ভবিষ্যদ্বাণী।

২৬) আল্লাহ্র সাথে পুনর্মিলন।

২৭) মানুষ, ফেরেশতা বা ইবলিশের কাছ থেকে অভিযোগ।

২৮) পুনর্মিলনের পরিচর্যা কাজ।

২৯) জোর করে নিজেকে প্রমাণ করা।

৩০) তার পুনরুত্থান এবং স্বর্গে আরোহনের মাধ্যমে।

৩১) সমর্থন।

৩২) তারা দুঃখকষ্টকে খ্রীষ্টের দুঃখকষ্টের অংশীদার হবার একটা উপায় হিসাবে বিবেচনা করেছিল।

৩৩) মুহাম্মদ ব্যক্তিগতভাবে তাদের ধ্বংস করেছিলেন এবং ভবিষ্যদ্বাণী করেছিলেন যে ঈসা যখন পৃথিবীতে ফিরে আসবেন তখন একই কাজ করবেন।

৩৪) ধিম্মিত্বের 'তৃতীয় বিকল্প', যা অমুসলিমদের তাদের বিশ্বাস বজায় রাখতে অনুমতি দেয়।

৩৫) তাকে তার পোশাক থেকে সমস্ত ধর্মীয় প্রতীক অপসারণ করতে বাধ্য করা হয়েছিল।

পাঠ ৬ – উত্তরসমূহ

১) মুহাম্মদের "হুকুম ছিল তিনি যা প্রচার করেছিলেন সেই বিশ্বাসকে তরবারির সাহায্যে ছড়িয়ে দেওয়া"।

২) ধর্মান্তর বা যুদ্ধের পরে একটা তৃতীয় বিকল্প আছেঃ আত্মসমর্পণ এবং মুসলমানদের সুরক্ষায় বসবাস করা।

৩) ইসলাম গ্রহণ; হত্যা হওয়া; অথবা আত্মসমর্পণ করা (এবং অপমানিত জীবনযাপন)।

৪) লড়াই কর যতক্ষণ না পর্যন্ত লোকেরা স্বীকার করে যে একমাত্র আল্লাহরই উপাসনা করা হবে এবং মুহাম্মদ আল্লাহর রসূল (অর্থাৎ *শাহাদা*)।

৫) ইসলাম গ্রহণ করুন, অথবা *জিজিয়া* দাবি করুন, অথবা অবিশ্বাসীদের সাথে যুদ্ধ করুন।

৬) খাজনা (*জিজিয়া*) প্রদান করা এবং অপমানিত হওয়া, "ছোট করা"।

৭) *ধিম্মা* চুক্তি।

৮) ধিম্মি।

৯) দুটি নীতি: ১) ইসলাম অবশ্যই অন্যান্য ধর্মের উপর বিজয়ী হবে। ২) মুসলমানদের অবশ্যই ইসলামকে কার্যকর করার জন্য ক্ষমতা দখল করে রাখতে হবে।

১০) এটা হল মস্তকের কর যার মাধ্যমে স্বীকার করা হয় যে তারা বিজয়ী মুসলমানদের কাছে তাদের মাথার জন্য ঋণীঃ কর হল নিহত না হওয়ার জন্য একটা ক্ষতিপূরণ।

১১) মুসলমানদের সুবিধার জন্য।

১২) এটা সেই বছর তাদের মাথা শরীরের সঙ্গে যুক্ত রাখার অনুমতি দেওয়ার জন্য একটা ক্ষতিপূরণ।

১৩) *জিহাদ* আবার শুরু হয়: যুদ্ধ, লুটপাট, ধর্ষণ এবং মৃত্যু।

১৪) যারা বিদ্রোহী এবং অবাধ্য হয় তাদের জন্য শাস্তি, সেটা হল *জিহাদ।*

১৫) হত্যা বা বন্দী হবার জন্য যারা অবাধে উপলব্ধ।

১৬) *ধিম্মা* চুক্তি লঙ্ঘনের অভিযোগের কারণে গণহত্যা।

১৭) সুলতান ইহুদিদের মধ্যে থেকে মহান উজিরের পদে নিযুক্ত করেছিলেন।

১৮) খ্রীষ্টানদের বিরুদ্ধে তাদের বশ্যতা ত্যাগ করার এবং একইসঙ্গে তাদের সুরক্ষা ত্যাগ করার অভিযোগ আনা হয়েছিল। কেউ কেউ নিজেদের জীবন বাঁচাতে ইসলাম ধর্ম গ্রহণ করেছিল।

১৯) *জিজিয়া* কর আদায় করার সময় এই প্রথাটি শুরু হয়েছিল। এটা ঘাড়ে এক বা দুটি আঘাতের মাধ্যমে এবং কখনও কখনও এই প্রথায় একটা আনুষ্ঠানিক শ্বাসরোধ করার নিয়ম প্রতীকীভাবে জড়িত থাকত।

২০) এটার উদ্দেশ্য হল *ধিম্মি* সম্প্রদায়ের হিংস্র জিহাদের বশ্যতা স্বীকার করাকে প্রকাশ করা যদি তারা তাদের *ধিম্মা* শর্তগুলির কোন একটাকে ভঙ্গ করে, এরমধ্যে পুরুষদের শিরচ্ছেদও অন্তর্ভূক্ত ছিল।

২১) শিরচ্ছেদের অভিশাপ।

২২) একটা রক্তের চুক্তি বা রক্তের শপথ, যেমন গুপ্ত সমাজে চুক্তি করা হত।

২৩) নিজের মৃত্যুদণ্ডের জন্য একটা আত্ম-অভিশাপ এবং অনুমতি।

২৪) কৃতজ্ঞতা এবং নম্র হীনমন্যতা।

২৫) উদাহরণঃ

- ধিম্মিদের সাক্ষীঃ শরিয়া আদালতে গ্রহণ করা হত না।
- ধিম্মিদের বাড়িঃ মুসলমানদের ঘরের চেয়ে উঁচু হত না।
- ধিম্মিদের ঘোড়াঃ ধিম্মিদের ঘোড়ায় বসতে দেওয়া হত না।
- ধিম্মিদেরকে একটা রাস্তায় মুসলমানদের পথ থেকে সরে দাঁড়াতে হত।
- ধিম্মিদের আত্মরক্ষাঃ অনুমোদিত ছিল না।
- ধিম্মিদের ধর্মীয় প্রতীকঃ জনসমক্ষে অনুমোদিত ছিল না।
- ধিম্মিদের জামাত: কোন মেরামত করা যেত না, এবং কোন নতুন জামাত ভবন বানানো যেত না।
- ইসলাম ধর্মের সমালোচনাঃ অনুমোদিত ছিল না।
- ধিম্মিদের পোশাক: মুসলমানদের অনুকরণ করার অনুমতি ছিল না।

- ধিম্মিদের বিয়ে: একজন ধিম্মি পুরুষ একজন মুসলিম নারীকে বিয়ে করতে পারত না, এবং যদি একজন মুসলিম পুরুষ একজন ধিম্মি নারীকে বিয়ে করে, তাহলে তাদের সন্তানরা মুসলমানই হবে।

২৬) তারা *জিজিয়া* কর প্রদান করবে এবং তাদের "ছোট" করা হবে।

২৭) রূহের হত্যা হিসাবে।

২৮) একটা *ধিম্মা* চুক্তি যে সমগ্র অবস্থা উৎপন্ন করে।

২৯) নম্রভাবে অপমানে অভ্যস্ত হওয়া।

৩০) হীনমন্যতা, গোপনীয়তা, ধূর্ততা, নিষ্ঠুরতা এবং ভয়ের অনুভূতি।

৩১) মালিক এবং শাসকদের ধর্ম হিসাবে।

৩২) তাদের শ্রেষ্ঠত্বের ভ্রান্ত চিন্তা এবং ধর্মীয় সুরক্ষাবাদের ধারণা মুসলমানদের দুর্বল করে এবং তাদের জন্য বাস্তবতা মেনে নেওয়াকে কঠিন করে তোলে।

৩৩) দাসত্ব প্রথাঃ আমেরিকান গৃহযুদ্ধে দাসত্ব প্রথা বিলুপ্ত করা হয়েছিল, তবুও এক শতাব্দীর বেশি সময় পরেও অপমানজনক এই বর্ণবাদ অব্যাহত রয়েছে।

৩৪) দাবি যে পশ্চিমের লোকেরা তাদের সভ্যতার জন্য ইসলামের কাছে ঋণী।

৩৫) ইউরোপীয় দেশগুলি।

৩৬) *শরিয়ার* পুনরুজ্জীবন।

৩৭) পাঁচটি ফলাফলঃ ১) একটা আহত রূহ। ২) অপরাধের রূহ। ৩) একটা ভুক্তভোগী মানসিকতা। ৪) হিংসার রূহ। ৫) অন্যদের উপর কর্তৃত্ব করার ইচ্ছা।

৩৮) মুহাম্মদের নির্যাতিত আধ্যাত্মিক অবস্থা অন্যদের অধঃপতন চেয়েছিল।

৩৯) তিনি অপরাধ করতে অস্বীকার করেছিলেন, হিংসা অবলম্বন করতে অস্বীকার করেছিলেন, অন্যদের উপর কর্তৃত্ব করতে অস্বীকার করেছিলেন এবং আহত রূহের জীবন যাপন করতে অস্বীকার করেছিলেন।

৪০) খ্রীষ্টানদের কেউই আগে তাদের আধ্যাত্মিক বন্ধন বুঝতে পারেনি; সকলেই নাজাতর দুয়া করেছিল; এটা সম্পন্ন হলে সকলেই আনন্দিত ছিল।

৪১) জিহাদি হামলার ভয়, জিহাদিদের কাছ থেকে পাওয়া অতীত মানসিক যন্ত্রণা, আপনার পরিবারের উপর অতীতের আশঙ্কা।

৪২) এগুলো প্রথমত *ধিম্মা* চুক্তি বাতিল করার জন্য তৈরি করা হয়েছে, আমাদের জীবনের উপর এর দাবিগুলি ভঙ্গ করে এবং দ্বিতীয়ত ধিম্মিত্ব থেকে আসা সমস্ত অভিশাপ প্রত্যাখ্যান এবং ভঙ্গ করার জন্য তৈরি করা হয়েছে।

৪৩) এগুলো মানুষকে এই প্রভাব থেকে মুক্ত হতে সাহায্য করবে।

পাঠ ৭ – উত্তরসমূহ

১) সত্যকে ভালবাসতে এবং সত্য কথা বলার নিশ্চয়তা।

২) কারণ আল্লাহ্ সম্পর্কযুক্ত।

৩) মিথ্যা বলা।

৪) সে মানুষকে পথভ্রষ্ট করে।

৫) বিভিন্ন ধরনের মিথ্যা বলার অনুমোদনঃ যুদ্ধে, স্ত্রীর কাছে, সুরক্ষা লাভের জন্য, উম্মাকে রক্ষা করতে এবং বিপদে পড়লে সুরক্ষা লাভের জন্য *(তাকিয়া)*।

৬) নিজের বিশ্বাসকে অস্বীকার করার ভান করা।

৭) তাদের শ্রেষ্ঠত্ব এবং অমুসলিমদের চেয়ে উচ্চতর হওয়ার ভাবনা।

৮) মুহাম্মদ।

৯) সম্মান এবং লজ্জার ধারণা।

১০) উচ্চতর বোধ করার মানসিক বিশ্বদৃষ্টি।

১১) কারণ অভিশাপ সম্পর্কে হাদীসে পরস্পরবিরোধী বক্তব্য রয়েছে।

১২) অমুসলিমদের অভিশাপ দেওয়া।

১৩) ঘৃণা, উত্তেজনা এবং একটা আধ্যাত্মিক "আক্রমণ"।

১৪) একটা চুক্তি যা দুই ব্যক্তিকে একত্রে আবদ্ধ করে।

১৫) ক্ষমাহীনতা বা ক্ষমা না করা দুটি মানুষের মধ্যে একটা আত্মিক বন্ধন তৈরি করে।

১৬) [শিক্ষার্থীরা দুয়াটি নিয়ে আলোচনা করে এবং নিজেদের জন্য সেই পয়েন্টগুলি চিহ্নিত করে যেখানে সেই ধাপগুলি প্রযোজ্য হয়।]

১৭) ত্যাগ করাঃ অন্যকে অভিশাপ দেওয়ার গুনাহ, ফলস্বরূপ অভিশাপ, অন্যের প্রতি ঘৃণা, অনুভব করা আবেগ, ঘৃণা এবং অভিশাপের মন্দশক্তি, ইমাম এবং অন্যদের সাথে সমস্ত অধার্মিক সংযোগ, মন্দশক্তির সমস্ত কাজ যা এই রূহের সম্পর্ক বজায় রাখে। ভেঙ্গে ফেলাঃ অধার্মিক আধ্যাত্মিক শক্তি, অভিশাপ, অধার্মিক রূহের বন্ধন।

১৮) অভিশাপ থেকে নাজাত, শান্তি, মৃদুতা, নেয়ামত করার কর্তৃত্ব। এই নেয়ামতগুলি সেই সমস্ত অভিশাপ এবং ঘৃণার বিপরীত যা তাদেরকে পরিচালিত করেছিল।

১৯) পূর্বপুরুষ, পিতা, ইমাম, মুসলিম নেতা এবং অন্য কেউ যারা আমাকে অভিশাপ দিতে প্রভাবিত করেছিল।

২০) সে ভেবেছিল যে তার অ্যাপার্টমেন্ট একটা অভিশাপের অধীনে আছে।

২১) সে জানত না কিভাবে একটা অভিশাপ ভাঙ্গতে হয়।

২২) তার বাড়ির বিরুদ্ধে সমস্ত অভিশাপ ভাঙার জন্য তাকে ঈসার নামে কর্তৃত্ব নিতে হয়েছিল।

২৩) তারা অভিশাপ ভোগ করছে।

২৪) নয়টি ধাপ: ১) স্বীকার করা এবং অনুতাপ করা। ২) অধার্মিক বস্তু সরান। ৩) অন্যকে এবং নিজেকে ক্ষমা করা। ৪) খ্রীষ্টে আপনার কর্তৃত্ব দাবি করা। ৫) অভিশাপ ত্যাগ করা এবং ভাঙ্গা। ৬) খ্রীষ্টেতে আপনার স্বাধীনতা ঘোষণা করা। ৭) মন্দশক্তিকে চলে যেতে হুকুম করা (তাদের তাড়িয়ে দেওয়া)। ৮) দোয়া ঘোষণা করা। ৯) আল্লাহ্‌র প্রশংসা করা।

পাঠ ৮ – উত্তরসমূহ

১) চারটি কারণঃ ১) সম্প্রদায় থেকে পৃথক হওয়ার বেদনা। ২) ইসলামের প্রতিবন্ধকতা এবং বাধা। ৩) সরাসরি তাড়না। ৪) খ্রীষ্টান এবং জামাত থেকে হতাশা।

২) জামাতগুলো ভয় এবং *যিম্মার* নিয়মের কারণে ইসলাম থেকে ধর্মান্তরিতদের দূরে সরিয়ে দেয়।

৩) *যিম্মা* চুক্তিকে বুঝুন এবং প্রত্যাখ্যান করুন।

৪) ভয়, নিরাপত্তাহীনতার অনুভূতি এবং অর্থের প্রতি ভালবাসা, প্রত্যাখ্যানের অনুভূতি, শিকারের অনুভূতি, অপরাধ গ্রহণ, অন্যকে বিশ্বাস করতে অক্ষমতা, মানসিক ব্যথা, যৌন গুনাহ, পরনিন্দা করা এবং মিথ্যা বলা।

৫) ইসলামের নিয়ন্ত্রণকারী প্রভাব।

৬) অন্যরা ঈর্ষান্বিত হবে।

৭) সে অন্যান্য খ্রীষ্টানদের উপর অপরাধ করেছিল।

৮) জামাত প্রতিটি জামাতের সাথে প্রতিদ্বন্দ্বিতা করবে এটা বিশ্বাস করে যে একটা জামাত অন্য জামাতের থেকে ভালো।

৯) একটা দরজা খোলা রেখে ঘরটি খালি রাখা হয়েছে।

১০) সুস্থ খ্রীষ্টান।

১১) অভ্যাস এবং চিন্তা করার উপায় পরিবর্তন করা প্রয়োজন।

১২) পৌল তীতকে বৃদ্ধি পেতে উৎসাহিত করতে চেয়েছিলেন।

১৩) পৌল খ্রীষ্টানদের ঘৃণা করতেন।

১৪) মহব্বত, জ্ঞান, এবং অন্তর্দৃষ্টির গভীরতায় বৃদ্ধির দ্বারা, এবং ভাল ফল উৎপন্ন করে।

১৫) [অংশগ্রহণকারীরা তাদের পর্যবেক্ষণ করা নেতিবাচক প্রভাবের বিষয়ে উল্লেখ করে।]

১৬) তিনি ত্যাগ করেছেন এবং একটা বংশগত অভিশাপ ভেঙে দিয়েছেন। তিনি হতাশায় ভোগার প্রবণতা থেকেও নিরাময় করেছিলেন।

১৭) সব দরজা বন্ধ।

১৮) খোলা দরজা বন্ধ করুন যা শয়তান বিশ্বাসীর বিরুদ্ধে ব্যবহার করতে পারে।

১৯) রূহের কাজ হল জীবনের জল ধারণ করা, কিন্তু যদি এর মধ্যে কোথাও কোন ফাঁক থাকে তবে রূহের যতটা জল ধরে রাখার ক্ষমতা ততটা ধরে রাখতে পারে না।

২০) খ্রীষ্টের জন্য জীবন যাপন করতে চাওয়া মুসলিম পটভূমির বিশ্বাসীদের জন্য একইরকম বাধা এবং রূহের ক্ষতি হতে পারে।

২১) এটা তাদের শ্রেষ্ঠ বোধ করতে সাহায্য করে।

২২) জামাতগুলোর একসাথে কাজ করতে সমস্যা হয়। অন্যরা পরিচর্যায় অগ্রসর হলে লোকেরা ঈর্ষান্বিত হতে পারে। লোকেরা নেতা হিসাবে কাজ করতে চায় না কারণ তারা মনে করে তাদের উপর আক্রমণ হবে।

২৩) ছয়টি শিক্ষা: ১) একজন বান্দা বা দাসের হৃদয়কে মূল্য দেওয়া। ২) আপনি যা বলেন বা করেন অথবা অন্যরা আপনার সম্পর্কে যা বলে বা চিন্তা করে তাতে নয় কিন্তু খ্রীষ্টের মধ্যে নিজের পরিচয় খোঁজা। ৩) আপনার দুর্বলতা নিয়ে গর্ব করতে শেখা। ৪) অন্যের সাফল্যে আনন্দ করতে শেখা, এবং যখন তারা কষ্ট পায় তখন তাদের সাথে শোক করা। ৫) মহব্বতের সাথে সত্য কথা বলতে শেখা। ৬) পরচর্চার ধ্বংসাত্মক প্রভাব সম্পর্কে শেখা।

২৪) মানুষ বড় হতে পারে না কারণ তারা তাদের সমস্যা লুকিয়ে রাখে এবং সেই সমস্যার জন্য সাহায্য চায় না।

২৫) ছয়টি বিষয়: ১) ক্ষমা। ২) প্রত্যাখ্যান এবং অপরাধ। ৩) বিশ্বাস গড়ে তোলা। ৪) জাদুবিদ্যা পরিত্যাগ করা। ৫) নারী ও পুরুষের একে অপরের সম্মান করা এবং একে অপরের সাথে সত্য কথা বলা। ৬) পিতামাতাদের তাদের সন্তানদের অভিশাপ না দিয়ে নেয়ামত করা।

২৬) যেন মানুষ তাদের পুরো বিশ্বদৃষ্টি পুনর্নির্মাণ করতে পারে।

২৭) স্টিভ দ্রুত ধর্মান্তরিত করেছে কিন্তু তাদেরকে ধরে রাখতে পারেনি। চেরি ধীরে ধীরে ধর্মান্তরিত করেছিল কিন্তু তারা খ্রীষ্টের সাথে ক্রমাগত চলাচল করেছিল। চেরির পদ্ধতি আরও ভালভাবে কাজ করেছিল কারণ লোকেরা যখন ঈসাকে অনুসরণ করার সিদ্ধান্ত নিয়েছিল তখন তারা ভালভাবে বুঝতে পেরেছিল যে তারা কিসের প্রতি প্রতিশ্রুতিবদ্ধ হতে চলেছে।

২৮) ছয়টি ধাপঃ ১) দুটি স্বীকারোক্তি। ২) মন ফিরিয়ে নেওয়া। ৩) অনুরোধ করা। ৪) আনুগত্য স্থানান্তর করা। ৫) প্রতিজ্ঞা করা এবং পাকতা বজায় রাখা। ৬) ঘোষণা করা।

২৯) ধাপ ৪-৬।

৩০) শয়তান।

৩১) 'শাহাদা ত্যাগ এবং তার শক্তি ভাঙার ঘোষণা ও দুয়া' দুয়া করে ইসলাম ত্যাগ করুন।

৩২) আরও পরিপক্ক BMB (মুসলিম পটভূমির) পালক।

৩৩) আপনার কাছে সর্বোত্তম ব্যক্তি আছে সেটা নিশ্চিত করা এবং নেতৃত্বের জন্য প্রস্তুত হতে তাদের সহায়তা করা।

৩৪) তারা নম্রতা শেখে না, এবং তারা অন্যদের কাছ থেকে প্রত্যাখ্যান অনুভব করতে পারে।

৩৫) নিয়মিতঃ সপ্তাহে অন্তত একবার।

৩৬) বাস্তবের দৈনন্দিন চ্যালেঞ্জের জন্য বাইবেলের শিক্ষাকে প্রয়োগ করা। এটা তাদের চরিত্রকে আরও খ্রীষ্টের মতো হতে সাহায্য করে।

৩৭) প্রশিক্ষণার্থীর কাছে স্বচ্ছতাকে মডেল করা বা উদাহরণস্বরূপ উপাস্থাপন করা।

৩৮) লজ্জা এড়ানোর জন্য।

৩৯) যেন তারা চ্যালেঞ্জিং সমস্যা মোকাবেলা করতে শিখতে পারে।

৪০) যদি বন্ধনগুলি অপসারণ না করা হয় এবং ক্ষতগুলি নিরাময় না করা হয় তবে এটা একজন ব্যক্তির পরিচর্যা কাজের ফলপ্রসূতাকে সীমিত করে দেবে। এছাড়াও, যদি কেউ নিজে মুক্ত হয় তবে সে আরও ভাল জানবে কিভাবে অন্যদের মুক্ত হতে সাহায্য করতে হয়।

৪১) যেন তারা পরিচর্যায় ধৈর্য ধরতে পারে এবং বিশ্বস্ত হতে পারে।

৪২) দাসত্বপূর্ণ-হৃদয়ের পারস্পরিক ভালবাসা এবং সম্মান।

৪৩) যেন আমরা সমালোচনামূলক প্রতিক্রিয়া পেতে পারি এবং পরিপক্কতায় বৃদ্ধি লাভ করতে পারি।

৪৪) প্রশিক্ষণার্থীর কাছে আত্ম-সচেতনতা মডেল করা বা উদাহরণ দেওয়া।

৪৫) কারণ তারা তা এড়াতে পারে না।

৪৬) আল্লাহ্‌কে সম্মান করার জন্য, জামাতের জন্য আল্লাহ্‌র নেয়ামত গ্রহণ করার জন্য এবং নম্রতা শেখার জন্য।

www.ingramcontent.com/pod-product-compliance
Lightning Source LLC
LaVergne TN
LVHW010921110826
845155LV00038B/621